犯罪心理学

(第七版)

张保平　李世虎　张　璇　编著

中国人民公安大学出版社
·北 京·

图书在版编目（CIP）数据

犯罪心理学 / 张保平，李世虎，张璇编著 .—7 版 .—北京：中国人民公安大学出版社，2020. 5

ISBN 978-7-5653-3915-8

Ⅰ.①犯… Ⅱ.①张…②李…③张… Ⅲ.①犯罪心理学 Ⅳ. ①D917.2

中国版本图书馆 CIP 数据核字（2020）第 039435 号

犯罪心理学（第七版）

张保平　李世虎　张　璇　编著

出版发行：中国人民公安大学出版社
地　　址：北京市西城区木樨地南里
邮政编码：100038
经　　销：新华书店
印　　刷：涿州市新华印刷有限公司

版　　次：2020 年 5 月第 7 版
印　　次：2024 年 8 月第 36 次
印　　张：13. 5
开　　本：880 毫米×1230 毫米　1/32
字　　数：363 千字

书　　号：ISBN 978-7-5653-3915-8
定　　价：45. 00 元

网　　址：www.cppsup.com.cn　www.porclub.com.cn
电子邮箱：zbs@ cppsup.com　zbs@ cppsu.edu.cn

营销中心电话：010-83903254
读者服务部电话（门市）：010-83903257
警官读者俱乐部电话（网购、邮购）：010-83903253
法律图书分社电话：010-83905745

第七版前言

本书自2015年第六版修订之后，一晃又过去了五年。这五年来，人们的生活发生了巨大的变化，同时也面临更多的困惑：移动网络的普及，人们随时随地可以畅游在网络之中，却又饱受网络犯罪的滋扰；移动支付改变了人们的消费模式，交易活动对现钞的依赖越来越小，但网络盗窃、网络诈骗却又如影随形；大数据时代不期而至，各行各业正在面临一场新的革命，而公民的个人信息保护、隐私保护又面临新的挑战；二胎全面放开，很多家庭却又面临孩子们的关系处理问题……在犯罪领域中，网络犯罪随着移动网络的普及愈演愈烈，许多传统犯罪也在向网络蔓延，电信网络诈骗、网络借贷带来的社会危害越来越严重。与此同时，公安机关打击犯罪的手段也在不断升级，基于大数据的智慧警务彰显了巨大的潜能，跨境警务合作也在不断深入。作为犯罪学人，我们不能不去关注这些变化，我们也深知，犯罪心理学理论必须随着社会发展和犯罪现象的变化不断完善，如此方能保持本书的生命力。

第七版在保持原书基本内容和核心观点的基础上，作了三个方面的修订：一是结合近年来国内外犯罪心理学、犯罪学、刑法学发展的最新动态，将一些与本书相关的理论成果予以吸收的同时，把原书第二章“犯罪心理形成的原因”改为“犯罪心理形成原因的主要理论”，使内容与标题更加切合，同时对原书中的一些已陈旧的名词、表述予以修改；二是将原书第九章“毒品犯罪心理”和第十章“流动型犯罪心理”予以删除，其理论知识经过压缩后添加至相关章节，使中篇的章节体例更加合理；三是结合近年来一些犯罪现象的新特点，对原书中“恐怖主义犯罪心理”“邪教犯罪心理”“网络犯罪心理”的内容予以完善，把原书“财物型犯罪心理”改为“物欲型犯罪心理”，使其在称谓上与犯罪动机的分类更加吻合，同时在“诈骗犯罪心理”中融入了“电信网络诈骗犯罪心理”相关内容。

此次修订，主要是由李世虎执笔撰写初稿，张保平负责对全书进行整合把关，张璇参加了部分工作。本次修订吸收了一些同人的研究成果，在此表示感谢，我们也期待读者的批评与指正。

编　者

2019 年 12 月 30 日

第六版前言

《犯罪心理学》第五版由中国人民公安大学出版社2011年3月出版后，承蒙同行支持和广大读者的厚爱，次年即获第十一届“金盾文化工程”金盾图书奖，近四年来已数次重印，并在全国多所公安政法院校使用，反映良好。能受到同行认可和读者好评，对编者是鼓励，也是鞭策。在社会飞速发展的今天，犯罪手段和犯罪方式也在不断发生变化，这些手段和方式折射出的犯罪心理，值得犯罪学人去关注和研究。特别是在当前依法治国的大背景下，如何使犯罪心理学的理论研究成果更加贴近实践、服务实践，为法治建设和侦查实践尽绵薄之力，是摆在我们面前的又一课题。对此，编者深感责任重大，在注重犯罪心理学学科体系完整性的前提下，吸收了一些犯罪心理学学术前沿理论成果，并力图在新版中反映出犯罪心理学发展的时代性，对第五版进行了修订。

本次修订还是尊重了原来的篇章结构和主要特点，同时更加注重为实践服务。重点将原来的第一章内容进行了部分修订和整合，在第四章中融入了“犯罪人标记行为”相关内容，对第五章第二节“犯罪动力心理特征”进行了丰富和调整，对第十七章第三节内容进行丰富和拓展后，变为新版的第十八章，即“犯罪心理画像”。

此次修订，主要由李世虎执笔撰写初稿，张保平负责对全书进行修订统合。与历次修订一样，本次修订也参考和吸收了许多同人的研究成果，在此表示衷心感谢！真诚欢迎广大使用者继续提出批评和建议。

编　者

2015 年 1 月 20 日

第五版前言

从本书的第一版算起到现在已经15年过去了。这15年，正是世纪交替的15年，也是中国社会快速转型的15年。这一转型的过程当然还没有结束，但这一转型对人们心理和生活方式的冲击，对社会稳定机制的考验却是如何评价也不过分。社会的快速发展几乎在任何一个领域都留下了印记。作为社会现象表征之一的犯罪问题，也折射着社会发展的轨迹。就像阳光并非总是那么明媚，也会带来阴影，经济发展、社会转型过程也伴随着某些丑恶现象的孳生、变异。犯罪问题虽然不是新问题，但人们对犯罪孳生的原理、机制远没有搞清楚。犯罪问题在社会转型过程中的变异更是以令人唏嘘的速度和方式发生着。

作为犯罪学人，一直关注着犯罪现象、样态、形式的变化。这本书的再版与修订实际给作者提供了一个机会，就是在修订中反映犯罪现象、样态、形式的这种变化，反映作者对这一变化的思考。这是机会，也是挑战。因为，试图反映这一变化是容易的，但准确反映这一变化是困难的，而对这一变化给出科学的解释则更加困难。这不仅受制于作者学识的局限，也受制于观察角度的局限，获取材料的局限，学科发展的局限。

本次修订还是尊重了原来的篇章结构。考虑到网络犯罪的发展，将原来“青少年网络犯罪心理”内容加以调整补充，构成新的一章“网络犯罪心理”；将原来的“恐怖犯罪心理”从“暴力犯罪心理”一章中分离出来，与增加的“危害国家安全犯罪心理”和“邪教犯罪心理”合为一章“信仰型犯罪心理”；考虑到集群性犯罪现象日渐突出的发展趋势，在“群体犯罪心理”中增加一节“集群犯罪心理”；同时，在“暴力犯罪心理”一章中增加一节“人身暴力犯罪心理”。这样调整，既强调了一些新型犯罪，也兼顾了一些传统犯罪，使本书涵盖的范围更宽了。

此次修订中，新增加的内容系由李世虎执笔撰写初稿，李兆锋参加了部分工作，张保平负责对全书进行修订统合，并修正了第四版的一些表述和提法。与历次修订一样，本次修订也参考了许多同人的研究成果，在此一并表示感谢。真诚欢迎本书的使用者继续提出批评和建议。

张保平

2010年10月10日

目　　录

上　　篇

中　篇

下　　篇

上　篇

第一章　绪　论

第一节　犯罪心理学的概念和任务

一、犯罪心理学的概念

关于犯罪心理学的概念，有广义和狭义之分。狭义说认为，犯罪心理学是运用心理学的基本原理，研究犯罪心理和行为及其客观规律的一门学科。广义说认为，犯罪心理学是运用心理学的基本原理，研究犯罪心理和行为及其客观规律，以及犯罪对策中的心理学问题的一门科学。

对犯罪心理学概念的讨论，多见于犯罪心理学教材，因此，所谓狭义或者广义的区分，既取决于学者的观点，又取决于教材的服务对象和任务。在依法治国背景下研究犯罪心理学，应更加注重预防、打击和矫正犯罪的实践应用，因而应多从广义上认识犯罪心理学的学科性质和任务，这就决定了犯罪心理学不仅仅是要研究犯罪主体的心理和行为，也要通过研究犯罪心理、犯罪行为及其客观规律以及犯罪对策中的心理学问题，来寻求预防、打击和控制犯罪的途径。因此，本书采用的是广义的犯罪心理学的概念。

二、犯罪心理学的目的及任务

(一) 犯罪心理学的目的

犯罪心理学研究的目的，就是通过研究犯罪心理和活动的规律，为打击、预防和减少犯罪的实践，为社会的长治久安服务。

具体来说，犯罪心理学研究的目的包括描述、解释、预测和控制四个方面。

描述就是使用本学科独特的话语和概念体系说明犯罪心理学的

基本理论；解释就是使用本学科的理论和方法阐明犯罪心理学的研究对象、基本范畴及研究者的学术观点；预测就是使用犯罪心理学理论和方法对犯罪心理的形成、犯罪性（犯罪倾向）的大小与犯罪行为发生的概率进行科学的预测；控制就是使用本学科的理论和方法对个体或群体犯罪倾向的发展变化进行控制，从而达到预防和减少犯罪的目的。

（二）犯罪心理学的任务

1. 研究探讨犯罪心理形成的原因

对犯罪心理形成原因的研究，是犯罪心理学的重要课题和立论基础。因而，探讨犯罪心理形成的原因是犯罪心理学的重要任务。

犯罪心理学既要研究犯罪心理形成的原因，也要研究犯罪心理形成的条件和犯罪心理的相关因素。在进行研究时，要辩证统一地看待社会环境和个体的生理、心理因素对个体形成犯罪心理的影响，即不但要看到社会背景对个体心理发展所具有的决定意义，而且要看到个体生物因素在心理发展过程中的重要作用，更要重视个体的、积极的、能动性的作用。只有这样，才能对犯罪心理形成的原因得出科学、全面的认识。

犯罪心理学在着重研究犯罪心理形成的一般原因的基础上，也研究了各种不同类型的犯罪心理原因。

2. 揭示犯罪心理活动的规律

通过研究，揭示犯罪心理活动的规律，也是犯罪心理学的重要任务之一。犯罪心理学首先要研究犯罪心理形成的规律，这既包括犯罪心理形成的一般规律，又包括不同类型的犯罪心理形成的规律；犯罪心理学还要研究犯罪心理形成后发展变化的规律，即在怎样的条件下会发生良性转化，在怎样的条件下又会恶性发展，犯罪心理是通过怎样的活动原理外化为犯罪行为的，犯罪心理在不同情境中的形态、内容、特点是怎样的。这些都要在犯罪心理学的研究中加以揭示。

3. 针对犯罪心理的特点和规律，探索犯罪对策

研究犯罪心理形成的原因、特点和规律，是为打击、预防和减少犯罪的实践服务的。为达到这样的目的，就需要以理论研究为基础，探索犯罪的对策。这种对策既包括打击犯罪的实践，如侦查、审讯等活动的具体对策，又包括预测、预防和矫治的对策。这种对策研究既是犯罪心理学一项具有重要理论性和应用价值的研究课题，又是犯罪心理学的落脚点和归宿。一般而言，犯罪心理学应当着重对个体犯罪的预测、预防和矫正的手段进行研究，所以它主要探索采取怎样的方法才能提高打击犯罪的效果，采取怎样的方法才能对个体心理产生积极的影响，这种影响的原理是怎样的，并据此采取适当的对策，预防和矫正犯罪心理。

三、研究犯罪心理学的意义

（一）理论意义

1. 推动犯罪科学的发展和完善

犯罪心理学的研究有助于犯罪科学的发展和完善，因为犯罪心理学是犯罪科学的一个组成部分。尽管人类社会在出现了犯罪以后，就开始对人为什么会犯罪进行了诸多探讨，但直到犯罪科学出现一百多年后的今天，仍然有许多问题没有得到解决，如犯罪的原因，犯罪与社会文化、经济发展水平、人类遗传素质具有怎样的关系；怎样处置犯罪人，才能产生最佳的社会效果，同时又能照顾到犯罪人的权益；能否及怎样发现犯罪前兆，采取防范措施等问题。对于这些问题，在犯罪科学的学科群中，不同的学科从不同的角度进行了研究。犯罪心理学的研究具有不同于其他学科的独特视角。它更注重对个体的研究，特别是犯罪心理机制的研究。它注重把犯罪心理的形成放在个体心理发展过程中加以研究，也注重社会文化背景对个体心理发展变化的影响，注重研究的量化和研究成果的可操作性。这种研究是其他学科不能代替的。它的研究成果必将充实犯罪科学的内容，为犯罪科学的发展作出贡献。

2. 推动心理科学的应用和发展

心理科学诞生一百多年来，其理论和应用都已得到了迅速的发展。心理学在许多领域的应用，以及与许多学科的接轨，孕育出了大量的应用学科和边缘学科。犯罪心理学就是这样一门边缘学科。它把心理学的观点、方法和成果应用到了犯罪心理规律的研究当中。虽然犯罪心理学的研究对象在社会心理学、个性心理学中有所涉及，但它们毕竟不是专门以犯罪人、犯罪心理和犯罪行为为研究对象的，这些内容在这些学科当中只是其研究对象中一个特殊的类型。对犯罪人的心理、行为规律进行全面、系统的研究，是犯罪心理学的价值所在。这种研究的成果和所发现的规律对犯罪心理学自身的发展及完善，乃至对整个心理科学的发展、丰富都是一个贡献。

（二）实践意义

犯罪心理学是在犯罪学和心理学的交汇点上发展起来的学科，也是一门在打击、预防犯罪的实践中产生和逐步发展起来的学科，因而它具有重要的应用价值和实践意义。

1. 犯罪心理学的研究成果对与犯罪作斗争的实践具有指导意义

公安、司法人员掌握了犯罪心理学原理，有助于提高他们对犯罪心理与行为规律的认识和侦查、审讯等环节的效率，从而在打击犯罪的实践中居于主动地位。例如，在案件侦查过程中，需要洞察犯罪人的犯罪动机、生活经历、个性特点等，以便采取适当策略，推动案件侦破；在缉捕在逃人员过程中，掌握一定的犯罪心理学知识有助于分析犯罪人逃窜的方向和规律，预判其在逃窜过程中是否会继续作案、可能会使用什么手段；在审讯过程中，尤其是审讯人员与犯罪嫌疑人进行面对面的心理较量的时刻，只有根据其心理特点进行审讯，并根据其心理变化来调整审讯策略，才会取得较好的效果。特别是近年来，一些犯罪人通过电视、互联网等媒体千方百计了解公安机关的侦办方法，费尽心机研究反侦查、反审讯的方法，在这种情况下，犯罪心理学的研究成果对于打击犯罪的意义就显得更为重要了。

2. 犯罪心理学对于处置、改造犯罪人的实践具有重要的价值

在我国，对犯罪人按其危害程度和法律后果，给予相应的处遇，并在此期间采取必要的改造和矫正措施，以使他们在重返社会后，能够摒弃犯罪心理，从而更好地适应社会，成为对社会有用的人。为达此目的，就需要了解各种类型的犯罪人在被羁押、改造期间的心理特征，以及如何才能使之尽快发生心理上的良性转化。在这方面，犯罪心理学可以通过自己的研究提供一些必要的理论依据和操作方法。

3. 犯罪心理学的研究成果，对于家庭、学校、社会更好地培养下一代，建设社会主义精神文明与和谐社会，具有一定的意义

犯罪心理学通过对犯罪心理形成、发展和变化规律的研究，能够及时发现家庭教育、学校教育以及社会教育中存在的问题，使上述各种教育更有针对性，从而使犯罪预防的观点贯穿到家庭、学校教育当中；同时也有助于改善社会环境，促进青少年健康成长。

4. 犯罪心理学的研究成果，对于党和政府制定刑事政策有重要的参考价值

刑事政策是针对社会治安中出现的犯罪特点，为保持社会治安的稳定而制定的。犯罪心理学的研究同样关注着社会中任何诱发犯罪心理形成的因素的出现，为消除犯罪诱发因素，预防和减少犯罪献计献策。这些研究对于制定出切合社会治安实际的刑事政策具有参考价值。

当然，与其他学科一样，犯罪心理学的作用不能被无限夸大。犯罪不仅是个人行为，而且也是一种牵扯到各方面的社会现象，因此解决这一问题，需要多学科参与。

四、犯罪心理学与相关学科的关系

犯罪心理学是 18 世纪后期出现的。在它作为一门学问产生之

前，许多门类的自然科学和社会科学已经相对完善，而在它缓慢的发展过程中，大量新型学科不断涌现，迅速发展，并且渗透社会生活的各个领域。在现代科学体系中，各学科之间的关系也不像传统学科那样联系松散、接线分明，现代科学体系中各学科的联系日益密切，相互渗透和影响增强，很多学科孕育、分化出了大量子学科，而这些子学科与它的母系学科、姊妹学科之间自然有着密切的联系。犯罪心理学就是这样一门新型学科。

犯罪心理学与其他新型学科一样，在其形成和发展过程中，接受了大量学科的影响，并在这种影响和渗透中不断完善着自己。不论是传统的学科，如哲学、法学、数学、人类学，还是新学科，如犯罪学、心理学、“老三论”及“新三论”等，都对它的发展产生了深刻的影响。从这个角度来看，可以说它是一门边缘学科。在犯罪心理学的发展中，对它的影响最大、最深刻的是心理科学和犯罪科学，表现在它大量采用了心理科学的研究方法，并利用了心理科学的研究成果来研究犯罪科学的对象。所以，犯罪心理学与心理科学、犯罪科学之间有许多相通之处。正是从这个角度来说，犯罪心理学又可以说是心理科学和犯罪科学的交叉学科。

当然，这只是从学科渊源和特点来看的，在它们共同的发展过程中，它们一直是相互影响的，尤其是心理学与犯罪心理学，以及犯罪心理学与犯罪学之间，相互影响更为显著。

第二节　犯罪心理学的研究对象

基于犯罪心理学的概念及学科任务，犯罪心理学的研究对象应包括犯罪人、犯罪心理、犯罪行为及犯罪心理规律。犯罪心理学的研究对象也体现了犯罪心理学研究的基本范畴，为犯罪心理学的理论建构提供概念前提。

一、犯罪与犯罪人

(一) 犯罪

犯罪心理学作为犯罪科学的一个分支，犯罪是其首要的研究对象。当然，由于学科性质和学科任务的不同，犯罪心理学所研究的犯罪的侧重点和外延，与其他学科存在区别。

从犯罪心理学的角度来说，所谓犯罪，是指行为人在一定犯罪心理的推动下所实施的危害社会、应受刑法处罚或应受社会矫治、监控的行为。这一定义与刑法学的犯罪概念存在区别。刑法学意义上犯罪的定义主要揭示了犯罪的法律特征，即犯罪是危害社会、触犯刑法、应受刑法处罚的行为。这样的定义以及刑法分则的法条，指出了犯罪的基本界限，作为追究刑事责任的依据，为预防和打击犯罪提供了法律武器。但刑法中犯罪的定义，是基于刑法的作用和任务，把犯罪作为已经完成的行为事实，并且重点从行为学的角度来观察的。而犯罪心理学是针对犯罪心理的产生、发展变化和外化为犯罪行为等环节展开研究，其学科任务除了帮助侦查破案、打击犯罪之外，还要对可能发生的犯罪行为进行预测和预防，对已经接受处罚的犯罪人进行犯罪心理评估和矫治，同时，从犯罪心理产生的过程和犯罪心理的本质来说，一般违法行为与犯罪行为、未成年人的犯罪或越轨行为与成年人的犯罪行为是同质的，其区别仅表现于法律后果的不同。从这两个角度来说，犯罪心理学意义上犯罪概念的外延应大于刑法学意义上犯罪概念的外延。

(二) 犯罪人

犯罪人是犯罪行为的实施者，也是犯罪心理学研究的重点。对犯罪心理的研究，最终是通过对犯罪人各种特征的分析来实现的。对犯罪人的认识是从对犯罪概念的理解中出来的，二者具有一致性。因此，从犯罪心理学的角度出发，犯罪人的概念可以表述为：犯罪人，是指实施了危害社会的行为，应受刑法处罚或须进行社会监控、矫治的人。这是一个广义的犯罪人概念，主体构成既包括具备刑事责任能力、达到刑事责任年龄的人，又包括不具备刑事责任能力、未达刑事责任年龄的人；行为性质包括犯罪、一般违法和危害社会的不良行为；处罚内容包括刑罚处罚、治安处罚以及其他监控、矫治措施。

犯罪人具有共同的属性，即反社会性。为了实证研究或便于统计的需要，可以依据这一共同特征将犯罪人视为一个群体。犯罪心理学研究的基本目的，并不仅仅在于单纯解释犯罪个体的行为与心理，而是依据心理学已经形成的理论，通过演绎的方法对犯罪人群体进行概率性解释，或者依据对众多犯罪个案的研究，形成具有通则解释特点的理论，进而对犯罪人群体和其他参照群体进行归纳与类比，从而得到具有预测价值的结论。

（三）犯罪与犯罪人的关系

犯罪是犯罪人所实施的危害性行为或行为外化的危害性后果，二者是行为主体和行为后果的关系。研究和认识犯罪人，必然要从其实施的犯罪行为入手，犯罪是一种外显的、可观察的行为，对这种行为的观察和研究可以是即时的，也可以是事后的；可以是直接的，也可以是间接的。这里所说的事后或间接的观察，是指在刑事侦查过程中通过对行为痕迹信息的采集和分析，从中回溯性地复原犯罪行为的过程。由于犯罪心理的隐蔽性强于一般心理，所以对犯罪心理的研究一般是通过对行为痕迹的分析、逆推回溯行为人的心理过程和心理特征。

从刑法学的角度来讲，犯罪人是犯罪行为的实施者，是具有刑事责任能力的自然人或单位。因此，对犯罪人的认定必须从已经发生的犯罪事实和法律判决方面去认定，如果仅有犯罪事实和犯罪嫌疑人，而未经法院判决认定，就不能随意给行为人贴上犯罪人的标签，否则不符合无罪推定的原则，无法体现法律的公正和权威。[①] 而犯罪心理学主要考察危害行为的发动、实施、完成这些基本过

① 罗大华、马皑主编：《犯罪心理学》，中国人民公安大学出版社 2012 年版，第 36 页。

程，因此犯罪心理学意义上的犯罪人并非全都已经被法律认定，其外延大于刑法学意义上的犯罪人。也有学者主张在犯罪心理学上使用“作案人”的概念，以体现严谨。但犯罪心理学界已经习惯使用“犯罪人”的称谓，且研究者都能够分清犯罪心理学意义上和刑法学意义上犯罪人外延的区别，因此再改变称谓没有太大的必要。

犯罪心理学的学科性质决定了该学科不仅考察已然犯罪，还要研究可能性犯罪。因此，犯罪心理学中所指的犯罪人首先是行为的实施者，在犯罪心理学中对犯罪人的研究必须对犯罪人这一群体的外延有清楚的认识，明确其所处的法律位置、空间位置和时间位置。如前所述，犯罪心理学中所指的犯罪人，应该包括那些实施了具有危害性、违法性或可罚性行为的个体，无论其是否被抓获或将来是否可能被抓获，无论其是否受到刑罚处罚，他们的存在都应以社会危害性的存在为标准，而不是单纯以法院的判决为标准。

二、犯罪心理

（一）犯罪心理的概念

关于犯罪心理的概念，有广义和狭义之分。狭义的犯罪心理，是指支配犯罪人实施犯罪行为的各种心理活动和心理因素，实际上相当于刑法学中的罪过心理。在英美刑法中，拉丁语 mens rea（犯罪心理）就是表述犯罪心态、罪过心理的意思。[①] 广义的犯罪心理，是指与犯罪行为的发生、发展具有因果关系的各种心理活动、心理因素的总称。广义的犯罪心理不仅包括影响和支配犯罪人实施犯罪行为的心理活动、心理因素，而且包括犯罪人在预备犯罪时的心理活动、心理因素和犯罪后与犯罪有关的心理活动、心理因素。

---

① Michael Jefferson，Criminal Law，5th edition，法律出版社 2003 年影印本，Chapter 5。

广义犯罪心理的概念比刑法学中的犯罪主观要件的内容要丰富和广泛。①

狭义的犯罪心理概念注重犯罪人实施犯罪行为过程中的各种心理特征，充分体现了罪过心理的实质，也是犯罪心理学研究的重点。但从犯罪心理的产生、发展、变化和消失等犯罪心理的完整环节来考虑，研究犯罪心理不应当忽略犯罪人实施犯罪行为之前、之后的各种心理特征和心理状态，这样才能更加深刻地研究和认识犯罪心理产生与变化的过程。因此，本书采用广义的观点。

（二）犯罪心理与一般心理现象的关系

犯罪心理与一般心理活动，从现象上来说并无本质区别。一般人有感知、记忆、思维、情感、意志、个性，犯罪人也有这些心理活动。但是从心理活动的内容和方式来看，则有本质的区别。比如，一般人和犯罪人都有认知，但他们认知心理活动的内容则有显著不同；一般人和犯罪人都有需要，但是他们需要的内容和层次不同；一般人与犯罪人都会因为某种原因而产生心理失衡，但是解决心理失衡的方式是不同的，或者说心理反应机制是不同的。

犯罪心理的活动仍要遵循一般的心理规律，如心理是脑的机能，心理不仅是人脑对客观现实的反映，而且是主观能动的反映。人的心理是在实践中产生和发展的，犯罪心理也是如此。但是，犯罪心理的发生、发展和变化在遵循一般心理活动规律的同时，也有某些个性的东西，且犯罪人是人类社会中一个特殊的人群，而犯罪心理学正是研究这一特殊人群中具有共性的心理特征和规律的科学。

人的心理毕生处在发展当中，但在某一阶段却是相对稳定的。犯罪心理同样具有发展性和稳定性，这是一个事物的两个方面。发展性，是指犯罪心理是犯罪人心理发展过程中的现象，而且它本身

① 宋晓明等主编：《犯罪心理学》，中国人民公安大学出版社 2009 年版，第 31 页。

也在发展变化着，这种发展变化当然是指总体的发展变化，而总体的发展变化总是从部分的变化开始的。稳定性，是指犯罪心理一旦形成，便具有一些不同于一般人的心理特征，这些特征不仅导致人们将犯罪人与一般人区分开来并给予不同的对待，而且这种状态还要保持一段稳定的时期。当然，这种稳定是相对的，在犯罪心理保持相对稳定的同时，其内部的构成要素仍然在发展、变化着，只不过这种发展、变化不足以破坏犯罪心理的稳定性。

因此，犯罪心理与一般心理既有联系，又有区别。

(三) 犯罪心理的特征

1. 犯罪心理的内隐性

犯罪心理具有内隐性，是犯罪人大脑的活动，在没有用言语和行动表现出来，即没有发生犯罪行为之前，是看不见、摸不着的。而且犯罪心理的内隐性与一般心理的内隐性不同，一般人只要其心理正常，并不耻于表露自己的心理活动；如果出于研究的需要，被试者还可以配合研究者以引起其心理活动。而犯罪心理则不同，一般情况下，犯罪人会千方百计地掩饰其心理活动。这一特点为犯罪心理的研究造成了困难。尽管犯罪心理具有内隐性，犯罪行为特别是其后果却有外显性，通过外显的行为和后果回溯研究犯罪心理还是可行的。

2. 犯罪心理的整体性

犯罪行为的发生，是受犯罪心理支配的。这里的犯罪心理学，当然是指犯罪心理的整体，也就是影响犯罪人实施犯罪的各种心理因素的有机、稳定的组合，而不是指某个孤立的心理现象。在犯罪心理学研究中，我们需要一个相对准确和科学的概念来概括这种整体化的犯罪心理。基于此，可以把这种影响和支配犯罪人实施犯罪的各种心理因素的有机而相对稳定的组合称为犯罪心理结构。犯罪行为是在犯罪心理结构的支配下发生的。在犯罪心理的结构中，各组成要素有机地组合在一起，相互斗争、相互制约，并以此推动犯罪心理结构的变化。所以，犯罪心理结构是一个由多种心理因素所构成的，多层次、多维度的机能系统。各因素在其中所处层次不同，所持形态各异，所起作用有别。本书中所讲的犯罪心理的形成、发展、变化，都是指犯罪心理结构的形成、发展、变化。

构成犯罪心理结构的心理成分是纷繁复杂的，但是，我们可以根据各种心理成分的性质及其在犯罪心理结构中的地位和作用加以归类和概括。犯罪心理结构由四个方面的心理成分构成：一是犯罪认知心理，即犯罪人既有的知识、经验和认知过程方面的特征，它为犯罪行为的发生提供认知基础；二是犯罪的动力心理，即对犯罪人实施犯罪具有动力性和导向性作用的心理成分，它为犯罪行为的发生提供心理动因；三是犯罪个性心理，即犯罪人区别于一般人的个性心理特征，当然，这种区别不是在形式上，而是在内容上，它集中体现了犯罪人在社会化过程中存在的问题；四是犯罪情景心理，即犯罪人在特定时空条件下的心理状态，如犯罪人在作案中的心理状态，这种心理状态与犯罪人已形成的认知有关，与个性心理有关，与情景因素也有关系。

3. 犯罪心理的危害性

犯罪行为是有害于社会的行为，它是在犯罪心理支配下实施的，因而犯罪心理同样是有害于社会的。这样说并不是鼓吹思想有罪，而是由于犯罪心理在一个人身上形成以后，必然会通过思想、态度和行为等表现出来，除了会给社会造成人、财、物的损失外，还会毒害社会环境、败坏社会风尚、损害社会机体。

犯罪心理不仅是危害社会的，而且具有很强的心理危害。犯罪人在形成犯罪心理，及其形成后的发展变化过程中，往往在较长时间内，心理会处于紧张、焦虑、剧烈的冲突、严重的挫折感、恐惧和自责等消极情绪的状态中，这是有害于其身心健康的，不少犯罪人有程度不同的心理变态，说明其犯罪心理的形成所带来的心理危害是较为严重的。

（四）犯罪心理的分类

对犯罪心理的分类是对犯罪心理研究内容的进一步界定。由于犯罪心理具有内隐性、复杂性，所以对犯罪心理的分类，依据不同的标准和角度可以分为不同的类别。

1. 以行为人的心理状态为标准，可以分为故意犯罪心理、过失犯罪心理和变态犯罪心理

故意犯罪心理，是指行为人在生理、心理方面已经达到法定成熟的年龄，能够意识到自己的危害后果，在有较明确的犯罪目的、犯罪动机状态下的犯罪心理。根据犯罪动机的不同，故意犯罪心理可以进一步分为四种主要类型：物欲型，即以获取财物满足对物质的需要为动机的犯罪心理；性欲型，即以获取性欲满足为动机的犯罪心理；报复型，即以发泄仇恨为主要动机的犯罪心理；政治型，即以危害国家政权为动机的犯罪心理。此外，还有出于自我实现动机的犯罪心理等。这种故意状态的犯罪心理是犯罪心理学研究的主要类型。

过失犯罪心理，是指行为人在不具有犯罪动机和犯罪目的的情况下，由于心理活动的失误而导致犯罪结果发生的一种心理现象。心理失误引起的过失可以分为过于自信过失和疏忽大意过失。心理失误是一种常见的心理现象，它存在于感知、记忆、思维和技能等的心理活动中。此外，生理、情绪或社会的刺激都可能引起人的心理失误。这种心理失误一旦导致危害社会、危害他人的结果发生，便可能构成犯罪。因此，研究与过失犯罪密切相关的心理失误现象也是犯罪心理学的一项重要内容。

变态犯罪心理，是指行为人在实施犯罪活动时正处于某种精神障碍或精神病状态中。精神障碍属于轻微的变态，这些人具有一定的理智，只是在心理的某一方面异于常人，这种人犯罪大多要承担刑事责任；精神病通常是指具有较严重的自知障碍，他们在犯罪时无法控制和辨认自己的行为，在犯罪后也不知自己做了什么，因此，此类人不承担刑事责任。出于预防和减少此类危害行为的目的，其心理和行为特点也应纳入犯罪心理学的研究范围。

2. 以犯罪心理的发展过程为标准，可以分为犯罪前心理、犯罪中心理和犯罪后心理三个阶段

犯罪前心理，即犯罪心理的产生和形成的过程，主要是对犯罪行为实施前产生犯罪动机的研究。例如，对犯罪目标的选择、观察、预谋思考；不良情绪的积累、演变；犯罪动机的冲突；不良个性的形成；等等。

犯罪中心理，即犯罪人在实施犯罪行为时的情绪、情感体验及其对犯罪行为的影响。例如，在紧张、恐惧、兴奋等情绪下对犯罪现场的心理反应，在遇到犯罪目标、犯罪情景的变化时对犯罪现场的心理反应等；还有犯罪人自身的智力、技能和性格等对实施犯罪行为的影响。

犯罪后心理，即犯罪人在实施犯罪行为后，对犯罪活动和结果的体验、回忆、思考、总结，以及在犯罪行为被揭露后，在侦查、审讯、起诉、审判或监押等不同阶段的心理，以及这种心理对其人格的影响。

3. 以犯罪主体的年龄特征为标准，可以分为未成年人犯罪心理和成年人犯罪心理

未成年人犯罪心理，是指影响和支配年龄不满 18 周岁的人实施犯罪行为的心理现象。值得注意的是，未成年时出现的犯罪行为及相应的心理活动常常成为许多惯犯、累犯的前期史。所以，研究这类犯罪心理对研究惯犯、累犯的心理形成也具有极其重要的意义。

成年人犯罪心理，是指影响和支配年满 18 周岁的人实施犯罪行为的心理现象。成年人在辨别能力、心理承受能力和生活经验等方面都有别于未成年人，在犯罪过程中的心理活动和其犯罪心理特征也有别于未成年人。

4. 以有无犯罪经历为标准，可分为初次犯罪心理和重新犯罪心理

初次犯罪心理，是指影响和支配行为人第一次从事违法犯罪活

动或一次性犯罪的心理现象，包括了初犯犯罪心理和偶犯犯罪心理。初犯与偶犯比较，在心理机制上并无大的不同，当有了违法犯罪行为的人犯罪心理发生了积极转化没有再次犯罪，便是偶犯；而有了违法犯罪行为的人在犯罪行为体验和犯罪心理支配下发生后续犯罪行为时，其第一次违法犯罪便是初犯。

重新犯罪心理，是指影响和支配行为人多次实施违法犯罪活动的心理现象。重新犯罪心理主要包括惯犯犯罪心理和累犯犯罪心理。惯犯犯罪心理，是指以某一类犯罪为常业，形成一定犯罪习惯的心理现象。累犯犯罪心理，是指因犯罪已被判刑，释放后在一定期限内又重新犯罪的心理现象。

5. 以犯罪人的人员数量为标准，可以分为单独犯罪心理和共同犯罪心理（或个体犯罪心理与群体犯罪心理）

单独犯罪心理，是指犯罪人单独实施违法犯罪时的心理现象。在单独犯罪过程中，犯罪人的心理活动往往会跟随犯罪情景的变化而变化，而没有共同犯罪人的影响。

共同犯罪心理，是指两人以上共同实施违法犯罪行为时的心理现象。它既包括一般的合作犯罪、团伙犯罪，又包括组织比较严密的集团犯罪、黑社会性质组织犯罪。共同犯罪心理最突出的特征是成员之间的心理互动。由于共同犯罪的破坏力大大超过单独犯罪，因而这类犯罪心理也是犯罪心理学研究的重要内容之一。

此外，以犯罪人的性别、身份、职业等特征为标准来划分，分为男性犯罪心理和女性犯罪心理，工人、农民、干部、军人、学生、闲散人员的犯罪心理，等等。

综上所述，犯罪心理类型的多样性说明犯罪心理现象的复杂性。对于犯罪心理的研究，既要把握共性内容，又要注意研究不同的类型，这样才能解释千变万化的犯罪心理现象，更好地为打击、预防和矫正犯罪的实践服务。

三、犯罪行为

（一）犯罪行为的含义

从刑法学的角度来说，犯罪行为是指犯罪人在一定的犯罪心理的支配下所实施的违反刑法、危害社会、依法应受刑法处罚的行为，包括刑法所规定的故意犯罪和过失犯罪两大类。在刑法学中，犯罪行为是一种法律事实，其研究的重点是该行为是否构成犯罪，构成何种犯罪，应予以什么样的处罚，等等。其基本表现形式是作为和不作为。

从犯罪心理学的角度来说，犯罪行为是指行为人在犯罪心理的支配下，所实施的具有社会危害性后果的各种行为的总称。这里用“行为人”而不是“犯罪人”，是因为犯罪心理学意义上的犯罪人的外延要大于刑法学意义上犯罪人的外延，犯罪心理学意义上的犯罪人并不一定会受到刑罚的处罚，但其行为又具有明显的社会危害性。这是犯罪心理学的学科任务决定的。犯罪心理学研究犯罪行为的重点是该行为的心理动因是什么，心理动因推动行为发生和变化的过程是怎样的，以及在此过程中行为人的心理变化过程，等等。

（二）犯罪行为的构成要素

犯罪行为的构成要素，是指在犯罪行为的发生与演化过程中所具有的必然因素或条件，主要包括以下几个方面：

1. 犯罪人

犯罪人是犯罪行为的实施者。在犯罪行为的发生过程中，外部环境与内部犯罪心理互动的焦点均聚集在犯罪人身上，通过影响犯罪人来影响犯罪的全过程。犯罪人的生理特点、心理素质、气质类型、性格类型、道德品位和智能层次等，是制约犯罪行为发生的最直接的因素，从而对于犯罪动机的转化和犯罪行为的方式、手段、强度等起着内在的决定性作用。例如，犯罪人精于盘算、谋划，其犯罪行为就会表现出反侦查意识强烈、犯罪手段隐秘多变；犯罪人性格冲动，应激反应强烈，其犯罪行为则强度较大，不法侵害直接而迅速；犯罪人掌握一定的高科技知识和技能，犯罪行为往往与其知识、技能等相联系，智能性较强。

2. 被害人

被害人，是指合法权益或正当活动受到犯罪行为直接侵害的自然人、单位或国家，其中自然人占绝大多数。犯罪心理学研究的被害人，主要是指自然人。有一种片面的传统观念认为，犯罪行为是犯罪人的行为，与被害人关系不大，其实不然。从心理角度来说，被害人与犯罪人在犯罪过程中是一种互动关系，被害人的态度和行为对犯罪的强度与发展变化过程，有着不可忽视的影响和制约作用。被害人在特定情势下，还可能成为积极主动的一方，成为犯罪行为的诱发者，甚至会和犯罪人形成角色转换。如果仅认定犯罪人是积极的主体，被害人是消极的客体，则会陷入一种判断的误区。

3. 时空环境

犯罪行为的发生离不开一定的时间与空间，因此时空环境是犯罪行为构成中必不可少的自然要素，也必然影响犯罪动机的维持或转化，并由此制约犯罪行为的发生过程和结果。如果没有作案时间，犯罪嫌疑当然要被排除，这是刑事侦查中常用的推理形式；同样，不具备作案的空间条件，犯罪行为也就无从实施。犯罪人在实施犯罪行为之前，对犯罪的时空条件一般是有考虑的，往往会选择有利于达到预期犯罪收益并能顺利逃脱的时空环境来实施犯罪行为。

4. 行为方式

行为方式，是指犯罪的行为方法、方式。任何一种犯罪都是以一定的犯罪行为方式表现出来的。从不同的角度，可以把犯罪行为方式分为不同的类别，如个人方式与团伙方式、暴力方式与非暴力方式、秘密方式与公开方式，等等。这些犯罪方式，有的是相互对立，有的是相互交叉，犯罪人为达犯罪目的，往往会根据被侵害对象的情况来决定。表现在作案过程中，行为方式则可细化为犯罪手段，如在杀人案中犯罪手段可分为利刃杀、钝器杀、投毒杀、枪杀，等等。行为方式是犯罪人主观意识选择与支配的结果，也受到被害人反应行为和时空环境的制约。分析犯罪的行为方式，是深入揭示案情的切入点，如可以根据行为方式的相似性进行串并案；同时，还可以通过对行为方式的残忍、卑劣程度的评价，来推断犯罪人的主观恶性水平。

四、犯罪心理和犯罪行为规律

（一）犯罪心理具有内隐性，犯罪行为具有外显性，了解犯罪心理一般从犯罪行为入手

犯罪心理是影响和支配行为人实施犯罪行为的各种心理因素的总称，这些心理因素包括认识、情感、意志、性格、兴趣、需要、动机、理想、信念和心理状态等主观范畴。这些主观范畴具有内隐性，是行为人内在的心理活动，如果不外化为某种犯罪行为，一般是难以察觉的。而犯罪行为是行为人在犯罪心理的影响和支配下所实施的具有社会危害性的行为，是行为人心理活动的外在表现，具有外显性。同时，由于犯罪心理较一般的心理活动更为隐蔽，某一个体是否存在犯罪心理，一般要从其心理所支配的行为是否构成犯罪的结果中去认识，也就是说，如果行为人没有实施犯罪行为，就很难判断其是否具有犯罪心理。当然，这也并不意味着我们在行为人实施犯罪行为之前就无所作为，在某些情况下同样可以通过行为人的言谈举止来判断其是否已经形成了犯罪心理。

（二）犯罪心理具有相对的独立性，犯罪行为具有依存性

犯罪心理是行为人的主观思维活动，这种思维活动在没有外化为犯罪行为之前，是可以独立存在的。而犯罪行为是行为人在犯罪心理的推动下实施的危害社会的行为，如果没有犯罪心理的推动和影响，犯罪行为也就不会发生。因此，犯罪行为具有依存性。[①]

---

① 有人认为，过失犯罪不存在犯罪心理，其实不然。尽管过失犯罪缺乏犯罪动机，但行为人主观方面的过于自信或疏忽大意，本身就是一种罪过状态，属于犯罪心理。

（三）犯罪心理形成在先，犯罪行为发生在后

先有思维再有行为、思维推动行为，是心理学界的共识。犯罪心理和犯罪行为也不例外。犯罪行为是在行为人犯罪心理的推动下实施的，行为人先形成了犯罪心理之后，再在犯罪心理的推动和影响下去实施犯罪行为，这一特征在预谋犯罪中表现得尤为明显。在一些激情犯罪中，尽管犯罪行为发生很突然、犯罪动机缺乏预谋，但犯罪心理和犯罪行为仍然存在一个先后顺序，只是这一过程较为短暂。

（四）犯罪行为的性质由犯罪心理的状况决定

犯罪行为是行为人犯罪心理的外化，犯罪心理的状况决定了犯罪行为的性质。同样的行为表现，由于行为人犯罪心理状况不同，导致对其行为性质和行为结果的评价不同。例如，故意伤害和故意杀人在行为表现上可能相似，但由于行为人犯罪心理和主观追求的结果不同，对其行为的法律评价也会不同。同时，一些伪装行为看似与犯罪心理活动存在差距，但本质上仍然是由犯罪心理状况决定的，只是其表现形式不同罢了。

第三节　犯罪心理学研究的方法论

一、犯罪心理学研究的一般方法

一般方法是指具有普遍意义、不是某一学科所专用的研究方法。一般来说，犯罪心理学研究的一般方法主要有：

（一）数学方法

数学既是一门古老的学科，同时又具有重要的方法论意义。作为一种科学的工具，自然科学可以用数学方法，社会科学也可以用数学方法。具有较多的社会科学属性的犯罪心理学当然也可以用数学方法。数学方法的一般方法论意义，首先，作为一门学科的理论，可以用数学语言（如公式、法则、定理、函数、概率、模型等）进行准确、简洁的表述和概括；其次，数学方法可以作为一

种思维方法，这种思维方法更具理性，而且具有严谨、立体和直观的特点；最后，数学方法还可以直接作为一般方法加以采用，特别是量化研究更需要采取数学方法进行，如数理统计、数量分析、数学模型等方法。可以预见，作为一般方法的数学方法在犯罪心理学研究中具有重要的价值和广泛的应用前景。

(二) 逻辑方法

研究任何学问，都在自觉不自觉地使用着逻辑方法。犯罪心理学研究也离不开逻辑方法。一方面，在犯罪心理学研究中，不仅要辩证地看待各种环境因素和个体因素与犯罪心理的相关性，辩证地看待犯罪心理学研究成果的地位和作用，而且要辩证地看待各种研究方法的优势和局限性；另一方面，犯罪心理学的研究语言和思维过程不仅要符合形式逻辑的一般规则，而且形式逻辑的一些基本手段在研究中同样需要采用，如界定概念、确定种属、假设、推理、分析综合、概括归纳等在犯罪心理学研究中都是需要采用的。当然，逻辑不是目的，而是手段，过分强调逻辑方法，可能损害研究成果的科学价值，但这并不等于否定逻辑方法，特别是在一个难以依赖大量实验的学科当中，逻辑方法有不可替代的作用。

(三) 系统方法

系统论的出现和发展早已超出了学科意义，更为人们所重视的是其方法论意义。不必说大量新学科在采用系统方法开展研究，一些古典学科也由于采取系统方法而促进了学科的繁荣。所谓系统方法，也就是用系统的理论、观点观察问题、研究问题的方法。用系统方法研究一个问题，就可以把我们的研究对象看作一个系统，来考察系统内各个子系统之间的关系、互动的原理和过程，以及如何使整体发生变化，如何控制、调整这种变化，等等。这种方法对于犯罪心理学研究的意义是显而易见的。实际上，很多学者已在运用系统方法对犯罪心理形成原因、犯罪心理对策等问题进行研究，并取得了一些研究成果。

（四）假说

在自然科学中，假说被广泛使用。但在社会科学中，人们似乎不愿承认自己的理论是假说，也不愿将别人的理论冠以假说，似乎“假说”一词有损于研究的学术地位。事实上，社会科学的观点、理论同样需要接受检验，而在接受检验、形成定论之前，建立假说也应当是社会科学研究的一个重要方法，而未经验证的理论构想，恐怕也只能说是假说，这并不损害它的科学价值。实际上，科学研究的过程就是假说的提出和验证的过程。当然假说的提出要有创见，否则验证不仅是没有意义的，也是智力资源的浪费。就犯罪心理学而言，同样可以存在假说；就学科特点和发展现状来看，也需要假说；不能因为是假说，便被指为“谬”。在犯罪心理学研究中，已经提出的许多理论观点，应该说带有假说性质。这些假说丰富了犯罪心理学理论，同时也为犯罪心理学的发展提供了线索。

二、犯罪心理学的具体研究方法

犯罪心理学作为一门边缘学科，广泛地采用了邻近学科的研究方法，特别是心理学方法和社会学方法。但是由于犯罪心理的特殊性，主要是犯罪心理的内隐性和危害性，使我们在进行研究时，不能采取将对象重复或再现的方法，也难以直接同步进行研究。通常情况下，是通过第二手材料，即在发生犯罪行为后，通过犯罪人的活动产品，通过研究者本人对研究对象的观察，追溯其走向犯罪的心路历程，对这种间接获取的材料进行分析。因而，犯罪心理的研究常常是间接的、后继的，这就使犯罪心理学的研究具有一定的难度，也使犯罪心理学的研究成果更容易受到质疑。尽管如此，不少学者还是经过努力，探索出了一套适合犯罪心理学研究对象特点的方法。这些方法仍然是在博采其相关学科的方法的基础上，并结合犯罪心理的特点而形成的。

在犯罪心理学研究中，可信可靠的研究成果应当是能够适用于研究对象母全体的结论，但是对犯罪人母全体的研究既不现实，又无必要，因此，必须采用一定方法，使对母全体的部分样本开展的研究得出的结论同样可信可靠，这首先需要抽样方法科学——研究实践中为了把研究者的主观倾向降低到最低限度，一般采取随机抽样的方法——而且样本的数量要足够大，使之能够代表母全体。

在犯罪心理学的研究中，以下方法较常采用：

（一）心理分析法

心理分析法是根据心理和行为之间的必然联系，通过犯罪行为表现及其后果，以及犯罪人的活动产品（诸如犯罪人的微博、微信朋友圈、日记、交代材料等已经形成的东西），分析其犯罪心理因素和活动规律的方法。心理分析法多通过研究各种心理因素之间的相互关系，和它们与犯罪行为之间的相互关系，以及已知的心理规律进行。心理分析法常用来探求个体走向犯罪的过程和原因的定性分析，也可借以推断在犯罪情境中的心理状态和犯罪嫌疑人的个性品质。

（二）观察法

观察法，是指研究者借助自己的五官或一定的测量仪器，有计划、有目的地对处于自然状态下的研究对象进行观测，以获取资料的方法。在自然状态下，对某些犯罪人及其行为表现进行有目的的观察，是犯罪心理学研究中获取资料的有效方法。即便在使用其他方法时，往往也离不开观察方法。但是作为一种专门方法的观察法和作为其他方法的辅助手段的观察法，是不同的。很显然，前者的要求更高，如要由专业人员操作，研究对象要处于完全自然状态，可以使用一些仪器进行客观记录，以及对准备、实施、抽样等要提出较高的要求，以保证观察所获信息资料的真实可靠。

采取观察法可以有多种选择，研究者既可以旁观者的角度对研究对象进行观察和记录，也可以“参加”到所研究的群体中，作为群体的一个普通成员与群体一起生活和活动，在此过程中，对研究对象进行观察。观察法具有简单、直接和经济的特点，但观察法的信度，由于观察者个人的素质、观察的角度和观察者的态度等的局限而受到制约。而且观察法只是观察对方的外显行为，对其心理活动、态度和信念等，仍需要进行推论和分析。因此，采用观察法，要求观察者在事先就应明确观察的目的，制订观察的计划；在观察时，要力求全面、深入、客观，忌带片面性、主观性；观察的同时，要做好记录。

（三）实验法

实验法是研究者通过有目的地控制和创设一定情境，引起被研究者心理变化的活动，以便进行研究的方法。主持实验的人叫主试，实验的对象叫被试，所研究的元素或因素称为变量。实验法可分为两种，即实验室实验法和自然实验法。

实验室实验法，是指在实验室里由研究者借助一定的仪器装置进行心理研究的方法。其优点是可以控制广泛的无关变量，在普通心理学中较为常用。在犯罪心理学中，由于其研究对象的特殊性，应慎重使用实验室实验。

自然实验法，亦即现场实验。它是指在真实的社会环境中，只对少数条件作必要的控制和安排，以便发现事物的因果关系和必然联系。在案件侦查及改造犯罪人工作中，较常使用现场实验。

（四）问卷法

问卷法是研究者通过设计一系列书面问题来征求回答者的书面意见，以获取研究资料的方法。在犯罪心理学的研究中，问卷法较常采用。采用问卷法的关键是问卷的编制。设计问卷一般要限定一个主题，题目数量要适当，问题要明了、简洁，避免使用易引起误解的措词和专业术语。为减少失误，问卷设计好后，还应进行预试，以便进一步修改。

（五）谈话法

谈话法是研究者通过与谈话对象进行交谈，以获取必要的信息资料的方法。在犯罪心理学中也是较常采用的。谈话法与问卷法有相似之处，一次谈话可以认为是一次口头问卷，而问卷则是一次书面交谈。二者的区别在于，一个是面对面的口头回答问题，一个是由应答者书面回答问题。二者各有优势，问卷法研究者所花费的时间和精力比较经济；而谈话法则有助于挖掘被研究者较深层次的思想和心理活动，但容易相互影响。问卷法的关键在于编制问卷和对结论的解释；谈话法的关键是控制谈话情境。

研究者在准备采用谈话法时，要注意话题的选择，要充分考虑到对方的语言禁忌，避免使用令对方难堪、敏感的话题，尤其要注意交谈方式。交谈者还应注意举止、态度，尽量做到自然、友好、礼貌、平静，避免过分亲热或疏离。在谈话中，还要注意非言语方面的交流，并应记录谈话内容。

（六）个案研究法

个案研究法，是指研究者针对某一具有典型意义的犯罪主体或案例，在一段较长时间内，对其心理、行为和活动进行了解，甚至追踪研究，以获得对其心理活动的发展变化的规律性了解。个案研究对于犯罪心理形成、发展、变化过程的了解和描述有很大帮助，但个案研究所得结论的概括性和普遍性，往往受到限制。如果是跟踪研究，则还要较长的时间，甚至达一二十年之久，而且其变量不易控制。提高这种研究方法所得结论的信度，关键是对典型案例的选择和研究过程的控制。

（七）比较法

比较法是通过对犯罪人与非犯罪人，犯罪人犯罪前后，不同经历的犯罪人，不同性别、不同年龄的犯罪人，不同类型的犯罪人的不同心理和行为特征进行比较，以获取信息资料的方法。比如，对青少年与中老年犯罪人的生活经历、生理心理特征、文化背景等方面进行比较，有助于发现不同年龄犯罪人犯罪心理形成、发展、变化及犯罪行为特征的不同特点。有些研究或结论，只有经过比较才有意义，如有的研究者对一些犯罪青少年进行调查发现，有百分之几的人看过渲染暴力的声像作品，于是得出结论，说看渲染暴力的声像作品是青少年犯罪的一个重要原因，这种研究因其没有对照组情况的比较，因而结论是缺乏信度的。

（八）心理测验法

心理测验法，是指使用测验量表对研究对象的智力水平和心理特征的个别差异进行测量的方法。对于心理测验法在犯罪心理学中的应用，有人认为是不适宜的；但在现实中，也有人利用心理测验，研究犯罪人的智力特征，以及犯罪与性格、犯罪与气质的关系等方面的问题。

为了开展科学高效的罪犯矫正工作，中国犯罪心理学工作者和监狱主管部门于1994年开始了研制罪犯心理测试量表的工作。作为这一工程的阶段性成果，《中国罪犯心理测试个性测验量表》（COPA-PI）于2002年投入监狱系统使用，并取得了良好的效果。

（九）数量统计分析法

数量统计分析法，即在搜集和处理研究资料时进行定量分析的方法。在犯罪心理学研究中，定性分析是重要的，定量分析也是必要的。定量分析可使研究结论更具有操作性和直观性，更易把握某种现象和结果之间的关系，但是片面追求数量化的研究，则易使研究的结论被数字所淹没，从而缺少概括性和归纳性，而且犯罪心理学的某些指标也难以量化，或者无甚意义。因此，在犯罪心理学研究中，应当努力将定性分析和数量统计分析结合起来使用。

除上述几种较为常用的犯罪心理学研究方法外，还有一些，但使用哪种方法及如何使用，要根据研究者选取的研究项目而定，一般需多种方法结合使用效果才好。

第四节 犯罪心理学的产生和发展

犯罪心理学是一门既古老又年轻的学科。说其古老，是因为犯罪心理学思想源远流长，在古代，一些哲学家、思想家就开始对人为什么会作恶的心理和行为规律进行了一些探讨；说其年轻，是因为它作为一门独立的学科存在，只是近一百余年的事情。

一、早期犯罪心理学思想探讨

犯罪心理学的产生依赖于两方面的条件，一是随着人们对犯罪心理现象和原因的探讨日益深入，开始逐渐采取一些科学方法进行研究，从而奠定了犯罪心理学产生的立论基础和方法论基础；二是随着社会的发展，犯罪现象的增加，引起了社会的普遍关注，从而为犯罪心理学的出现提供了社会条件。

（一）我国古代的犯罪心理学思想

犯罪心理学是在先人丰富的思想探讨和缜密的哲学思考基础上成熟起来的。在我国古代典籍中，记载着大量关于犯罪心理原因、犯罪心理预防等方面的精辟阐述，不少观点在今天看来仍不失其光彩。

春秋战国时期，诸子百家通过对人性善恶的争鸣，对一些人何以作恶进行了探讨。《告子》曰："食色，性也。"这种性"无善，无不善也"。意即人所有的饮食、男女之欲是人生来就有的，无所谓善恶之分。"性"犹如流水，"决诸东方则东流，决诸西方则西流"，因而关键是后天引导。孟子则主张"人性善"，他认为"仁、义、礼、智，非由外铄我也，我固有之也"，"实岁，子弟多赖；凶岁，子弟多暴"。就是说，人生来就有仁义礼智之心，有的人所以作恶，不是本性如此，而是由于后天的环境改变了他的善心。我国古代著名哲学家荀子则认为，人生性"好利""疾恶""好声色"，由此在人们中间产生了"争夺""残贼""淫乱"，如果"从人之性，顺人之情，必出于争夺，合于犯分乱理而归于暴"，只有通过"起礼义，制法度，以矫饰人之情性而正之，才可为君子"。

我国古代大思想家孔丘更是指出了许多预防犯罪的思想，他主张以"教化""德治"来预防、治理犯罪，"德之以政，齐之以刑，民免而无耻；道之以德，齐之以礼，有耻且格"。孔子还将预防犯罪与人的不同年龄发展阶段联系起来，"君子有三戒：少之时，血气未定，戒之在色；及其壮也，血气方刚，戒之在斗；及其老也，血气既衰，戒之在得”。孔子在强调教化的同时，并不反对适当的刑罚，他主张宽严相济，“政宽则民慢，慢则制之以猛；猛则民残，残则施之以宽。宽以济猛，猛以济宽，政是以和”。

与儒家相比，法家更强调刑罚手段，韩非认为，道德教育不足以防止犯罪，只有刑罚才能担此重任。商鞅认为：“刑治则民威，民威则无奸，无奸则民安其所乐。以义教则民纵，民纵则乱，乱则民伤其所恶。吾所谓刑者义之本也。”从刑罚的社会心理效应的角度强调了刑罚的作用。

道家代表人物老子也分析了犯罪的原因和预防问题，他认为犯罪的主要原因在于犯罪人的贪婪：“祸莫大于不知足，咎莫大于欲得。”犯罪的外在原因则在于超前的物质生活，“五音令人目盲，五章令人耳聋，五味令人口爽，驰骋畋猎令人心发狂，难得之货令人行妨”。所以，预防犯罪，一是“为之于未有，治之于未乱”；二是“不贵难得之货，使民不为盗；不见可欲，使民心不乱”。

(二) 古代西方的犯罪心理学思想

古代西方一些哲学家也有对犯罪原因的论述。例如，古希腊的哲学家德谟克利特（公元前 420 年左右）认为，人之所以做出违法的行为，是“由于贪得无厌”。柏拉图（公元前 427—公元前 347 年）认为，“人的灵魂里有一个比较好的成分和一个比较坏的成分”。好的控制坏的时，他就能控制自己的行为，不去作恶；相反，坏的成分居多时，人就会完全受自己的欲望支配行事，由此做出许多坏事。

在古代西方，还曾流行通过人的面相或骨相来推断人作恶的原因。古希腊哲学家苏格拉底（公元前 469—公元前 399 年）就曾说：“凡面黑者，大都有为恶的倾向。”亚里士多德（公元前 384—公元前 322 年）也曾探讨过骨相与犯罪的关系。到 16 世纪末，意大利的波尔达（1541—1615）发表了《骨相学新说》，认为人的性格与身体有关，而犯罪则是犯罪人“变态的组织体”不可避免的趋势。在中国古代，也曾有关于骨相、面相与人之善恶关系的探讨。

到了近代，随着法学的出现和医学的发展，犯罪现象受到了法学家和医学家的关注，这使人类社会对犯罪人的研究出现了一个飞跃。法国唯物主义哲学家、法学家孟德斯鸠（1689—1755）在其《论法的精神》一书中，首次提出犯罪人精神有重大转变的观点，认为“悖德狂”“色情狂”，都是个体精神重大质变的结果与表现。刑法学创始人之一贝卡里亚（1738—1794）认为，人是有理性、有意志的，他能够辨别是非善恶，也能自我规律，他所以犯罪完全是自我选择的行为，是一种知性的表现。另一位刑法学创始人边沁（1748—1832）则认为，人是为了追求快乐，也就是为了得到财物和肉体的享受，才会犯罪。

二、犯罪心理学的产生和发展

从现有资料来看，“犯罪心理学”一词最早出现于1790年由德国人明希编写的《犯罪心理学在刑法制度中的影响》一书中，而最早以犯罪心理学为书名的著作则是1792年德国人绍曼编写的《犯罪心理学论》一书。[①] 此后，以犯罪心理学为名的论著相继问世。这些研究犯罪心理问题的论著的系统性如何，尚不得而知，但从《西方犯罪学史》一书提供的资料来看，18世纪末19世纪初形成了犯罪心理学研究的第一个活跃期。

19世纪后叶，犯罪学、心理学等学科也相继创立，从而进一步推动了犯罪心理学的发展。1876年，意大利犯罪学家龙勃罗梭（1836—1909）出版《关于犯罪者之所见》一书。龙勃罗梭的研究，从方法的科学性、范围的广泛性、条理的系统性等方面超过了前人。他利用自己是医生的条件，接触、观察了大量囚犯，解剖了许多死囚并以自己的观察为依据，提出了“天生犯罪人”的观点，创建了“犯罪人类学”理论，他被后人称为“实证犯罪学”的鼻祖。

---

① 吴宗宪著：《西方犯罪学史》，警官教育出版社1997年版，第454页。

在龙勃罗梭实证研究的带动下，19 世纪末出现了犯罪心理学研究的第二个活跃期，其标志就是奥地利犯罪学家汉斯·格罗斯编写的巨著《犯罪心理学》于 1897 年的出版。格罗斯在其著作中，对犯罪心理学的学科性质作了说明。他认为，犯罪心理学应当是心理学在处理犯罪中的应用，而不仅仅是有关犯罪人的心理病理学和犯罪心理的自然史。实际上，格罗斯的犯罪心理学所论述的范围既包括了犯罪人的心理状态，又包括法官、鉴定人、陪审团和证人等的心理状态。因此，这本书更像刑事司法心理学，或者像一些学者所主张的广义的犯罪心理学。但是，由于格罗斯的《犯罪心理学》在当时犯罪心理学研究中所具有的代表性，以及它对犯罪心理学研究产生的推动作用，有学者认为，应将此书的出版作为犯罪心理学学科诞生的标志。①

龙勃罗梭的学生，意大利人菲利（1856—1929），在龙勃罗梭犯罪人类学学说的基础上，又提出了自己的独立见解。他认为人的素质（人类学的）是犯罪的原因，但这只是内部原因，而犯罪是由内外两种原因交互作用形成的。他所说的外因，系犯罪人所生活的社会环境，并认为环境的影响是起主要作用的。他还主张要研究罪犯的犯罪心理，并认为这是研究犯罪的最终途径。菲利著有《犯罪社会学》一书。

19 世纪后期到 20 世纪初，资本主义的社会矛盾日益尖锐，犯罪现象迅速增加。在这种情况下，欧美及日本的犯罪心理学得到迅速发展，对犯罪人的心理，犯罪人的精神、身体，犯罪人的社会环境等方面的研究都很活跃。20 世纪初，美国出现了行为主义心理学，其著名的观点是强调“刺激”对人的行为反应的作用，认为人有怎样的刺激就有怎样的反应；一个人受到怎样的刺激就会出现怎样的后果。后来行为主义得到了发展，又出现了新行为主义，不仅强调外部刺激，而且强调刺激与反应的中介因素——心理活动。

---

① 吴宗宪著：《西方犯罪学史》，警官教育出版社 1997 年版，第 459 页。

这一思想对犯罪心理学的研究是有影响的。20世纪初创立和发展起来的精神分析学、临床心理学和学习心理学等，也促进了犯罪心理学的发展。

20世纪50年代，随着科学技术的高速发展，大量新兴学科，如控制论、系统论、信息论等开始兴起，并对各个领域的研究，包括犯罪心理学研究都产生了重要影响。20世纪60年代，认知心理学出现，它强调以信息加工的观点来研究人的认知过程，把人的心理活动看作一个整体进行研究，认为心理活动都是结构的活动。这些基础理论学科的发展也促进了犯罪心理学的研究。

由于外部的条件和自身研究的深入，犯罪心理学得到了迅速的发展。从深度上说，犯罪心理学对于犯罪心理，从单因素研究转为较为综合的研究，既重视生理，又重视心理、环境等因素的综合作用；从广度上说，很多学者也不再孤立地研究犯罪人，而是扩展到对与犯罪人、与犯罪活动相关的各种人的心理、行为的研究。这样，以犯罪心理学为基础，围绕着犯罪原因、矫治，出现了一个学科群，如司法心理学、证人心理学、侦查心理学、受害人心理学，等等。

三、现代犯罪心理学在我国的出现和发展

作为一门独立学科的现代犯罪心理学，在我国出现的历史是比较短的。20世纪30年代，国外一些犯罪心理学著作开始传入我国。当时我国一些学者翻译出版了一批西方犯罪心理学著作，如陈大齐翻译出版的德国学者马博的《审判心理学大意》，王书林翻译出版的美国学者柏替的《法律心理学》等等。

我国犯罪心理学的建立和发展，是从20世纪70年代末到80年代初期开始的。一方面，党的十一届三中全会以后，人们的思想得到解放，许多学科门类开始得到恢复和发展，尤其是心理学与法学研究迅速恢复和发展起来，从而为犯罪心理学的研究创造了有利的条件；另一方面，“文化大革命”严重败坏了社会风气，导致20世纪70年代后期以来，犯罪问题特别是青少年犯罪日益突出，迫切需要各学科提供科学依据和方法。相应地，以研究犯罪心理规律为己任，为打击、治理犯罪提供科学依据的犯罪心理学开始发展并得到社会重视。犯罪心理学在我国创立以来，其理论研究和实践都得到了发展，其基本的理论架构已经形成，犯罪心理学的应用得到重视，并取得良好的社会效果。1983 年 6 月，在无锡举行的中国心理学会法制心理专业委员会成立大会暨科研规划会议，标志着我国犯罪心理学的发展进入了一个新的历史时期。2010 年，在民政部和中国科协的主持下，中国心理学会进行全面改革，原中国心理学会下设的各专业委员会改为分会，原中国心理学会法制心理专业委员会更名为中国心理学会法律心理学分会，为我国犯罪心理学的发展提供了更为广阔的发展平台。

第二章 犯罪心理形成原因的主要理论

第一节 我国学者关于犯罪心理形成原因的主要理论

一、我国学者关于犯罪心理形成原因的代表性观点

（一）内外因素论

即把犯罪心理形成的原因看作内、外两方面原因（或因素）共同作用（或相互作用）的结果。持这种观点的不同学者在表述和归纳上可能有所不同，但都是把犯罪心理形成原因归纳成内、外两大方面原因（或因素）。外因（或称外在因素、外部因素、主体外因素、外在不良因素等）通常包括社会环境的不良影响、家庭的不良因素、学校教育的缺陷、居住环境和工作场所中的消极因素。有的学者把自然环境因素罗列于外部因素当中。内因（或称内部因素、主体自身因素、个体因素等）则包括年龄、性别等自身生物学因素，品德、个性、认识等心理因素，以及不良的行为习惯等。许多学者在强调内、外因的同时，也强调内、外因之间的相互关系和相互作用。

（二）动力因素论

有学者认为，犯罪心理的形成与发展是内、外因作用的结果，其中外因是外界刺激所引起的矛盾，内因是心理现象的内在矛盾。它们在发生作用，影响个体犯罪心理形成时，具有一种动

力性质。这些具有动力性质的内、外因素，主要有潜在的动力因素、转向的动力因素、激发的动力因素、发展的动力因素和定型的动力因素等，这几方面的动力因素相互联系，相互制约，既有发展的连续性，又有发展的阶段性。在个体犯罪心理形成与发展的不同阶段，总会有占有优势的主要矛盾，从而成为相应阶段的主要动力因素。

（三）系统模式论

有学者在论述现阶段犯罪心理成因的宏观模式时指出，探讨犯罪心理产生的原因和历程时，要把握三个基本方面，一是宏观社会系统，它与自然系统和思维系统互相独立，是各个系统心理反应的决定环境。社会系统的各个组成因素或子系统在系统结构中具有不同的地位和作用，对心理范畴具有最直接作用的中介因素，是反映社会存在的社会意识，这包括社会意识形态和社会心理两个重要组成部分。二是文化环境系统，在这一系统中，与个体产生犯罪心理有关的首先是作用空间与有害环境；其次是体现各种意识形态内容的媒介或媒体；最后是以人际交流工具为表征的符号系统。三是个体因素系统，主要指个体的不良心理结构，它经常表现为主体的不良需要结构和各种反社会的需要模式。

（四）聚合效应论

有学者认为，影响犯罪心理形成、发展的因素多种多样，这些因素的聚合效应是犯罪心理产生的原因。而所谓聚合效应，是指可能影响犯罪心理产生的诸种因素的作用（包括主要因素的作用、次要因素的作用、主要因素与其他因素相互作用而产生的增效作用等）聚合在一起而具有的产生犯罪心理活动的效应。为分析这种聚合效应，也需要把对影响犯罪心理形成的因素划分成为外部因素和主体因素，并且要对这些因素作立体的、动态的、系统的和整体的分析。

（五）综合动力论

这种观点认为，人们的社会行为是受其思想意识支配的，犯罪人的主观因素是其犯罪行为的直接原因，人们的犯罪意识则是他们所处的社会环境决定的。这种观点还认为，各种制约人们成长的客观条件，并不直接决定人们的行为，必须通过内在因素的中介、加工、转换作用，才能对其行为产生影响。如果没有个体主观能动性的作用，即使所在环境中存在大量的诱发、刺激犯罪的社会因素，仍不会使个体发生犯罪行为。个体内在因素大体可分为内驱力系统和自控力系统，如果内在自控力体系出现缺陷，不能正常发挥其遏制不良社会诱因并朝着正确行为导向的功能，个体就会经受不住内外诱因和冲动的压力而产生犯罪意识，出现犯罪行为。

（六）综合动因论

综合动因论是一种按照系统论的观点对犯罪心理形成原因的探讨。本书关于犯罪心理形成原因的观点也是采纳综合动因论的观点。

二、我国犯罪心理形成原因理论的评述

犯罪心理形成的原因，是一个由影响犯罪心理形成的诸因素所构成的系统。在这一系统中，各因素相互联系、相互作用且始终处于运动变化中，这种互动导致整个系统的发展变化。犯罪心理就是在这种互动过程中形成的。

对于犯罪心理形成的原因，可以从以下几方面来理解：

（一）犯罪心理形成的原因是一个多层次、多水平的系统

所谓系统，是由若干个相互联系、相互依赖、相互作用的要素所组成，且具有一定结构和功能的有机整体。按照系统的观点，可以将我们的研究对象，即犯罪心理形成的原因，看作一个系统，这个系统由影响犯罪心理形成的各种因素（这些因素也可以看作系统）所构成，这些因素构成的系统是多层次、多水平的（如图 2-1 所示）。

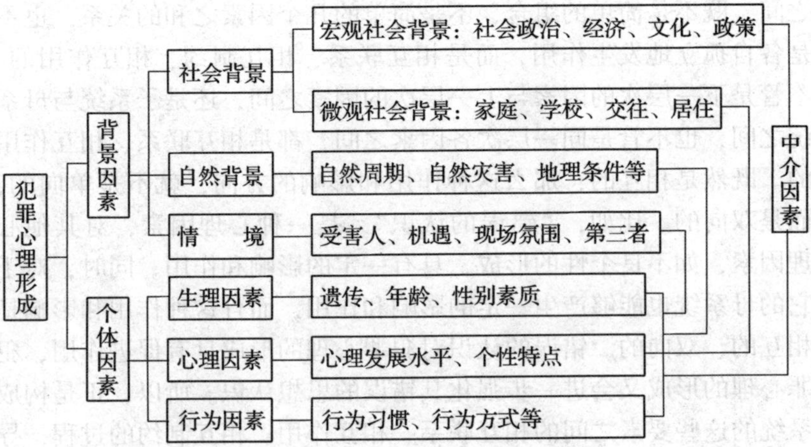

图 2–1　犯罪心理形成的原因系统

（根据罗大华教授编制的犯罪心理形成的原因系统改编）

在犯罪心理学的发展史上，出现过大量单一因素决定论的观点。有的学者看到这种观点的局限性，又提出了多因素决定论的观点，这种观点虽然比单一因素决定论有所进步，但仍然是有局限性的，因为它把犯罪心理形成的原因看作多个因素的简单加法，没有看到多因素之间的联系和作用。因此，他们往往把精力用于寻找对犯罪心理形成有影响的因素，并企图全部罗列出来。但事实上，影响犯罪心理形成的因素是如此之多，人们几乎很难将它们罗列无遗。所以这种观点也就始终无法全面说明犯罪心理形成的原因。

把犯罪心理形成的原因看作一个系统，需要分析构成系统的各种因素，也需要尽可能全面地找到影响犯罪心理形成的因素有哪些，但它是把这些因素当作子系统来看待的，它更重视它们之间的互动关系，更重视它们的活动的机制，即它们是通过怎样的活动来推动整体的发展变化，从而寻找犯罪心理形成的根据。

（二）构成犯罪心理形成的原因系统的各要素具有互动性

犯罪心理形成的原因是一个整体系统。构成这个系统的各要素之间，既不是简单的组合，不是简单的几个因素之和的关系，也不是各自孤立地发生作用，而是相互联系、相互制约、相互作用的。不管是下一层次的因素与上一层次的因素之间，还是子系统与母系统之间，也不管是同一层次各因素之间，都是相互联系、相互作用的。既然是相互的，那么这种作用和影响的方向，就不是单向的，而是双向的。比如，“错误的认识”，是一种心理因素，对其他心理因素，如不良个性的形成，具有一定的影响和作用。同时，对于它的母系统也能够产生一定的影响和作用，而且这种作用和影响是相互的、双向的。错误的认识对犯罪心理的形成具有促进作用，犯罪心理的形成又会进一步强化其错误的思想认识。所以，正是构成系统的这些要素之间的相互联系、相互作用、相互制约的过程，导致了系统整体的发展变化。恩格斯说：“世界不是一成不变的事物的集合体，而是过程的集合体。”① 这里的过程，当然是指事物的运动过程、互动过程。所以我们与其说系统由要素构成，不如说系统是由运动着的要素构成，不管是构成系统的要素，还是系统的本身，都处在发展变化的运动过程当中。犯罪心理的形成、发展和变化，也是在构成系统的各要素的互动过程中发生的现象。因此，如果把犯罪心理的形成放在人的一生中加以考察，那么则应把它看作犯罪个体毕生心理发展过程中出现的一种现象。

（三）在犯罪心理形成的原因系统中，各要素起着不同的作用

不仅此要素与彼要素对犯罪心理的形成起着不同的作用，即便同一要素，在不同主体犯罪心理形成过程中也可能起到了不同的作用，如环境因素的作用，初犯所受环境的影响要大于累犯和惯犯，青少年犯所受环境的影响比中老年犯罪人则要大些。但是从各种因素与犯罪心理形成的关系来看，它们都是犯罪心理形成的相关要素，至于这些相关因素对于犯罪心理的形成起了多大作用，则可以

---

① 《马克思恩格斯选集》（第4卷），人民出版社1972年版，第239~240页。

利用普通心理学“相关系数”的概念加以说明，而这需要大量的调查统计和实验研究才能得出科学结论。

第二节　国外犯罪心理形成原因的理论

一、犯罪生物学派及其观点

犯罪生物学派，是指从生物学的角度来研究犯罪心理形成原因的学派。研究者试图从人类的骨骼、外貌、体型和遗传等方面，来揭示犯罪心理形成的原因。其主要代表人物是意大利著名的精神病学家、犯罪学家、犯罪心理学家龙勃罗梭（1836—1909）。具有代表意义的犯罪生物学派的观点主要有：

（一）隔世遗传说

隔世遗传说是犯罪生物学派理论的最早观点，由龙勃罗梭创立。他以对大量罪犯的身体特征进行长期的观察和测定为依据，提出许多罪犯的形态、生物和心理的反应，都属于人类进化过程中那种落后的、原始野蛮的一类人的反应，因而他提出犯罪人是人类隔世遗传的产物，是人类发展倒退到原始野蛮阶段的返祖现象。在初版的《犯罪人论》中，他认为大多数犯罪人是生来犯罪人。后来，他对自己的观点有所修正，认为只有少数犯罪人是“生来犯罪人”。他还提出了一种“倾向”犯罪人类型，这种犯罪人的越轨行为是环境对其软弱本性产生压力的结果。隔世遗传说虽然受到许多人的批评，但作为犯罪学的早期观点，其结论特别是研究方法对于犯罪学、犯罪心理学的发展具有重要的价值。

（二）性染色体异常说

这种观点认为，犯罪行为，尤其是暴力犯罪，与性染色体异常，特别是与 XYY 这种超男性的染色体构成有关，因为这种人具有超出一般男性的攻击性，自制力差，易发生暴力犯罪。因此，西方一些学者认为，一些人之所以犯罪，与性染色体异常有关。

（三）智力落后的观点

20 世纪初，德国心理学家比纳（1857—1911）和他的助手西蒙（1873—1961）编制了用于测量智力的《比纳西蒙智力量表》，引起一些犯罪学家的注意。美国犯罪学家戈德尔特（1866—1957）对此量表加以修订后，对监狱里的罪犯进行了测试，发现不少罪犯智力落后，于是他得出结论：犯罪行为的主要原因在于智力低下，犯罪者是天生的低能。此后又有一些人对智力落后与犯罪的相关性进行了研究，但未能得出令人信服的结论。

犯罪原因的生物学观点，把一些人的犯罪行为归结为生物因素的作用，忽视甚至否认社会因素对个体犯罪行为的影响，这样所得出的结论必然是片面的，是违背人的心理规律和行为机制的。但从生物学角度研究个体犯罪原因，是一个重要的途径，随着基因科学、生命科学的发展，生物学因素（如基因 DNA）与人的情绪、行为关系的研究，受到许多科学家的关注。这种研究对揭示生物学因素与犯罪行为的相关性，很可能会产生巨大作用。

（四）病变说

德国不来梅大学神经病学教授杰哈德·罗斯在 2013 年公布了他的研究成果：通过对大量罪犯的大脑进行 X 光扫描发现，多数罪犯大脑的前方有一块黑色的斑块。他将此斑块称为“罪恶斑”。同时他宣称，只要通过手术将“罪恶斑”摘除，行为人就可以“完全恢复正常”。美国新墨西哥大学心理学副教授肯特·基尔通过实证研究得出了与罗斯一样的结论，他对威斯康星州和新墨西哥州监狱的约 2000 名罪犯做过大脑核磁共振扫描，结果发现他们的大脑扫描图像具有一些共同的特征。由此，他们认为：大脑病变与犯罪，特别是严重暴力犯罪有密切关系。犯罪心理形成的主要原因在于行为人“大脑病变”。

二、精神分析学观点

精神分析理论系由奥地利著名精神病学家、心理学家弗洛伊德（1856—1939）所创立。他的理论包括心理结构、人格结构和心理动力三个部分。他认为人的心理结构由意识、前意识和潜意识三部分构成。从它们对人的行为的重要性来看，潜意识的地位和作用最为重要。他所讲的人格结构则包括本我、自我和超我。本我是人格中受快乐原则支配的，充满本能欲望的那部分；自我是按现实原则活动的，较为理智的那部分；超我则是受道德原则支配的，限制本我的冲动得到满足的那部分。他认为，人的心理动力是本能。他把人的本能分成生的本能和死的本能两种，生的本能是一种维护自己生存的本能，包括性本能和防御本能。死的本能则是一种破坏性的、攻击性的本能。弗洛伊德强调本能特别是性本能的作用。按照精神分析学的观点，犯罪也是一种个人原始本能的复活，是无意识罪恶感增长的结果。

在弗洛伊德那里被夸大了的性本能的作用，被他的后继者们作了许多修正，并提出了相应的犯罪原因观。如美国精神病学家希利等人认为，青少年由于本人的素质、家庭和环境等影响，容易处于寂寞、自卑、不幸、自责和嫉妒等不正常的情绪状态中，如果这些情绪问题长期得不到解决，就有可能通过违法犯罪取得代偿性满足。新精神分析学的另一代表人物阿德勒（1870—1937）则认为，应从社会适应方面来解释犯罪，他还特别强调自卑情结和优越情结。他认为，罪犯与精神病患者、酗酒者、自杀者等都属失败者，具有自卑和优越情结，这两种情结都朝着生活中无用、反常的一面发展。由此可见，这样的观点比古典精神分析学中一味强调性本能的观点是有进步的。

在弗洛伊德攻击本能理论的基础上，美国心理学家多拉尔德、米勒等人加以发展后，提出了挫折—攻击说。

他们认为，人遇挫折后必继之于攻击反应。产生攻击反应必先遭遇挫折，而且挫折的强度可以决定攻击的强度。挫折还可能导致攻击目标的转移甚至无目的的攻击反应。因此，一些人所以犯罪是由于遭到挫折后产生了攻击反应。后来的一些学者又通过实验研究，对有些绝对化的挫折—攻击观点进行了修正，认为挫折发生后，并不必然继之以攻击，只是增大了受挫折个人的攻击可能性。

三、学习理论的观点

（一）塔尔德的模仿论

塔尔德（1843—1904）是法国社会学家、犯罪学家。他认为，包括犯罪行为在内的所有社会生活中的重要现象，是由模仿而来的。他还具体指出了模仿的规律，如人际距离越近，模仿性越强；低劣者模仿优越者，下层人物模仿上层人物；当两种风气同时流行时，一种风气可代替另一种风气，新方式可代替旧方式，等等。这一观点因其忽视了个体身体、心理等方面对行为的影响，因而被批评者认为过于简单化了。

（二）差别交往理论

美国犯罪学家萨瑟兰（1883—1950）1939年在其代表作《犯罪学原理》中提出了差别交往理论。该理论的主要观点包括了以下九个方面的命题：犯罪行为是学习得来的；犯罪行为是在相互交往过程中与他人相互作用而习得的；犯罪行为的学习主要发生在关系密切的群体中；犯罪行为的学习包括犯罪技巧的学习、犯罪动机欲望、合理化辩解的学习；动机和欲望的专门定向是通过对法律的正反两方面的释义学会的；个人变成犯罪者是因为助长犯罪的解说压倒了抵制犯罪的解说；差别交往在频率、持续性、优先性和强度方面互有区别；通过与犯罪的和抵制犯罪的行为模式的交往来学习犯罪行为的过程，包括了在其他任何一种学习过程中都起作用的全部机制，而不仅仅是模仿；尽管犯罪行为是一般的需要和价值的反映，但却不能用一般的需要和价值来解释犯罪行为，因为非犯罪行为也是同样的需要和价值的表现。

（三）埃森克的条件反射说

埃森克是英国心理学家，他以巴甫洛夫（1849—1936）的条件反射学说为基础，提出了自己关于犯罪原因的观点。他认为：当儿童有了某种行为后，父母、教师或其他儿童会给予惩罚或奖励，从而使其在这一过程中习得社会规范，朝着正确的方向形成条件反射；而未能形成这种条件反射，也就是没有完成社会化过程的人，就容易走向犯罪。

（四）班杜拉的社会学习理论

班杜拉（1925— ）是美国著名心理学家，社会学习理论的创始人之一。他认为攻击行为不是与生俱来的，而是后天习得的，是在社会环境中观察学习得来的。这种观察学习大多在三种社会联系中进行：一是家庭的影响，如父母的相互攻击，以及父母惩罚家人、子女的行为，会使子女形成某种行为方式；二是副文化群的影响，这种群体中大量存在的与社会主流文化相冲突的种种现象会使群体成员受到消极影响；三是符号示范作用，即那些影视书刊等传播媒介所提供的范例，给人们提供了一种榜样作用。这样一些消极的范例就会对人产生消极的作用，如暴力性电视节目可以造成人们之间攻击行为的增多。班杜拉的观点大多是根据其模拟实验研究得来的。

学习理论的观点，强调外部环境对个体犯罪的决定性作用，但它忽视了犯罪人的主观心理作用。因而也就不能对为什么人们在接受外部环境的影响时，不同的人会走向不同的方向，作出令人信服的结论。

四、社会学观点

（一）文化冲突理论

这种理论以美国犯罪学家索斯坦·塞林为代表。他在1938年发表的《文化冲突与犯罪》一书中提出，不同民族、不同种族之间存在文化冲突；不同阶层、不同团体之间存在文化冲突；不同时期、不同地区也存在文化冲突。文化冲突必然导致行为规范的冲突，犯罪可以被看作一种行为规范冲突的结果。所以文化冲突常常导致犯罪的发生。他认为，当一个文化集团的规范准则扩张到另一领域时，或当一个文化集团的人移居到另一集团领域时，或当文化单一状态发展为多样状态时，都会发生文化冲突，从而表现为犯罪。

（二）标签理论

标签理论也译为标定理论。这种理论认为，当一个人被对其有影响的人，如教师、警察、邻居、父母或朋友等贴上犯罪人的标签，甚至以犯罪人相待时，他就会真的以犯罪人的身份行动，进行犯罪活动，从而成为一个真正的犯罪人。一些犯罪人之所以成为职业犯，则可能是因为其认可了“犯罪人”这一标签，所以变本加厉地进行被标签所标定的犯罪行为。

（三）紧张理论

这一理论认为，大多数人所具有的价值观念和生活目标是大致相同的，但是人们实现这一目标的机会是不同的。社会为人们所提供的实现这些目标的手段、方法也不是平等的，而是由社会经济地位所决定的。在中、高层，受教育以及有体面而又高薪的职业，因其已具有相应的地位和财富，因此在他们当中不存在紧张；但是在较低阶层，由于既没有社会和经济地位，又不能通过合法手段取得成功，因而低阶层的公民更易感到沮丧、紧张和不安，结果便导致一些人利用犯罪等非法手段，来消除紧张，实现目标。

（四）亚文化理论

这一理论认为，在社会的较低阶层中，存在许多不同的亚文化群。由于亚文化群的成员没有社会、经济地位，因而不能实现其较高的目标，这类持有相同思想意识、价值观念而处境又相同的人，特别是青少年，便纠集在一起，以相互支持、相互依赖，来帮助群体成员实现各自的需要。在亚文化群中，往往存在大量与社会主体文化相冲突的思想意识、价值观念，在他们那里，违法犯罪作为实现自己目标的手段是不受指责反而受到鼓励的。

第三章　犯罪心理的相关因素

第一节　社会背景因素与犯罪心理

犯罪心理的形成、发展、变化总是在一定背景下实现的。这里的背景包括社会背景、自然背景和情境。它们对犯罪心理的形成、犯罪人的活动规律和行为特点都有程度不同的影响。本节着重对社会背景因素与犯罪心理的关系作些分析。

人们总是生活在一定的社会背景中。对于一个人在社会化过程中，形成怎样的个性，他所生活的社会文化背景因素起到了至关重要的作用。犯罪人所以形成犯罪心理，犯罪心理所以会发生变化，无一不是因为接受了社会文化背景中某些因素的影响的结果。

当然，社会文化背景因素是纷繁复杂的，不同的因素对个体产生作用的方式是不同的。某些具体的社会环境，如家庭、学校、交际群体、居住环境等因素，由于与个体直接接触，可以对人产生直接的影响；还有一些因素，如一定时代的社会政治、经济状况、社会意识等因素，只能对人产生间接的影响，这种影响需要通过一些中介因素才能实现，如人们通常通过上网、看电视、看报等形式来感受社会政治、经济形势的变化，并接受其影响。人们通过人际交往也可以了解这种变化，接受它们的影响。这种需要一定中介因素才能对个人产生影响的社会因素，称为宏观社会背景因素；而那些直接与人相接触的社会因素，称为微观社会背景因素。

一、宏观社会背景因素与犯罪心理

宏观社会背景因素通常包括社会政治、社会经济、社会意识和社会风俗习惯等因素。

（一）社会政治因素与犯罪心理

一般来说，当社会政治形势出现大的波动时，会促使一些人的心理活动和个性倾向发生波动，从而导致社会心理的波动，个体心理与社会心理的相互传递、相互影响，对个体行为的影响是很大的。这种社会政治形势的波动主要是指社会动乱和社会变革。

社会动乱是一种无政府状态，是各种社会矛盾尖锐化的结果。社会动乱与犯罪心理的相关性体现在：社会动乱常常使法制遭到破坏，使社会出现失序状态，犯罪控制机制失去效能，从而助长人们的冒险心理和投机意识；社会动乱还会使青少年难以受到正确的引导和教育，从而扩大、增强他们接受社会消极影响的机会，使他们中的一些人走上违法犯罪道路；社会动乱的发生，还会为本来对社会怀有敌意的人提供反抗的机遇，有些敌对分子在这种情况下往往以犯罪手段进行反社会的活动，所以社会动乱总是伴随着反社会型、政治型犯罪的上升。

社会变革与犯罪心理的相关性不像社会动乱与犯罪心理的相关性那样直接。其一，社会变革并不一定带来社会动乱，但由于社会变革即意味着国家现行政策多方位的调整变化，涉及社会利益的重新分配，因而往往触及部分人的利益，导致人们思想上出现某种程度的混乱，使很多人出现不同程度的心理失衡。尤其是观念的变革，常使一些人放弃传统的道德观、价值观，从而减弱了其行为自律机制。这是导致一些人走上犯罪道路的重要因素。其二，社会的迅速变革，超出了一些人的心理承受能力。这些人由于思想跟不上形势的发展变化，拒绝接受已经变化了的社会存在、社会现实，从而以各种方式排斥、抵制这种变化，其极端表现形式就是犯罪，即或者直接进行犯罪活动，或者煽动他人进行犯罪。例如，在企业的优化组合中，一些职工因种种原因遭到淘汰，其中有的人无法接受失去工作的现实，于是报复领导，甚至报复社会，走上了犯罪道路。在近年来的经济改革中，因自己的既得利益受到触及而进行报复犯罪的事例，也是相当多的。其三，由于社会变革涉及社会各方面的调整，会使现有的社会调控机制受到一定程度的影响，而新的社会调控机制还难以迅速衔接起来，这就导致社会生活的许多方面出现疏漏，给一些不法之徒提供了可乘之机。

(二) 社会经济因素与犯罪心理

社会经济对犯罪心理到底具有怎样的影响，人们存在不同看法。在编者看来，不管是经济繁荣，还是经济落后，它所带来的某些社会情境的变化，都有可能成为导致犯罪心理形成的诱发因素。不同的经济状况使犯罪心理出现不同的特点，经济发达会带来享乐型犯罪的增加；经济落后则会带来以满足基本生活需求为目的的犯罪增加。

进一步说，社会经济状况与犯罪心理的相关性，应当体现在社会经济的发展能在多大程度上满足人们的需求，这个矛盾越尖锐，形成犯罪心理的个体便越多，犯罪率就会上升；反之，这个矛盾缓和了，犯罪率就会下降。20 世纪五六十年代（不包括“三年困难时期”），虽然社会经济很不发达，但人们对生活期望值低，因此人们不但没有感觉到现实与需要有什么反差，反而因为觉得新社会解决了人民吃饭穿衣问题而感到幸福，因而犯罪率是很低的。而在改革开放以来，我国社会经济迅速发展，虽然人民生活水平不断提高，但人们物质和精神生活的需求发展更快，这个矛盾不是随着经济的增长缓和了，反而愈益尖锐，因而一些人在个人需求急剧膨胀，通过合法途径又无法满足时，铤而走险，进行犯罪，因此，犯罪案件数量的增长也就不足为奇了。

社会经济的发展，虽然并不必然带来犯罪的增加，但一般认为，经济的失衡发展往往会导致犯罪案件数量的增长。因为所谓失衡，即不平衡发展，也就是经济指数迅速增长，但综合指数并未增长，或者低水平增长，公民受教育程度、法制完善的程度、打击犯罪的机制等环节却没有跟上，这必然带来社会不稳定因素的增加、犯罪诱发因素的增多、刺激人们的物质欲望超前，而文化、精神需要却滞后，这些是刺激犯罪心理形成的高相关因素。

例如，经济危机、金融危机等经济的剧烈波动和动荡与犯罪高度相关，特别是在经济快速发展过程中出现的经济危机、金融危机等经济的剧烈波动，往往更深刻地影响人们的生活、信心和人际关系，因而多伴随犯罪的增加。失业问题是社会经济状况的一个缩影，也是经济波动的缩影。而失业与犯罪心理具有高相关性，这已为许多实证研究所证实。失业率的高涨，是工业社会经济萧条的一个标志，但与经济落后不完全一样。传统的农业社会，经济是落后的，但并不存在失业问题。因此，失业与犯罪具有高相关性，而经济落后与犯罪却不一定具有高相关性。

需要指出的是，在市场经济条件下，特别是计划经济向市场经济过渡时期，所带来的社会情境的变化及其对人们心态的冲击，与犯罪心理具有很高的相关性。首先，市场经济带来价值观念的变化。一是价值取向由单一转向多元。传统的一元化的价值观念结构逐渐分化，不同阶层、不同利益群体都持有不同的价值观。尤其是随着外来文化的传播和扩散，人们的价值观念将会不断趋于多元化，一些与主流文化不同甚至相反的价值观念也会大量涌现，致使各种观念发生相互碰撞与冲突。二是价值评价由被动顺从转向自主独立。随着人们物质生活水平的提高，以及生产生活方式、就业分配方式、交往方式、思维方式的改变，人们的发展意识、竞争意识、效率意识、自我权利保护意识和自我价值实现意识显著增强，人们习惯于自主认识、自主选择，而不是被动地接收外部信息。这种变化带来的结果必然是一部分个体对非主流文化的选择与接受。其次，市场经济使竞争更为普遍化、更加激烈。由于前述价值观的变化，伴随着无序竞争，一部分个体在竞争中对规则、规范漠视，对边缘行为放纵，从而带来多方面的利益冲突、压力、威胁、敌意和挫折感。这些变化都是与犯罪心理的形成具有高相关性的重要因素。

（三）社会意识与犯罪心理

社会意识是社会存在的反映，是具有社会性的、大众化的思想、观念和意识。社会意识相对于社会存在而言，具有主观性；但对于个体心理而言，社会意识是影响其心理活动的客观存在，从这点来看，社会意识具有客观性。

社会意识中的一些内容对个体犯罪心理的形成往往有重要影响，任何一个犯罪人的犯罪心理都很难撇开这种影响。一个人一旦接受了这种影响，它也就成了其形成犯罪心理的思想基础。一般说来，对个体形成犯罪心理有较大影响的社会意识，多是那些与统治阶级意志及社会主流文化相冲突的思想、观念和意识。从我国的情况看，封建思想意识和外来的腐朽思想，以及近年来随着网络、社交媒体蔓延的一些消极价值观念和生活方式是导致个体形成犯罪心理的重要因素。

我国是一个具有数千年封建历史的国家。封建思想意识还有其存在的历史文化和社会基础，包括封建特权思想、封建行帮思想、男尊女卑、封建迷信思想、封建割据思想和封建宗法思想等在内的封建意识还根深蒂固地存在于许多人身上。从大量犯罪实例中可以看到这些封建思想意识对个体形成犯罪心理的深刻影响。在我国较为突出的贪污、贿赂等经济犯罪，其思想根源实际上就在于封建特权思想。从封建社会所流毒的“三年清知府，十万雪花银”，到今天盛行的“靠山吃山，靠海吃海”“有权不使，过期作废”，无一不是封建特权思想的反映。这种特权思想正是权钱交易的思想根源所在。在中国农村存在的因争夺所谓“风水宝地”而相互争斗走上犯罪的现象；一些地区存在的包办、买卖婚姻，虐待妇女，重男轻女等现象也引发了许多犯罪；有些地方，拐卖妇女、儿童犯罪还比较突出，男尊女卑、传宗接代封建思想意识是其重要的思想基础之一；有的地方在部门保护主义、地方保护主义的庇护之下，走私犯罪猖獗，不能不说是残余的封建割据思想在作祟。近年来，大量犯罪团伙则带有浓厚的封建行帮色彩，这些无一不与封建思想意识有密切的联系。

随着我国改革开放的深入，对外交往的增多，一些腐朽的生活方式、思想观念也被传播开来，这对一些人的思想产生了消极的影响。这些人被那种表面的耀眼光环所迷惑，一味模仿、追求腐朽生活方式。当他们的欲求得不到满足时，就采取为社会规范所不容的手段进行盗窃、抢劫、贪污、受贿、强奸等；有的则由对西方的向往、对极端宗教的狂热，转而形成对我国社会制度的敌视，以疯狂的犯罪活动破坏我国的社会稳定；还有一些人为达到出国目的，不惜采取各种手段，有的向外国人出卖情报，有的伪造护照、证件企图混出国门。这些现象说明，腐朽思想观念与生活方式的渗入和传播，对一些人的毒害是非常严重的，它确实成了一些人形成犯罪心理的重要条件。

社会转型的过程伴随着利益的重新分配，伴随着弱势群体或自认为是弱势群体的人群的出现，也伴随着不满、焦虑、挫折感和相对被剥夺感等社会性不良情绪的积累。与这一问题并存的是社会不良情绪的疏导机制不健全，疏导渠道不畅通，简单的宣传教育和生硬的法律制裁使拥有不良社会情绪的人逐渐走向社会对立面，这几方面问题反复循环的结果，造成反社会的个体犯罪和抗争性的群体性事件增多。

艺术也属于社会意识。在信息传播途径日趋多样化的今天，渲染色情、暴力的内容进入影视、文学等艺术作品中，使一些人特别是未成年人受到了消极影响。一些青少年由于模仿和学习其中的某些内容，走上了犯罪道路。当然，艺术作品对个人的影响是通过个体的认知选择性来实现的，因而不能夸大艺术作品的影响，但这种影响是客观存在的。因此，对艺术作品虽然不存在禁止的问题，但却有一个如何引导的问题。艺术创作者应当考虑受众的欣赏层次和社会效应，受众则更应提高自己的文化素养。

二、微观的社会因素与犯罪心理

微观的社会因素包括家庭、学校、人际交往、居住环境和工作场所等与个体直接接触的社会因素。

（一）家庭与犯罪心理

家庭对个人心理发展的影响巨大，特别是对儿童的个性形成，有深远的影响。一些人特别是青少年走向犯罪与家庭有密不可分的关系。

1. 不良的家庭教育方式与犯罪心理

家庭是子女接受教育的第一课堂，父母是他们的第一任老师。父母的教育方式不当，对子女的成长往往产生不利的影响。不良的教育方式主要表现为极度溺爱、简单粗暴和对子女的放任自流。

溺爱在我国城镇家庭中是一种常见的现象。其表现为父母（或祖父母）过分宠爱子女（或孙子女），对他们从小娇生惯养，想尽办法满足他们的一切要求，即使不合理的要求也无原则地满足；对他们生活中的一切事情照顾得无微不至，不让他们参加任何必要的劳动；对他们的成长不加引导，甚至袒护他们的错误，纵容他们的不良行为。这种溺爱对子女的健康成长是有害的，因为有些子女从小养尊处优，花钱大手大脚，不懂得劳动与收获的关系，容易形成懒惰，贪图享受、好逸恶劳的性格；所有家庭成员以他（她）为中心，为他（她）服务，容易使其形成我行我素、蛮横任性、心胸狭窄、脾气狂躁、容易冲动的个性，以自我为中心，缺少社会责任感和义务感；对他们的不合理要求也予以满足，对其错误不仅不予指出和引导，反而加以袒护，会使其缺乏同情心和是非观念，称王称霸，唯我独尊。在这种环境下长大的孩子，走向社会后，往往不懂得与他人友好相处，难以适应社会竞争，挫折耐受力明显低于其他人。在现实生活中，大量青少年犯罪与家庭的溺爱有密切关系。溺爱多发生于独生子女家庭和较富足的家庭。随着人们生活水平的提高，独生子女家庭对子女的溺爱尤为突出。近年来，随着二胎政策的放开，很多家庭有了二胎。但一些家庭，无论是家长还是头胎子女，都没有从心理上做好准备，从而造成教育和抚养失衡。一些家庭有了二胎后，过于溺爱二胎子女或头胎子女，造成头胎子女或二胎子女心理上产生被剥夺感，从而滋生仇恨心理；心理学研究表明，儿童在 12 周岁以前，处于心理依恋期，需要父爱、母爱和父母的陪伴。但一些家庭生完孩子后，又各自忙于工作，把子女交给老人来照管，使孩子从小失去父母的陪伴，一方面会造成依恋的缺失，另一方面，在我国老人对孩子的隔代溺爱现象较为突出，从而容易造成孩子教育的缺失。

教育方法简单粗暴，甚至采取打骂体罚的方法教育子女，在我国也是一种较为常见的不良教育方式。这种方式多见于父母文化程度较低的家庭。在这些家庭中，父母的初衷是“望子成龙”，或者是持有“不打不成器”的心态。简单粗暴甚至体罚所造成的后果，其一，伤害了子女幼小心灵中微弱的自尊心，造成子女与父母、家庭在思想上、感情上的对立，使其感到家庭缺少感情、缺少温暖，从而强化了其青春期前后摆脱家庭的倾向，有的离家出走，有的在外交上了坏朋友，有的干脆投入了犯罪团伙的怀抱。其二，粗暴的打骂给孩子提供了学习、模仿的榜样，易使子女形成残忍好斗的性格。其三，子女在受到打骂时，往往内心并未屈从，但他们年幼体弱，无力反抗，于是表面顺从，内心反感，久而久之，易使其形成表里不一、虚伪做作，表面顺从、内心残忍的双重个性。这些可能成为激发犯罪行为的潜在心理因素。

对子女放任自流，是家庭教育中的另一种不良现象。这包括两种情况，一种是故意放任，认为孩子有些毛病不必在意，“树大自然直”，因而放弃了对子女的教育引导；另一种是无意放任，有些双职工家庭，由于父母忙于个人事业，无暇照顾子女，只好把子女托付给老人、保姆，使父母不能及时把握子女的思想和品行状况，从而在对他们的管理教育上出现了环节性漏洞。如果对不良倾向未能及时察觉和进行教育引导，就会致使青少年走上犯罪的道路。

2. 家庭不幸与犯罪心理

家庭不幸往往会对家庭成员特别是少年儿童产生消极的影响。随着社会的发展，人们发生意外事故的概率增多，离婚率的提高，导致现代社会出现了大量不幸家庭，如夫妻一方或双方亡故，以及离婚造成双亲不全等。在这些不幸家庭中，由于缺少正常家庭应有的温暖、和谐的气氛和正常教育，使许多孩子的心灵遭受沉重的创伤，甚至有的孩子处于流浪或半流浪的状态，这对他们以后个性的形成产生了极为不良的影响：有的从小吸烟酗酒，偷摸抢骗，扰乱社会治安；有的则变得孤僻、冷漠；有的感情脆弱，极易受到坏人引诱而误入歧途；有的则性格扭曲，对一切都怀有仇视、对抗的心理；还有的则由于流浪社会而受人歧视，自尊心受到伤害，许多青少年正是在丧失自尊的情况下走上了犯罪的道路。

需要指出的是，因夫妻感情破裂离婚而造成的双亲不全，比因自然死亡而造成的双亲不全，对子女的消极影响更大。因为孩子所面临的不仅是有缺陷的家庭，而且可能面临相互矛盾的教育，承受被父母一方抛弃的痛苦，因而其心理创伤往往更为严重。

3. 消极的家庭榜样和不正常的家庭氛围与犯罪心理

父母是子女的第一任启蒙老师，父母的思想、观念、态度和行为，都对子女产生潜移默化的影响。比如，父母性生活不检点，不避子女，会使孩子把性行为看成很随便的事，从而形成不健康的性观念；有的母亲道德观念较差，虐待、遗弃公婆，就很容易使子女的道德观念发生变异，使其形成缺少怜悯和同情心、欺老凌弱、残忍冷酷的性格；父母贪图小便宜，子女也会从中学到自私自利、贪利忘义的品行。总之，家长的交往习惯、价值观念、道德信念和行为方式等都会对子女产生深刻的影响。

不正常的家庭氛围，如父母间经常争吵冲突，家庭经常笼罩在紧张气氛中，会使家庭的幼年成员感到缺乏温暖和抚爱，也会使子女在父母冲突中感到无所适从，不知所措，极易引起情感障碍。家庭不和对成年人也是有影响的，现实生活中，常有因夫妻不和而导致一方到家庭之外寻求感情寄托，从而造成夫妻关系破裂，甚至酿成情杀悲剧的案例。近年来，随着手机网络的普及，越来越多的人手机成瘾，平时总是低头玩手机，忽略了对孩子的陪伴和交流。在这样的家庭环境下，孩子容易产生孤独心理和模仿行为，从而在虚拟网络空间、不良少年团伙中寻求刺激和归属感，甚至走上犯罪的道路。

(二) 学校教育中的不良现象与犯罪心理

一般说来，正常的学校教育不仅不会使学生产生犯罪心理和犯罪倾向，而且还有利于学生心理的健康发展，阻滞学生不轨行为向犯罪心理的转化。但作为社会的一部分，社会上的不良现象对学校也产生了消极影响，使教育中出现了某些不正常现象。这些现象与社会中其他不良现象共同对学生产生影响。

1. 学校教育内容失衡

一些学校为片面追求升学率，只重视与高考相关的学科和内容，而忽视培养学生正确的世界观、人生观、价值观、法律意识和健康完整的心理结构，使一些学生道德观念淡漠，法律意识薄弱，缺乏鲜明的是非观念。有的学校评价学生，不是看其一贯和整体的表现，而是只看考试成绩。一些学生把考大学作为上学的唯一动力和目标，老师不但不加以引导，反而默许和鼓励其想法，使学生缺乏高尚的情操和社会责任感，助长了其个人主义的倾向。

性教育在我国中学教育中是一个极受忽视的领域。虽然大多数中学设有生理卫生课，但性知识往往被有意回避。性伦理观念不能得到确立，这影响了学生健康性观念的形成，增强了学生的性神秘感和探求意识，导致学生对描写性知识的书籍、文艺作品过分敏感。一些学生在好奇心的支配下，在生活中追求性刺激、探求性秘密，他们正是在这种探求过程中稀里糊涂地走上了犯罪道路。

2. 学校教育方式问题

学校教育方式中存在的问题主要是简单化和功利化。一些学校“教书不育人”，有的学校老师对犯有错误的学生，不了解具体原因，不做细致的思想工作，而是简单地以罚站、撵出教室、交给家长的方式来处理，这严重挫伤了被罚学生的自尊心，强化了他们的逆反心理，其中有的因此逃学，游荡于社会，结交坏人而走上了违法犯罪道路。

一些学者认为，在学校教育中存在消极的“语言符号标记作用”。他们认为，一个人一旦被他人用语言标记为某种特征时，他就会在认识上受此影响，接受这种标记而真的出现这种特征。在学校教育中，有的老师随便将犯有错误的学生斥为“犯罪苗子”“学渣”等，这些话语符号可能成为一种标记被学生接受，这样，学生不仅没有改正，反而真的会变成教师所指责的那种人。

3. 学校管理中的问题与犯罪心理

一些学校中，存在管理不善、校风不良的现象，如有的学校只管上课，不管其他表现，只管校内不管校外；有的学校对学生之间吸烟酗酒、打架逞凶、无故逃学、传看黄色书籍和音像制品、欺凌侮辱弱小同学等，缺乏有力措施加以制止；有的学校与家长没有建立良好联系，以至于对学生的管理教育脱节。

(三) 居住环境与犯罪心理

居住环境对犯罪心理的产生与发展，主要体现在两个方面，一是居住环境中的不良因素，二是居住环境的重大变迁。

居住环境对青少年心理发展的深刻影响，我国古人已有深刻认识。著名的“孟母三迁”的故事流传至今，说明了这一点。近年来的大量调查证明，很多青少年犯罪心理的形成，与其居住环境中不良因素的影响是分不开的，这种不良影响主要表现为：

第一，居住环境中不良的事物和现象，为青少年提供了消极的榜样。在一些城市居住小区和农村社区，往往存在一些不良现象，如邻里间经常吵架斗殴、家暴、酗酒、吸毒，等等。有的地方赌博成风，偷盗不断，男女关系混乱；有的村庄，妇女成群结伙外出卖淫赚钱；有的城市老旧小区，一些没有改造好的刑释人员长居此处，有意无意间散布消极的思想意识；有的沿海村镇，偷渡、走私、制毒成风。生活在这种风气恶劣居住环境中的青少年，难免会受到潜移默化的影响。

第二，居住区内犯罪人的教唆、引诱，是一些人走上犯罪道路的直接诱因。在一些城市社区或乡村，居住着一些刑满释放人员，其中一些人思想深处的犯罪意识并未得到彻底改造，他们利用居住较近、接触方便的条件，有意无意地向周围的青少年传播犯罪思想和观念，有的则故意引诱、教唆意志薄弱、法律意识淡薄者进行违法犯罪活动。这些人虽然数量较少，但往往成为其所在区域犯罪思想的传播源。

居住环境的重大变迁，会使未成年人、特别是处于心理依恋期的儿童难以适应，从而心理扭曲、走上犯罪的道路。一般来说，儿童12周岁以前，处于心理依恋期，其安全需要尤为突出。在这一时期，他们需要父母的呵护，需要一个稳定的居住环境，需要有相对固定的朋友圈。一旦在这一时期居住环境发生彻底改变，陌生的环境、陌生的人群往往会使其无所适从，一方面会对从前的环境和朋友圈产生留恋、怀念，另一方面在缺乏安全感的状态下，容易形成自闭、孤僻的性格，如果不及时加以矫治，在成年后很容易产生心理扭曲从而走上犯罪道路。典型案例如2007年4月16日美国弗吉尼亚理工大学校园枪击案犯罪人赵承熙，1984年出生于韩国，1992年跟随父母移民美国，在美国期间由于环境的改变，赵承熙变得沉默寡言、内向孤僻，甚至出现沟通障碍。2007年，赵承熙酿成了震惊世界的校园枪击案，造成32名无辜师生死亡、多人受伤，他本人也在枪击案中开枪自杀。

（四）工作场所与犯罪心理

工作场所也是人们接触较多的社会环境。工作场所中的不良因素对其员工有很大影响，特别是那些刚刚走出家庭、学校的青少年学生，他们思想单纯，在参加工作后，有了独立的经济来源，个人行动更为自由，外部约束更为薄弱，这时如果工作场所风气不正，就容易使这些刚跨进社会门槛的青少年迷失方向，出现越轨甚至犯罪行为。

第二节　自然背景和情境因素与犯罪心理

一、自然背景因素与犯罪心理

大量调查表明，如气候、自然周期（季节、月亮圆缺、昼夜交替等)、地理环境、自然灾害等方面的自然背景因素对于犯罪心理的形成、发展和变化，对于犯罪心理的类型和表现，存在不同程度的影响。当然，这种影响不是孤立的，而是与个体自身素质以及个体所处的社会环境相联系的。因此，自然因素不能直接引起犯罪行为或导致犯罪心理形成，而是作为犯罪心理形成及其向犯罪行为转化的背景在起作用。

(一) 地理条件与犯罪心理

地理条件与犯罪心理的相关性体现在两个方面。从宏观来看，地理条件与犯罪心理的类型有密切联系，表现在具有某种特点的地理位置对某种犯罪活动的实施，客观上具有一定便利条件，因而容易使人形成某种类型的犯罪心理。我国西南边境毗邻世界最大的毒品产地之一“金三角”，这里道路崎岖，山林茂密，不易控制管理，边民出入境往来也极为容易，因而毒品犯罪较其他地区更为突出；而走私犯罪大多集中于东部和东南沿海地区；电信诈骗主要集中于东南沿海地带，等等。地理条件对犯罪心理的影响，不是孤立的，而是与该地理条件下的历史、文化、经济、社会等方面因素相联系的。

从微观方面来看，一定特点的地理环境对犯罪心理有安慰和强化作用。犯罪人在进行有预谋的犯罪活动时，总是选择一些便于隐蔽、逃跑的地理环境，尤其是一些有作案经验的惯犯、累犯和流窜犯，在进行犯罪准备和实施犯罪时，往往要精心选择作案路线和地点，特别是抢劫犯罪、盗窃犯罪和强奸犯罪。实践证明，一些偏僻荒凉的田间小道、城市死角、河滩山脚、废弃的仓库、建筑工地等，一定程度上可以诱发和强化犯罪的侥幸心理和冒险心理，从而激发或强化其犯罪动机，同时也会抑制受害人的反抗意识，因而这些地方是犯罪多发点。

(二) 自然周期与犯罪心理

自然周期，即自然界的周期现象，如月亮圆缺、昼夜交替、季节周期等具有一定规律性的周期现象，对犯罪心理的形成变化存在一定影响。因为人们总是根据这种自然周期的变化安排自己的生活，如白天工作，晚上休息；平时工作，周末休息。犯罪人往往是以这种自然周期给人们带来的变化为根据选择作案时间和作案对象。

一些调查统计证明，由于季节变化，犯罪活动呈现相应的规律。如强奸等性犯罪，往往在春季急剧上升，到夏季达到高峰，秋季时开始下降。有的学者认为，这是因为春季是万物复苏的季节，人作为大自然的一员，生理上的原始冲动和渴望较其他时期更为强烈；同时，气温上升，人们户外活动增多，穿着单薄、暴露，这类诱因的增多，易使意志薄弱者受到诱发、刺激而产生犯罪意念。人们还发现，伤害等暴力性犯罪多发于春夏季，而偷盗等犯罪则多发于秋冬季，这都与季节给人带来的活动规律的变化有关。

气候与犯罪也有关系。因为犯罪人进行犯罪，常常选择有利于作案的气候条件。有的犯罪人总结偷盗要“偷雨不偷雪，偷风不偷月”。一些文学作品中也有“风高放火时，月黑杀人夜”等语。暴力犯罪也与气候有关，我国有的学者认为，炎热的气候条件下，易发生暴力犯罪，而寒冷的气候条件下暴力犯罪较少。这大概与人们在炎热气候下接触增多，交往增多，因而冲突也增多有关，与炎热气候下人们的情绪更易烦躁亦有关系。

昼夜交替是人类出归作息的重要依据，作为社会行为的犯罪活动，也无意识地循着昼夜的循环而消长涨落。犯罪人也常常有意识地利用昼夜给人们生理、心理带来的变化来预谋犯罪活动。一般来说，晚间便于隐蔽和逃匿，人们尤其是受害人在夜间处于休息或疲惫状态，因而疏于防范，控制和打击犯罪的机制处于减弱或终止状态，所以，漆黑的夜晚更易激发品质不良或者有不正当需要的人的犯罪冲动。因此，一些犯罪，特别是盗窃、强奸、杀人等有预谋的犯罪多发于晚间，而冲动性的犯罪多发于白天。

另外，像周、月、固定节假日及上下班这样的周期，对犯罪活动规律也有影响。据调查，在周末、节假日，人们得以摆脱劳动，放松休息，外部约束减弱，人际接触机会大为增加，饮酒、纵欲、狂欢等消遣、享乐行为常常导致人际冲突，从而引发犯罪行为。因为人们在工作之外，心理上放松了，对自己行为的约束也随之减弱了；或者为了更好地休息，一些人常常要有意放松一下，如果这种放松超越了一定界限，往往会造成违法犯罪的后果。

(三) 自然灾害与犯罪心理

自然灾害的发生常常给社会造成多方面的后果。物质的损失只是直接的后果，同时，自然灾害还常常造成犯罪的增加，特别是财产犯罪、人身犯罪会更为突出。其原因首先是自然灾害使受灾地区的社会秩序暂时处于失控状态，国家机器的运转暂时受阻，犯罪控制机制受到削弱，人们的注意力集中在灾害方面，无暇他顾。自然灾害所带来的种种情境的变化给一些具有不正当需要和不良心理素质的人提供了非法获得的机会，从而强化了其侥幸心理和冒险心理。其次，灾害特别是重大的自然灾害，如地震、水灾常常会造成惨重损失，农田绝收、工厂停产、个人无家可归，人们最基本的生活需求无法得到满足，往往使一些人铤而走险，以犯罪的方式满足自己的需要。最后，严重的自然灾害，使很多人的心理平衡受到破坏，心理承受能力降低，甚至感到大难临头，绝望情绪油然而生，所以一些人往往丧失理智，心理出现严重倾斜，于是以哄抢财物、趁火打劫、落井下石、人身伤害等形式表现出来的违法犯罪行为增加。这都与自然灾害给人们心理带来的沉重打击有关。

二、情境因素与犯罪心理

情境，是指犯罪行为发生时的现场环境，由一定的时间、空间、行为人、受害人、现场其他人和现场氛围所构成。这些因素不是孤立地存在于现场，而是相互联系、相互作用的，正是这种互动性才使它们构成了有机的整体并对犯罪心理的形成和转化发生影响。

(一) 受害人与犯罪心理

一般说来，除无被害人犯罪以外，犯罪人在形成犯罪心理之后，总是在具体的受害人身上实现其犯罪动机，以达到犯罪目的，因而受害人的态度如何，对于犯罪动机的实现程度及其可能发生的转化都有重要影响。在某些类型犯罪心理的形成过程中，也可以看到受害人的作用。

1. 受害人的态度与犯罪心理的形成

有些犯罪人之所以形成犯罪心理，与受害人的不良思想意识和某些错误的态度、行为有密不可分的关系，特别是下列几种类型的受害人与犯罪心理形成的关系尤为密切：

（1）贪利型受害人。这种受害人喜欢贪图蝇头小利，因此容易与人发生冲突，受到伤害。这种人为追求眼前的物质利益，容易落入骗局，成为诈骗犯罪的侵害对象。

（2）炫耀型受害人。这种人喜欢炫耀自己的富有，容易诱发和激活一些具有不正当需要者的抢劫、盗窃动机。

（3）轻浮型受害人。多见于女性，这种人由于行为轻浮放荡、态度暧昧，易招致好色之徒的注意，极易遭到性侵害。

（4）轻信型受害人。这种人缺乏独立性，天真幼稚，极易相信别人，容易遭到诈骗和性犯罪的侵害。

（5）粗暴型受害人。这种人性格粗暴，自以为是，只顾自己一时痛快，不顾他人自尊，容易与人结怨而招致伤身之祸。

2. 受害人的态度与犯罪心理的发展变化

犯罪行为过程中，受害人的态度如何，直接影响犯罪人的心理变化。一个专门在公共汽车上偷盗的少年犯说："刚开始偷盗时心里非常害怕，后来就不怕了，因为在长途汽车上掏兜，有人看见了也不吱声，有的人发现我们在掏他的兜，也不声张，还悄悄央求我们退给他吃饭、坐车的钱。"这个少年犯后来成了偷盗的惯犯。他的犯罪心理的恶性发展，与受害人那种软弱、麻木的态度有直接关系，这种态度实际上纵容、鼓舞了犯罪人的冒险意识和不劳而获的思想。

受害人在遇到犯罪侵害时的心理反应和特点，对犯罪人有不同的影响，有的可使犯罪动机得到激活，有的可使犯罪动机受到遏制，有的则使犯罪动机发生恶性转化。

(1) 沉着冷静型。这种类型的受害人在遇到犯罪侵害时，沉着冷静，心理稳定，因而能够理智地与犯罪人进行有效的斗争：有的与犯罪人进行巧妙的周旋，创造条件，擒获罪犯，或者逃离魔爪；有的在条件允许时，进行正当防卫，制服罪犯；实在无力反抗时，也并不甘为刀俎，而是努力获取罪证，以便为尽快破案抓获犯罪人提供线索和证据。如一名8岁女童在自己的父母被罪犯杀死，自己亦被砍数刀的情况下，忍痛装死，麻痹了罪犯，既保护了自己，也为日后迅速缉拿凶犯提供了重要线索。

(2) 激愤抗争型。这种受害人在犯罪侵害面前，往往出现强烈的激情反应，怒不可遏，宁折不从，强烈抵挡，拼死反抗，在一些强奸、抢劫和伤害等犯罪中较为多见。这种不顾条件拼死抗争的行动，虽然有时可以遏制犯罪，但有时也会造成更严重的后果，激起更严重的犯罪动机。

(3) 惊慌恐惧型。这种类型的受害人在犯罪侵害面前，极度恐惧，惊慌失措。这种心理状态下的受害人，对现场情况一般难以冷静判断和理智思考，只能做出一些低水平的下意识的反应，如凶杀案中被害人只是用手护住要害部位，或者消极躲避、退缩；抢劫案中，被害人仅仅用手护住自己的钱物；强奸案中被害人只是一味躲闪、告饶，这类反应对于防御和制止侵害无任何意义，只会刺激犯罪人的嚣张气焰，招致更为严重的侵害。

(4) 冷漠麻木型。这种类型的受害人在遇到犯罪侵害时的表现是麻木不仁，甘为刀俎，顺从忍让，消极承受，无任何反抗的表示。之所以出现这种情况，一般是他们缺乏是非观念，对犯罪现象不敢积极反抗斗争，一切听任“命运”的安排。有的被偷抢的受害人则抱着破财免灾的心理，一遇威胁便主动交出钱物；有的则完全为犯罪人的淫威所制服，被一种极度恐惧的情绪所控制，意识活动陷于停顿，脑子一片空白，完全失去反抗的勇气和能力；有的被强奸的受害人，对自己的性权利受到侵害漠然置之，麻木地承受蹂躏，事后也不报案；有的人明知窃贼在偷自己的钱物，却忍气吞声，甚至佯装不知。这些人的反应对于犯罪人的嚣张气焰只能起到强化作用。

（二）第三人与犯罪心理

所谓第三人，是指除犯罪人、受害人以外的在现场的其他人。犯罪人在准备或实施犯罪的过程中，在场其他人的态度至关重要。根据他们的态度不同，可以分为以下三种类型。

1. 积极救助，制止犯罪

这类人大多有强烈的社会责任感，他们疾恶如仇、是非分明，常常是路遇不平便挺身相助。他们的行为，对犯罪人的嚣张气焰不啻当头一棒，往往能起到震慑罪犯、制止犯罪、解救受害人的作用。当然，有的犯罪人在其强烈的反社会心理和极度膨胀的个人欲望不能得到满足的情况下，也可能狗急跳墙，但在一般情况下，第三人的救助行动常能有力地制止犯罪，减缓犯罪的危害后果。

2. 充当看客，麻木不仁

这类人大多缺乏起码的是非观念和社会责任感，对受害人的痛苦缺乏怜悯和同情之心。对犯罪人的恶行不能产生义愤的情绪反应，冷漠、麻木，仅仅充当看客，甚至起哄助威。这种态度对犯罪人无疑是一种纵容和鼓励，使他们的犯罪活动更加有恃无恐，犯罪人的犯罪活动在这种气氛下显得极具示威色彩，从而严重地毒害了社会风气。

3. 视而不见，消极退避

这类人虽然有一定是非观念，能够对犯罪行为作出正确的是非判断，但他们慑于犯罪人的淫威，不敢上前制止犯罪，对正在发生的犯罪视而不见、退避三舍。这种态度也是有害的，因为不制止犯罪，也就是变相放纵了犯罪，鼓励了犯罪，犯罪心理会因此得以强化。

（三）现场氛围与犯罪心理

现场氛围，是指在犯罪现场，由犯罪人、受害人和第三人的互动所产生的，笼罩于现场环境中的气氛。犯罪现场出现怎样的现场氛围，是由三方（有时是犯罪人与受害人双方）的互动产生的。它与犯罪人的主观恶性程度，犯罪动机强度，情绪意志特点，体能、技能特点有关，与受害人反抗的程度、采取的对策有关，与第三人的态度亦有关系。由于三方的相互影响和制约，所产生的现场氛围在不同案件中有不同的特点，不同的现场氛围对犯罪心理的发展变化则会产生不同的影响。例如，在团伙犯罪中，犯罪人人多势众，气势汹汹，受害人以及现场其他人或者不敢反抗，或者虽进行反抗，但反抗者势单力薄，而在场大多数人噤若寒蝉，这时的现场就会完全被犯罪的嚣张气焰所笼罩，这种现场氛围只会强化犯罪心理。而这时由孤单的反抗者发出的微弱的反抗声音往往会被那种疯狂的犯罪气焰所吞没，从而自己也成为犯罪侵害对象；如果被害人剧烈反抗，在场其他人怒斥犯罪行径并齐心协力地制止犯罪，这时的现场往往被正义的气氛所笼罩，这种现场氛围则会弱化甚至促使犯罪人放弃犯罪动机，或狼狈逃窜，或俯首就擒。所以，某种现场氛围的出现是三方力量对比和相互作用的结果，而且对犯罪心理的发展、转化都有影响。

（四）犯罪机遇与犯罪心理

犯罪机遇是一种可使犯罪人顺利达到犯罪目的的适宜犯罪的机会和时机。机遇带有一定的偶然性，当机遇的出现正好与犯罪人的不正当需要和动机相吻合时，机遇就会被犯罪人利用来进行犯罪活动。例如，在一个黄昏，一个怀有谋取不义之财动机的人在树林里寻找机会，当行人渐渐稀少时，一老者从此路过，这时恰无别人。这种情境——黄昏、树林、老者、无其他人，就可能被具有不正当需要的人看作适合进行犯罪的机遇。由此可见，当某个情境（某个时间、地点、受害人）的出现与犯罪人的心理需要和动机目的相适应时，这一情境才会成为犯罪机遇。所以，犯罪机遇一般具有偶然出现的性质。

但是，犯罪人的心理活动是积极的，他为了实现自己的犯罪动机，总是动用其积极的思维活动，主动寻找犯罪机遇，或者创造条件以获得某个机遇。对于大多数有预谋、有理智的犯罪人而言，总是想方设法，积极创造条件获取犯罪机遇。

第三节　个体因素与犯罪心理

一、遗传素质与犯罪心理

在犯罪心理学发展史上，曾经出现过分强调遗传作用的观点。例如，18 世纪意大利人龙勃罗梭提出过犯罪的“隔世遗传”论，即天生犯罪人论的观点。20 世纪 60 年代末，国外有的学者提出了“染色体说”和“血型决定论”的观点，把犯罪心理的形成和染色体、血型等生理因素联系了起来。直到今天，仍有许多人在研究遗传与犯罪心理的关系。

按照心理学的一般原理，人的心理是客观现实的反映，因而对于人的心理的产生和发展，客观现实具有第一重要性，而遗传则是个体心理形成和发展的必要的生物前提与基础。没有遗传这种生物前提，人就不可能产生任何心理活动，包括犯罪心理。但是，遗传既不能预先决定心理的发展变化，又不能决定怎样的客观现实对个体心理产生怎样的影响，因而也就不能决定一个人是否产生犯罪心理。

二、年龄与犯罪心理

人生的不同阶段之间既是一个延续的互相不可分离的过程，同时不同的人生阶段又具有不同的生理、心理特点，对社会参与的深度、广度也有所不同。犯罪行为作为人在参与社会生活过程中出现的一种违反社会活动规则的现象，在不同的人生阶段有不同的特点。这使处于不同人生阶段的犯罪人具有不同特点的同时，处于同一人生阶段的犯罪人又具有相同的特点。所以在犯罪心理学研究中，常常根据发展心理学对人生阶段的划分，把犯罪人分成几个年龄阶段进行比较研究。较常见的分法有三种：第一，青少年犯罪人（11岁、12~25岁）与中年（25~55岁）、老年（55岁以上）犯罪人；第二，少年犯、青年犯、中年犯、老年犯；第三，未成年犯、成年犯（以18岁为界）。由于不同年龄阶段的个体在生理、心理发展水平上的差异，决定了他们在参与社会生活方面的差异，从而决定其犯罪心理也有不同的特点。

（一）*在犯罪倾向方面的差异*

青少年与中老年相比，心智尚未成熟，一方面他们对消极的社会信息较为敏感，容易接受从而内化为错误的自我意识；另一方面，叛逆心理会导致一些青少年对来自外界的批评、教育持逆反态度。因此，青少年比中老年更容易产生犯罪心理、走向犯罪，也就是具有更高的犯罪倾向。

（二）*在犯罪手段方面的差异*

与中老年犯罪人相比，青少年犯罪的手段是以暴力性、直接性和模仿性为主要特征的。暴力性，是指青少年犯罪主要是以暴力手段进行的。直接性，是指青少年犯罪人主要是以自己亲自进行犯罪活动直接满足自己的需要和动机。模仿性，是指青少年犯罪的手段、方法，包括组织团伙的程序、步骤，有很多是模仿他所听到或看到的传媒中的情节或形象。据统计，在爆炸、杀人、伤害、强奸和抢劫等暴力性犯罪中，青少年约占75%。随着年龄的增长，犯罪手段的直接性、暴力性、模仿性逐渐向间接性和非暴力性、自主性转移，到老年犯罪人已很少使用暴力手段直接进行犯罪活动。他们进行的犯罪大多是非暴力的、间接的。例如，引诱、教唆青少年作案，以女性、小孩和残疾人为作案对象等。

（三）*在犯罪类型方面的差异*

青少年犯罪一般集中于四个类型：盗窃、抢劫、伤害和强奸。这四类案件约占青少年犯罪的90%以上；而中老年犯罪类型则较为分散。中年犯罪人是以贪污、贿赂等经济犯罪为主，盗窃等财产犯罪，杀人、伤害等人身犯罪，强奸等性犯罪均占一定比例；老年人犯罪则又多见于人身犯罪，如猥亵女性、杀人、伤害等。

（四）在犯罪的组织性方面的差异

青少年犯罪大多是拉帮结伙进行，犯罪团伙是青少年犯罪中最突出的组织形态；中年人犯罪大多是单独进行，即便有些共同犯罪，也不像青少年犯罪团伙那样，以崇尚兄弟义气为联结纽带，而以人身或经济上的利害关系互相依存，也有的是充当一些青少年犯罪团伙的背后操纵者和幕后指挥者；老年人犯罪亦多独自进行。

（五）在犯罪动因方面的差异

从犯罪动机的形成来看，青少年犯罪动机的形成具有偶发性、冲动性、情境性、互感性和易受暗示性等特点。家庭、居住、工作、人际交往等微观环境及特定的刺激情境对青少年犯罪动机形成的影响，要大于它们对中老年犯罪动机的影响。

从犯罪动机的内容来看，青少年犯罪动机大多较为简单，有时出于满足暂时性需要，去偷、去抢。现实中不乏中学生为玩一次电子游戏机，而实施偷盗、抢劫的例子。青少年犯罪动机还常常具有游戏性的特点，大量犯罪是以其过剩的精力和情绪的宣泄为特征；青少年犯罪动机内容还容易发生变化，刺激情境变化了，其动机也随之变化，因而易导致多方向犯罪和牵连犯罪。与青少年犯罪不同，中年犯罪人常常是先形成一定的财产或人身犯罪的动机，然后有准备、有预谋、有步骤、有理智地进行犯罪活动。老年人犯罪动因的形成则较为复杂，很大程度上与他们步入老年后常会发生一定程度的人格变态有关；与他们容易出现的家庭变故、离退休、性压抑等所造成的巨大失落感亦有关系。

（六）在犯罪认知方面的差异

从认知结构来看，一些学者认为，违法犯罪青少年的认知结构的核心是两大精神支柱（封建主义的兄弟义气和剥削阶级的享乐主义）和三种错误观念：亡命称霸的英雄观、无政府主义的自由观、低级下流的乐趣观。[1] 但是，这些精神支柱或错误观念具有不稳定性、摇摆性和肤浅性，并不是其稳定的人格的组成部分。中老年犯罪人的认知结构则与此不同。他们大多有其深刻的思想根源和认知基础，包括已基本定型的世界观、人生观和价值观。

从认知水平来看，违法犯罪青少年的认知能力常常是较低的，如认为美就是“长得漂亮，穿得时尚，招人看”。自由就是“谁也管不着”，英雄就是“敢拼命”，友谊就是“为朋友两肋插刀”。由此可见，青少年对事物的认识常是表面的、低层次的，对外部事物缺乏批判性，对环境的变化缺乏适应性，对自己的行为缺乏内省力，对自己的行为性质和后果往往缺乏正确的认知。例如，大量青少年，特别是未成年人，就是在不了解自己的行为性质和行为后果的情况下犯罪的，而这种情况在中老年人中较为少见。

（七）在犯罪性质方面的差异

青少年犯罪的社会危害性和对人们安全感的威胁要远远高于中老年犯罪，因为青少年犯罪大多是暴力犯罪、妨害社会秩序的犯罪和团伙犯罪，而且危害严重的重大刑事犯罪大多也是青少年所为，这些犯罪手段残忍，无所顾忌，性质恶劣，危害严重。

三、性别与犯罪心理

由于性别不同而表现出来的在身体素质、心理品质和社会分工等方面的差异，使男女在犯罪心理上也有所不同。

（一）犯罪倾向差异

男性犯罪的数量远远超过女性，这是犯罪性别差异的最基本、也是最为引人注目的表现。有资料表明，男性、女性在犯罪倾向方面具有较大差异，发达的工业化国家，犯罪女性为犯罪人总数的

---

① 罗大华等编著：《犯罪心理学》（修订本），群众出版社 1986 版，第 229 页。

10%~20%，在发展中国家则是3%~5%。[1] 其原因主要为两个方面：首先是生理因素。男性和女性的身体构造不同，在各个方面都会有一些差异。例如，在内分泌方面，男性有更多的雄激素，使男性体力更好，攻击性也更强。女性体内有更多的雌激素，使她们攻击性不如男性高。当然，因为女性体力普遍不如男性，犯罪难度也更高一些，这也会影响犯罪率。其次是社会因素。社会对男女要求有所不同，也是造成男女在各方面有较大差距（包括犯罪）的原因之一。例如，传统观念对男性经济方面的要求更高，这就会直接导致部分男性为了钱铤而走险，实施犯罪；对女性要求更多是以家庭为重，所以女性面临的社会压力相对男性较弱，实施犯罪的可能性也就较小。

（二）犯罪类型的差异

几乎在任何一种类型的犯罪中，女性都少于男性。但比较来看，男性犯罪更多地集中于盗窃、抢劫、伤害、强奸、杀人及贪污、贿赂、渎职等犯罪类型；而女性犯罪一般集中于那些阻力不大、风险较小、不需多大体力的犯罪，如数额较小的盗窃罪，诬告、伤害、虐待、杀人（溺婴、奸杀）、拐卖人口、诈骗等犯罪。一些学者认为，性犯罪也是女性的主要犯罪类型之一，这是因为把卖淫也作为犯罪包括在内。

女性犯罪较为集中的几个类型中，大多具有一些男性所不具有或不甚突出的特征。例如，女性偷窃，常见的是扒窃，或在商店购物时，趁营业员不注意，顺手牵羊，或乘工作之便偷窃工厂产品，或偷窃嫖娼人员的随身物品等；而那些风险较大，数额较多，需较强体力或周密计划的重大盗窃犯罪，女性较为少见。

在杀人犯罪中，女性通常较少过失杀人。而在有限的故意杀人犯罪中，女性往往不是唯一的行为人，而是与他人合谋。这些人犯

---

① ［德］H. Y. 施奈德著：《犯罪学》，吴鑫涛等译，中国人民公安大学出版社、国际文化出版公司1990年版，第609页。

罪的动机大多也不是由当时情境中一时的感情冲动所引起，很多情况下，是她们对被害者长期积累的怨恨、失望、嫉妒、厌恶等婚姻家庭及情感方面的挫折所引起的，受害人也多是与犯罪人关系密切的人。

（三）犯罪的年龄差异

在任何一个年龄阶段，女性犯罪都少于男性，但是女性犯罪不像男性那样有一个明显高峰年龄。一般说来，男性犯罪集中于 25 岁以前的青少年期。资料表明，我国青少年犯罪约占全部犯罪的 75%，而男性在 25 岁以后，随着年龄的增大，犯罪率急剧下降。与此相反，女性犯罪并无明显高峰期，不同年龄犯罪数量的分布较为分散。女性犯罪随着年龄增大而递减的趋势也不像男性那样明显。相反，女性犯罪大多集中于中老年。

（四）犯罪手段的差异

男性犯罪，特别是男性青少年犯罪暴力性较为突出，女性犯罪则较少直接使用暴力。在一些杀人、伤害、抢劫案中，女性犯罪人大多采用投毒或麻醉的方法作案，或干脆借用男性之手进行犯罪活动。在女性犯罪中，色情引诱也是较常使用的手段，特别是抢劫犯罪和诈骗犯罪。

在男性青少年犯罪中，犯罪团伙是最主要的犯罪组织形式。这些团伙或者全部、或者主要是由男性青少年组成，完全由女性组成的团伙在实践中较为少见。但女性犯罪大多表现为两三人合谋的共同犯罪。不管是男女共同犯罪，还是在以男性为主的犯罪团伙中，女性地位多是从属性的，女性较少直接作案。大多数情况下，她们是参与作案的准备，担任望风、引诱被害对象等分工。

（五）犯罪动因的差异

任何人犯罪动机的产生都是为了满足某些不正当的需要，在这点上，男性犯罪与女性犯罪是一致的。但是在犯罪动因的形成上，存在性别差异，尤其是青少年犯罪的性别差异更为突出。其一，男性犯罪心理的形成，具有更大的自主性；女性走向犯罪具有较多的被动性，环境因素对于她们走向犯罪起到了更大的作用，甚至不少犯罪女性经历了由受害人向犯罪人的转化。在这些女性走向犯罪的过程中，成为受害人的经历对其心灵的创伤是起重要作用的。其二，男性犯罪动机的形成具有较强的激情性、冲动性特点，特别是在杀人、伤害、强奸等犯罪中，很多是一时兴起，较少犯罪的物质和心理准备；女性犯罪如杀人犯罪，大多经过较长时间的思想斗争和心理准备的过程。其三，女性犯罪大多具有明确的财产或人身动机，而一些男性犯罪特别是青少年男性犯罪带有戏谑性特征，令人难以考察其财产和人身动机。他们的犯罪行为似乎不单是以财产或人身为目的，更多的是过剩精力的发泄、平日郁积情绪的发泄，或者以犯罪满足扭曲的快感，这在女性犯罪中是不多见的。

四、心理发展水平与犯罪

心理发展水平与犯罪心理的形成、表现及其发展变化具有密切的关系，如个体社会适应性不良、社会化缺陷、较低的认知能力、错误的个性倾向、消极的情绪反应性和具有某种缺陷的性格结构，都是易促使个体形成犯罪心理的因素，而且它们往往决定个体犯罪心理的表现、类型，制约犯罪人对犯罪手段的选择和犯罪预谋的程度。例如，认知能力较低的人易受暗示、教唆，容易成为共同犯罪中的从犯；具有消极情绪反应性的人易受情感挫折的影响而出现报复型犯罪。可以说，任何犯罪人之所以会形成犯罪心理，除了要强调环境的影响和作用外，还应当关注在其心理发展过程中存在的某些心理问题甚至心理障碍。

（一）认知因素

认知，是指个体对外界和自身的认识和评价。主要包括以下几方面：

1. 错误的思维模式

有些人常常表现出把失败的结果、自己所犯的错误等不好的方面归于外界的倾向。犯罪人在实施犯罪行为后，常常把犯罪的原因归于社会和其他人，如强奸犯罪人把自己强奸的犯罪行为归于被害人的引诱。这种错误的归因往往导致行为人不能深刻地检讨自己，长期下去会逐渐形成一种错误的认知模式，导致对客观事物不正确的认识。

2. 歪曲的自我评价

有些人总是过高地估计自己的能力、长处，容易盲目自信和骄傲自大，与此同时，又过分贬低别人。而有些人总是过低地评价自己，容易产生一种强烈的自卑感。这些过高或过低的自我评价，往往会导致行为人产生错误的认知和行为，严重的会导致犯罪行为。

3. 错误的合理化方式

合理化，是指行为人在日常生活中常常有意无意运用的一种心理防御方式，主要通过一些似是而非的理由为自己不合理的行为辩解，使自己心安理得。而犯罪人也常常用一些自认为合理的理由为自己的犯罪心理和犯罪行为辩解，从而减轻或消除罪恶感、紧张感，心安理得地实施犯罪行为，坦然地面对犯罪结果。

这些错误的认知模式一旦在行为人身上逐渐固定下来，就会导致他们在不知不觉中形成犯罪心理。错误的认知因素不仅影响犯罪心理的形成，而且会影响犯罪心理形成后的稳定性。

(二) 情绪因素

行为人的一些不良的情绪如粗暴、易冲动、情绪不稳定、自卑感、冷酷无情、缺乏移情等情绪因素与犯罪心理和行为密切相关。这些消极的情绪因素往往会导致行为人在犯罪情境的刺激下，迅速形成犯罪心理，导致犯罪行为的发生。粗暴、易冲动、情绪不稳定会导致行为人常常很难控制和把握自己的行为，容易实施激情犯罪。心理学家阿德勒认为，当人进入青春期后，一般都会产生强烈的自卑感，为了克服这种自卑心理，个体往往会采取超过常人容忍程度的自尊、傲慢、反抗和其他攻击行为加以补偿，有的甚至会为此而进行暴力性的犯罪行为。而冷酷无情和缺乏移情意味着行为人不能理解别人的痛苦，对别人的痛苦和悲伤无动于衷，甚至表现出冷酷、残忍。具有这种感情特征的人，容易对别人实施侵害和犯罪。情绪因素既可以成为犯罪心理发生的动力因素，又可以成为影响犯罪行为后果的刺激因素。

（三）意志因素

行为人的意志因素所表现出的顽固、执拗、冲动、盲目、不能抗拒诱惑等特征和犯罪密切相关。面对诱惑不能自制，是一些人由昔日的守法公民甚至是先进人物蜕变为犯罪人的重要原因。意志因素主要影响犯罪心理的稳定性和犯罪行为的坚持性。

（四）个性因素

个性因素包括需要、动机、兴趣、理想、信念和世界观等个性倾向性因素，还包括气质、性格和能力等个性心理特征因素。其中消极的因素对犯罪心理的形成有很大的影响，如畸形的需要、卑劣的动机、低级的兴趣、错误的世界观、人生观，等等。个性倾向性因素更多地影响犯罪心理形成的积极性、主动性和犯罪心理的稳定性，个性心理特征因素更多地影响犯罪心理形成后犯罪行为的特征。

五、职业与犯罪

个体所从事的职业与犯罪心理的形成没有必然的联系。但是职业与犯罪心理的表现如犯罪手段、犯罪类型、犯罪动机等存在一定的相关性，因为某些职业往往比其他职业存在更多的适宜某种犯罪的机会。例如，边防检查人员利用职权，收受贿赂，私放他人出入国（边）境；财会人员利用自己工作的便利，伪造虚假账目进行贪污。一些人的职业技术专长在其犯罪的手段上也能充分地表现出来。根据犯罪手法和犯罪现场所体现的职业技术特点，往往是侦查人员确定犯罪嫌疑人的重要线索。例如，广东某公安机关在侦查一起入室盗窃案时，发现现场的茶几上有一个啃过的苹果，经核实为犯罪嫌疑人所留。侦查人员经过细致的检查发现苹果上留下的牙痕有一个特点：一颗门牙所留下的痕迹中间有一道不起眼的凸痕。侦查人员据此推断犯罪嫌疑人很有可能是一个修鞋匠，因为修鞋匠长期用门牙咬鞋线会在门牙上留有一道拉痕。侦查人员根据这一线索很快就锁定了犯罪嫌疑人。

一些调查表明，没有职业的人即失业者比有工作的人存在更多的形成犯罪心理的可能。这是因为没有职业使其个人收入受到影响，往往使自己的需要，即便是某些正当的需要也无法得到满足；对于不少失业者来讲，也会出现一种相对贫困感、被剥夺感，每想起自己的处境，更容易出现心理失衡；在失业者中还存在如何打发闲暇时光的问题，由于他们没有正当的职业，因而在闲荡和求职的过程中，具有更多的接触犯罪诱因的机会，更容易接受社会消极因素的影响和诱惑而产生犯罪心理。

第四章　犯罪心理的形成和发展变化

第一节　犯罪心理的形成规律

一、犯罪心理形成的两种模式

犯罪心理的形成以犯罪动机的产生为标志。从不同的犯罪动机的产生过程来看，不同的犯罪人，其犯罪心理形成的过程、形式都有所不同。但一般说来，犯罪心理的形成不外乎两种模式，即渐变模式和突变模式。

（一）渐变模式

犯罪心理形成的渐变模式（如图 4-1 所示），是指犯罪心理的形成有一个渐进的、由好变坏的逐渐变化的过程。这种人的心理品质往往在经过了长时间的量的积累之后，才发生了质的变化。在渐变模式形成犯罪心理的过程中，常常可以较清晰地分析犯罪心理的萌芽、发展和成熟到定型化的历程。这一过程因其持续时间较长，因而在以犯罪动机为标志的犯罪心理形成并外化为犯罪行为之前，往往存在一些劣迹或越轨行为。

从图 4-1 中可以看出，渐变模式形成犯罪心理的过程，呈循环渐进的形态。如果个体在任何一个环节摆脱这种恶性循环，走向良性循环，那么这个人也就不会形成犯罪心理，或者促使犯罪心理出现良性转化。

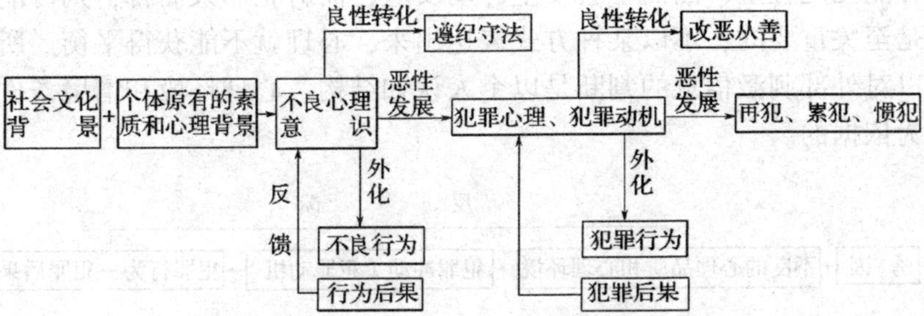

图 4-1　犯罪心理形成的渐变模式

犯罪心理形成的渐变模式又包括两种类型，即原发型和继发型。

1. 原发型渐变模式

这种情况是指个体从少年时起，由于其社会化不良进而形成了不健全人格，以致逐渐发展成犯罪心理。这种人往往在幼年时就有越轨行为，至其形成犯罪心理时，已有较顽固的恶习。由问题少年逐渐发展成犯罪人的情况，一般可归为这种类型。

2. 继发型渐变模式

这种人早期并无劣迹，社会化亦无明显缺陷，已能正常地参与社会生活，有的甚至取得了一些成就，但其在生活经历的某个阶段开始，骄傲自大，私欲膨胀，或者经不住物质声色的诱惑，或者受到反动思想观念的腐蚀，动摇了自己的心理防线，从思想观念、生活作风的蜕变开始，逐渐腐化堕落而走上犯罪道路。这种人始犯年龄一般较晚，但有较理智的思想基础。大量经济类犯罪，特别是贪污受贿等职务犯罪多属这种情况。

（二）突变模式

犯罪心理形成的突变模式（如图 4-2 所示），是指个体犯罪心理的形成缺乏一个逐渐变化的过程，而是由于发生对个体至关重要的情况或受到环境、气氛的刺激，而突发性地形成犯罪心理。所谓至关重要的情况是对于犯罪人而言的。同样一个事件，在别人看来可能无足轻重，因而不会发生冲动反应；而对犯罪人而言，则可能是至关重要的，不以某种方式表达出来，心理就不能获得平衡。所以对外部刺激信息的判断是以个人认知结构、心理环境和情境条件为依据的。

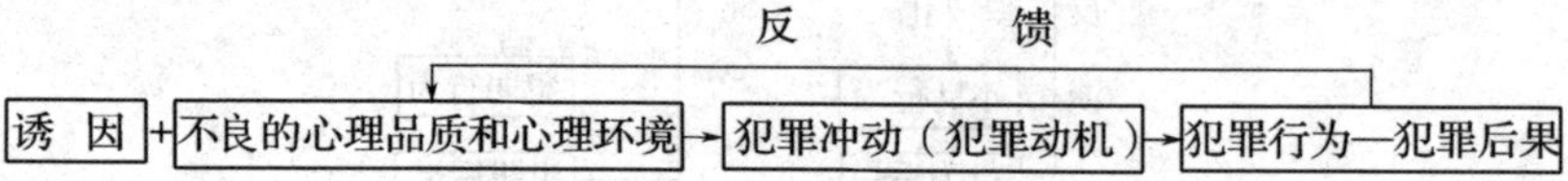

图 4-2　犯罪心理形成的突变模式

（在本书中，“+”均喻指相关因素间的互动关系）

在犯罪心理形成的突变模式中，由产生犯意到发生犯罪行为，时间短促、过程迅速，具有突发性；行为人对事件的发生和刺激情境的变化缺乏预见性，因而犯罪行为多无预谋，具有情境性；有的行为人面对事件的发生和情境的改变，不能适应这种变化，认知范围狭窄，自我控制能力低下，使其犯罪具有明显的情绪性。当然，以突变式形成犯罪心理的人，仍然与其心理品质方面的缺陷有一定的关系，也就是说，个体内部心理原因，仍然是其突变形成犯罪心理的根据。

二、犯罪心理形成的一般规律

犯罪心理的形成，一般遵循以下几个规律：

（一）*互动律*

犯罪心理不是无缘无故形成的，它首先是以人的原有心理背景为基础，通过社会实践活动中个体内外因素的互动，即相互作用、相互斗争、相互转化，而使个体原有的心理结构发生变化。这一演变过程可以简缩为内化、外化和强化三个过程。

犯罪心理形成过程中的内化，是指个体将客观现实中的消极因素，转化为个体的心理需要和认识、情感等心理意识的过程。这一转化过程，不是消极被动地实现的，而是随着个体的积极的主观能动作用，与个体的兴趣、认知等原有的心理发展水平有关。内化的方式，可能是模仿、学习，也可能是耳濡目染，对群体亚文化的认同，抑或坏人的教唆。内化的结果是使个体接受了客观现实中的消极因素，并使之成为个体心理意识的一部分。

犯罪心理形成过程中的外化，是指个体形成了不良的心理意识后，又反过来将其以各种消极的或错误的态度、言语、行为活动表现出来，并影响周围的客观现实。外化的方式，既可能是个体通过有意识的意志活动加以实现，又可能是无意地实现的。个体不良心理意识的外化，会随着相应的行为后果的出现。相应的行为后果又会作为刺激信息，进一步加深内化。

犯罪心理形成过程中的强化，是指行为结果作为一种刺激信息反馈到大脑后，使个体产生满意的评价效应，从而使原有的不良心理意识得到加强的过程。强化的结果是使个体不良心理意识得到鼓励、巩固和加强，从而促其向犯罪心理转化。

在犯罪心理形成过程的渐变模式中，内化、外化和强化三个过程往往较为清晰，而且大多经过了反复的内化、外化和强化的循环过程。

在犯罪心理形成过程的突变模式中，往往是个体将社会背景中的消极因素加以内化后，并不很快从外部行为活动中表现出来，而是作为一种潜意识活动埋藏在心底，当遇到足以引起外化、强化的诱因和条件时，其犯罪心理随着行为动机的出现而迅速成熟，随即导致犯罪行为的发生。所以，遵循突变模式形成犯罪动机的人，平时并没有足以引起人们警惕的劣行，因此也就不难理解，为什么人们会对一些人突然间成了为犯罪人感到惊奇不解了。

（二）心理选择律

心理选择律是人的心理活动的基本规律之一。其含义是指，人在同一个时间不可能感知所有的事物，只有符合个体需要的和与当前活动相一致的各种影响才被列入反映对象，其他无关的信息则处于被排斥的地位，从而不为个体所感知。个体对外部事物有选择地加以感知的心理规律，体现了个体内在的心理倾向。这种心理倾向，既依赖于个体原有的知识经验，又依赖于个体对刺激信息的需要、兴趣、态度、情感和意向，而且依赖于当时的刺激情境、行为目标和活动任务。很显然，犯罪心理的形成过程也体现了心理选择性的规律。

人的心理选择包括积极的选择和消极的选择。积极的选择，是指对符合社会规范要求的刺激信息所进行的选择；消极的选择，是指对不符合社会规范要求的刺激信息所进行的选择。显然，一个人之所以形成犯罪心理，是其消极选择恶性循环的结果。所以同样的社会环境中，不同的人具有不同的人生轨迹，有的人形成了犯罪心理，走向了犯罪道路，而大多数人能遵纪守法，关键在于个体的心理选择性的差异。因为只有心理上具备了消极选择性的人，才会能动地接受外部世界中的消极影响；而心理上具备积极选择性的人对外部世界中的消极影响，不但缺乏感受性，而且常常排斥、拒绝这种影响。

(三)"量变—质变"转化律

一个人犯罪心理的形成，是个体毕生心理发展过程中出现的一种现象。在心理发展过程中，个体由于接受了一些外界消极影响，而使其品德逐渐变坏。这个逐渐变坏的过程，也就是量变的过程，当量的积累达到一定程度时，就会发生质的变化，这时以犯罪动机为核心的犯罪心理也就形成了。

对于犯罪心理形成的渐变模式而言，量变的过程容易为人们所理解；而在犯罪心理形成的突变模式中，是否没有经过量变过程呢？事实不是这样。因为一个人之所以形成犯罪动机，实施犯罪行为，是需要一定的心理基础的，而这种心理基础一定是在较长时间的心理发展过程中累积形成的，如一个人平时表现没有越轨之处，可某一天突然发生了激情性犯罪，这种犯罪虽然看起来是突发性的，没有什么前兆，似乎看不出量变的过程，但却要以其消极的情绪反应性为基础（或者还有其他心理因素），而这种消极的情绪反应性特质，必然经过了较长时间的发展过程，也就是量变过程。所以突变模式中，并不是没有量变过程，而是这种量变更为隐蔽，更不易为人所察觉。

(四) 反馈—强化律

反馈是控制论中的概念，是指从系统输出的信息，反过来对系统又发生影响的过程。根据这种影响的作用，可以将反馈分为正反馈和负反馈。正反馈起强化作用，负反馈起削弱作用。犯罪心理的形成，可以说是个体不良心理意识通过信息反馈得到强化的结果；犯罪心理的恶性发展，则是相对较弱和不稳定的犯罪心理通过信息反馈得到强化的结果。

当一个人产生了不良的心理意识后，往往会通过不良的思想、言论、行为表现出来，如果这些不良言行没有得到及时和足够的批评纠正，如无人敢于批评或者制止不良言行，或者批评制止软弱无力，那么这些信息反馈到大脑中，对其不良的心理意识会起到强化作用。犯罪心理的形成就是个体原有的不良心理意识得到强化的结果。

当一个人在犯罪心理支配下去实施犯罪行为，社会对其犯罪行为未能给予及时的打击和矫正，或者处罚不当，这些信息同样会反馈到大脑中，使之产生得大于失的成功体验，从而对其犯罪心理同样会起到强化作用，所以犯罪心理的恶性发展，即一个人由初犯向再犯、累犯、惯犯的发展，也是犯罪心理得到强化的结果。

当然，不管是犯罪心理的形成，还是恶性发展，个体心理得到的强化都不是一次能完成的，常常需要经过多次的强化。

第二节 犯罪心理向犯罪行为的转化

一、犯罪心理与犯罪行为的关系

(一) 犯罪行为体现了犯罪心理与情境条件的互动

犯罪行为是在犯罪心理的支配和影响下实施的，但个体产生了犯罪心理只是具备了实施犯罪行为的主观条件，并不一定会外化为犯罪行为。犯罪行为的发生除了需要具备行为人主观方面的犯罪心理外，还需要有适宜犯罪的情境条件。即犯罪心理和犯罪情境，是行为人实施犯罪行为的两个先决条件。犯罪心理是实施犯罪行为的主观条件，犯罪情境是实施犯罪行为的客观条件，二者缺一不可。

犯罪行为是行为人犯罪心理的外化，同时也体现了犯罪心理与情景条件的相互影响、相互制约。在有些犯罪中，行为人先有犯罪心理，然后在一定的情境中实施了犯罪行为；有些犯罪则是先出现了具有某种特点的情境，而后行为人在这样的情境当中形成了犯罪心理，并迅速外化为犯罪行为。据此，可以把犯罪心理向犯罪行为的转化，概括为两种模式，即意志选择行为模式和反应性行为模式。在这两种模式中，行为人受犯罪心理和犯罪情境互动的影响，其犯罪行为也处于发展变化之中。

（二）影响和制约犯罪行为发生的因素

1. 犯罪行为人因素

犯罪行为人因素，是指影响和制约犯罪行为发生的犯罪人主体因素，主要包括行为人已经形成的犯罪心理状况、行为人的身体条件和行为人所具有的作案的知识与技能等。

行为人已经形成的犯罪心理状况，是影响和制约犯罪行为发生的主要因素，也是决定行为人实施犯罪行为的主观决心和维持犯罪行为的主要因素。

行为人的身体条件，将会影响其对犯罪方式、犯罪手段的选择。如一个身高不足的人，会放弃翻越一般人能轻松越过的墙头，而选择在墙角打洞进入现场作案；同样是杀人，身强力壮的男人一般选择刀捅、锤砸等直接方式，而身体较为弱小的女性一般选择投毒的方式；等等。

行为人具有的作案的知识和技能也是影响犯罪方式选择的重要因素。有的行为人会利用自己积累的犯罪经验来选择犯罪手段，有的则直接利用自己的专业知识实施犯罪。例如，化学专业的大学生用剧毒化学元素投毒杀人。通过对这些因素的分析，可以判断犯罪人是否有劣迹前科，或者是否经过相关的专业训练。

2. 犯罪行为情境因素

犯罪行为情境，是指直接被犯罪人感知、清晰意识到的发生犯罪行为的具体环境，即犯罪人在实施犯罪的过程中，能够感知并影响犯罪行为的情景因素。犯罪行为情境包括侵害对象、现场条件和现场气氛三个要素。

侵害对象并不直接决定犯罪行为的实施，但会对犯罪行为的发生、发展和变化有重要的影响。例如，被害人一味的忍让迁就，可能会使犯罪人更加大胆，犯罪行为向恶性的方向发展；被害人的奋起反抗，有可能会压制犯罪人的犯罪欲望，使犯罪人放弃犯罪行为；等等。

现场条件分为有利于实施犯罪行为的条件和不利于实施犯罪行为的条件。有利于实施犯罪行为的条件，如现场很偏僻、四下无人等。不利于实施犯罪行为的条件，如现场不远处有巡逻的警察，或者在实施犯罪行为的过程中突然有人路过，等等。

现场气氛，是指能够被行为人感知的现场氛围。现场气氛能够影响行为人的情绪，从而对其行为产生影响。例如，在公交车上，犯罪人在抢劫行凶的时候，所有人都忍气吞声、装作没看见，则会滋长犯罪人的犯罪气焰；如果有人带头奋起反抗，其余的人有可能随之响应，犯罪人的犯罪气焰会受到打击，则有可能会放弃犯罪行为。

二、犯罪行为发生的意志选择行为

（一）意志选择行为的含义和类型

通过意志活动实现犯罪心理向犯罪行为的转化，是犯罪行为发生的基本、典型的方式。这种模式的基本含义，是指犯罪行为的发生是行为人意志努力的结果，而且犯罪行为的发生自始至终都处于犯罪人的意志控制之下。从犯罪动机的形成，到作案工具的准备、踩点，乃至实施犯罪，都是行为人有意识的活动。

但是意志选择行为，并非都是个体积极、主动地加以选择的。

根据个体积极性的差异，可以把意志选择行为分为主动选择行为和被动选择行为。

主动选择行为是意志选择行为模式的典型模式。在这种情况下，不仅犯罪行为需要意志努力才能完成，而且其犯罪动机、犯罪决议的形成，也是其积极的意志努力的结果，是其主动的选择。被动选择行为，是指行为人选择犯罪行为不是出于主动的选择，而是被胁迫、引诱，或处于从属关系，或因其他利害关系，而不得不选择实施犯罪行为。这种选择是被动的，行为人并不情愿。在这种情况下，虽然个体犯罪动机的形成是外力强加的，但犯罪动机的确立仍然是有意识的行动，犯罪行为的准备、实施仍然需要有意识活动的参与。共同犯罪中的从犯，不少属于这种情况。

（二）意志选择行为的特征

1. 犯罪动机强烈、具体、明确

这类模式的犯罪行为大多是由强烈、具体、明确的犯罪动机所支配实施的。所谓强烈，是指犯罪动机的强度而言，它不是潜意识的活动，而是犯罪人强烈感受到的意识活动，如不能满足，就无法获得心理平衡。即便是被动的意志选择行为，虽然其动机强度较弱，但仍然被其强烈地意识到了。所谓具体，是说实现犯罪动机的方式和对象是具体的。所谓明确，是指犯罪动机的内容是明确的，无论是财产动机、报复动机、性欲动机，还是其他方面的动机都是明确的，而且都是被行为人强烈感受到的。因此，这样的犯罪动机只能由行为人有意识的活动才能形成，只能由犯罪人有意识的活动才能实现。

2. 情景因素对犯罪行为的影响较小

一般来说，意志选择行为是由犯罪人先形成犯罪动机，而后积极创设或寻觅、发现犯罪情境，以实现其犯罪动机。在这一类犯罪中，犯罪人主观意图明确，预谋性强，刺激情境中的因素对犯罪行为的发生影响较小。犯罪人在实施犯罪行为的过程中如果遇到某种突发情况对其形成刺激，往往也能努力克服这些刺激情境对其犯罪行为的影响，从而达到其犯罪目的。

3. 由犯罪心理的形成到犯罪行为的发生往往经过较为清晰的几个心理阶段

一般情况下，犯罪人的意志选择行为，往往经过以下几个心理阶段：心理冲突—确立犯罪动机，明确犯罪目的—制订作案计划—进行作案准备（准备作案工具、选择作案对象、作案地点、逃跑路线等）—实施犯罪。虽然有的犯罪并不完全具备这样几个心理阶段，或者可能出现曲折和反复，但大多数经过意志选择的犯罪行为的发生，往往经历了几个较为清晰的心理阶段。

三、犯罪行为发生的反应性行为

（一）反应性行为的概念

反应性行为是犯罪行为发生的另一种典型的模式。其基本含义是指，犯罪人实施的犯罪不是出于预谋，也未经过明显的意志活动，而是个体在外部诱因刺激下产生的应答性反应。在这一类犯罪行为发生过程中，犯罪情景的刺激是导致犯罪行为发生的重要因素，但从根本上说，犯罪人主观方面的不良心理素质，是导致犯罪行为发生的决定因素。例如，犯罪人情绪波动过大、易激惹、脾气暴躁，等等。

（二）反应性行为的特征

1. 反应性行为引起的犯罪，不是事先预谋的，而是个体对外部刺激的应答性反应

在反应性犯罪行为发生过程中，这种反应是自动化的，带有反射的性质。只要个体遇到相同或相似的刺激情境，就会引起行为人的同样的反应。这种反应有的是个体先天的本能冲动引起的，有的是变态的行为反应，有的则是习惯化、定型化了的行为反应。这种应答性反应引起的犯罪，具有情境性、突发性的特点，行为人在这一过程中，大脑活动往往处于混沌或亢进状态，因而对自己的行为性质缺乏理智的思索。

2. 刺激情境的出现对反应性行为具有重要作用

在反应性行为中，刺激情境的出现并非是行为人刻意追求、寻觅的结果，而是刺激情境的出现与行为人头脑中已有的行为动型建立了联系，从而诱发行为人产生了相应的行为反应。这种行为反应常常是在无意识动机的支配下完成的，如定势、习惯等。这种动机只有在特定情境中才会形成和实现，而且与刺激情境有密不可分的关系，如防卫过当引起的犯罪，这种犯罪行为的出现，与被害人的行为有密切关系。一般来说，反应性行为是刺激情境出现在前，犯罪动机形成在后。

3. 反应性行为的出现，缺乏或只有短促的心理过程

有些反应性行为没有经过有意识的心理活动过程，只要某种刺激情境一出现，就会导致个体出现相应的行为反应；有些反应性行为只有极其短促的心理过程，以至于从个体外在行为表现来看，几乎难以看出其心理变化，如应激反应，个体对待紧急情况出现的行为反应之前，只是略一迟疑，大脑的行为指令的出现几乎是自动化的，缺乏权衡利弊、思想斗争的心理活动过程。反应性行为出现的过程可以表现为两种形式，即刺激—反应，或刺激—心理冲动—行为反应。

（三）反应性行为的表现形式

1. 防卫反应和避险反应

人类具有自我防御和趋利避害的本能反应，当个体的人身、财物的安全受到威胁时，个体会本能地进行防卫或避险。防卫行为和避险行为在一定限度内，是法律所允许的，因而不应视为犯罪行为。但如果超过一定限度，造成了不应出现的后果，就构成了犯罪。防卫行为和避险行为是一种反应性行为，因为它不是事先有预谋、有准备的，而是情境中由受害人引起或挑动的。

2. 应激反应和激情反应

应激和激情也是易引起犯罪的反应性行为。在应激情境中，客观条件不允许个体进行周密的心理选择和思考，而必须做出迅速的

反应。这种反应的模式基本上是受个体趋利避害的本能和平时形成的反应动型支配的。

激情反应，即在激情爆发状态下所出现的行为反应，当个体由于愤怒、恐怖、嫉妒以及怨恨等情绪达到极点，以致激情爆发时，思维活动往往难以正常进行，大脑由某种强烈的冲动意念所支配，血液涌动加速，浑身凝聚了大量的能量，必须加以宣泄，否则心理不能获得平衡，身体机能的平衡也会受到破坏。这种激情宣泄的行为极易造成破坏性的严重后果而构成犯罪。激情反应与平时形成的行为反应动型有关，这种反应也带有自动化性质。

3. 习惯性反应

习惯是个体后天习得，并经过反复刺激与反应之后形成的相对稳定的动力定型。个体一旦形成了某种习惯，当外界出现相同或相似的刺激时，他们无须作出特别的意志努力，就会出现相同的行为反应，因此习惯性行为带有自动化性质。在某些情况下，一些个体在自己的不良习惯驱使下，会不自觉地实施犯罪行为。

4. 变态反应

变态反应是犯罪人在变态心理支配下所出现的行为反应。变态心理作为一种病态现象，其行为反应机制是异常的、自动化的和难以控制的。尽管行为人明知自己的行为性质和后果，但遇到适宜的情景和对象，便难以控制地实施变态行为和变态犯罪。

上述几种表现形式由于不是按统一标准划分的，因而难免存在一定的交叉和重叠。例如，习惯性反应行为与激情反应行为，由于个体对外部刺激产生的激情反应与其平时形成的行为习惯是有关系的，因此二者之间就有一定的重叠。

四、意志选择行为与反应性行为的联系与区别

（一）意志选择行为与反应性行为的联系

意志选择行为和反应性行为，在行为方式和行为过程上，都受个体自身状况和对刺激情境的认知等因素的影响与制约。就意志选择行为而言，尽管不同个体的犯罪手段、犯罪准备程度和行为过程

都存在某种差异，但都是由个体的认识因素和生理、心理状况决定的。就反应性行为而言，上述因素特别是认识因素同样起到了重要作用。例如，甲、乙两人陌路相逢，乙不逊的态度使甲感到自尊心受到伤害，于是冲动之下拿刀捅向乙，将乙杀死。这种反应虽然是冲动的结果，没有经过较长时间的心理过程，但这种反应仍然受到其主观认识结构和对当时刺激情境认识的制约。因为如果乙是甲关系亲近的朋友，那么即便乙有不逊的行为，也可能不会发生这样的犯罪行为。

（二）意志选择行为与反应性行为的区别

1. 产生的原因和方式不同

意志选择行为是行为人意志努力和积极追求的结果，而反应性行为的产生，是由于外部情境的刺激，激活了个体身上对同样刺激的反应动型而引起的。

2. 行为发生的心理过程不同

意志选择行为经历了多个较为清晰的心理过程的阶段；反应性行为只有极其短促的心理过程。就一般反应性行为而言，其心理过程只表现为强烈的心理冲动，并迅速地以相应的行为表现出来。

3. 起主要作用的犯罪动机和心理机制不同

尽管二者都是由动机支配的，但意志选择行为大多是由有意识的动机引起的，或者主要是有意识的动机在起作用；反应性行为则大多是由定势、习惯等无意识动机引起的，或者主要是无意识动机在起作用。从心理机制角度看，意志选择行为更多地反映了犯罪人的认识活动的特点，是犯罪人认识选择的结果；反应性行为更多地体现了其情绪反应性的特点，带有条件反射的性质。

五、犯罪人标记行为

（一）犯罪人标记行为的概念及特点

1. 犯罪人标记行为的概念

标记行为，最早是指动物利用尿、粪便、皮脂腺的分泌物等，同时结合并依靠嗅觉传递信息的行为。标记行为是最常见的和地盘割据有联系的行为。同样，人类也有各种各样的标记行为，只是人类是有意识地通过标记行为来满足某种需要或表达某种情感而实施的。

关于犯罪人标记行为的概念，目前在犯罪心理学界存在狭义和广义两种观点。狭义观认为，犯罪人标记行为是指犯罪人基于某种幻想而实施的超越犯罪所需的行为；广义犯罪人标记行为观则认为，犯罪人标记行为是指犯罪人为了满足某种心理上或情感方面的某种需要而实施的特殊行为。[①] 狭义观侧重于从犯罪人的幻想和犯罪需要的角度来理解犯罪人标记行为，广义观则侧重于犯罪人的特殊需求。由此不难看出，广义概念的外延要大于狭义概念的外延，其应用的案件类型也大于狭义概念。当前在犯罪心理学界普遍采用的是广义的概念。

2. 犯罪人标记行为的特点

（1）犯罪人标记行为是超出犯罪手段所需范围的非必要行为。从形式上看，犯罪人标记行为是超出犯罪手段所需的，对犯罪目的的实现没有直接关联的“画蛇添足”的行为。例如，犯罪人董某于 2006 年 3 月 11 日在浙江金华某小区实施入室抢劫杀人后，用死者鲜血在墙上写下“杀人者，恨社会”6 个大字，用以表达对社会的不满。犯罪人董某是在已经完成犯罪行为、实现了犯罪目的之后，再用死者的鲜血在墙上写下几个大字，这几个字对于其抢劫杀人的犯罪目的来说，是没有直接关联的，不属于实现其犯罪目的的手段，但对于他表达内心对社会的不满却有重要的作用。

（2）犯罪人实施标记行为旨在满足犯罪人既有的某种幻想、心理需求或表达某种情绪情感。犯罪人在实施犯罪行为的过程中，或受犯罪情境的刺激，或受以前生活经历的影响，可能会勾起其某种回忆或既有的幻想，从而引发某种情绪。在这种情绪的推动之

① 任克勤、艾明：《犯罪人标记行为研究》，载《中国人民公安大学学报（社会科学版）》2008 年第 5 期。

下，犯罪人会实施一些与犯罪目的和手段无直接关系的标记行为。就标记行为的内容而言，该行为是为了满足犯罪人既有的某种幻想、心理需求或表达某种情绪情感。例如，在某案中，犯罪人与其女友发生争吵，后将女友勒死。事毕，犯罪人悔恨不已，帮死者整理衣服，并在死者手中塞了2元纸币作“上路费”。犯罪人在死者手中塞纸币的行为则表达了对死者的一种情感。

（3）通过对犯罪人标记行为的分析，有助于对犯罪人进行犯罪心理画像，从而帮助侦查破案。犯罪人标记行为尽管与犯罪手段和犯罪目的无直接关联，但却是犯罪人某种特殊需要的表达，通过对这种特殊需要的分析，可以推断出犯罪人的生活经历、生活背景、社会层次、兴趣爱好、与被害人的关系等，这些信息是犯罪心理画像的重要内容，也是锁定犯罪嫌疑人的重要依据。

（二）犯罪人标记行为的形成原因

1. 挫折的表达和宣泄

精神分析学家弗洛伊德的本能论认为：个体遭受挫折的本质是因本能性的快乐原则受到障碍，无法消除不愉快的刺激时所产生的情绪。挫折一经产生，就意味着个体生命本能的能量释放受阻，它必然在快乐原则的支配下作能量释放的改道。如果能量的宣泄指向于内部、指向自身，就表现为自己折磨自己、摧残自己，甚至自杀；若是指向外部，就表现为有意伤害他人，即表现为攻击行为。弗洛伊德的观点被以多拉尔德和米勒为代表的耶鲁学派所继承、发展和补充，逐渐形成挫折—攻击理论。该理论认为：挫折，是指阻碍个体达到目标的情境，攻击永远是挫折的一种后果，攻击行为的发生，总是以挫折的存在为条件的。若挫折的来源相当有力量，或个体不敢直接面对时，个体就会采取替代性攻击，即因为不敢攻击挫折来源的人或物，而转向攻击与挫折来源不相干的对象。攻击是一种本能，本能的表现形式不但包括破坏性行为，而且也包括幻想性攻击。[①] 道格拉斯认为：犯罪人实施的这种类型的标记行为是基于其幻想。当犯罪人沉浸在白日梦中时，会发展出一种表达他们暴力幻想的需要。当他们将幻想付诸行动时，每一起犯罪的某些方面会显示出基于他们幻想的独一无二的、个性化的表达或仪式。然而，如果犯罪并不能满足犯罪人的需要，不足以满足其幻想的需要，就会实施仪式行为。当犯罪人在犯罪现场显示出他的仪式行为时，就留下了个性化的名片。可见，这种类型的标记行为既是引起犯罪的原动力，又是犯罪尚未能满足犯罪人需要的进一步的行为反应。因而，有学者认为：当犯罪人在犯罪过程中留下其特有的标记行为后，不仅其后的犯罪暴力程度会增加，而且犯罪冷却期的时段也会减短。例如，山西阳泉系列杀人案犯罪人杨某，其在初中毕业后进入当地一家工厂成了一名技术工人，但并不顺利，此后，他曾先后三次更换了工作，工作上的挫折使杨某感到极为压抑。从1992年3月到2004年11月，心态扭曲的杨某在近十二年内，先后持刀杀害了9名妇女，其间有割鼻、划脸、剖腹和刺伤阴部等明显的标记行为。这些标记行为，是其对生活与工作挫折的一种表达和宣泄。

2. 心理缺陷的补偿

心理学家阿德勒的“自卑与超越”理论认为：自卑感是所有人类努力的来源及决定人类行为的力量，不管自卑是真实或想象的，个体由补偿自我的自卑而不断发展。自卑感是无可逃避的，对自卑感的补偿作用，则会对个体提供努力或成长的动机，可使人发愤图强。但不妥当的补偿作用亦会摧毁个体，而犯罪行为正是犯罪者超越自卑、寻求他人注意的补偿行为。犯罪行为即代表对其地位自卑的一种补偿性攻击，犯罪人试图通过犯罪行为企求他人的注意及获得优越的支配地位，以消除其内在的自卑感。这种理论尤其适

---

① 蒋俊梅：《挫折攻击理论及对青少年犯罪预防的启示》，载《商丘师范学院学报》2007年第5期。

合解释具有操纵性、支配性特征的标记行为的形成原因。例如，在河南平舆黄某系列杀人案中，黄某在杀害被害人之前，会利用所谓的“智能木马”反复折磨被害人。黄某之所以利用“智能木马”反复折磨被害人，是因为他在现实生活中比较被他人轻视，或者他在现实生活当中没有品尝到任何成功的快乐体验，从而导致幻想的产生，这种幻想主要来源于他深刻的自卑感和缺乏权力支配的内心感受。

3. 犯罪情境或犯罪结果的刺激

有的犯罪人实施的表达某种情绪、情感的标记行为，是由于犯罪人受到某种犯罪情境或犯罪结果的刺激。这种类型的标记行为是犯罪人对犯罪情境本身或犯罪结果本身作出的一种回应。它是情境刺激的结果，而不是犯罪人主动幻想的结果。犯罪人还可能基于与被害人的关系，因受到犯罪结果的刺激而实施标记行为。例如，1995 年 1 月犯罪人包某在枪杀自己的父母、弟弟、妹妹一家四口之后，对自己亲人头部中弹的惨状感到内疚和自责，于是用床单或被子将死者的头部全都盖上。犯罪情境也可能激发犯罪人过往的某种生活经历，从而催生标记行为。这属于心理印记当中的牵连关系诱发导致的标记行为。

4. 风俗习惯或迷信思想的影响

一些犯罪人在犯罪情境刺激下，受地方习俗、习惯或迷信思想的影响，从而实施标记行为。例如，杀害死者后在其下巴支一把锁、在其胸口放置铜钱、在其手臂绑缚红色毛线等，都属于某些地域特有的丧葬风俗。通过对这些标记行为暗示的风俗习惯的分析，有助于锁定犯罪嫌疑人的所在地。有的案件中，犯罪人在杀害被害人后，会在现场焚烧纸钱或香烛，则是受封建迷信思想的影响。

5. 罪恶感或良知的推动

从某种意义上来说，犯罪心理产生的过程，也是行为人内心的良知心理和罪恶心理博弈的过程，这一过程伴随犯罪人实施犯罪行为之前、过程中和犯罪之后，并表现为各种动机冲突和异常行为表现。有的犯罪人在实施犯罪的过程中，受被害人或犯罪情境的影响，其罪恶感或良知被激发，从而实施标记行为，试图用这种方式来弥补其罪过。例如，在杀人之后擦拭死者面部的血迹、强奸杀人之后用衣物遮盖死者下身，等等。

6. 生活经历或家庭环境的影响

犯罪人在实施犯罪行为的过程中，现场的某种情景可能会勾起其对以前某段生活经历的回忆，引发某种情绪，从而实施标记行为。例如，2003 年 3 月 23 日，犯罪人杨某在河南西华县胡桥村杀害胡某某一家四口后，又在死者胡某某头部插了一把螺丝刀。据杨某被抓获后供述：其作案时，见胡某某胳膊上文有“鹰”的图案，从而联想到在以前服刑时，曾经遭一文身的犯人殴打，遂将螺丝刀插入胡某某头部予以报复。也有的是受家庭环境的影响而实施标记行为。例如，在一奸淫幼女案件的发生过程中，犯罪人通过言语表达一些对被害人的关切，并在事后拿出 10 块钱交给被害人让其乘坐出租车离开。抓获犯罪人后发现，犯罪人有一个跟被害幼女差不多大的女儿。

需要注意的是，以上几个方面的原因在很多时候往往会交叉、共同起作用，推动犯罪人实施标记行为。例如，在罪恶感的推动和迷信思想的影响下，犯罪人杀人之后在现场焚烧纸钱、香烛；犯罪人在杀死自己的女友后受犯罪情境的影响和罪恶感的推动，在死者的手里塞钱，等等。

（三）犯罪人标记行为的分类

犯罪人实施标记行为的花样繁多，有的犯罪人在一案中甚至实施数种标记行为。通过对犯罪人标记行为进行分类，可以从不同角度帮助侦查人员认识标记行为，从而提高他们识别标记行为的意识和能力。

1. 根据标记行为载体的不同，可分为书面言语标记行为、口头言语标记行为和身体动作标记行为

书面言语标记行为是犯罪人实施的以书面文字为载体的标记行

为，如杀人后蘸死者的血在墙上写字、在死者的腹部画图等。口头言语标记行为是犯罪人实施的以口头言语为载体的标记行为。例如，犯罪人在犯案过程中不停地用极其下流、粗俗的话贬低被害人，或在强奸过程中反复地对被害人说话或强迫被害人重复特定字句。身体动作标记行为是犯罪人单纯借助身体动作实施的标记行为，如过度杀戮（伤害)、异物插入、奸尸等。身体动作标记行为是最为常见的一类标记行为，对这类标记行为可按以下三个方面加以识别：一是身体动作与犯罪目的的偏离度。如果身体动作明显与犯罪目的偏离，则应意识到这种行为可能是一种标记行为。二是身体动作指向身体部位的私密度。如果身体动作集中指向被害人私密度较高，且为带有性意味的身体部位，则应意识到这种行为可能是一种标记行为。三是身体动作节奏的频率。如果身体动作节奏明显异于一般犯罪人的动作节奏频率，则这种行为可能是一种标记行为。

这一分类可以提醒侦查人员全面收集犯罪人的标记行为，尤其在对被害人进行询问时，注意犯罪人是否有口头言语标记行为。

2. 根据标记行为发生的时间不同，可分为犯罪过程中实施的标记行为和犯罪结束后实施的标记行为

犯罪过程中实施的标记行为，是指犯罪人从着手实施犯罪至达到犯罪目的这一时间段中实施的标记行为。犯罪结束后实施的标记行为，是指犯罪结束后犯罪人实施的标记行为，常见的有：侮辱被害人尸体的行为、收集“纪念品”或“战利品”的行为、重回现场的体验行为、重访被害人的行为、写信挑衅警方的行为、记录犯罪过程及体验的行为，等等。

这一分类方法可以提醒侦查人员不仅要注重识别犯罪过程中实施的标记行为，还要注重识别犯罪结束后实施的标记行为，且要认真对待此类行为，根据这些信息采取相应的侦查措施。侦查人员不能仅以自己或一般人的理解，武断地排除犯罪人实施这类标记行为所暗示的继续作案的可能性，而应根据标记行为结合案件的具体情况，评估犯罪人再次作案的概率，以及作案的时间、地点、对象。

3. 以标记行为是否侵害被害人身体为标准，可分为侵入式的标记行为和非侵入式的标记行为

这是一种以实施标记行为的手段是否侵害被害人身体为标准的分类方法。常见的侵入式的标记行为有：奸尸、碎尸、刀割尸体器官、过度杀戮（伤害）行为、异物插入行为、煮食行为、刺字（图案）行为、独特的捆绑行为等。常见的非侵入式的标记行为有：遮盖尸体的行为、收集“纪念品”或“战利品”的行为、奇特的尸体摆放行为等。侵入式的标记行为深刻地反映了犯罪人主观恶性的程度，对评估犯罪人的人身危险性、分析犯罪人继续作案的可能性具有重要的价值。非侵入式的标记行为往往源于犯罪人的长期幻想，或者能反映犯罪人与被害人之间的关系，同样具有重要价值。

（四）犯罪人标记行为与相关行为的区别

1. 犯罪人标记行为与犯罪手段

从行为稳定的角度来看，犯罪人标记行为要较犯罪手段稳定。犯罪手段是一种学习的行为，是一种动态发展的行为，随着时间的推移，犯罪手段会随着犯罪人获得的犯罪经验和自信而不断地发展。尤其是职业犯，犯罪人会从导致他们被捕的错误中学习、发展他们的犯罪手段。此外，被害人的反应也会对犯罪手段的改进起重大作用。而犯罪人标记行为是较犯罪手段稳定、持久的行为。尽管标记行为的表现形式可能会演进，但是，这些标记行为的心理动因，即推动犯罪人实施标记行为的幻想内容和心理需求，却具有相似性。因此，如侦查人员仅以犯罪手段进行串并案件，认定犯罪嫌疑人，需持谨慎心态。

研究犯罪行为必须以犯罪人在犯罪行为实施过程中的心理活动规律为依据。同时，个体的行为又受到客观条件的制约，因此，研究犯罪行为又必须与犯罪现场的客观因素相结合。由于受到犯罪现场客观因素的影响和制约，标记行为并不会出现在每个案件中，而犯罪手段却存在于每个犯罪现场。

2. 标记行为与伪装行为

伪装行为是行为人实施的旨在误导侦查方向或者保护被害人及被害人家庭的行为。从行为实施的主体来看，伪装行为既可能由犯罪人实施又可能由案外人实施，而标记行为只能由犯罪人实施。由犯罪人实施的伪装行为，仍属于犯罪手段的范畴，是犯罪人出于逃避侦查的目的而实施的。有些伪装行为形似标记行为，但由于这些行为是犯罪人有目的、有意识实施的，因此，犯罪人往往依据自己的想象和自身的经验将现场设计成他们认为的那样。在此行为过程中，犯罪人会承受较大的压力，没有时间将所有的细节设计得符合逻辑，往往会留下破绽。

3. 标记行为与多余动作

多余动作是我国侦查实务界的一种术语，一些学者将多余动作和标记行为等同。但仔细分析，二者实则并不一致。从二者命名的角度而言，多余动作主要基于行为人实施该行为超出犯罪手段所需的范围，而标记行为的命名不仅要考虑这一点，还要从内容上考察该行为是否旨在满足犯罪人既有的某种幻想、心理需求或表达某种情绪、情感。因此，多余动作仅是从形式上考虑，而标记行为要同时满足形式和内容两个要件，即多余动作的外延大于标记行为，标记行为包含在多余动作之中。在侦查实践中，行为人的多余动作有可能是伪装行为，也可能是因缺乏犯罪经验而实施的画蛇添足的伪装行为，这样的行为不应属于标记行为。此外，犯罪人因自身条件或犯罪能力方面的原因实施的某些行为，虽然在一般人看来是多余的，但对于犯罪人自身而言，这些行为是与其自身的条件或犯罪能力匹配的，因此，这些被别人看来多余的动作仍然属于犯罪手段。例如，身材矮小的犯罪人放弃翻越低矮的院墙，而是通过在院墙下挖地道进入现场实施盗窃，则是与其自身身体条件相关的犯罪手段而非标记行为。

第三节　犯罪心理的发展变化

一个人的犯罪心理，既不是天生就有的，也不是一旦形成后就保持不变，而是随着外部条件和其内部体验的变化而发展变化。一般说来，犯罪心理的变化主要表现在两个方向上，即犯罪心理的良性转化和恶性发展。

一、犯罪心理的良性转化

（一）犯罪心理良性转化的条件

所谓良性转化，即犯罪主体在外部积极影响下，经过思想斗争，改变了其错误认识，或使其情绪反应、意志品质、个性特征等方面发生了积极的变化，从而使其心理结构也向积极的方向转化。

犯罪心理的良性转化，可以存在于犯罪行为发生之前，也可以存在于犯罪行为的准备、实施过程中，或者犯罪活动结束后。但不管发生在哪个阶段，犯罪心理的良性转化都需要一定的条件才能实现：一方面需要有来自外界的适宜的积极影响；另一方面，需要个体自身还存在某些积极的心理因素。

可以促成犯罪心理良性转化的外界积极影响，主要包括：第一，良好的宏观社会环境，如良好的社会风气、有利的社会舆论以及刑事司法政策的正面效应，等等；第二，适宜的教育、开导、规劝，包括学校、家庭、单位、社区的共同努力；第三，榜样与参照，如有的人因犯罪毁灭了前途，有的人犯罪后坦白交代得到了从宽处理，都可以起到有益的榜样或参照作用；第四，社会和司法评价体系对其不良行为或犯罪行为的否定评价，对其良善行为和改恶从善努力的肯定评价；第五，有利的人际环境，等等。这些因素对于促成犯罪心理的良性转化都是重要的。但这些积极的影响还应是适宜的，如果强度不够，可能不足以对个体发生影响；如果过头了，则可能起到逆反效果，如家庭、学校、亲友的规劝教育，就需要采取适宜的方法、适宜的强度，如果不考虑具体情况，不看具体对象,一厢情愿地进行填鸭式灌输,则可能产生适得其反的效果。

犯罪心理的良性转化还需要一定的内部条件，亦即个体自身还存在某些积极的内在因素，否则再强大的外部影响也是难以为个体所接受的。这里所谓积极的内在因素，如其道德观念尚未完全丧失，还常常顾虑自己的前途、名誉、家庭和事业，其同情、怜悯心尚未泯灭，对自己的行为后果还有悔恨、内疚的心理等。这些内部因素是促成个体犯罪心理良性转化的主观心理基础。关键是外部影响只有与其主观感受及其内部积极因素建立了联系时，个体才会在接受外部影响时更具能动性。

当然，犯罪心理的良性转化并不是内外因素的简单相加就能实现的，需要二者有机结合、相互作用才能实现。一方面，个体心理中积极的方面被唤醒，而消极的方面受到抑制，只有在这样两个方向上同时协调作用，才会促成个体心理结构的良性转化；另一方面，犯罪心理的良性转化，又总是通过其具体的组成要素的变化实现的，如首先改变“人生在世，吃喝二字”这种错误的人生观，这种认识的改变又使其好逸恶劳、贪图享受的性格特征发生变化，部分的变化必然导致整体的变化，最终导致个体心理结构的良性转化。

（二）犯罪心理良性转化的形式

1. 渐进型

通过外部的积极影响和本人的努力，个体的心理结构逐渐向好的方面转化。这是比较普遍的情况。

2. 顿悟型

通过某一事件的震撼或启发，使犯罪人对自己的行为性质和危害猛然醒悟，遂以极大的意志努力克服自己的不良意识和不良习惯，从此改恶为善，重新做人。

3. 反复型

一些人认识到自己的罪错,也想改好,但由于恶习较深,意志薄弱,以致在良性转化的过程中出现反复,但总的趋势向好的方向发展,经过时间的推移和几次反复以后,才逐渐变好。

二、犯罪心理的恶性发展

(一) 犯罪心理恶性发展的表现

犯罪心理恶性发展，是指在主体内外因素的相互作用下，在犯罪活动中，犯罪心理得到巩固和发展。一般说来，犯罪心理从形成到恶性发展的过程，也就是从初犯到累犯、惯犯的变化过程，由从犯到首犯的变化过程。犯罪心理恶性发展的结果，是使犯罪人形成较为顽固的犯罪动力定型。这种动力定型既包括犯罪行为方面的，又包括犯罪心理方面的。

犯罪心理的恶性发展，主要表现在以下几个方面：

1. 犯罪自觉性和主动性增强

犯罪人刚刚形成犯罪心理时，因其没有作案经历，道德观念尚未完全丧失，同情心尚未完全泯灭，对家庭、前途仍顾虑重重，因而在犯罪前往往有激烈的思想斗争，而且这种思想斗争主要集中在犯罪成功的诱惑与自己尚存的良知的激烈冲突，以及权衡犯罪行为给自己带来的利害得失中。而之所以通过思想斗争，最终决定铤而走险，很多人是受到了同伙的教唆、引诱甚至胁迫，因而他们走上犯罪道路大多是被动的、不情愿的，而且在作案行为前及行为过程中，也必然伴随着精神紧张和信心不足；但他们经过多次作案以后，尝到了甜头，道德观念、同情怜悯之心丧失殆尽，或者虽然因犯罪受了处罚，但并未吸取教训，反而萌生了强烈的反社会和对抗意识，这就导致犯罪人作案的目的性、主动性、自觉性都大为增强。

2. 个人欲望急剧膨胀

初次犯罪时，犯罪人的不正当需要及由此产生的犯罪动机，往往是由客观刺激所引起的，因而具有一定的情境性。而在以后的犯罪活动中，因为犯罪满足了自己的需要、欲望，这种成功体验进一步刺激、强化了新的欲望的产生，从而使个人欲望无止境地膨胀起来，变得极为贪婪，由此不断衍化出新的需要、新的欲望，产生新的犯罪动机。所以个人欲望的急剧膨胀，是导致犯罪活动向更严重的方向发展的一个重要因素，也是犯罪心理恶性发展的一个重要表现。

3. 作案经验更加丰富

犯罪人初次作案，基本上没有什么作案经验，尽管他也可能通过一些间接途径学到某些作案手段、方法，但毕竟不是自己的活动经验，因而心理上仍然紧张不安。但是从第一次犯罪开始，犯罪人往往就有紧张的思维活动，从犯罪动机的形成、犯罪手段的选择、对作案过程中可能出现的问题及自己行为后果的设想，以及犯罪前后如何自我保护等方面，都有一系列思维活动。如果他有第二次、第三次犯罪，那么必然是在总结了前次作案经验的基础上实施的。这样，经过多次犯罪，犯罪经验在不断的积累中得到了丰富，作案技能得到提高，作案更老练、更狡猾、更具有伪装性和欺骗性。

作案经验更加丰富的表现是：第一，作案前没有初犯那种较为明显的征兆，作案后也没有初犯那种常见的兴奋或者愧疚，变得更善于伪装自己。作案过程中，心理也较为平静、稳定。第二，自我保护意识更强，手段也更多了。不仅在犯罪前善于隐藏自己的犯罪意图，而且在犯罪后也能拖延一定时日，使自己被排除在怀疑对象之外。特别是在犯罪时，为了保护自己不被发现，会采取各种手段掩护自己。第三，掌握了一定的反侦查方法，即在作案时或在作案前后，有意识地采取一些扰乱侦查视线、误导侦查思维的举动和手段，常常造成侦查的延误。

4. 犯罪活动朝多方向发展

随着作案经验的积累、作案技巧的提高、个人私欲的膨胀和犯罪主动性的增强，犯罪人的侥幸心理和冒险心理急剧上升，促使其犯罪活动向多方向发展。例如，有的犯罪人，最初只是单独犯罪，以后又结成团伙共同犯罪；开始只是几个“哥们儿”纠集成团伙打架斗殴，以后向黑社会发展，成为五毒俱全的犯罪集团。犯罪活动向多方向发展，说明犯罪人由开始单一的犯罪需要和犯罪动机，发展成多种犯罪需要和动机，由较弱的犯罪意识发展成较强的犯罪意识。这种向多方向发展的犯罪活动，对社会造成的危害更严重，也说明了个人犯罪心理的恶性发展。

5. 犯罪意识具有弥散性

初犯开始犯罪时，总是竭力隐藏自己的犯罪意图，甚至连自己对某些问题的观点、看法也不轻易表露。而经过几次犯罪后，认为别人不能对自己怎么样，于是开始形成了狂妄自负的心理，并在自己的人际圈内，或者对一些无知的青少年散布“犯罪有理”论，散布享乐思想和腐朽的生活方式，使其犯罪意识得到扩散，这也是其犯罪心理恶性发展的一个重要表现。

6. 反社会心理增强

某些人开始只是为满足个人的某个具体的需要进行犯罪，而当他们因犯罪受到处罚后，有些人不仅不思悔改，反而开始仇视教育、帮助和处罚过他的人，开始敌视社会；有的甚至形成了一套反动的思想、观念和意识，在以后的犯罪活动中，常常有意地把矛头指向社会公共目标。

7. 犯罪职业化增强

犯罪人在多次犯罪活动中获得的成功体验，使其犯罪心理得到强化；另一些犯罪人作案多次失败，又使他们成为社会舆论所谴责的对象，使他们逐渐与社会疏远以致对立，所以他们与社会积极方面的联系越来越疏远，与社会消极方面的联系则越来越紧密，这使他们在就业、婚姻及正常的人际交往等方面发生了困难。在这种情况下，一些人开始以犯罪为常业，把犯罪所得作为主要的生活来源，或者把犯罪活动作为满足自己精神需要的手段。经常进行犯罪活动的结果，使其形成了顽固的犯罪动力定型，有的则形成了惯犯、职业犯。

（二）犯罪心理恶性发展的依据

犯罪心理恶性发展的依据可以从环境和主体两个方面来看。从环境方面来看，主要是因为：(1) 消极的情境条件。例如，被害人的麻木不仁，往往使侵害者变本加厉。（2）群体内的不良氛围和群体压力。在犯罪群体内形成的犯罪文化、舆论氛围、价值准则会形成一种群体压力，使个体逐渐失去自我和自己的判断力，在这种群体中，犯罪人会互相熏染，在犯罪的道路上越滑越远。（3）在打防体系中存在的负面效应。例如，打击不及时，从而强化了犯罪人的侥幸心理；或者罚不当罪，使犯罪人产生“犯罪合算”的观念，强化了其冒险心理。（4）教化失误。例如，批评教育不当、不力，都可能强化其逆反心理。

从主体自身因素来看，主要是因为：（1）作案成功体验。作案成功后产生的满足感、快感、收益感和成就感，会作为一种自我肯定因素，强化其侥幸心理与冒险心理。（2）不正当需要轻易得到满足，使个人欲望急剧膨胀。（3）在犯罪活动中，由于经验的积累和模仿、学习，形成犯罪思维定式。（4）补偿心理，虽然受到处罚，但犯罪认知结构和个性结构未得到矫正，因而产生“狱内损失狱外补”的补偿心理。这些可能促使犯罪心理恶性发展。

第五章　犯罪人的一般心理特征

第一节　犯罪认知心理特征

一、犯罪认知心理的概念

犯罪认知心理是犯罪人对犯罪相关事物的现象、性质和规律进行认识、理解时产生的心理活动。对犯罪认知心理可以从三个层面来理解：从心理过程的角度看，是指犯罪人的认知过程；从心理结构的角度看，是指犯罪人的认知结构；从发展心理的角度看，是指犯罪人的认知水平。

犯罪认知过程，是指犯罪人对与违法犯罪有关的信息接收、储存、加工和提取的过程。犯罪人进行任何违法犯罪活动都必须有认知心理过程的参与。犯罪认知结构，是指犯罪人对客观事物的现象、性质、规律的认识及其相对稳定的构成。犯罪人的认知结构由歪曲的世界观、人生观、道德观和价值观等内容构成。犯罪认知水平，是指犯罪人对客观事物进行认知的水平和能力。犯罪认知过程、犯罪认知结构和犯罪认知水平是犯罪认知心理不可缺少的三个方面，它们互相联系、互相作用，共同为犯罪行为的发生提供认知基础。

二、犯罪人的认知水平

一般说来，犯罪人的认知水平即认知能力较低。大量调查研究表明，犯罪人的智力发展水平，就其平均值而言，处于中下层次，低于一般人的智力分布水平。当然，这并不能说明，智能较低者必然会犯罪，或高智能者必然不会犯罪。事实上，不乏高智能者犯罪的事例。因此，认知水平虽然与犯罪心理的形成相关，但不能夸大这种相关性。

但是犯罪人的认知水平与犯罪类型和犯罪手段的选择具有较高的相关性。例如，以简单暴力为特征的传统犯罪类型，像强奸、拦路抢劫、伤害等犯罪的行为人大多认知水平较低，而伴随社会发展特别是科技进步而出现的犯罪类型，如网络犯罪、电信诈骗犯罪等行为人则大多具有较高知识水平。而且，在大量犯罪中，由于行为人认知水平的不同，犯罪手段往往有所差别，认知水平较高的人常进行较充分的犯罪准备并具有狡诈的行为特征，甚至会采取一些反侦查的手段。认知水平较低的人常常只采取简单、原始和愚昧的手段进行犯罪，犯罪的过程较为简单。由于认知水平不同而出现的犯罪手段差异，在杀人、抢劫、盗窃、贩毒、走私、偷渡及组织偷渡等犯罪中表现最为明显。

需要注意的是，从社会发展的角度来看，犯罪的智能化程度正在提高，犯罪的理性化趋势日益明显，这说明体现犯罪认知水平的一般能力在提高。之所以出现这种情况，与人们文化素质的普遍提高有关，与报刊、影视、网络等大众传媒的普及有关，特别是其中大量渲染作案方法、犯罪过程和侦破手段的文章、影视，使一些心术不良者从另一个渠道获得了不法行为的经验，这些经验必然会在他们的犯罪活动中体现出来。

三、犯罪认知的内容

犯罪认知的水平虽然并不必然是低的，但其内容则往往是歪曲的、错误的。这一特点在犯罪人的世界观、人生观、法纪观和道德观等方面体现出来。

（一）犯罪人的世界观和人生观

世界观是人对整个世界的总的看法。它决定人们的立场、观点和方法，影响人们的情感、思想和态度。世界观是在个体社会化过程中形成的，在这一过程中，家庭、社会、个人的社会实践对一个人形成怎样的世界观都产生了重要的影响。

人生观是人对人生，即生存的价值、意义、目的和生活准则的总的看法。一个人的人生观是由世界观所决定的，也可以看作个体世界观的一部分，用不同的世界观看待人生问题，也就出现了不同的人生观。人生观的内容是多方面的，如幸福观、生死观、苦乐观、荣辱观、价值观、婚恋观、友谊观等，这些观点、看法对人的心理、思想、行为和社会活动始终具有决定性的影响，一个人具有怎样的世界观、人生观，也会通过相应的心理、思想、行为及社会活动表现出来。

犯罪人的世界观、人生观的核心是极端个人主义的，其价值观、幸福观、友谊观、苦乐观、荣辱观、婚恋观等，无一不是以极端个人主义为核心派生出来的。这样的人生观表现在其行为活动、生活方式上，与主流社会行为规范的要求是格格不入的。这些个体在错误人生观的影响下，容易片面化、极端化一些社会丑恶现象和阴暗面，并且对于消极社会信息尤为敏感，很容易将一些负面信息内化为自己的人生信条，进而影响自己形成犯罪心理、实施犯罪行为。犯罪人正是在这样一些极端自私、腐朽、没落的人生观驱使下大肆进行违法犯罪活动，有的为了满足自己对钱财的贪欲，去偷、去抢、贪污、贿赂、走私、贩毒；有的为了发泄其动物的本能，奸淫妇女，进行淫乱活动；有的为泄一时之愤，便杀人放火，草菅人命；有的为满足自己贪婪的野心，就煽动闹事，不择手段，给社会造成难以弥补的损失。

犯罪人的人生观、世界观往往是个体在社会化过程中，积极能动地接受社会现实中存在的消极因素影响的结果。我国历史上经历了数千年的封建社会，封建主义的思想观念根深蒂固，只要一遇适宜的气候，还会死灰复燃，并且产生一定的影响。在封建主义的毒素还未彻底清除的时候，外来的腐朽文化和糜烂生活方式，及其他有害的思想观念，也通过各种渠道，披着各式外衣，以各种方式向我国渗透。在这些因素影响下，有的年长者开始怀疑自己过去吃亏了，要在有生之年补偿回来，于是贪污、受贿，走向犯罪；有的青少年长期受到剥削阶级思想意识的熏染，形成了错误的世界观、人生观。由于这些错误的世界观、人生观与社会主义的世界观、价值观是根本对立的，因而这些人在实践自己人生观的时候，必然会与社会发生冲突，走上犯罪道路。

（二）犯罪人的道德观

一个人的道德观是其调控自己行为的重要依据，是由世界观和人生观所决定的主观思想意识。犯罪人由于受其错误的世界观、人生观影响，其道德观往往也是错误的、歪曲的，道德标准是颠倒的。例如，有的犯罪人嘲笑社会道德对个人行为的调控，认为个人的思想行为不应为社会道德所约束，人尽可以在道德之外放纵自己的私欲。于是在他们眼里，两性关系可以超越婚姻和感情的界限，追求婚姻以外的性关系和动物式的性关系，而不应为道德所禁止；为了满足个人私欲，满足自己一时的快乐，可以不顾廉耻和道德。但是他们不讲道德，不接受社会道德的约束，并不能说明他们没有道德观念，只是他们的道德观从本质上说是低级的、歪曲的、错误的。对于一些团伙犯罪人而言，为“兄弟义气”两肋插刀是符合他们心目中的道德原则的，而揭发犯罪、改恶从善则违背他们心目中的道德原则。在当前网络时代，一些个体在虚拟网络空间里肆意妄为、无所顾忌，毫无道德底线，久而久之，他们有可能把现实生活和虚拟空间同化，导致在现实中道德观念低级、歪曲。

（三）犯罪人的法纪观念

犯罪人的法纪观念淡薄，表现在他们对国家的法律制度的认识往往是错误的、愚昧无知的。大量案例说明，犯罪人对我国法律制度往往存在错误或歪曲的认识，如有的犯罪人认为，改革开放过程中，法律制度尚不健全，于是千方百计钻法律的空子，进行各种犯罪活动；有的犯罪人对法律的严肃性认识不足，以为只要自己路子广，父母权势大，后台硬，就可以逃避法律制裁，于是无所顾忌，疯狂地进行各种犯罪。还有许多犯罪人，对法律的认识根本是愚昧无知的，对自己行为的社会危害和法律后果茫然无知；有的认为法不责众，于是纠集同伙，组成集团进行犯罪；有的不经司法程序，杀害不肖之子，还以为是“大义灭亲”；有的地方甚至对某些越轨青少年执行所谓“家法”“族规”。这些现象表明，犯罪人在法律观念上的愚昧无知，仍然是犯罪人认知结构的突出特点。

（四）犯罪人的其他错误认识

一些犯罪人特别是一些青少年犯罪人，往往有一种颠倒的、错误的是非、荣辱、美丑观念，这与其认知水平较低有关。还有一些犯罪人对社会持有偏见和敌意，因而具有一种反社会意识，这种情况多与他们受过打击或者挫折有关。

四、犯罪人的认知过程

犯罪人的认知心理过程，包括犯罪人在实施犯罪前后对犯罪信息、作案对象、作案手段和作案结果等的感知、记忆、思维与想象等心理活动的过程。其中，犯罪人的思维活动在其认知过程中居于最重要的地位，并贯穿在其他认知过程中。这里着重对犯罪人的思维和言语特征进行阐述。

（一）犯罪人的思维特征

犯罪人的思维活动，是犯罪人进行犯罪准备，实施犯罪行为以及作案后对付侦查、缉捕等行为活动的心理基础，是通过其大脑活动来实现的。

犯罪人在犯罪的不同阶段的思维活动具有不同特点。在动机斗争阶段，其思维活动集中于衡量作案的利弊得失，这时确立犯罪动机的思维活动很容易为某些或某个孤立的、片面的因素或现象所控制，从而形成一种钻牛角尖式的思维固着状态，不作案就难以恢复已受到破坏的心理平衡，这时，犯罪人的认知选择性往往倾向于选择那些对自己犯罪动机的确立具有鼓励作用的信息或现象，从而进一步证明自己实施犯罪的必要性和可能性。

在犯罪动机确立后，犯罪人的思维活动则集中于为作案进行准备，选择作案目标、分析对象特点、确定作案路线、准备作案工具、设想作案中可能出现的各种情况。这时犯罪人虽然也可能考虑作案的不利因素，有的还可能因此放弃犯罪动机，但大多数犯罪人的思维空间是狭窄的，只被犯罪欲念所支配，并处于一种对作案成功的向往及由此带来的情绪亢奋中。

在犯罪的实施过程中，犯罪的思维活动因其经历不同及经验多寡而有不同特点。缺乏经验及初次犯罪的人在实施犯罪时，其强烈的罪责感和自己身处险境的危机感，使其倍感紧张，因此思维活动往往出现一种凝滞状态，大脑一片空白，似乎大脑停止运转，因而极易举止失措，而在无意中留下痕迹物证，对现场出现的情况也容易产生错误的感知和判断。而有过多次犯罪经历的犯罪人，往往能保持正常的思维活动，对现场情况仍能作出正确判断，因而在作案时表现得沉着冷静，有条不紊。

作案结束后，犯罪人高度绷紧的大脑松弛下来，这时往往有一种轻松的感觉，庆幸自己作案成功。但是这种轻松感往往是短暂的，当他们对自己的作案经过进行回顾，想到自己可能暴露的破绽和遗留的痕迹物证，特别是随着现场被发现，公安人员进驻现场，展开调查，其心理压力越来越大，其思维活动会再次处于高度紧张戒备状态。犯罪人为防备自己被查获，也可能会主动采取一些措施，处心积虑地寻找证人，以证明自己没有作案动机、作案时间，但不管其思维活动多么缜密，这个时候都是最容易出现漏洞的。

由此可见，犯罪人在作案前后的思维活动，始终是围绕着如何使作案成功而又逃避惩罚这一中心进行的，因而具有偏执性。犯罪人的思维活动与其认知结构、生理条件、个人经历等有密切联系；而且犯罪人的思维活动始终是积极的、活跃的，即使有的初犯在犯罪时出现暂时抑制状态，也不是消极的，只是这种状态会阻碍正常的思维活动。

对于不同的犯罪人，其思维活动也有不同的特点，一般而言，初犯、女犯、青少年犯的思维活动大多具有主观性、片面性，易受情绪控制，易受外界的影响和暗示；而惯犯的思维活动则较为灵活、客观，但又易受其经验的左右，容易形成固定化的思维模式，并在作案时机的选择，作案对象、作案路线的选择，作案工具的使用，破坏现场的方法上表现出来。

(二) 犯罪人的言语特征

1. 貌似杂乱无章，实则有章可循

犯罪人在作案过程中为逃避侦查，往往使用黑话来进行交流。有些犯罪黑话表面看来杂乱无章，难以捉摸，随意性很强，但实际上是存在一定规律的。从其用途看，有的黑话是为了维系犯罪组织的存在与发展；有的是为了隐匿或同伙间交流犯罪意图和犯罪信息；有的是为了试探敌友；有的则是用来指导、联络和协调犯罪行动。从其来源看，有的是运用汉字谐音，有的是取自历史典故，有的是形象隐喻，有的借用地方土话，有的则是造词代用。特别是近年来，随着网络的普及，一些网络流行语也被犯罪人运用到犯罪过程中。大量的犯罪言语还受到了方言特点、个体年龄特点、时代特点、职业特点和网络特点的影响，如南方有“摸”“拦”“割”、“容”等犯罪言语，分别代表流氓、赌博、盗窃、性犯罪等类型；“吃鸡”代表买黑枪，“社会人”代表黑社会，等等。从这里可以看出地方方言和网络特点的影响。

2. 语句简练，语意隐晦

犯罪人为了便于掌握隐语黑话，掩盖犯罪动机，多会创造或使用一些简练的、隐晦的字词，表达其另外的意思。例如，“下山的”(意指从社区矫正单位逃出来的)，“查户口”(意指入室盗窃)。

3. 流传快，影响广

过去，有些犯罪隐语黑话具有较强的地域性；但近年来，由于交通、通信的现代化，犯罪人的流窜性增强，使犯罪黑话流传更快、影响更广，不少黑话已无地区界限可言，成为跨地区的犯罪流行语。

4. 内容低级下流，极具腐蚀性

一些惯犯、累犯、黑社会性质组织成员、失足妇女等，往往用一些流氓黑话腐蚀、教唆青少年进行犯罪。这些流氓黑话本质上是亚文化的一种表现形式，对青少年具有一定的诱惑力。

5. 花言巧语，极具欺骗性

一些犯罪人，特别是诈骗、拐卖妇女儿童、非法集资、组织偷渡的犯罪人，往往与受害人有过一些言语接触，在这一过程中，通过花言巧语骗取对方的信任，是犯罪人的常见伎俩。犯罪人在与被害人交流的过程中，其言语之中会有意无意地夹杂一定的犯罪信息，这些犯罪信息往往能够迎合被害人的某些需求，从而达到其犯罪目的。

第二节　犯罪动力心理特征

一、犯罪动力心理的概念

（一）犯罪动力心理含义

犯罪动力心理，即推动行为人实施犯罪行为的心理因素的总称。犯罪行为的直接心理动力因素是犯罪动机。犯罪动机是在犯罪人需要一种更为潜层的动力因素的基础上形成的。除犯罪动机外，兴趣、爱好等个性倾向因素，以及情绪、情感也具有动力作用，其动力的性质和方向是推动犯罪动机的形成，并影响犯罪动机的类型。因此犯罪动机是犯罪动力心理的核心范畴。

犯罪动机，是指推动行为人实施犯罪行为的内部驱动力，也就是内心动因。只要是故意犯罪行为，无论是预谋犯罪还是激情犯罪，都是在犯罪动机的推动下实施的。

犯罪动机与犯罪行为，是有紧密联系的两个概念。同样的犯罪动机，并不一定导致同样的行为，如报复动机，可能会以不同的犯罪行为方式表现出来，如暴力行为、诬陷行为、诽谤行为等。同样的犯罪行为也不一定是由同一动机所引起的，如故意杀人的行为，有的可能是图财引起的凶杀，有的是报复引起的仇杀，也有的是不正当的男女关系引起的奸情杀人，等等。如果同一犯罪行为有多种动机的作用，则存在主导性犯罪动机和从属性犯罪动机，不同的犯罪动机对行为的作用是不同的。

犯罪动机就其内容而言，并非一定是反社会的。某些犯罪动机源自行为人善意的初衷，只是采用了违法的行为手段、造成了严重的后果从而构成犯罪，如出于大义灭亲的动机而痛杀不肖之子，这一动机并不是反社会的，而是亲社会的。

行为人通过实施犯罪行为所达到的结果，是犯罪目的。犯罪动机与犯罪目的，有时候一致，有时候不一致，二者既有联系又有区别。就其联系来说，犯罪动机与犯罪目的都和行为人主观心理活动相联系，都是经过一定的思想斗争和心理冲突后确立的。就其区别来说，犯罪动机是推动行为人实施犯罪行为的内部动力，犯罪目的则是犯罪行为的方向和目标，前者是内在的动力，后者是行为需要实现的外在结果；相同的犯罪动机可能有不同的犯罪目的，目的相同的犯罪则可能出自不同的犯罪动机。

(二) 犯罪动机与犯罪心理

犯罪动机是犯罪心理形成的基础，是犯罪心理形成的原始动力，二者之间既有密切的联系，又有区别。其联系主要表现为：犯罪动机包含于犯罪心理现象中，是犯罪心理现象的一部分；犯罪动机的性质和内容决定了犯罪心理的性质。其区别主要表现为：一是犯罪心理包含的内容要比犯罪动机广泛得多。犯罪心理是以个体的行为和心理为研究基础，涉及个体心理现象发生的有关自然环境、社会环境，以及个体自身的生物遗传、生理状况等因素，还涉及犯罪心理产生的具体情境、原因等。而犯罪动机着重研究犯罪人实施犯罪行为的动因，以及就某一犯罪行为的个体动因问题探究个体的内在心理活动。就其内容而言，没有犯罪心理广泛。换言之，犯罪心理的研究偏重于个体与外部的关系，而犯罪动机研究偏重于个体内部的矛盾活动，前者具有一定的广度，后者具有一定的深度。二是从研究意义的角度来看，犯罪心理的研究，能够为犯罪预防、制定犯罪对策，以及为教育、改造犯罪人提供一定的理论依据；犯罪动机的研究则为了解犯罪人的行为发生规律、了解犯罪行为背后的心理动因、分析案情，从而为侦查破案、打击犯罪提供一定的理论依据。

二、影响犯罪动机的因素

（一）犯罪需要

依据心理学的理论，动机主要是在需要的基础上产生的。同理，犯罪动机也可以理解为主要是在犯罪需要的基础上产生的。有机体为了维持自身的生存与发展，必须保持内物质和能量的动态平衡。当某种物质或能量代谢失去平衡时，有机体就会产生某种需要，这种需要会使有机体被唤醒、驱力被激活，从而促使有机体从事某种满足需要的行为，以恢复体内的平衡。因此，需要是有机体内部不平衡状态的一种体现。当需要产生之后，有机体就会被激活，行为人就会感觉到紧张，就会去寻找目标来满足需要。当目标出现以后，行为人就会产生动机，从而推动行为的实施。

美国的心理学家马斯洛对人的需要进行了深入系统的研究，提出了著名的“需要层次理论”。马斯洛需要层次理论把人的需要分为生理需要、安全需要、爱和归属需要（亦称为社交需要）、尊重和自我实现需要五类，依次由较低层次到较高层次排列。在自我实现需要之后，还有自我超越需要，但通常不作为马斯洛需要层次理论中必要的层次，大多数会将自我超越合并至自我实现需要当中。马斯洛认为，人初生时只有自然的生理需要，如饥渴、排泄等。随着年龄的增长，人逐渐出现安全、归属、尊重与自我实现的需要。年龄越大，人的追求、行为的动机水平也会越高。换言之，人的需要层次发展是随年龄的递增而向上发展的。但也不排除个别例外现象。同时，高层次需要出现后，低层次的需要并不会消失，随着每一高层次需要的出现，低层次的需要在人的全部需要中的比例会降低并包含在高层次需要之中。当人成年后，一般同时具有集中需要。

一般来说，当行为人的需要（无论是正当需要还是非法需要）得不到满足的时候，就容易产生挫折感，一部分人就会由此产生犯罪需要（如对金钱的需要、报复的需要等）。依据挫折—攻击理论，行为人在这种由挫折演化的犯罪需要驱使下，产生攻击行为。根据马斯洛的需要层次理论，每种需要都有可能在遭遇挫折的时候演化成犯罪需要，如行为人生理需要得不到满足时实施的抢劫、强奸犯罪，恋爱不成时实施的报复犯罪，等等。

（二）本能

有哲学家认为，人是理性的动物，人的理智能自由地选择行为方向和决定行为过程，因此，人应该为自己的行为负责。但有哲学家提出了另外的观点，他们认为，某些行为的发生原因是个体不能支配的内部或外部力量。通过对这种内部或外部力量的探索，提出了本能说。所谓本能，是指一种先天的生物力量，它预先确定有机体的一些行为倾向或行为方式。从对人类新生儿的观察可以发现，人出生之后即有一些先天的反射行为，如吮吸乳头、在水中做出协调的游泳动作，等等。这些行为是先天的、自动进行的。除了这些生物本能外，美国心理学家詹姆斯进一步指出，人类还有很多社会的本能，如同情、诚实、社交、爱，等等。美国另一位心理学家麦独孤则认为，无论个体和团体的行为、无论个体或民族的性格和意志都发自这种本能倾向，是一切思想和行为的基本源泉与动力。他还提出人类具有逃避、拒绝、好奇心、好斗、生殖、合群性、获取等18种本能。并提出本能具有三种成分，即能量成分、行动成分和目标指向成分。奥地利心理学家弗洛伊德则将人类行为的根本原因归结为先天的力量。他认为，本能不具备有意识的目的，也没有预先预定的方向；本能冲动只是为满足躯体需要而存在的，它产生一种紧张状态或心理能量，驱使个体采取行动，通过消除紧张来获取满足。尽管本能大多数时候在潜意识层面发生作用，但它仍以各种方式影响个体的意识和行为。

在某些情形下，本能也是引起犯罪动机的原因之一。比如，个体在面临极其危险的情景时，出于逃避危险的本能而实施的伤害等。但在很多时候，本能往往又跟诱因相互影响、相互作用，推动行为人产生犯罪动机，如一男青年在偏僻的地方遇见穿着暴露的女孩后产生的强奸犯罪动机。本能能够很好地解释为什么在某些情景下，一些无不良记录的人会实施犯罪。

（三）诱因

诱因，是指能激起有机体的定向行为，并能满足某种需要的外部力量或刺激物。定向行为不仅能够被内部刺激所引发，还可以被外部环境刺激所激起。外部环境能够使个体接近或逃避某种事物，无论当时内部状态如何。例如，在不存在饥饿的情况下，闻见食物的香味或听见别人对美食的描述，都可能引起进食的行为。诱因分为正诱因和负诱因，正诱因使人产生积极的行为，即趋向或接近某一目标；而负诱因使人产生消极的行为，即离开或回避某一目标。

诱因能够引起犯罪动机，但只有在行为人具有不良的心理素质或自控能力很差的情况下，诱因才能使个体产生犯罪动机。这也能解释为什么在同样的诱惑下，有的人会犯罪，而有的人不会犯罪。

（四）潜意识

潜意识，是指正常人在一般情况下意识不到的心理活动过程。它包括两层含义：一是行为人对自己一些行为的真正原因和动机不能意识到；二是行为人在清醒的意识下还有潜在的心理活动进行。潜意识是影响个体意识和行为的潜在的心理活动过程，大多数情况下行为人是无所知觉的。按照弗洛伊德的理论，潜意识里包含了很多人的原始本能欲望，如占有、攻击、性，等等。人之所以不会把这些潜意识的内容外化为行为，是因为社会规范的约束导致人产生理性。但一旦这些潜意识因素冲破了理性的约束，就会导致行为人产生犯罪动机、实施犯罪。在有的情形下，行为人实施犯罪之后，却对自己的动机和目的说不清楚，常人也难以理解其犯罪的真正动因，从根本上说是潜意识推动导致的。例如，下岗职工林某，总幻想一夜暴富。后来，他筹借了 2 万元的赌资，企图通过赌博发财。经过 3 天苦战，不但赌资输光，还欠下了 5 万元的高利贷。回到家后，林某神情恍惚，满脑子都是麻将牌，一个人静坐发呆，既对自己的赌博行为内疚，又对几把牌坐失良机后悔，陷入深深的自责、苦闷情绪中。此时，其5岁女儿的哭闹使其异常烦躁，竟将女儿活活掐死。事后，林某对自己的犯罪行为茫然不知，只求一死。在此案中，林某杀害女儿的行为可以理解为其潜意识推动的结果：当外部因素试图打断林某的自责和回忆时，潜意识推动林某去排除这些外部因素，从而维持主体的自责和回忆的继续。因此，林某在这个时候完全是按照潜意识的指令去排除干扰，而忽略了这个干扰是来自其女儿。

（五）最佳唤醒

按照驱力和需要的理论，所有行为旨在消除紧张，但是，个体的某些追求刺激冒险的行为，如探险、观看恐怖片等，都是为了唤起紧张而不是消除紧张。这是需要理论无法解释的。心理学家赫布提出了最佳唤醒理论，认为对唤醒的偏好水平是个体行为的一个决定因素。一般来说，个体偏好中等刺激水平，它导致最佳唤醒，过高或过低的唤醒都不是个体所喜好的。同时，每个个体都有各自的最佳唤醒水平，如有人喜欢欣赏强烈刺激的音乐，有人却喜欢舒缓的音乐。为获得最佳唤醒，行为人会出现不同的行为。此外，最佳唤醒水平还受到经验的影响，有些活动经过多次重复后会降低个体的唤醒水平，使人感到乏味，此时个体为恢复最佳唤醒而产生新的动机，去寻找更有刺激的活动。例如，行为人第一次听到某一首歌曲的时候，感觉非常动听，但经过长时间的反复播放后，行为人就会感到乏味甚至厌烦。

为获得最佳唤醒，行为人有可能产生犯罪动机。同时，最佳唤醒理论能够解释有的犯罪人一旦走上犯罪的道路后，为什么会欲罢不能、越陷越深。例如，大毒枭谭晓林，通过走私海洛因获取了上亿元的巨额财富，这些财富对于打工仔出身的他来说，是从来不敢想象的。但他并没有就此满足，仍然铤而走险、一再组织大宗毒品走私贩卖，直至其被抓获。

（六）认识、期望和归因

许多心理学家从认识角度来说明人类个体行为和社会行为的动

机。他们认为，个体的行为往往会受到精神因素的控制，如对过去成功与失败的归因、对自身能力的归因、对客观事物的认识、对某个行为结果的预期，等等。心理学家罗伯特的社会学习理论提出了期望对于驱动行为的重要性，他认为，个体做出某种行为的可能性取决于他对该行为所能实现的目标以及目标对其个人价值的期望。对未来事物的期望则主要基于个体过去的经验和在过去经验中建立的归因倾向。对于行为结果的归因，心理学家海德认为，人们对行为结果的归因分为自身因素或外部因素，不同的归因会导致对今后行为的行动动机。

犯罪动机也可能源自行为人的归因。例如，恋爱失败后归因于女性的欺骗和绝情，有可能产生报复女性的犯罪动机；穷困潦倒的时候归因于社会的不公，有可能产生报复社会的犯罪动机，等等。

三、犯罪动机的分类

根据不同的标准，可以把犯罪动机分为不同的类型。

（一）主导性犯罪动机和从属性犯罪动机

根据犯罪动机对于实施犯罪行为所起的作用，可以把犯罪动机分为主导性犯罪动机和从属性犯罪动机。

主导性犯罪动机是促使犯罪人实施犯罪行为的决定性的、主导性的驱动力。从属性犯罪动机是从属于主导动机，对实施犯罪行为起辅助作用的驱动力。例如，犯罪人在实施抢劫的过程中，发现被害人容貌较好，于是顿起凌辱之心，实施了强奸。抢劫犯罪动机是其主导性犯罪动机，强奸犯罪动机是其从属性犯罪动机。

（二）生理性犯罪动机和社会性犯罪动机

根据犯罪动机的性质，可以把犯罪动机分为生理性犯罪动机和社会性犯罪动机。

生理性犯罪动机，是指以行为人自身的生物性需要为基础而产生的犯罪动机，如基于维持自身生存及性需求而产生的犯罪动机。社会性犯罪动机，是指以行为人的社会需要为基础形成的犯罪动机，如基于义气、信念等社会需要而形成的犯罪动机。一般来说，随着时代的发展，人们生活水平及文化素养的提高，生理性犯罪动机引起的犯罪总体呈下降趋势。

（三）有意识犯罪动机和无意识犯罪动机

根据犯罪动机的意识水平，可以将犯罪动机分为有意识犯罪动机和无意识犯罪动机。

有意识犯罪动机，是指行为人能够清楚地意识到的犯罪动机；无意识犯罪动机，是指行为人不能清楚意识到自己的动机，即在无意识状态下形成的犯罪动机，如以某种定势、习惯或意向为基础形成的犯罪动机。犯罪行为大多是在有意识犯罪动机的驱动下实施的，但出于无意识动机而产生的犯罪行为也并不少见，如养成偷盗恶习的人，在其并不缺钱的情况下，看见别人鼓起的腰包，便实施了盗窃，往往是一种无意识动机支配的结果。

（四）原发性犯罪动机和继发性犯罪动机

根据犯罪动机的起源，可以把犯罪动机分为原发性犯罪动机和继发性犯罪动机。

原发性犯罪动机，是指支配行为人实施犯罪行为的原始动机、最初动机。继发性犯罪动机，是指行为人在原发性犯罪动机支配下实施或准备实施犯罪行为时，继之而生的犯罪动机。例如，行为人在实施入室盗窃时，被事主发现，从而产生杀人灭口的犯罪动机，其盗窃犯罪动机属于原发性的，杀人灭口的犯罪动机属于继发性的。

需要注意的是，继发性犯罪动机与原发性犯罪动机之间存在因果关系，即继发性犯罪动机是在原发性犯罪动机的基础上产生的，如杀人之后焚尸灭迹；而主导性犯罪动机和从属性犯罪犯罪动机之间不存在直接的因果关系，如抢劫过程中实施强奸，即便行为人没有抢劫的犯罪动机，在偏僻之处遇到美貌少女也有可能直接实施强奸犯罪，抢劫犯罪动机和强奸犯罪动机之间并无直接因果关系。

（五）外在犯罪动机和内在犯罪动机

根据犯罪动机的表现，可以将犯罪动机分为外在犯罪动机和内在犯罪动机。

外在犯罪动机，是指行为人是在外界的要求、引诱、胁迫等作用下形成的犯罪动机。这种犯罪动机的形成多具有被动性，有的则是被迫的。内在犯罪动机，是指由行为人内在需要和信念而引起的犯罪动机。这种犯罪动机的形成大多是主动的、积极的。

（六）性欲型犯罪动机、物欲型犯罪动机、权欲型犯罪动机、情感型犯罪动机和信仰型犯罪动机

根据犯罪动机的内容，可以将犯罪动机分为性欲型犯罪动机、物欲型犯罪动机、权欲型犯罪动机、情感型犯罪动机和信仰型犯罪动机。

性欲型犯罪动机是行为人在性需要的基础上形成的犯罪动机；物欲型犯罪动机是行为人基于物质利益的需求而产生的犯罪动机；权欲型犯罪动机是行为人基于支配欲而产生的犯罪动机；情感型犯罪动机是行为人基于情感的需要或情感的挫折而形成的犯罪动机；信仰型犯罪动机是行为人在某种信念、信仰的基础上形成的犯罪动机。

（七）单一型犯罪动机与复合型犯罪动机

根据犯罪动机形成基础的不同，可以将犯罪动机分为单一型犯罪动机和复合型犯罪动机。

单一型犯罪动机，是指行为人在某种单一需要的基础上产生的犯罪动机；复合型犯罪动机，是指行为人在多种需要的基础上产生的犯罪动机。

（八）常态型犯罪动机和变态型犯罪动机

根据犯罪动机是否符合常态，可以分为常态型犯罪动机和变态型犯罪动机。

常态型犯罪动机，是指行为人的犯罪动机符合人的正常需求，是在正常需要的基础上产生的。变态型犯罪动机，是指行为人的犯罪动机是在非正常需求的基础上产生的。

需要注意的是，在实践中很多人会习惯性的依据犯罪行为来判

断是否为变态犯罪，特别是一些手段残忍的犯罪行为，容易使人们轻易地认定为变态犯罪，其实不然。是变态犯罪动机还是常态犯罪动机引发的犯罪，关键是看犯罪人的需要是否为正常的需要。例如，犯罪人在杀人后碎尸、烹尸，如果这样做仅仅是为了毁尸灭迹，则仍然属于常态犯罪动机引发的常态犯罪；如果行为人这样做是为了满足吃人肉的需要，则为变态犯罪动机引发的变态犯罪。

（九）预谋型犯罪动机、冲动型犯罪动机、随机型犯罪动机和胁从型犯罪动机

根据犯罪动机形成过程的不同，可以分为预谋型犯罪动机、冲动型犯罪动机、随机型犯罪动机和胁从型犯罪动机。

预谋型犯罪动机，是指行为人经过一段时日的周详策划后形成的犯罪动机。这一类犯罪动机较为顽固，犯罪目的较为明确，对于犯罪要达到的结果以及预期犯罪收益，有详尽的盘算。犯罪人在预谋型犯罪动机的推动下，会积极地寻找犯罪机会，拼凑犯罪的有利条件，力图使犯罪行为得逞，同时又能逃避法律的制裁。冲动型犯罪动机，是指行为人在外界因素的强烈刺激下，情感冲动、意气用事而产生的犯罪动机。此类犯罪动机是行为人事前出乎意料、难以预见的。由于“冲动”是短时爆发、十分强烈而相对失控的情绪状态，这种情绪状态很容易使行为人迅速产生犯罪冲动。在这种冲动的推动下，行为人的理智判断能力受到抑制，认识水平降低，犯罪时往往会表现为不择手段、不计后果。随机型犯罪动机，是指行为人在外界某种犯罪机遇的诱惑下产生的随机实施的犯罪动机。与冲动型犯罪动机一样，随机型犯罪动机也是在短时间内产生的，事先缺乏预谋，但行为人不是因为强烈的刺激而涌起难以遏制的犯罪冲动，而是不能抵御犯罪机遇所带来不法收益的诱惑。在这种诱惑的影响下，行为人往往会忘却犯罪行为的危险以及可能受到的惩处，分析、判断水平降低，侥幸心理占了上风、自控能力减弱。尽管此类犯罪动机表现出明显的偶然性，但并非所有人会经不起犯罪机遇的诱惑，这说明行为人的意识里潜伏着一定的犯罪需要，只是

随机待发而已。随机型犯罪动机不如预谋型犯罪动机那样深思熟虑，其意志也不是很坚决，一旦犯罪机遇消失，也可能打消犯罪念头。胁从型犯罪动机，是指行为人被胁迫、诱骗而产生的犯罪动机。这一类犯罪动机是由于行为人在外界明显压力、威胁下而违心产生的实施犯罪的打算，或在他人的欺骗、指使下而盲目地追随他人犯罪。尽管行为人存在主观故意，但主动性较差，其犯罪动机在不存在压力、威胁或诱骗的情况下是不会萌生的，属于“不得已而为之”或“被诱骗而为之”。然而，行为人在心理上并非对行为的违法性毫无认识、一无所知。

四、犯罪动机的发展变化

犯罪动机确立后，犯罪心理活动仍然是极为活跃的，当然，这种活跃与为确立犯罪动机而进行的激烈的心理冲突和思想斗争有所不同。犯罪动机确立后，心理活动的重点由确立犯罪动机转变为如何实现犯罪动机。为此，犯罪人总是设想犯罪时可能出现的情况，并根据自己的设想进行准备。但是，在犯罪人准备以及在实施犯罪的过程中也可能出现一些意想不到的情况，情况不同，对犯罪心理会产生不同的影响，从而使犯罪动机发生不同的变化。

（一）犯罪动机的弱化

犯罪动机的弱化，是指犯罪人在准备或实施犯罪行为的过程中，由于遇到阻碍其进行犯罪的因素，而使犯罪动机的强度受到削弱，这种受到削弱的犯罪动机，往往不足以外化为犯罪行为。例如，偷盗犯准备行窃时，恰遇户主归来，于是惊慌逃走。这种情况，行为人虽然没有放弃犯罪动机，但其动机已经减弱，不能外化为犯罪行为，这种情况是由外部条件的变化引起的。这种外部条件的变化，除了使其增强了恐惧感以外，并没有改变其思想认识，也就不能从根本上动摇其犯罪动机。

如果犯罪人在准备或实施犯罪的过程中，遇到阻碍其进行犯罪的因素，能够有效地改变其思想认识，则可能使其放弃犯罪动机。例如，有的强奸犯准备对某女性实施暴力强奸时，遭到该女性义正词严的斥责，使其看清了自己丑恶的灵魂，从而放弃了犯罪动机。这种外部条件由于使个体思想认识受到触动，动摇了其强奸犯罪动机的思想基础，所以使其自动中止了犯罪，这也是其犯罪心理良性转化的表现之一。

（二）犯罪动机的转化

犯罪动机的转化，是指行为人本来在某种犯罪动机支配下进行犯罪时，由于情境中的新异刺激，使其放弃了原来的犯罪动机，转而形成了新的犯罪动机。因此，犯罪动机的转化，关键是情境中的新异刺激，唤起了个体的新的需要并使之占据了支配地位，而原来占支配地位的需要则退而居其次，成了附属的、次要的，因而在新的需要基础上，迅速形成新的犯罪动机。

（三）犯罪动机的恶化

犯罪动机的恶化，是指犯罪人在实施犯罪过程中，在初始犯罪动机得以实现的基础上又出现了新的更恶劣的犯罪动机。例如，抢劫或强奸犯罪人为了防止被害人将自己认出而杀害受害人；盗窃犯罪因拒捕而发展为抢劫犯罪。这种犯罪实际上存在两个犯罪动机，第二动机是在第一动机基础上恶性发展的结果，其导致出现的犯罪行为比第一动机行为更恶劣，危害更严重。

五、犯罪动机与犯罪目的的关系

犯罪目的，是指行为人通过实施犯罪行为所期望达到的结果。犯罪目的与犯罪动机既有联系又有区别。其联系主要体现为：犯罪动机是推动犯罪目的实现的内部动力，犯罪目的是犯罪动机的方向；犯罪动机与犯罪目的共同构成了犯罪行为的要素，都是犯罪行为不可缺少的组成部分。其区别主要体现为：犯罪动机是行为人主观上的行为动因，而犯罪目的是客观存在的行为标识，犯罪动机是因，犯罪目的是果；犯罪动机是行为人内在的心理活动，较为隐蔽，需要根据各种线索和证据去分析，而犯罪目的是犯罪行为要达到的结果，是客观存在的，可以直接观察和感觉得到，容易了解并分析；犯罪动机产生在前，犯罪目的发生在后，二者是一种先后关系；犯罪动机较为复杂，同一犯罪动机可以演变为不同的犯罪目的，如犯罪人可以通过诽谤、伤害、纵火等多种方式实现其报复的犯罪动机；同一犯罪目的也可以是不同犯罪动机推动的结果，如被害人被杀死的犯罪目的，其犯罪动机可能是报复，也可能是劫财。

在实践中，需要对犯罪动机和犯罪目的加以区分，不能把二者混为一谈。同时，需要对犯罪动机进行动态分析和把握，即犯罪动机在犯罪行为发生过程中有可能不断地发展和变化，犯罪目的也会随之发生变化，因此需要用动态的思维，结合现场的痕迹物证去分析犯罪动机和犯罪目的。

第三节　犯罪个性心理特征

个性是人与人相区别的心理品质，犯罪人与犯罪人之间的个性品质也是有区别的，但犯罪人之间的个性品质也有共性，他们共同的个性品质构成了犯罪人与一般人在个性方面的差异，也是他们作为人类社会中一个特殊群体的个性特征所在。

一、犯罪个性心理的概念

犯罪个性心理是犯罪人所具有的独特的、稳定的、本质的心理倾向和心理特征的总和。所谓独特的，即作为犯罪人群体的某些具有共性的个性品质不同于遵纪守法者的个性，也是指不同的犯罪人的个性同样具有独特性。犯罪个性心理包括犯罪人的个性倾向心理、个性心理特征和自我意识三个部分，三个部分的有机统一构成了犯罪个性心理的完整内容。在犯罪个性心理中，个性倾向心理是在一定社会历史条件下形成的对犯罪行为的发生具有动力性和导向性的个体意识倾向，包括需要、动机、兴趣和信念等内容，它们在犯罪个性心理中是最为活跃的部分。犯罪个性心理特征，是指犯罪人在犯罪活动中表现出来的，稳定的个性心理的特殊性，也就是体现犯罪人心理的个别差异的部分，这种个别差异集中体现在能力、气质和性格等方面。自我意识是犯罪人对自己身心状态的认识、体验和控制，主要表现在自我认识、自我体验和自我调节控制三个方面。

在犯罪心理学中还经常使用“人格”一词。人格与个性两个概念有很多相通之处，但人格使用的范围更广，不仅在心理学中，在精神病学、法学、社会学等学科领域，都使用“人格”一词，这就很难使人们形成一种统一的认识。但从人格这一概念的内涵及学者使用这一概念的大多数场合来看，人格就是个性。但人格具有更强的整体性、发展性、个别差异性、适应性和社会性。如果完整地描述一个人的人格，那么它应当包括许多因素，如智能、成长过程中习得的动机、情绪反应性、态度、信仰、道德、价值观念等。

二、犯罪人的能力特点

犯罪人的能力特点体现在两个方面：第一，犯罪人在实施犯罪时，为尽快实现自己的目的，总是不自觉地运用其在工作、生活中学到的、养成的一些技能、技巧和习惯。第二，常习性或常业性犯罪人，由于其经常性地进行犯罪活动，往往会形成一套具有个性化特点的犯罪技能，如盗窃惯犯大多形成了一套绺、扒、撬的技能、技巧，走私惯犯大多也形成一套逃避查缉的手段。这些技巧、手段在犯罪当中必然有充分体现。第三，随着犯罪专业性的增强，一些特定类型的犯罪人往往具有专门性能力。这种专门能力与其专业背景有关，与其犯罪经验的积累也有关系。

三、犯罪人的气质特点

气质类型本无好坏之分，但是对于同样的刺激信息，不同气质类型的人，其反应方式、反应的速度和强度是不同的。因此同样的犯罪，不同气质类型的犯罪人往往有不同的行为特点。例如，报复型犯罪，具有胆汁质类型的人，大多情绪反应快而且强度大，往往对方的某个眼神、某个举动，就能使其产生暴力冲动，而且难以自制，他人也难以制止，因此出现伤人毁物的后果，而一旦冷静下来，又常感到悔恨；具有黏液质类型的人，若起意报复，则大多进行预谋、策划、准备，事后也不后悔。因此，胆汁质者常与情境性的暴力犯罪相联系；黏液质者常与预谋性暴力犯罪相联系。

另外，据一些调查研究表明，在诈骗犯罪中，许多人的气质类型为多血质；贪污犯罪人中以黏液质者为多；抢劫犯罪人以胆汁质者居多；盗窃犯罪人以黏液质者为多。

四、犯罪人的性格特征

犯罪人的性格反映了他们与社会的关系，是犯罪人个性结构中的核心。大量的调查和实验研究发现，犯罪人的性格大多存在某种缺陷，这种具有缺陷的性格特征，既是促进犯罪心理形成的重要因素，又是犯罪心理，特别是犯罪人不良习性的重要表现。但是由于犯罪人早期生活经验不同，所接受的社会影响不同，犯罪人的性格也并非是千篇一律的，往往是某个类型的犯罪人具有较为突出的类型特点，这些内容将在后面诸节中进行介绍。就犯罪人的一般性格特点来看，表现在以下几个方面：

（一）社会态度

犯罪人大多缺乏理想和远大目标，对社会中存在的积极的或消极的现象缺乏正确的认识，缺乏社会责任感、义务感，社会适应性差，常有偏离社会主导文化和价值观的倾向。对他人甚至同伙缺乏信任，对他人因受侵害而造成的损失和痛苦无同情和怜悯之心。

（二）自我意识

犯罪人的自我意识大多存在某种缺陷，表现在他们对自我的认识、评价和体验具有盲目性、幼稚性，看不到自身的缺点，不能按照社会标准控制和调节自己的心理与行为活动。有的盲目自负、固执、逞强、武断，自以为是，放任自己，自律困难；有的则自卑、敏感、多疑、沮丧、悲观、沉沦，对生活和前途缺乏信心。基本上大多数犯罪人自私、褊狭，只为一己的满足，全然不顾社会利益和他人的痛苦。

（三）情绪特征

犯罪人大多情绪不稳，平时常常紧张焦虑，行为时冲动性强，自控性差，好感情用事，报复心、嫉妒心较强，易产生挫折感。在一些暴力性犯罪人身上，消极的情绪反应性特征最为明显。但不同类型的犯罪，犯罪人的情绪特征差异性较大。

（四）意志特征

犯罪人在改正其不良思想意识和需要结构方面，意志力薄弱，行为自制力差，随意性强，冒险心理、侥幸心理严重。

（五）理智特征

犯罪人思维活动常有偏执性特点，遇事好钻牛角尖，即使自己因劣迹而受到别人的冷遇，也难以吸取教训，常想自己吃亏的地方，于是要想方设法赚回来，因此多次触犯刑律的情况在很多犯罪人身上存在。

犯罪人性格中存在的缺陷，直接影响他们的社会适应性和人际关系，可以说，犯罪人犯罪心理的形成与其性格中的缺陷大多存在直接或间接的关系。

五、犯罪人的个性类型

由于人类个性心理的复杂性，要找到符合所有犯罪人的个性特征是困难的，但是根据犯罪人个性的特点进行分类研究则是可行的。一般说来，对犯罪人的个性可作如下分类：

（一）反社会型

这种类型的犯罪人的个性结构中，存在大量与社会规范相冲突的思想、观念，他们对社会传统文化及现有规范体系怀有强烈抵触心理和对抗情绪，对正确的、正统的文化和宣传具有强烈的逆反性。越是社会所支持、提倡的，越是加以排斥、拒绝；越是社会所反对和禁止的，便越感兴趣，加以探求和坚持。反社会型的人格在犯罪人中是一种较为常见的个性类型，具有这种人格的人，因其个性倾向的不同和认知水平的差异，可能表现为不同的犯罪行为类型，常见于政治型犯罪、暴力犯罪及有组织的犯罪中。

（二）偏执型

具有这种个性的犯罪人有较强的独立性，他们常对一些问题固执己见，不能随着环境的变化调整自己以适应这种变化。他们对别人的看法、意见和劝说常充耳不闻，敏感多疑，心胸狭窄。他们为满足自己的欲望常不择手段，这种人很容易发展成偏执型变态人格，报复型犯罪在这种人身上较常见到。

（三）狂躁型

这种人情绪不稳定，常因一些微小的诱因刺激而陷入一种烦躁不安的情绪状态中，容易冲动，自我控制能力差，激惹性强，常在暴怒和冲动状态下出现毁物、伤人，甚至杀人等犯罪行为。狂躁型人格常与情境性的暴力犯罪相联系。

（四）贪婪型

这种人对金钱、财物具有一种贪婪的欲望，他们不能按社会规范、社会生产力水平和自己的能力来调整自己的需要，他们贪心不足，又嫌正当途径来得慢，因而总是想方设法寻求一种获得钱物的捷径，于是去偷盗、抢劫、贪污、贿赂、走私、贩毒，所以贪婪型人格常与财产型犯罪联系在一起。当然这种人在贪婪的个性上是相同的，而犯罪行为类型则往往是不同的，这是与个人的认知水平、职业特征、社会阅历等相联系的。

（五）色欲型

这种人贪爱美色，下流放荡，缺乏羞耻心、名誉感，常陷入一种色情幻想之中，对淫秽音视频和黄色书刊、黄色网站、色情论坛和色情聊天交友怀有特殊兴趣，易出现强奸、传播淫秽物品等犯罪行为。

（六）虚荣型

这种人具有强烈的自尊心、虚荣心，为了满足自己的虚荣，常会出现一些过度补偿行为，从而触犯法律，走向犯罪。几乎在任何一种犯罪中，都可见到这种个性品质的犯罪人。例如，有的青少年为证明自己男子汉的阳刚之气，去抢劫、杀人、强奸犯罪；有的因别人触犯了自己的自尊心，就对对方大打出手；有的为证明自己并非没有本事，也为了在妻子面前撑起腰杆就去贪污、挪用公款，等等。具有虚荣型个性的人，在青少年犯罪人和女性犯罪人中较为多见。

(七) 易受暗示型

具有这种个性的人，大多心理发展尚不成熟，或存在社会化缺陷，对事物的认知缺乏自己独立的分析、判断，易受暗示、诱惑，易受外部诱因刺激，自己的行为常遵从于他人的暗示、教唆。在群体中，从犯中的不少人具有这种类型的个性品质，而且这种类型的人多以青少年为主。

(八) 攻击型

这种人崇尚暴力，把暴力看作解决问题的最简捷、有效的手段。攻击型常与暴力犯罪相联系，但常见于有预谋的暴力犯罪中。有些人为更有效地发挥暴力手段的效果，而组织犯罪团伙、黑社会性质组织，因此这种类型常见于有组织犯罪的头目中。

(九) 障碍型

障碍型，即变态人格。在犯罪人中，具有变态人格的人数是较多的，特别是随着城市生活节奏的加快和网络、信息产业的发展，人格发生变态者进一步增多。这部分内容将在后文设专章作详细介绍。

第四节 犯罪情境心理特征

在犯罪行为过程中，以及在犯罪实施前后的不同情境中，犯罪行为人的心理状态往往有不同特点。犯罪情境心理，就是研究在犯罪准备、实施及犯罪后情境中主体的心理状态与心理活动规律的。这种研究对于打击、预防犯罪有一定的意义。

一、犯罪人在准备情境中的心理特点

(一) 犯罪准备的形式

所谓犯罪准备，是指三个方面，一是犯罪的心理准备；二是犯罪的物质准备；三是犯罪的对象准备。

1. 犯罪的心理准备

犯罪人在实施某项犯罪之前，首先要进行心理准备，也就是确定犯罪动机。

如前所述，犯罪行为是在犯罪动机支配下进行的，犯罪动机则是在一定需要基础上产生的。因而，需要—动机—行为，具有时间上的延续关系，也就是主体先产生了某种需要，然后就有了一个以何种方式满足需要的选择问题。由于行为方式体现了行为的性质，决定行为的后果，不同方式对个人的意义也不同，这就必然引起心理冲突和动机斗争。经过激烈的思想斗争，个体认为通过犯罪手段，可使自己的需要得到满足，对这种满足的渴求、期待压制住了可能受到的惩罚所带来的恐惧和顾虑。这是其思想斗争，利弊权衡的结果，就使其选择了犯罪的手段并排斥了其他的手段。

一般来说，犯罪人经过思想斗争，冒险心理和侥幸心理占据了主导地位之后，当其遇到适宜的外部条件时，就会导致其形成犯罪动机。犯罪动机的形成标志犯罪心理准备的完成；犯罪动机的强度标志犯罪心理准备的程度。

2. 犯罪的物质准备和对象准备

在犯罪心理准备的同时，主体也在进行犯罪的物质准备和对象准备。所谓物质准备，也就是为犯罪准备工具，选择作案时间、路线、地点等活动。对象准备，即确定作案对象。犯罪的心理准备、物质准备和对象准备三者之间，是互相联系、互相制约的。首先，犯罪的心理准备与对象准备有密切关系。在有些案件中，犯罪人的心理准备就是针对未来的受害人（犯罪的对象）进行的。这种案件中，犯罪的对象实际上是先于犯罪心理准备的完成而存在的，而且具有确定性；还有一些案件是在犯罪心理准备完成后，去有意识地寻找犯罪的对象，这种犯罪的受害人具有不确定性。

犯罪的心理准备与物质准备亦有密切关系。犯罪的物质准备是在犯罪心理准备完成后进行的，犯罪心理准备的程度即犯罪动机的强度制约着物质准备的状况。在一个杀人案例中，犯罪人为达到杀妻的目的，多次准备了犯罪的工具和手段，先是准备用电击的方法杀害其妻，并已经着手准备作案工具；此计未成后，又准备用毒物毒死，或推到河里淹死；最后采取了从楼上将其推下摔死伪装意外事件的残忍手段，这种周密的准备和手段的多重选择，说明了他的犯罪动机的强度。

犯罪的物质准备、对象准备、心理准备与主体的知识、能力、性格、情感、意志、经验等有密切联系，与当时的客观情况特别是个体对外部情况的认知亦有密切联系。犯罪手段的选择、犯罪步骤的设计和犯罪计划的安排，都可以折射出个体的认识、情意和个性特点，换言之，犯罪人的认识、情意和个性品质制约着犯罪准备的状况。

(二) 犯罪人在准备情境中的心理特点

1. 紧张

犯罪行为人在准备阶段，大多忐忑不安、情绪紧张、心存恐惧，这是因为大多数犯罪人知道自己行为的性质和后果，必然伴随相应的思想斗争和心理冲突。虽然经过斗争，其侥幸心理占了上风，但引起紧张、不安的原因并未消除。

2. 挫折感

犯罪行为人在犯罪前往往伴有强烈的挫折感，而这种强烈的感受所积聚起来的破坏性能量，如不能发泄出来，心理上严重的失衡状态就无法恢复平衡。这种情况在报复型、激情型和情感型的人身犯罪中表现最为突出，即便是一般财产犯罪，犯罪人在实施犯罪前往往也有很强的挫折感。当然，引起其挫折感的人和事如果是明确的，其犯罪的对象也往往是明确的；引起其挫折感的人和事是不明确的，或者仅仅是想象的，则其犯罪对象也往往是不明确的。

3. 合理化

犯罪人所以能够确立犯罪动机，与其犯罪前的犯罪合理化认识的形成有密切关系。一般说来，在犯罪人的人格当中，也有一些尚未泯灭的理性、良心、道德和法律意识，它们作为抑制犯罪意识的因素起着阻碍犯罪动机形成的作用。但是，犯罪将要获得的利益和快感的诱惑，使他们必须寻找一个合理的理由来抵消由于自己的良知所带来的压力，以缓和心理冲突。于是，种种为自己走向犯罪开脱的合理解释便出现了："马无夜草不肥，人无外财不富""我本来不想这样，是情势所逼不得不如此" "他们罪有应得，这是报应""我命中有此一劫，看来要应验了""我这样做不是为我自己，而是……"于是心安理得，遏制犯罪心理形成的堤坝溃决了。可以说，合理化认识是大多数犯罪人准备犯罪、形成犯罪决意时的共同心理特点。

二、犯罪人在实施情境中的心理特点

（一）犯罪人在作案过程中的心理特点

犯罪人在作案过程中，必然存在某种程度的心理失衡，这种心理失衡是以紧张、惊慌、恐惧和亢奋的情绪为主导的。

尽管许多犯罪人在作案前进行了准备，有的甚至对犯罪的步骤和对可能出现的情况的应对措施也进行了策划，可一旦进入现场即将实施犯罪时，现实的巨大风险与强烈的作案动机混杂在一起，使其产生一种欲罢不能、骑虎难下的极度矛盾冲突的心态，这种心态会加剧恐惧心理和紧张情绪，使其意志难以有效控制效应器官的活动。所以，大量案犯在作案时会出现动作慌乱、神态紧张的表现，这就使犯罪人在作案时极易出现某些破绽和痕迹，从而为侦查破案提供了线索和证据。

就情境性的犯罪来说，情绪的亢奋是较为突出的心理特征，它不同于一般的情绪紧张，因为它不仅不会使人手足无措，而且会使人的行为指向高度集中，思维活动完全为这种亢奋的情绪所控制。实际上，这种亢奋的情绪与恐惧心理和紧张情绪一样，都是个体心理严重失衡的表现。

（二）心理失衡的生理机制和外部表现

犯罪人的犯罪活动，往往不是一个短暂的瞬间，而是有一个相对较长的延续过程，特别是近年来较为常见的走私、毒品、组织偷渡等犯罪活动，甚至其作案过程一直延续到受到盘问、检查时。所以，了解这些犯罪人在作案时的心理特点及其表现，有助于识别违法犯罪人，提高执勤效率。

犯罪人在作案时出现的心理失衡，会导致生理上的一些变化并从外部表现出来。这种生理变化是由于违法犯罪人既想蒙混过关或减轻罪责，又担心被揭穿而引起的异常反应。包括：呼吸速率和容量异常，做功加大，需氧增加；心跳、脉搏加快，血压升高，血量加大，血液化学成分发生一些变化；体温微升，严重的会有出汗现象；胃脏收缩，消化液分泌异常；更多肝糖进入血液，脾脏送出更多血液，以适应输氧量的增加；眼睛瞳孔放大；肾上腺释放更多肾上腺素进入血液，等等。

这些生理反应从外部来看，则可能有下述表现：目光不敢直视对方，有时目光朝下、有时光线会中断、有时目光游移不定；有出汗现象，最易出汗也是最应注意的部位是双眼之间、上唇及手上；脸部或颈部过分苍白或发红；呼吸加快或减慢；嘴、舌、唇干燥；音调变化，言语无条理；肌肉或肢体不由自主的动作或过分僵硬；坚决声明自己无过错，无违法犯罪行为；有的则在我们放弃对他的检查时，出现松一口气的声音或表情。

（三）影响心理失衡的因素

一般说来，犯罪人在作案时的心理失衡是难以抗拒的心理现象。但是，人的心理的复杂性在于，人的心理状态受当时情境中主客观条件的影响和制约，犯罪人在作案时的心理状态同样也受到当时主客观条件的影响和制约，因此主客观条件不同，犯罪人的心理特点便表现出差异，所谓心理失衡也就会有程度的不同。具体来说，影响其程度的因素主要有：

1. 犯罪经历

犯罪经历不同，犯罪人在作案时的心理稳定性便有所不同：初犯常常显得相当紧张恐惧，动作慌乱；而惯犯、累犯在作案时，心理相对稳定，甚至有的惯犯在作案时还会出现情绪的兴奋、亢奋状态。国外有的学者调查发现，在进行犯罪活动时，能够若无其事作案的，惯犯占58%；有计划地作案的初犯只占17%；恐惧慌乱、不顾一切的初犯则高达83%。①

2. 犯罪人的个性

犯罪人的认识、情感、意志和态度无不影响其在作案时的心理稳定性。就认识方面来说，犯罪合理化的认识、反社会的认识和对受害人的仇视是促使作案时心理稳定的因素，而犯罪人心目中尚存的法律意识、罪责感和道德意识等则是导致其心理波动的因素；就意志方面来说，较强的自制力、独立性和坚持性等方面是促使其作案时心理稳定的因素，而意志薄弱者则会有更强的恐惧和紧张感；从犯罪人的性格来看，具有残忍冷酷性格的人，作案时心理较稳定，而尚有同情、怜悯之心的犯罪人，作案时心理波动更强烈。

3. 作案准备程度

就心理准备而言，犯罪动机越强，越会不顾一切地去实施犯罪，越不易受犯罪现场其他因素的影响；就物质准备而言，作案的准备越充分，预谋越周密，作案时心理越稳定。

4. 情境因素

犯罪情境中的因素，如受害人，当时的时间、地点，现场其他人的态度对犯罪人的心态都有重要影响。比如，受害人适时有力的反抗可以使犯罪人情绪紧张、心理恐惧而放弃进一步犯罪的动意，无谓的反抗有时会使犯罪人出现更强的激情爆发，导致更严重的犯罪恶果，而受害人的软弱可欺则会促进犯罪人作案时的心理稳定。

5. 犯罪的组织性

一般说来，多人共同作案可使犯罪人产生责任扩散和安全感，所以一般共同犯罪、团伙犯罪和集团犯罪中，犯罪人的恐惧感、紧张感较单独进行犯罪的人要弱得多；而法人犯罪中，犯罪人则几乎没有恐惧感。犯罪组织性越强，犯罪人心理稳定性越强。

---

① ［日］吉伯茂雄著：《警官心理学》，张佐译，群众出版社1987年版。

三、犯罪人在作案后的心理

犯罪人在准备和实施犯罪的过程中，往往存在一种使之一意孤行的亢奋的犯罪冲动。在作案结束后，犯罪人的犯罪冲动冷却下来，回顾作案经过，面对作案“成果”，想到可能受到的惩罚，会出现种种复杂的心理状态。这种心态具有“积极”的与“消极”的两种表现，所谓“积极”与“消极”并不是就其内容的价值和意义来说的，而是就其需要的满足状况和外部表现来说的。

犯罪人作案后，表现为“积极”的心理特点，主要有：侥幸、满足、得意、快感等。这种“积极”心理的产生，是由于其需要得到了满足，而又未意识到或者轻视将要受到的惩处的威胁，因而其心理处于兴奋状态。在这种“积极”心理支配下，案犯常常会有炫耀、挑衅、超常消费和连续作案等表现。

犯罪人作案后表现为“消极”的心理特点，主要有：紧张、忧虑、悔恨、恐慌等。这是由于其犯罪行为未能完全满足自己的需要或者由于受到外力阻碍（如受害人反抗、其他人制止或被人发现）因而动机未能实现，或者虽然犯罪得逞了、动机实现了，但却感到了公安机关会即将破案的压力，以及自身安全和犯罪既得利益受到的威胁。在上述“消极”的心理支配下，犯罪人常有逃避（如藏匿、逃窜）、自首甚至自杀等表现。

有的犯罪人只有“积极”或“消极”的心理表现，有的犯罪人则兼有“积极”和“消极”的两种心理表现。在这些犯罪人身上，两种相互冲突、对立的心理活动的互动作用，常常会使他们出现一些假象反常现象。

所谓假象反常，即犯罪人为蒙蔽侦查视线，逃避罪责，而出现的某些异常的行为表现。这些外部行为表现是犯罪人有意制造的假象，与正常情况是不同的，因而称之为假象反常。假象反常是犯罪人感到了外部威胁，又心存侥幸心理，在妄图维护犯罪既得利益的心理状态下产生的。其外部表现既不完全同于“积极”心理，也不完全同于“消极”心理，而是以某种举动掩盖犯罪事实，这种掩盖的动机是极为强烈的，因而外部表现反而显得反常，这种反常主要有：

（1）反常的积极。表现在平时工作并不积极，也没有集体观念，不关心他人；案发后，却一反常态，积极工作，乐于助人。

（2）反常的老实。平时为人处世凶狠刁蛮，蛮不讲理；案发后却变得老实、温顺、谦让。

（3）反常的俭朴。平时花钱大手大脚，并无节俭意识；案发后却变得俭朴异常，正当的消费也小心谨慎。

（4）记忆反常的清晰准确。按照一般心理规律，一个人对自己所接触过、感知过的事物，特别是无意识记忆的事物，并不是都能牢固、清晰、准确地记忆，相反常有不连贯、不准确的现象，可是犯罪人在受到审查时，却能把当时的情况说得无懈可击，实际上这正好说明他是想隐瞒什么，开脱自己。

（5）行为活动反常的有规律。一些犯罪人在案发后受到审查时，往往把自己作案时的活动说得清清楚楚，甚至每个时刻的活动都能找到证明人，似乎每个细节都是事先设计好的。这种极有规律的活动，正好说明他是有备而为之。

反常现象有时易被忽略，因为这种假象常常是被审查者迎合侦查人员的心理活动而采取的。

中 篇

中篇

第六章　信仰型犯罪心理

第一节　信仰型犯罪心理概述

一、信仰型犯罪概述

(一) 信仰型犯罪的概念

信仰，是对某种主义、思想、宗教或迷信的极度信服和尊重，并以此作为信念来支配行动。信仰是一种重要的精神需要，人类信仰的形成是人类社会形成过程中产生的一种社会现象，这种社会现象的形成是人类生存的一种必然需求。

所谓信仰型犯罪，是指基于政治、宗教等信仰的错误认知或反社会信仰引起的犯罪。这里所说的信仰，是一种错误的、反社会的信仰。信仰本身并不是犯罪，信仰自由是公民的一项基本权利。但是，如果因为信仰某种“教义”或“理论”而实施了危害社会、触犯刑法的行为，那么便构成了犯罪。

(二) 信仰型犯罪的主要类型

信仰型犯罪，在我国主要表现为政治信仰型犯罪、宗教信仰型犯罪和封建迷信信仰型犯罪。具体到我国刑法所规定的犯罪种类，信仰型犯罪主要包括以下几类：

1. 危害国家安全犯罪

这一类犯罪主要是因政治信仰引起的。当前在我国，实施危害国家安全的犯罪人完全出于反动政治信仰动机的只是一部分，还有一部分人是因追求非法物质利益和寄生、腐朽的生活方式而实施此类犯罪的。

2. 恐怖主义犯罪

恐怖主义犯罪从动机上来说，还是为了追求某种政治目的，但多与民族分裂思想、极端宗教信仰存在某种关联。

3. 邪教犯罪

这一类犯罪主要是因某种邪恶的宗教信仰引起。邪教犯罪与恐怖主义犯罪同样都具有组织性的特点，都可能具有某种政治目的；不同之处主要在于，在邪教犯罪中，教主具有绝对核心的地位，是自诩的现世中的“神”，因而普通信众完全是受教主支配的无个体性的犯罪工具。

4. 封建迷信犯罪

这一类犯罪主要是因封建迷信的笃信引起。近年来我国封建迷信有所抬头，甚至披着高科技、新技术的外衣出现在公众面前，极具蛊惑性。由封建迷信引发的故意杀人、故意伤害和非法拘禁等犯罪行为时有发生。

二、信仰型犯罪心理的形成原因

信仰型犯罪从动机上说是因为笃信某种反社会的信仰。因此，犯罪人反社会信仰的形成是信仰型犯罪心理形成的关键。

（一）影响信仰型犯罪心理形成的主体因素

1. 对自我价值的片面追求

任何一个思维正常的人都有自己的人生目标和所要实现的人生价值。由于对人生目标和价值的理解不同，因而自我实现的需要是多种类、多层次的，实现的途径也是多渠道的。但是，社会的和谐稳定要求个人的人生目标与人生价值的实现必须符合法治规则。有的人对此没有正确认识，认为把自我实现的需要凌驾于社会和他人之上，为所欲为才是自我价值的实现。在这种自我价值观念的支配下，往往会对当前的社会机制和社会制度产生强烈的不满和抵触情绪。于是，这些人就有可能为追求所谓的“民主”“自由”“自我价值”而实施危害国家安全的犯罪。有的人不相信依靠个人的力量能够实现自己的奋斗目标，企图寻找某种超自我的力量来达到个人的目的。在寻找超自我的力量时，他们往往首先想到的是他人和社会；当其在他人和社会中得不到足够的支持时，就会对现实悲观、失望且意志消沉。在这种情况下，极易期望从非现实的世界中寻找自我实现的力量。当这些个体遇到某种所谓的“宗教”或“信仰”时，极易受到影响而笃信之、实践之。

2. 负面的认知倾向性

反社会信仰的形成，仍然是个体社会认知的一种结果。产生反社会信仰的个体，大多数是和其他具有正常信仰的个体处于同样的现实环境中，其之所以产生反社会信仰，在于其认知的选择性或倾向性。尤其是政治信仰型犯罪人，倾向于从负面理解各种社会刺激，易于接受社会传达的具有反叛性的信息。个体认知倾向性的形成，受其内部信息加工过程的影响，即个体对信息的吸收、贮存以及解释过程中的某些特点的影响。个体在信息加工过程中，其情绪、情感、动机和需要等，都起着重要作用。具有反社会信仰的个体，其负面认知倾向性的形成，主要与其对社会的仇视或怨恨情绪的积累等有关。

3. 错误活动内容的内化

信仰型犯罪往往表现为一种群体犯罪的形式，如恐怖主义组织犯罪、邪教组织犯罪以及团伙性的危害国家安全的犯罪，等等。参加这些犯罪组织的个体，有的并非原本具有强烈的、足以使他们实施犯罪行为的反社会信仰，只是由于偶然的因素参加到某种团体的活动当中，在接触到一些反社会的教义或主张后，受强大的团体氛围和心理暗示的影响，逐渐接受并内化了某种反社会信仰。

4. 不良的人际交往

个体的依赖感是与信赖感相联结的，而信赖感则是信仰追求的心理基础。对信仰对象的探寻，有的人是自觉地进行的，有的人则是不自觉地进行的。此外，一种信仰的确立，有的人是在理论灌输或文化熏陶中接受的，有的人则是受长辈、亲友或近邻的感染而形成的。人们对社会中流行的多种信仰，原本是没有倾向性的。有的人是在现实的比较中选择了某种信仰。例如，看到某些地方社会风气不正，身边的某些党员干部还不如某些教徒正直和善良，就有可能盲目地信仰某种宗教，甚至误入邪教；而有些人则是在不良的人际交往活动中，对交往对象极度依赖，从而对交往对象相信的某种观念或宗教也不加选择地吸收，以致逐渐形成反社会信仰。

(二) 影响信仰型犯罪心理形成的主体外因素

信仰型犯罪人主要是基于对某种社会现实的不满，或受某种社会心理的影响而形成信仰型犯罪心理。总的说来，影响个体形成信仰型犯罪心理的主体外因素主要有以下几个方面：

1. 政治经济发展的不平衡

近年来，我国经济尽管得到了快速的发展，但政治经济发展不平衡的矛盾仍然存在。首先，我国经济改革和经济发展是在共产党的领导下，在坚持走社会主义道路的前提下实现的，民主法治、公平正义的实现还有很长的路要走，一些人对此缺乏信心，企图照搬多党制和三权分立制度，这种与主流意识形态相背离的思想外化为行为，就容易危害国家安全。其次，当前我国区域发展不平衡，东部沿海地区和中西部地区经济发展差距仍然很大，容易使经济落后地区的一些人产生不平衡感，并将这种差距形成的原因归结于制度上的不公平而去笃信反社会信仰。最后，我国当前的收入分配体制不完善，贫富差距仍然较大，一些先富起来的人炫耀财富、为富不仁，客观上也刺激了一些收入偏低的人对社会产生不满，从而产生信仰型犯罪心理。

2. 市场经济的负效应

社会主义市场经济的发展极大地推动了生产力的进步，带动了人们物质文化生活水平的提高，同时，在思想观念领域，也引起了人们价值观念的变化。市场经济强调交换、强调功利的特性，大大强化了人们的利益意识。由于我国尚处于转型时期，缺乏有效的制度规范，使市场经济激发起来的这种利益意识在一定范围内被片面化、绝对化，从而产生了一系列的消极后果。这种消极后果，表现在个体的理想信仰方面，就是排斥理想信仰的价值，一切从利益出发，崇高的理想和奋斗目标被强烈的金钱欲望和感官刺激所取代，精神追求日益物质化和功利化。在这种价值观念的影响下，个体在追求物质利益受到挫折时，便容易对社会产生强烈的怨恨情绪。在这种怨恨情绪的影响下，那些与主流信仰相悖的信仰对其就有极大的吸引力和亲和力。此外，个别人为追求物质利益，对信仰体系不加选择，只要能满足其对金钱和私利的追求，就置社会公德、道德于不顾，而选择符合其利益的反社会信仰。

3. 信仰危机一定程度地蔓延

信仰危机，是指经过一定的困惑与忧患对自己原有的信仰产生怀疑和动摇，直到全面地抛弃，但还没有重新确立新的信仰的精神状态。信仰危机已被公认为现代社会普遍存在的基本问题之一，被视为一种“现代性”（modernity）现象。中华人民共和国成立后，马克思主义与中国具体实践相结合发展起来的中国特色社会主义理论，在团结力量、鼓舞士气、凝聚人心方面均发挥了重要的作用，并且使群众易于形成一种理想主义政治信仰。但随着经济和社会的快速发展，信仰多元化趋势也更加明显。一方面，在现代都市化的快节奏生活之下，人们的生活压力普遍增大，使一部分人降低、甚至失去了思考与追求美好精神世界的动力，从而更加注重眼前的物质利益，最终导致对精神领域需求的淡化而形成信仰危机。另一方面，自媒体的兴起，使得传播媒介多元化，人们获取信息的途径越来越多，一些非主流媒介往往夹杂着大量的亚文化信息，这些亚文化信息对尚未形成信仰或信仰不坚定的人影响巨大。此外，当前社会上出现的一些丑恶现象，在一定范围内呈蔓延之势，人们对社会丑恶现象的痛恨成为当前社会信仰危机形成的又一心理根源。社会丑恶现象虽然只是少数人所为，但影响恶劣，特别是极少数领导干部的贪污腐败行为、为黑社会性质组织充当“保护伞”的行为，极大地损害了党和政府的形象，降低了群众对宣传教育的信任度。被教育对象因为对教育者本身缺乏信任，转而对教育内容产生怀疑，由此导致政治宣传形同虚设，群众难以形成正面的政治信仰。人们没有了信仰，并不意味着人们不需要信仰。在信仰危机现象严重的社会中，很多非主流观念、假宗教、反社会信仰便乘虚而入。

第二节 危害国家安全犯罪心理

一、危害国家安全犯罪概述

危害国家安全犯罪，是指故意实施危害中华人民共和国的政权稳定、主权独立、领土完整、制度巩固等国家安全和重大利益的行为。

近年来，尽管以颠覆国家政权、推翻社会主义制度为目的的犯罪行为并不多见，但以分裂国家、破坏国家统一为目的的犯罪行为还有发生，尤其是间谍和为境外窃取、刺探、收买、非法提供国家秘密或情报的犯罪，在新的形势下出现了新的特点，需要给予关注。

二、危害国家安全犯罪人的心理特点

（一）极端的反社会意识

1. 认识活动的片面性

危害国家安全犯罪人容易把现实生活中存在的某些局部弊端和腐败现象无限夸大，陷入信仰危机，形成对现实、政府不满的思想意识，从而容易接受一些反社会的宣传。他们在认识活动中往往以偏概全，偏听偏信，不能够客观全面地认识事物，从而得出错误的结论、接受错误的诱导。

2. 思想的反动性

危害国家安全犯罪人的思想活动表现为攻击、反对社会主义制度。反动信念和理想是一个比较自觉的、明确的、完整的思想体系，具有鲜明的指向性，即指向与现实社会制度格格不入的目标。这种反动信念、理想的形成与确立，为犯罪行为提供了犯罪指向和精神支柱。这种抱有反动信念和理想的犯罪人，较之那些贪图眼前

利益、凭一时冲动盲目实施犯罪的犯罪人，在思想意识上表现得更自觉，在反动立场上表现得更顽固。

3. 自我中心

危害国家安全犯罪人的反社会自我意识十分强烈，把自我需要凌驾于社会之上，为实现自我需要往往不择手段、不计后果。有的因自我受挫，从而形成反抗意识，有的本身就具有狂妄的自我意识。

（二）强烈的反社会情感和两极化的意志品质

危害国家安全犯罪人具有严重的反社会意识，决定了他们在情感方面对社会的仇视与不满，这种反社会情感，在其正常的人际交往中往往并不显露出来，具有较大的隐蔽性。

危害国家安全犯罪人的意志活动具有明显的两极性：积极的社会性意志薄弱，反社会和危害国家安全行为的意志顽固、坚决。其中一些犯罪人，在具有反动的政治信仰之外，又经不起物质利益的诱惑，表现出意志薄弱的一面；另外，在实施危害国家安全活动的过程中，又表现出反动立场的顽固性和实施犯罪行为的坚决性。

（三）动机的多样性

危害国家安全犯罪人的犯罪动机并不都是为了满足某种政治需要，而是表现出多样性的特点，其犯罪动机多源于以下几个方面：

1. 反动的政治需要

这种动机主要表现为追求政治野心和权势欲的满足。当某些个体不能用正当的途径来满足其政治需要和权势欲的时候，就可能采用危害国家安全的方式来实现其政治需要。也可见于个体骄傲自负、喜好炫耀等不良个性心理在某种条件下恶性膨胀的结果。

2. 反社会的自我实现的需要

这种动机主要表现为行为人追求所谓的自我价值的满足。反社会的自我实现，主要表现为行为人脱离社会现实去追求所谓的“民主”“自由”，从而其行为体现出反社会性的特点。

3. 报复社会的需要

这是行为人某些需要得不到满足时而产生的危害社会的动机。在现实社会中，个体遭遇挫折在所难免，关键在于个体在遭遇挫折后如何归因，为下一次战胜挫折做准备。一些个体习惯从客观方面归因，加之社会对每个成员不可能做到绝对的公平和平等，甚至在某些地方存在腐败现象，于是某些个体在这种情况下容易将社会生活中遇到的挫折归因于社会制度的不公平或政府部门的腐败，因而对当前的社会产生强烈的不满和敌视。

4. 贪婪的物质需要

这是行为人基于对物质利益的追求而产生的出卖国家利益的动机。某些个体无限制地追求物质享受，崇尚拜金主义。当其物质享受欲望得不到满足时，就以出卖国家利益、危害国家安全来换取物质利益，不择手段地追求不义之财，以满足和实现其极端利己主义的心理及物质需要。一些境外情报机构也利用一些人的贪婪心理，发展间谍，获取情报。

三、危害国家安全犯罪人的行为特征

（一）犯罪行为的智能性

在现代信息科技高速发展的今天，犯罪人采用智能方式实施危害国家安全的犯罪活动是其行为方式的重要特征之一。其智能性主要体现在窃取情报资料、散播反动思想和言论等方面。例如，犯罪人用木马程序入侵涉密电脑窃取情报，通过干扰卫星信号散播反动言论，通过QQ群、微信群煽动闹事等。

（二）犯罪行为的有组织性

危害国家安全的犯罪，一般是以有组织犯罪的形式实施的，其组织一般较为严密，有组织名称、职务分工、内部纪律和纲领等，成员多有共同的反动政治信仰。但在具体实施犯罪中，多煽动一般群众参与，有时通过给好处诱使外地打工或闲散人员到场参与打砸。在某些发展间谍和窃取情报的犯罪中，直接实施犯罪行为的犯罪人不一定有组织，但背后一定有间谍或情报组织的谋划。

(三) 犯罪行为的预谋性

危害国家安全犯罪预谋性较强，一般在事先有详细的犯罪计划，对作案过程、犯罪环境和反侦查手段进行了充分的考虑和准备。特别是政治信仰型的危害国家安全的犯罪人，他们一般都有一定的文化水平，能够认识到自己行为的严重后果和法律处罚的严厉性，因此在实施犯罪之前，一般都要经过严密的组织和分工，从产生犯罪动机到确定犯罪目的，都是经过深思熟虑、反复策划的；他们在实施犯罪的过程中，也表现出极强的预谋性，遇到犯罪情境的变化时，往往能够临危不乱、有步骤地实施反侦查和逃跑活动。因此，危害国家安全犯罪绝大多数为预谋犯罪，极少有激情犯和机会犯。

第三节　恐怖主义犯罪心理

一、恐怖主义犯罪概述

第二次世界大战以来，恐怖主义活动越来越多地针对平民进行，而且每次恐怖事件都给社会带来持久的冲击和恐怖影响。因此，世界大多数国家旗帜鲜明地反对恐怖主义，国际社会也开展了有关的国际合作。各国反对恐怖主义的政策，反映在国内法上，大多把恐怖活动规定为犯罪并加以刑事制裁。

恐怖主义作为全人类共同的敌人，已经成为影响世界和平与发展的重要因素。特别是进入 21 世纪以来，恐怖主义在我国不断蔓延，制造了多起暴力恐怖袭击事件，严重破坏我国的社会稳定和经济发展，造成了巨大的生命财产损失。我国 1997 年修订的刑法，已将组织、领导和参加恐怖活动组织规定为犯罪；2016 年 1 月实施的《反恐怖主义法》，对恐怖主义犯罪的认定、法律责任等进行了细化。因此，以研究犯罪心理和行为机制为己任的犯罪心理学，应当开展对恐怖主义犯罪心理的研究，以便为打击防范恐怖主义犯罪进行理论上的准备。

恐怖主义犯罪是一种以恐怖活动为特征的犯罪。这一犯罪类型是有某些共同的要素：一是实施的手段是足以产生恐怖效应的暴力手段；二是使用恐怖手段的目的是实现极端政治的或宗教的要求；三是恐怖活动的结果造成了社会中不特定多数人的心理恐惧和不安全感；四是恐怖活动的主体是奉行恐怖主义理念的组织或个人。基于这样一些特征，可以将恐怖主义犯罪定义为：恐怖主义犯罪，是指由某些组织或个人在恐怖主义理念支配下，通过暴力或其他危险方法造成社会恐怖，以实现其政治、宗教或其他意识形态目的的犯罪行为。具有恐怖主义理念是恐怖主义犯罪区别于一般暴力犯罪的关键。恐怖型犯罪，是以犯罪是否带来社会恐怖的后果来界定的，而不管行为人是否奉行恐怖主义的理念，是否具有意识形态的目的，因此恐怖型犯罪的外延宽于恐怖主义犯罪。

二、恐怖主义犯罪的主体特点

(一) 恐怖主义犯罪组织的构成特点

恐怖主义组织的组织结构不同于一般的共同犯罪组织。首先，恐怖主义组织头目要通过这种特殊的组织结构实现对组织成员的绝对控制；其次，恐怖主义组织头目要通过这种组织结构实现恐怖主义信息的快速传播和恐怖主义组织成员的洗脑、培训；再次，恐怖主义组织头目还要通过这种组织结构实现犯罪能量的释放和逃避打击的结合。

恐怖组织在人员构成方面具有明显的层级性特点。恐怖分子大致可以分成三个层级。其最高层级不直接从事恐怖活动，但他们的思想、言论对恐怖组织有重大影响，这些人通过各种渠道与恐怖组织有心理、思想甚至组织上的联系。第二个层级是恐怖组织的骨干。他们一般是恐怖组织的发起者、主导者和核心成员。他们负责组织的运行、制订行动计划、协调各种关系，因而熟悉组织构成和运作情况。骨干成员往往既是行动计划的参与者，也是具体行动的组织者。第三个层次是恐怖组织外围成员。这部分成员包括两种情况：第一种情况是具体恐怖行动临时招募、网罗的成员，他们不了解组织的核心情况，只知道根据恐怖组织骨干的要求从事具体的恐怖行动，或者在具体的恐怖行动中承担某种角色。一般情况下，这种人只有一次使用价值。如果他们经受住了“考验”，同时又逃脱了抓捕，就可能上一个台阶，成为恐怖组织的骨干成员。第二种情况是他们并不属于某个恐怖组织，也没有谁招募他们，但是，他们接受恐怖组织意识形态的影响，是恐怖组织的“粉丝”。这种人也可能结成团伙活动，但并无持久性和严密组织结构，且游离于特定组织之外，往往是一些对社会不满的人。受组织性弱的影响，他们的活动带有盲目性和随意性。但是，他们搞出来一些动静后，某个恐怖组织可能会揽在自己名下，由此成为该恐怖组织的正式成员。

（二）恐怖分子的年龄特征

有研究指出“恐怖主义是年轻人的职业”，有的观点甚至强调，16 岁～22 岁的年轻人最适合培养成恐怖分子。在这个年龄段，最容易将他们训练成毫不质疑、任凭恐怖组织头目支配与指挥的无情杀手。[①] 之所以出现这种情况，主要因为年轻人尚未实现完整的社会化，尚不能将社会的普遍规范内化为自身的许多准则，成为自觉的追求方向；而且年轻人相对激进，理想主义色彩浓厚，对挫折与困难打击的承受能力较差，而现实社会的不公平、不公正现象更容易助长年轻人的不满情绪与反社会、反政府心理；同时，年轻人也较少家庭牵挂与顾虑。在恐怖组织中，一般成员年龄偏轻，而恐怖组织头目的年龄一般大于普通成员。

三、恐怖主义犯罪的一般心理特征

（一）认知特征

恐怖分子的认知特点主要表现在两个方面，其一是认知过程的强烈的偏执性；其二是认知结构中强烈的反社会的恐怖哲学和合理化认识。之所以有这样两个特点，是与他们的极端的民族意识和极

① 胡联合著：《第三只眼看恐怖主义》，世界知识出版社 2002 年版，第 22 页。

端的宗教思想分不开的。

恐怖分子一般都有自己的极端的宗教信仰或政治动机，并受制于严密的组织机制。他们之所以被看中并吸收为恐怖组织的成员，往往以其有某种信仰为条件，但这还不够，还要在极其秘密的环境下，接受“信仰”强化训练，从而形成一种偏执狂式的宗教狂热，最终达到漠视无辜生命的价值，坚信恐怖手段的合法性和必要性的目的。他们往往通过吸引或选拔具有某种心理特质（如易受暗示，易偏执于某种教义，与恐怖组织有认知方面的认同和情绪方面的共鸣）的人，再通过组织内的各种仪式、组织内特有的宗教氛围和教义的灌输，从而达到对其成员的精神控制，不管是邪教组织、鼓吹“圣战”的极端宗教组织，或者煽动民族分裂的恐怖组织在这方面都有惊人的相似。而那种能够为恐怖组织所利用并引导恐怖分子进行恐怖活动的精神因素，既可能是狭隘极端的民族意识，又可能是极端的宗教思想。一旦他们接受了这种极端思想，往往变得偏执、狂热，很难从心理上对其进行矫治。例如，有的恐怖分子在被判处有期徒刑或无期徒刑后，他们会上诉，而上诉的诉求不是减轻处罚，而是要求法院判处他们死刑。因为在他们看来，为他们所笃信的宗教极端思想而死，是“极大的光荣”。

从国际范围的恐怖主义活动发展历史来看，自称代表民族利益的某些团体或组织，由于自己实力不济，难以与对手正面交锋，往往把恐怖活动作为自己的行动战略或者策略；我国一些民族分裂主义分子为达到民族分裂的目的，也企图通过恐怖犯罪活动，造成少数民族与祖国大家庭的离心力。可以说，狭隘而又极端的民族意识和狂想，是其进行恐怖活动的重要思想基础和精神支柱。

由反社会的宗教极端思想和狭隘的民族意识发展到对恐怖活动的合理化认识，是恐怖分子进行恐怖活动必须经历的心路历程。他们认为现存的社会或政府是罪恶的，因此“现存社会必须被摧毁，这样新秩序才能够确立，其法律由先知或领袖的灵光所揭示”。在今天的许多恐怖团体中可以找到同样的信仰指引他们：相信暴力破坏可以救世，相信暴力作为一种目的具有其合理性，梦想在旧秩序的废墟上建立起一个全新的社会秩序。甚至在有些恐怖分子看来，所有不信仰极端宗教的人，都是“异教徒”，他们的使命，就是要“消灭所有的异教徒”，实现极端宗教的“大统一”。①

（二）情感特点

由于对宗教极端思想的笃信和对现实社会的极端失望、仇视，恐怖分子大多处于一种极端麻木、冷酷的情绪状态，根本谈不上同情怜悯之心，再严重的后果，在他们看来都是必要的。为达到自己的目的，每每以平民百姓，甚至妇女儿童为牺牲品，以期引起社会恐怖，以及全社会对他们所追求目标的注意，而对这样一些恐怖行为，他们不但没有罪恶感，相反还有一些成就感、胜利感。因此，从其情感特点来看，表现出很强的与主流社会的对立性。

仇恨是恐怖分子最为典型的情感动力。而仇恨与绝望的结合使恐怖活动的发生变得顺理成章。当巴勒斯坦的一些女性和儿童也加入与以色列目标同归于尽的“人肉炸弹”的行列时，恐怕也只能用仇恨和绝望来解释。当然，对死亡的麻木和对受害人的冷酷，也是恐怖分子必备的心理素质。为克服对死亡的恐惧，培养冷酷的心理特点，恐怖组织在选择、培训恐怖分子方面往往煞费苦心。一些恐怖组织的“肉弹”在经筛选产生后通常要接受较长时间的训练以便测试在紧张、高压和生命受到威胁状态下的表现，只有愿望强烈而冷酷无情的人才能过关接受下一步的培训。接受任务前夕，“肉弹”还要潜心了解所执行任务的相关情况，熟悉炸弹操作，并继续接受心理和身体的测试，直到克服对死亡的恐惧。

（三）意志品质

出于极端的宗教信念和宗教狂热，在实施恐怖活动之前，其并无一般犯罪较为常见的动机斗争和心理冲突，投机冒险心理极为强

---

① ［美］文森特·帕里罗、约翰·史汀森、阿黛思·史汀森著：《当代社会问题》，周兵等译，华夏出版社2002年版，第157页。

烈，一旦抓住机会，便孤注一掷，不惜牺牲自己的生命，不顾伤及无辜，也要保证恐怖活动实现预期目的。

与一般刑事犯罪不同，恐怖活动偶发性和临时起意的情况较为少见，大多经过严密的准备，包括物质准备和心理准备。但近年来也出现过恐怖主义活动被发现后，恐怖组织孤注一掷、“就地圣战”的情况。这种“就地圣战”具有很强的突发性，但依然是恐怖组织在前期充分准备过程中，出现某种突发情况打乱了他们的部署而被动改变计划的结果。恐怖组织在挑选恐怖分子时，尤其重视心理准备，如前所述，宗教狂热的培养和克服恐惧的训练就是这种心理准备的组成部分。恐怖分子对于实施恐怖活动后的后果，包括“人肉炸弹”对于引爆炸弹后自己会首先成为殉道者也是有心理准备的。加之他们已有的极端宗教信念和宗教狂热，使他们一旦确定了恐怖活动的计划，往往就孤注一掷，决不回头。

（四）畸变的需要特征

恐怖主义犯罪人畸变的需要，突出表现在其对需要强烈程度的失控和对需要的满足方式与社会规范的对立两个方面。它是恐怖主义犯罪人实施恐怖犯罪的内在驱动力，主要表现在寻求刺激、报复和表现自我等方面。一部分恐怖主义犯罪人认为寻求刺激的最好方式就是实施恐怖犯罪，从而达到自己畸变的心理需要。他们常常以爆炸、袭击、劫持人质、杀害人质、甚至人体炸弹的方式来达到所谓的刺激满足。大部分恐怖主义犯罪人实施犯罪的深层动力就是心中的刻骨仇恨，由此直接导致报复社会的需要。也有一部分恐怖主义犯罪人是出于表现自我的需要而实施恐怖主义犯罪的。还有一些恐怖主义犯罪人实施恐怖活动主要目的是自我炫耀，通过这种制造恐怖的方式来扩大自己的影响，通过追求社会轰动效应来证明自我存在。除此之外，还有部分恐怖主义犯罪人是出于摆脱贫困的需求，偏听偏信、盲目跟随，成为恐怖主义组织所教唆和利用的对象。

（五）冒险盲动的人格特征

恐怖犯罪所采用的犯罪手段既包括直接使用暴力，又包括使用暴力相威胁。恐怖主义犯罪人直接使用的暴力手段有很多种，如当街砍杀、驾车撞击、爆炸、暗杀、绑架、劫机、投毒，等等。这些手段一方面破坏性强，极具破坏力和杀伤力，能够造成众多人员伤亡和财产毁损的严重后果，严重影响群众的安全感；另一方面，实施这些恐怖主义犯罪的个体，也将自己置于一种高度紧张及危险的情境中。这种情境要求置身于其中的人必须具有敢于冒险、不畏惧死亡的人格特征。恐怖主义犯罪人冒险人格特征的形成，主要是由于恐怖主义犯罪人对恐怖组织宗旨的强烈信仰使其淡化了个人的利益，甚至是生命。

四、恐怖主义犯罪的行为特点

（一）目的的层级性、目标的针对性和对象的泛化

有学者认为恐怖组织通过具体的恐怖主义活动企图达到的目的主要有三个：引起对该群体存在、重要性和力量的关注；想要证明当前执政的政权不能保护民众，使人们对执政者失去信心；迫使掌权的政府使用报复手段进行镇压，使原先没有明显倾向的人转而反对政府和进行反抗。事实上，其第一个目标是他们要重点实现的，因此，有的专家称恐怖主义主要是一种“广告活动”。[①] 这些目的的归纳符合一般恐怖组织的情况，但还不够，实际上一般的恐怖组织的目的至少包括三个层级。第一个层级，即恐怖活动的直接目的是通过具体的行为方式造成社会恐怖，这是实现后两个层级的目的的基础和前提；第二个层级的目的就是显示自己的存在，引起社会的关注，证明政府的无能；第三个层级的目的也就是其终极目的是实现其政治、宗教和其他意识形态的目的。

恐怖活动的目标则具有很强的针对性，迄今为止，大多数恐怖

① ［美］文森特·帕里罗、约翰·史汀森、阿黛思·史汀森著：《当代社会问题》，周兵等译，华夏出版社2002年版，第157页。

活动是针对特定的国家和民族的利益。具体到恐怖活动的侵害对象则具有不确定性，只要能够实现他们的目的，在其攻击目标范围内的所有的人、物、设施都可能成为攻击对象。这种侵害对象的泛化，具有更强的恐怖效果。但是，侵害对象的泛化，并不是说毫无规律可言，一般说来，在恐怖分子攻击的目标中，相对敏感，易产生社会震动而又疏于防范的人、物、设施容易成为侵害对象。

（二）恐怖手段的暴力性

恐怖活动基本上是采取暴力手段实施的。常见的暴力手段为当街砍杀、驾车撞击、暗杀、劫持、绑架、爆炸、煽动骚乱等，特别是爆炸手段，具有很强的杀伤性，给社会带来的冲击也最为强烈。虽然某些非暴力的手段也有可能产生社会恐慌的效果，但具有较大杀伤力的爆炸等暴力手段所带来的恐慌、震撼仍是其他手段所无法代替的。恐怖分子在考虑采取什么手段进行恐怖活动时，必然要根据某些具体情况，用最简单的办法获得最佳的效果，如此看来，传统的暴力手段仍将是恐怖组织的首选方式。实际上，有史以来的重大恐怖事件几乎全都是采用爆炸、砍杀、暗杀、劫机、驾车撞击、绑架等暴力手段。特别是近年来，随着“伊吉拉特”等极端恐怖主义思想的蔓延，恐怖袭击的暴力性有所升级，所造成的社会恐慌也在加剧。

（三）准备的周密性和事发的突然性

恐怖组织在决定实施某项恐怖活动时，往往要进行周密的准备，这种准备有时要持续相当长的时间，一般包括，制订恐怖活动计划，如针对什么人、达到什么目的、使用什么手段；物色执行计划的恐怖分子；对恐怖分子进行信念和精神控制方面以及使用炸弹、武器等方面的培训；具体目标的选择和确定。这种准备时间的长短往往决定于恐怖活动规模的大小和恐怖活动组织者对实施恐怖活动时机的把握与判断。虽然准备的时间很长，但由于准备活动是在极端秘密的状态下进行的，人们对恐怖活动的发生仍会感到突然。这种突发性一方面是恐怖分子为保证恐怖活动的成功所努力达到的效果，另一方面也是使恐怖事件具有更强的震撼性和恐怖效应的必要条件。近年来，恐怖组织在进行袭击训练时，极力鼓吹“就地圣战”，即在组织成员暴露时，他们往往会临时改变计划，就地或者就近实施暴力恐怖袭击。这种攻击模式突发性更加明显。

（四）恐怖活动的有组织性和策略性

恐怖活动一般都是有组织地进行的，即便是个人以人体炸弹实施的恐怖活动，往往行为人也是属于某个恐怖组织。恐怖分子与相关组织的关系一般是恐怖分子隶属于某个恐怖组织，这个恐怖组织又隶属于更大的恐怖组织，或者接受某个国家的某个机构、某个团体或者某个企业的支持和资助。恐怖组织大多很重视对其成员的军事素质和恐怖活动特定素质的训练，也很重视培养其成员的极端宗教狂热、狭隘民族意识和献身精神，内部也多有严格的规章和纪律。而且恐怖活动方案的制订、具体实施者的选择、攻击对象和攻击方式的选择、恐怖活动步骤以及人员分工等，也多是有组织地进行的。

恐怖主义组织在策划实施恐怖活动时也重视策略选择。从“东突”恐怖活动案例分析，“境外策划、境外指挥、境外派遣、境内实施、境外呼应”已成为其明显的策略选择。境外策划、境外指挥，是基于主要的恐怖组织和骨干成员在境外活动；境外派遣主要是指恐怖活动的骨干成员，他们入境后一般还会网罗一些具体行动人员；境内实施、境外呼应即在境内发生恐怖事件后，境外恐怖组织还会通过境外媒体作出回应，主要是响应性回应和指责性回应。

（五）恐怖活动的神秘性

对于恐怖活动而言，神秘本身就是一种武器，它可以增强恐怖效果。在 20 世纪 70 年代及稍后的恐怖活动多发期，在绑架、劫持、爆炸等政治性暴力事件发生后，通常很快就会有人或者组织公开声称对该恐怖事件负责。这是因为，人们一听到令人胆寒的恐怖组织的名字，就会感到紧张恐惧，从而达到“扬名立威”的效果。但近年来，这一特征正在发生改变。有的恐怖事件发生后，有可能不会有人或组织发表声明为其负责。这是因为，在当今信息时代，反恐力量的精准打击能力得到了大大的提升，传统的“扬名立威”往往会暴露他们的踪迹。为求更好地自我保护，避免受到报复性打击，他们一方面选择沉默以求自保，另一方面通过沉默增强神秘感，这样能够比公开身份更强地引起公众的恐惧情绪和社会的混乱。毕竟，恐怖活动的目标不是物质上的，而是精神上的，只要有助于摧毁一个国家或一个民族的信心、意志和凝聚力，则恐怖活动的目的就实现了。

（六）恐怖活动的跨地域性

恐怖活动的目的在于影响本国或他国政策或者进行政治报复，这一目的的实现并不限于在本国实施。恐怖组织为了更顺利地实现其恐怖活动的意图，同时为了自我保护，总是精心选择疏于防范的攻击目标，这就不可避免地使恐怖活动带有跨地域性，使恐怖活动更难防范，其后果也往往更为惨重。近年来，在恐怖组织中流传的“伊吉拉特”极端思想，更是将“迁徙”和“暴力”美化为宗教极端思想的“教义”，使跨境恐怖主义犯罪不断蔓延。一些境外的恐怖组织一方面极力鼓吹通过“迁徙”来实现昔日的“穆斯林辉煌”，另一方面怂恿我国境内的少数民族群众“迁徙”到境外的恐怖主义组织基地，去接受极端思想洗脑、恐怖犯罪培训，再“迁徙”回我国境内实施暴力恐怖犯罪。这样，恐怖活动的跨地域性更加突出。

第四节　邪教犯罪心理

一、邪教犯罪概述

邪教犯罪，是指行为人由于相信某种异端邪说而实施的犯罪行为。近年来，在世界范围内，不断出现一些举世震惊的邪教事件，如1993年美国得克萨斯州的“大卫”教派事件中，86人全部葬身火海；2000年3月，乌干达邪教组织“恢复上帝十戒运动”中，上千人集体自杀；2014 年 5 月，我国山东招远一麦当劳餐厅，6 名“全能神”邪教徒因索要电话号码未果，残暴地当众殴打致死一名无辜妇女，等等。邪教犯罪活动给人类社会带来了巨大的危害。

邪教的概念具有相对性，不同的社会、不同的时代、不同的文化体系以及不同的阶级政权，对邪教都有不同的界定。关于邪教和宗教之间的关系，一般认为，邪教不是传统宗教，也不是新兴宗教。邪教往往打着传统宗教或新兴宗教的旗号，歪曲宗教教义，引导信徒产生对教主的极端崇拜，鼓吹世界末日降临，以社会负面现象的存在作为“证据”来蒙骗信徒，否定现实社会的伦理道德和价值观念，以达到满足个人私欲的罪恶目的。

最高人民法院、最高人民检察院在 2017 年 1 月出台的《关于办理组织、利用邪教组织破坏法律实施等刑事案件适用法律若干问题的解释》将邪教组织界定为：冒用宗教、气功或者其他名义建立，神化、鼓吹首要分子，利用制造、散布迷信邪说等手段蛊惑、蒙骗他人，发展、控制成员，危害社会的非法组织。邪教与犯罪有根深蒂固、千丝万缕的联系，邪教的性质决定其发展和归宿必然是犯罪。[①]

二、邪教犯罪人的心理特点

邪教犯罪人性格偏激，人格不健全，焦虑、压抑、忧郁、孤僻，缺乏亲情，对未来恐惧。邪教犯罪是一种群体犯罪，在这种犯罪形式中，邪教教主与邪教信徒所起的作用以及他们的心理特点方面具有较大的差异，因此，有学者分别探讨了邪教教主和邪教信徒的心理特点。[②] 但总的说来，邪教犯罪人较为突出的心理特点主要表现在以下几个方面：

---

① 陈书成：《邪教型犯罪概念与特征分析》，载《河南司法警官职业学院学报》2005 年第 1 期。

② 陈华：《邪教犯罪的心理学分析》，载《四川警官高等专科学校学报》2003 年第 2 期。

（一）偏执与错误的认知

邪教本身是一种歪理邪说，具有反科学性。邪教头目往往自己形成一种对宇宙、社会以及道德伦理等方面的错误认识，然后给这种认识披上宗教的外衣，误导不明真相并且缺乏信仰的人信服自己。邪教头目错误学说的形成，是基于其自身对社会及道德伦理等方面具有偏执的认识。邪教信徒一旦接受了教主的学说，受邪教群体心理的影响而极易形成对教主学说的盲目崇拜。

（二）不健全的人格

邪教头目和信徒往往存在一定的人格障碍。例如，邪教头目习惯自我为中心，认为自己是救世主而形成自恋型人格；或偏执于自己的妄想而具有偏执型或妄想型人格；或有极强的控制欲、权力欲或领袖欲，等等。信徒往往具有与邪教主截然不同的人格特征，他们具有较强的依赖性，或对现实生活中的挫折与烦恼习惯采取逃避的方式，或是完美主义者。此外，邪教信徒接受邪教宣传还受以下人格特点的影响：一是易受暗示性。信仰邪教的人，往往容易接受外在的某种暗示，缺乏自我的判断和认识。二是易盲从性。邪教信仰者大多心灵空虚，相信命运，信奉神灵，相信有一种神秘的力量主宰人生。邪教操纵者正是利用信仰者易盲从的人格特点，采用欺骗的方法炮制某些轰动效应，从而吸引一些文化素质较低、缺乏主见的人加入邪教组织，任其摆布。

（三）犯罪动机的复合性

无论是邪教头目在组织、建立邪教组织，还是邪教信徒加入邪教组织，并策划、实施各种邪教犯罪活动，其行为动机往往具有复合性。很多邪教头目创建邪教组织既是为了满足自我显示的欲望，同时也是为了聚敛钱财或控制他人；邪教教徒入教的动机也是多方面的，有的是渴望治病强身、健康长寿，有的是期望摆脱厄运、寻求解脱，也有人是为了排遣孤独和空虚，寻求群体认同和归宿，等等。这些动机的产生有初始和继发之分，也有主要和次要之分。

三、邪教犯罪的行为特征

（一）犯罪行为的组织性

邪教组织的重要特征之一就是有组织化和秘密结社。他们往往有严密的组织、细密的层级和森严的戒律清规，同时也拥有一定人数的坚定信徒。邪教组织在形成之初，一般尚未形成明确的政治目的，然而，随着其信徒的增多，教主的政治野心逐渐滋生，从而可能发展成为具有政治性犯罪动机的组织。

（二）作案手段的残忍性

邪教犯罪的犯罪人具有自成体系的信念支持和邪教的精神操纵，作案手段往往带有残忍和不计后果的特点。正是因为邪教的歪理邪说已经深入信徒内心，因此，邪教型犯罪与普通犯罪不同，犯罪人很少在作案过程中“突然悔悟”而主动放弃犯罪。

（三）犯罪行为的破坏性

邪教犯罪人是在邪教教义的唆使或暗示下，去实施犯罪的，这种邪教教义往往带有极端的反社会、反人类的特点，因此，邪教犯罪人在犯罪过程中往往会按照邪教教义，不遗余力地去危害社会、伤害他人。邪教犯罪人在作案之后，即便是酿成了不可挽回的严重后果，他们也不会悔悟，而且还坚持作案有理。如果不被抓获，邪教犯罪人还会继续坚持作案，不断地危害社会。

（四）犯罪手段的多样性

邪教犯罪的行为方式具有很大的不特定性，而且往往是多种行为互相交织。其具体的违法犯罪行为主要表现为：进行反动宣传和煽动；秘密聚集滋事；非法经营；奸淫妇女；诈骗钱财；蒙骗或指使、胁迫其成员实施绝食、自残、自虐或自焚、自杀；等等。由于其参加者众多，活动诡秘，组织严密，往往造成十分严重的后果。

第七章　暴力型犯罪心理

第一节　暴力型犯罪概述

一、暴力犯罪概念与分类

暴力犯罪，即以暴力手段实施的犯罪，是一种最原始的犯罪表现形式。人类社会最早的犯罪是与暴力相联系的，而且至今仍然是数量最多、危害最为严重的犯罪类型之一。

暴力犯罪，按照不同的标准，从不同的角度，可以进行多种分类：

1. 根据犯罪动机分类

可以把暴力犯罪分为以人身侵害为动机的暴力犯罪和以财产侵害为动机的暴力犯罪。这二者的共同点是都可能会侵害到被害人的生命或健康，但推动他们实施暴力犯罪的动机不一样。前者是为了满足犯罪人报复、泄愤等情感需要，如报复杀人、故意伤害，等等；后者是为了满足犯罪人对物质财富的需求，如抢劫、绑架，等等。

2. 根据暴力犯罪的危害程度分类

可以把暴力犯罪分为严重暴力犯罪和一般暴力犯罪。二者之间虽无截然界线，但可以把严重暴力犯罪看作使用杀伤性能较大的凶器作案，造成严重后果，或以极端残忍、危害性极大的暴力手段实施的犯罪；一般暴力犯罪，是指犯罪人使用普通器械或仅借助自身体力实施，对社会或个人只造成一般性危害后果的暴力犯罪。

3. 根据暴力犯罪的组织性分类

可以将暴力犯罪分为个体暴力犯罪和群体暴力犯罪。个体暴力犯罪，是指犯罪人单独实施的暴力犯罪；群体暴力犯罪，是指由多个犯罪人组成的群体共同实施的暴力犯罪。

4. 根据暴力犯罪的心理准备性分类

可以分为有预谋的暴力犯罪和情境性的暴力犯罪。它们的共同点在于都具有残忍性、凶狂性和施暴时的情绪亢奋性。其不同点在于：(1) 前者有预谋、有准备、有计划，后者具有冲动性、偶发性、情境性和反应性。(2) 前者可见于各种气质类型的人，各种人都有可能因多种原因而预谋进行暴力犯罪。后者则多见于爱冲动，脾气暴躁者，即胆汁质气质类型的人。(3) 前者犯罪人从准备到实施犯罪，多持续一段时间，在这期间有可能外现出某些征兆，犯罪因果关系较为明显。后者则具有突发性。(4) 前者犯罪后，由于实现了自己的犯罪目的，犯罪人多会产生一股快感、满足感。后者由于是一时冲动而犯罪的，因而多有悔恨、内疚、负罪之感。

二、暴力犯罪者的心理特点

(一) 认知特点

1. 较低的认知水平和能力

暴力犯罪者，特别是以简单、原始方法（如以身体动作实施或以原始工具实施的方法）实施暴力犯罪的人，大多只有较低的认知水平和能力。他们愚昧、野蛮，美丑不分，善恶不分，很多只受过很低的文化教育，甚至没有进过学校；或者虽受过学校教育，但却是思想品德和学习成绩都不好的双差生、流失生，也有许多暴力犯罪者是农民或城镇无业人员，因此他们的认知能力和水平较低。但是一些以暴力为职业，或者出于意识形态原因进行暴力犯罪的人，并不存在认知水平低的问题，更多的是其认知结构和个性倾向所决定的。

2. 解决问题方式的缺陷

一般人遇到矛盾或问题时，大多能按合法、正当的方式加以解决，即便一时不能解决，也能调整自己的心理需要，以适应环境的变化。但暴力犯罪者在解决问题的方式上，大多存在某种缺陷，表现在他们普遍具有迷信暴力的倾向，只要自己的利益受到侵害，便付之于暴力。由于他们经常采取暴力方式对待人际交往及工作和生活中遇到的矛盾、问题，以至于暴力反应、攻击反应成为其定型化的反应模式，只要一遇相同或相似的情境，便以暴力对待之。

3. 强烈而歪曲的道德观、价值观

大量案例说明，暴力犯罪者不是没有道德观、价值观，而是具有歪曲的、错误的而且表现较为强烈的道德观、价值观。表现在谁违反了自己的道德准则、价值准则，便以暴力相加，伤人害命。而其内容则表现为以下三种较为典型的形式：报复伤人、杀人者典型的道德准则是“以牙还牙，以血还血”的原始、同态复仇式的道德观念；充当帮凶，协助他人进行暴力犯罪的人，多有“哥们儿义气”的封建行帮思想；群体暴力犯罪人，多具有亡命徒式的“英雄主义”观念。

（二）情绪、情感和意志特点

暴力犯罪者的情感和意志特点主要表现在消极的情绪反应性和薄弱的意志控制力。具体而言，暴力犯罪者的情绪反应速度快、强度高，具有扩散性。例如，暴力犯罪人实施暴力犯罪总是伴随激烈的情绪爆发，作案时具有强烈的情绪亢奋性。在这种激烈、亢奋的情绪状态下，其攻击行为的指向常会转移到其他的人或物上，如劝阻者、旁观者或在现场中的其他物品。

与上述情绪特点相适应，其意志控制力较差，意志活动常常不能控制和调节自己的情绪活动，行为易受情绪的控制和支配，易受暗示，激惹性较高，一点微不足道的外部刺激，都有可能激起行为人莫名的情绪爆发。

（三）动机特点

暴力犯罪者一般具有强烈的犯罪动机。这是由于犯罪人强烈的心理失衡状态，必须以暴力宣泄出来才能获得平衡。这种强大的内驱力推动行为人无所顾忌地实施暴力犯罪。在这种情况下，强度较弱的劝阻、批评等都难以阻止其暴力行为。

暴力犯罪动机常由下列因素引起：

1. 矛盾激化

由于工作、生活、生产中出现的矛盾和问题没有得到及时处理，或者处理不当，使当事人心理失衡而引发暴力犯罪动机。

2. 挫折反应

根据挫折—攻击理论，当个体遭遇挫折的时候，易引起攻击反应，严重的便会导致暴力犯罪。在现实生活中，引起暴力犯罪的挫折有：婚恋中因爱的需求不能满足或受到阻碍而产生的挫折，人际关系中自尊的需求受到伤害引起的挫折，追求自我实现过程中产生的挫折，等等。

3. 过当防卫

正当防卫，是指为使个人、他人或集体权益免受正在进行的不法侵害而采取的行动，因而是为我国刑法所允许的。但是，防卫超过必要限度造成不应有损害的，则应负刑事责任。实践中，由于过当防卫而出现的暴力犯罪并不少见，但这种人的行为时常有较复杂的心理活动，首先行为人强烈地意识到自己或他人的生存需要或其他需要受到威胁，继之自然地在此基础上形成防卫的动机，并推动其采取防卫的或反击的行为。但行为人在受到外部侵害时，不可能心平气和地对待，常伴之以激情的发生，这种强烈的情绪状态是使其防卫行为过当的重要因素。

在实践中，还常见由于假想防卫而发生的暴力犯罪。这从其心理机制而言，是出于对外来威胁的错误和夸大的认知判断，以及过于敏感的自我防御意识和防卫合理化认识。

4. “哥们儿义气”和封建行帮思想

在一些团伙暴力犯罪和一般共同犯罪中，行为人与受害人常常并无直接的利害冲突。而行为人之所以会对受害人施以暴力，只是由于其“哥们儿”与受害人存在利害冲突，但是，这种冲突只是引发暴力犯罪的条件，其内因还在于行为人的义气观和行帮思想。由于这种思想意识作祟，其“哥们儿”与别人产生了利害冲突，行为人却出现了挫折感。这种挫折感的出现与其主观思想意识存在内在的联系。

5. 报复动机

在有预谋的暴力犯罪中，大多系出于报复动机。即当自己的某些权益受到侵害时，不知用法律手段和其他合法的手段加以解决，却以暴力行为去报复对方，有的则是自以为自身的权益受到了侵害，从而以暴力手段去报复对方。报复型的暴力犯罪，大多手段残忍，后果严重。有的报复型犯罪，其暴力攻击行为的目标不仅指向给他或自以为给他造成侵害的人，还可能转向对方的亲属，如夫妻、子女、父母；有的甚至丧心病狂，将暴力行为的矛头指向整个社会，肆无忌惮，残害无辜。

6. 控制、胁迫、掩盖、逃避

一些实施抢劫、绑架的犯罪人，出于控制、胁迫被害人的需要而实施暴力；一些犯罪人为掩盖一定的事实，或逃避某种处罚，也可能实施暴力犯罪。例如，一些流窜犯罪人，当其行踪被人察觉时，往往杀人灭口，掩蔽行踪。

7. 变态反应

由于行为人心理变态，而对某些特定刺激产生的暴力攻击反应。这种情况在现代社会中的发生率增加了。由于变态反应引起暴力犯罪的，较常见的是有被害妄想的人，以及某些变态人格者，等等。

（四）性格特点

暴力犯罪者多有较为典型的性格特点，其主要表现是：

（1）固执、任性、褊狭、敏感，遇事爱钻牛角尖；

（2）易受暗示、易冲动、易激惹，自制力较差；

（3）冷酷、残忍、缺乏同情心；

（4）爱面子、虚荣心强、以自我为中心、唯我独尊。

三、暴力文化与暴力犯罪

(一) 暴力文化与暴力犯罪相关性研究的主要观点

现代社会中，充满暴力内容和画面的文化媒体日益普遍地进入人们的生活。因而，暴力文化对人们行为的影响，特别是它与暴力犯罪的相关性受到了社会的关注。

按照精神分析学创始人弗洛伊德的观点，人人皆有攻击性本能。这种本能需要通过某种方式加以释放，这种释放可以通过直接的暴力行为进行，也可以是替代性的，如观赏暴力画面等。所以，观众(或读者) 通过电视、电影、网络等媒体观看暴力行为或通过小说欣赏暴力故事，可释放个体自身存在的攻击性冲动，减少其做出攻击行为的可能性。这实际上是认为暴力文化有益的观点。

“挫折—攻击”理论认为，人的攻击行为是由挫折引起的，攻击行为发生之前，就有挫折。因而暴力文化与攻击行为并无必然联系，当然与暴力犯罪也是不相关的。

社会学习理论则认为，人的攻击行为模式，可以通过观察和模仿而习得，而观察和模仿的对象既可以是生活中实际存在的，也可以是各种文化媒体中的。所以，暴力文化与暴力犯罪是相关的，体现在它可以通过观察和模仿而增强观察者的暴力倾向。

(二) 暴力文化与暴力犯罪的相关性分析

应该说，暴力文化与暴力犯罪具有相关性。这种相关性因人类心理机制的复杂性而表现在具体人身上会有所不同，如有的人通过观看暴力影片，可以使其郁积的情绪得以宣泄，使其潜意识中的破坏性能量得以释放，从而减弱其攻击倾向；有的人则可能因观看这种暴力影片，而使其潜藏的攻击意识得以唤醒，从而增强其攻击倾向。人们的反应之所以会如此不同，与个人在长期生活经验中形成的心理和行为反应方式有关，与个体已经形成的个性品质有关，亦与个体的世界观、人生观有关。但就一般情况来说，暴力文化是有害的，对青少年的社会适应性产生了消极的影响。这种影响体现在以下几个方面：

1. 提供和传播了攻击行为的方式和类型

许多案例说明，一些青少年实施的暴力犯罪，是模仿了一些传媒中所显示的攻击方法，有的甚至仅仅是他们所看到或听到的攻击方法的简单重复。从某种程度上说，各种文化媒体所显示的攻击方法，也增进了犯罪人包括成年犯罪人的作案技巧。

2. 唤醒个体意识中的攻击冲动

有时当某个人遇到挫折后，心理上虽然产生了攻击冲动，但由于他律与自律机制的作用，这种冲动并没有通过攻击行为表现出来，而是暂时压抑至潜意识中，随着时间的推移，其攻击冲动逐渐被转移或消退。但当其观赏到一些暴力影视作品时，其潜藏的攻击冲动则有可能被唤醒，导致个体攻击行为的出现。

3. 减弱个体对暴力行为的敏感度

一些研究说明，影视中展现的暴力减弱了人们对攻击行为的情绪敏感性，从而使人们对生活中或身边出现的暴力麻木不仁，视而不见，见多不怪。这种现象对一些暴力犯罪行为起到的是一种鼓励作用。

4. 减弱个体对攻击行为的抑制力

大多数人在遇到挫折或产生愤怒情绪时，能控制住自己的攻击冲动，因为无数的外在或内在限制因素阻止人们那样做。例如，对报复的恐惧，对他人态度的顾虑，自身的法律意识等，都是抑制攻击的因素，而过多观察、欣赏别人的攻击行为则会减弱这种抑制力。

5. 对问题解决方式产生错觉

在许多武侠小说和影视屏幕中，矛盾和冲突的解决，多是通过暴力方式进行的，而且暴力比其他方式似乎显得更“有效”，更符合“道德和正义”。虽然我们大多数成年人知道对银幕中或小说中的情节要持分析和批评的态度，但是，少年儿童还做不到这一点，他们往往把故事与现实混同起来，从而导致他们对社会现实产生错误的看法，形成错误的行为反应方式，当遇到类似的情境时，他们也会付诸暴力。

四、暴力犯罪的行为特点

（一）暴力犯罪的团伙性

在暴力犯罪中，青少年暴力犯罪的团伙性特点较为突出。他们或三五成群，或拉帮结伙，依仗人多势众，为所欲为。有的欺行霸市，有的当众调戏妇女，有的则盗窃抢劫，一旦有人敢于反抗，便一哄而上，大耍淫威，用暴力手段实现其犯罪目的。

暴力犯罪团伙是犯罪团伙的最早形式，从 20 世纪 80 年代后期开始，出现了向黑社会性质组织转化的趋势，其特点常常表现为：为争夺地盘相互火拼，在一定区域或行业内形成非法控制，以豢养打手、暴力胁迫等手段攫取非法经济利益。近年来，随着黑社会性质组织犯罪的升级蔓延，国家的打击力度也在不断加大。

（二）暴力犯罪大多具有突发性、冲动性和情境性

在暴力犯罪中，情境性的暴力犯罪表现得更为突出。他们在实施犯罪之前，常常无明显的犯意，较少预谋，大多是情境中的某些因素所引起，因而具有突发性；暴力犯罪大多起因简单，有的只是因为一句话、一个动作、一个眼神就大打出手，伤人害命；有的则是在酗酒后，自控力减弱，而导致暴力犯罪的发生；有的本来是民事纠纷，因未得到及时劝解或调解，竟至矛盾激化而引起暴力犯罪。

（三）暴力犯罪的残忍性、疯狂性

暴力犯罪大多手段残忍，在犯罪过程中对受害人无任何同情怜悯之心。有的灭绝人性，残害受害人肢体；有的为消灭证据，杀人灭口，甚至肢解被害人尸体；有的强奸犯蹂躏女性，丧尽人伦，以摧残他人为乐；有的则在一时冲动犯罪后干脆孤注一掷，连续犯罪，滥杀无辜，表现得极为残忍。

一些暴力犯罪人则是在疯狂的反社会心理支配下，为满足自己急剧膨胀的个人需要和欲望，铤而走险，实施暴力犯罪。有的公然蔑视和敌视执法机关的权威，顶风作案；有的在光天化日之下明火执仗，抢劫行人；有的在众目睽睽之下，凌辱妇女；有的故意聚集行人，观看其如何处置敢于触犯其利益的人；有的在行人密集的广

场、车站、街道当众行凶作恶、相互火拼，全然无所顾忌。

（四）暴力犯罪的戏谑性

一些暴力犯罪，特别是青少年暴力犯罪，往往具有戏谑性的特点。表现为：一些青少年在作案时，似乎不是在犯罪，而是在实施能使其产生快感的游戏活动，他们对自己的行为及其后果持一种满不在乎的态度。这些犯罪表面看来并无明确动机，但其之所以实施暴力行为，与行为人空虚无聊的内心世界有密切关系。这些犯罪也多具有一种施虐狂的性质和表现，以受害人的痛苦填补其内心的空虚；以疯狂的行为发泄其过剩的精力，打发无聊的时光。这种犯罪手段较为残忍，危害严重。

第二节 人身暴力犯罪心理

一、人身暴力犯罪概述

（一）人身暴力犯罪的概念

关于人身暴力犯罪的概念，有广义和狭义之分。广义的人身暴力犯罪，是指在犯罪过程中对被害人的人身使用暴力或以暴力对人身相威胁的犯罪。狭义的人身暴力犯罪，是指以人身暴力攻击为直接动机的犯罪。本节所说的人身暴力犯罪，是指狭义的理解，即以暴力手段攻击人身为动机的犯罪。这里所说的使用暴力手段，既可以通过器械、武器、爆炸物等，又可以借助于犯罪人本身的体力。

人身暴力犯罪，犯罪动机不是财物，而是宣泄某种情绪，如仇恨、嫉妒、羞辱、愤怒、绝望等情绪或情感。而犯罪手段则是以暴力对被害人的人身加以攻击。国外有学者将此类犯罪称为“挫折—攻击”型犯罪。因为这类犯罪大多数是由于个人的愿望受到阻碍，自身的利益受到损害，由此产生了痛苦的情绪体验而产生的攻击性行为。这类犯罪的表现有多种多样，如杀人、伤害、爆炸，等等。由于犯罪行为是在某种消极情绪的推动下实施的，此类犯罪通常行为凶暴残忍，危害后果严重。

(二) 人身暴力犯罪的类型

人身暴力犯罪是以人身暴力攻击行为来缓解内心的情绪压力。人身暴力犯罪大致可分为以下两种：

1. 激情型人身暴力犯罪

此类型人身暴力犯罪从刺激到反应较为直接、快速，属于爆发式类型。犯罪人主要属于胆汁质的气质类型或具有明显的胆汁质特征，从平时的观察就可以发现其情绪波动大、易激动、遇事不容易控制自己的情绪。所以当其遇到一定的刺激时容易被激怒。而且，情绪爆发时强度较大，严重者还会出现一定的意识狭窄甚至意识障碍，其行为给人一种丧失理智的感觉。但往往在事后能够冷静下来，出现悔意。

2. 意志型人身暴力犯罪

这一类型的人身暴力犯罪往往是不良情绪长期积累的结果。所以，其人身暴力犯罪的心态不同于激情型。在其犯罪动机的形成和犯罪行为的实施过程中具有明显的预谋过程。而且，犯罪人的情绪中还带有一定的意志特点：不达目的不会善罢甘休。事后往往也不会后悔，心理承受力和反侦查能力强。这一类犯罪人主要属于黏液质的气质类型或具有明显的黏液质特征，平时城府较深、难以捉摸，做事计划性强、善于坚持。

二、人身暴力犯罪的动机

人身暴力犯罪大多是由人际关系的冲突、婚恋纠纷等所引起。这种纠纷有的源于外界的刺激，有的则归于犯罪人本人的个性缺陷。不管哪一种，都存在由某种需要或欲望未能得到满足时“不良情绪的引发”。

(一) 情感需要遭受挫折

情感需要是伴随个体成长过程的一种重要的需要，其结构形态相当复杂，有缺乏性的，有给予性的。对于个体来说，情感需要是其生活的一部分。人在幼年时，如果缺乏关爱，会使其心理变得乖僻冷漠。进入成年后，异性之间的爱又是人生中的一项重要内容，如果这种情感需要遭受挫折或处理不当，很容易出现由爱生恨的人身暴力犯罪。

1. 追求挫折型

爱情本身是男女双方自由选择的结果，因此，如果只有一方情愿就很难成功。但是，有些“一厢情愿”者由于个性缺陷，当遭到对方的拒绝后，就会恼羞成怒，产生报复犯罪动机。特别是一些控制能力差、情绪波动大、自卑感强的男性，往往会实施人身暴力犯罪。例如，现实中有男青年在追求异性遭受挫折后，用浓硫酸泼向女性脸部的案例。

2. 受骗挫折型

这种类型较为多见的有两种情况，一种是男性在为女方花费了大量的财力、物力后被女性抛弃，自认为受骗，于是产生报复犯罪动机，实施人身暴力犯罪。另一种情况是某些女性在被男性抛弃后，产生上当受骗的感觉，进而实施人身暴力犯罪。但女性直接实施人身暴力犯罪的情况并不多见，受其体力的制约一般会采取投毒、雇凶杀人等手段。

3. 婚姻挫折型

婚姻家庭的稳定对于大多数人来说是非常重要的。一旦婚姻遭遇重大挫折或威胁，往往会导致人身暴力犯罪。在已婚者中，由于第三者的介入，或一方发现另一方有了婚外情后，就可能使夫妻之间或夫妻一方对第三者产生报复动机，从而实施人身暴力犯罪。

（二）尊重需要遭受挫折

社会性是人的本质属性。在社会生活中，既存在社会结构带来的上下服从关系，又存在个人的独立与自尊，这一矛盾处理不当极易引起人际冲突。其中，因为个人的自尊受到伤害而产生的挫折感尤为强烈。一些存在人格缺陷的个体在尊重需要遭受挫折的时候，往往不能用正常的途径和手段来化解这种挫折，而是用暴力手段来发泄自己的消极情绪。在这类案件中，人身暴力犯罪结果往往是犯罪人的尊重需要挫折与其人格缺陷共同起作用的结果。

（三）成就需要遭受挫折

按照马斯洛的需要层次理论，人的最高层次的需要为自我实现的需要。当个体的自我实现的需要遭受挫折之后，一部分个体能够用恰当的方式处理，吸取教训，为下次去实现自己的成就做准备。而一部分个体却怨天尤人、恼羞成怒，把自己失败的原因归因于他人或社会，从而用暴力手段去攻击、报复他人。例如，某单位公务员在竞争领导岗位的时候遭到失败，把原因归结于同科室的另一同事在背后诬陷、诽谤他，于是在上班的时候趁其不备用水果刀猛刺该同事颈部，导致其失血过多而死。

需要指出，当前在一定范围内还存在的社会不公现象，使青少年个体在社会化的过程中，因遭遇社会不公平待遇，致使其合理需求遭受挫折，甚至本来属于自己的利益也被他人巧取。同时，由于社会没能够及时提供合法渠道或手段去救济、弥补这些缺憾，于是一部人由此产生巨大的愤怒情绪而实施人身暴力犯罪。这种由“社会不公”引起的人身暴力犯罪还容易使犯罪人从有针对性的人身暴力犯罪转向对社会的泛化性报复，危害极大。

（四）个人恩怨、积怨引发的人身暴力犯罪

这种情况多发生于民事纠纷的恶性转化之中。一些人在日常生活中与同事、邻居、亲戚等产生摩擦和矛盾后，互不相让，以致这种积怨越积越深，埋下仇恨的种子，在某种条件下实施人身暴力犯罪。这种犯罪预谋性较强，危害也较为严重。有的犯罪人甚至在偏执型人格的驱使下，对多年前发生的琐事耿耿于怀，把自己遭遇的不幸、挫折归因于某件琐事，从而实施人身暴力犯罪。

（五）临时性人际冲突产生的人身暴力犯罪

个体在临时性的、与陌生人打交道的过程中也常会发生人际冲突，如乘车、购物等。因一时性的利益关系发生冲突，使行为人在激情状态下短时间内产生人身暴力攻击性行为。或者与他人在聊天、娱乐等交往活动中，因为对方的一句话、一个动作而激起愤怒情绪，在短时间内产生报复动机。这一类犯罪行为发生较快，预谋性差，和犯罪人情绪波动大、忍耐性差等人格缺陷有紧密关系。

三、人身暴力犯罪人的一般心理特征

（一）认识特点

无论是激情型还是仇恨预谋型人身暴力犯罪，犯罪人在对外界的认识上均有一些共同的特点：看问题具有明显的片面性和表面性，在思维方式上，容易孤立偏激地看问题；他们往往就事论事，遇到问题难以冷静思考。考虑问题时，习惯“以自我为中心”，对事情的判断和决定较为简单。有些激情型的人身暴力犯罪人更具有明显的认识能力狭窄、考虑问题简单、易受暗示等特点，一旦遇到刺激，反应很快，却鲁莽盲从，处理问题方法简单，在实施人身暴力行为造成严重后果后，往往又会后悔。

（二）性格特点

人身暴力犯罪人的性格特征表现为：自尊心过强，心胸狭窄，敏感多疑，等等。这种性格与其认识特点密切相关。此外，在性格方面，犯罪人较为固执，缺乏灵活性与变通能力，在生活中往往缺乏幽默感，容易生疑或激惹。

（三）气质特点

个体的气质类型往往与某种犯罪类型密切相关。例如，激情暴力犯罪大多与胆汁质的气质有关，因为这类气质的特点是情绪发生快而强，这类人在生活中容易冲动、情绪波动大，自我控制能力较差，容易发生激情性暴力犯罪。而黏液质的人遇事沉稳，不动声色，城府较深，做事计划周密，这类人若有不良情绪的积累一般不容易被人察觉，但其报复行为一旦发生，往往非常残忍，而且预谋性和对抗性强。

四、人身暴力犯罪的行为特征

（一）激情型人身暴力犯罪的行为特征

1. 发生较快

激情型人身暴力犯罪的犯罪诱因往往单一、简单，有时对方的一句话、一个动作甚至是一个眼神便会导致犯罪人怒从心起，在犯罪诱因出现后，短时间内会引发犯罪人的不良情绪，在这种情绪的驱使下瞬间做出反应性行为，实施人身暴力犯罪。

2. 固着反应

在激情爆发时，犯罪人对他人的劝解往往会置若罔闻，其身边发生的任何变化都难以改变这种激情状态，出现意识狭窄。有的犯罪人甚至在暴力攻击行为受阻时会迁怒于劝解的人，而对劝解人实施人身暴力攻击。

3. 手段简单

激情型人身暴力犯罪方式多是一时兴起，缺乏预谋，因此，在激情状态下发生的犯罪行为一般比较简单，作案工具也都出自现场，或是随身携带之物，这也会为侦查破案留下依据和线索。

4. 行为疯狂

激情爆发时，由于大脑皮层的强烈兴奋，其他区域被抑制，导致个体的正常思维受阻，出现一定的思维障碍，此时，犯罪人的行为常常失去理智而变得疯狂，不顾行为后果。因此，这类犯罪大多数是严重暴力性的犯罪。犯罪动机容易出现泛化或转移。

（二）意志型人身暴力犯罪的行为特征

1. 预谋性强

这类犯罪人大多性格内向，较为自我压抑。因此，其不良情绪的积累往往有一定的过程。当犯罪人产生报复动机时，也常常有一段预谋的过程，如准备作案工具、踩点、谋划逃跑路线，等等。其犯罪设计较为精细，使人不易觉察。由于有预谋、有计划，所以，这类犯罪较难预防，侦破难度相对较大。

2. 手段复杂

这类人身暴力犯罪由于预谋性强，在犯罪手段的选择上大多想尽办法、绞尽脑汁。犯罪人选择犯罪手段时，既能达到其犯罪目的，又要成功逃避侦查，因此，在手段的选择上具有明显的预谋性和复杂性。

3. 行为固着

意志型人身暴力犯罪的固着反应也较为强烈，即不达目的绝不罢休。为达到犯罪目的，犯罪人精心策划、反复研究，在犯罪过程中往往能够排除干扰。如果犯罪目的没有达到，还会策划下一次犯罪，直至达到犯罪目的，而且事后也无悔意。

4. 犯罪指向性较为明显

这类犯罪由于具有预谋过程，所以，在犯罪指向上非常明显，即针对特定的对象实施人身暴力犯罪。例如，爆炸犯罪，我们可以根据炸点的位置，来判断犯罪人的具体目标指向。

第三节 性暴力犯罪心理

一、性犯罪和性暴力犯罪

性犯罪即侵害异性（主要是女性）不可剥夺的性权利的犯罪，和以两性关系败坏社会风气、破坏社会秩序的犯罪。

性犯罪大致包括四类：第一，出于性欲动机，违背妇女意志，直接侵害妇女性权利的犯罪，如强奸犯罪；第二，出于性欲动机，但不是与女性发生性关系，而是以异常方式满足自己性欲望的犯罪，如出于性欲动机残害、虐待、猥亵、侮辱妇女或幼女的犯罪；第三，虽不是直接出于性欲动机，但是却侵害了妇女性权利的犯罪，如报复型的强奸妇女、侮辱妇女的犯罪；第四，虽然行为人的性活动系出于自愿，但这种性活动违背了社会意志和法律规范，如容留妇女卖淫等犯罪。性暴力犯罪主要指前三种情况，所以，实际上它是指以暴力实施的性犯罪。

二、影响性暴力犯罪心理形成的因素

（一）不健康性刺激的泛滥

首先，市场经济的发展，人们商品意识的增强，促进了文学艺术的繁荣。但随之而来的，是商品观念也渗透进了文学艺术的创作当中，使一些文艺作品迅速庸俗商品化。其表现是大量露骨色情描

写堂而皇之地登上了文学艺术的殿堂，许多文艺影视作品里，充斥着大量刺激感官的画面和文字。一些见利忘义之徒也以文学艺术为幌子，兜售淫秽色情的东西，有的甚至披着法制文学的外衣，大量登载不健康的性描写甚至变态的性行为作品，这严重毒害了一部分人尤其是青少年的心灵。特别是在我国长期历史发展中，性文化受到严厉禁锢，不良性刺激的泛滥对人们的毒害就更为严重。许多青少年正是在不健康性信息的诱发刺激下，走向犯罪的。近年来，随着以短视频、网络直播为代表的自媒体的兴起，一些不法分子为了获取“知名度”、“点击量”而不择手段，把一些色情、露骨情节以画面、文字的形式融入到一些作品中；同时，随着智能手机的普及，人们获取这些资源的途径变得越来越简单，使得传播速度空前。其次，随着网络的快速发展，一些不健康的性刺激因素也随之蔓延泛滥。主要表现为：其一是依靠色情视频、图片、文字来获取非法利益的违法犯罪活动，如色情论坛、色情网站等；其二是通过网络散布色情信息、进行色情交易的违法犯罪活动，如网络色情表演、色情陪聊、网络招嫖等；其三是通过网络进行色情交流、寻求刺激，如一些色情 QQ 群、微信群等；其四是用裸露、色情的视频、图片、文字建立非法链接，利用“同城交友”等方式进行诈骗活动；其五是用露骨、色情的视频、图片、文字，通过网络兜售违禁性药品。这些消极性刺激因素的蔓延泛滥，构成了性暴力犯罪、特别是青少年性暴力犯罪的外部刺激源。

（二）西方“性解放”思潮的影响

“性解放”是流行于西方的一种思潮。改革开放后，这一思潮也传入我国，并造成许多消极影响。一些人对“性解放”“性自由”等腐朽思潮和生活方式倍加赞赏，竭力仿效；少数人则由欣赏发展到对我国传统伦理道德和社会主义价值观、生活方式的不满、敌视甚至对抗；有的人则以实际行动实践其“性自由”的美梦，从而导致大量性犯罪的出现。

不良性刺激与“性解放”思潮对性犯罪心理的形成具有不同的

影响。一般来说，社会上存在的不健康性刺激信息往往对青少年，认知能力较低者，意志薄弱、自控力较差者，性能量不能得到及时排解者（如民工、流动人员、单身者、夫妻关系不和者），具有更强的影响力，容易诱发冲动型的性犯罪。“性解放”思潮往往对有一定文化素养的青年学生或社会青年有一定影响力，一个人一旦接受了“性解放”思潮的影响，形成了性自由、性放纵的价值观，则易诱发理智型的性犯罪。

（三）不良家庭和居住环境造成的消极影响

对青少年性暴力犯罪人的调查表明，这些青少年多出自两种家庭，一是家庭成员行为不检的家庭，如有的父母视性为儿戏，因此对子女造成极为恶劣的影响；二是教育方法有缺陷的家庭，这些家庭对青春期子女出现的性好奇、性神秘等心理和行为，不是正确引导，而是粗暴对待或者放任自流。粗暴对待会造成子女的挫折感，增强探索意识；放任自流会对子女消极性思想行为产生默认的鼓励作用。这些不良的家教方式容易把子女推向犯罪的深渊。

一些青少年居住环境较差也对其心理和行为的发展产生了重要的影响。在一些卖淫嫖娼窝点集中的地方，往往弥漫着一种性放纵的淫靡氛围，散布更多的不健康的性刺激信息。青少年在这样一种环境中，耳濡目染，很容易受到负面影响，形成对人类性活动的不正确认识。有些地方还居住着一些未能改造好的有前科的性犯罪人，他们出于淫乱思想和恶毒的反社会心理，不仅自己进行犯罪活动，而且引诱、教唆青少年实施性犯罪。

（四）性权利的商品化

随着市场经济的发展，人们商品意识的提高，有的人暴富，有的人则变得相对贫困。人们都争相以自己的方式投身于市场经济的大潮。在这种趋势下，一切可以作为商品交换的东西都迅速流转，许多在传统上不能作为商品的东西也正在商品化。这使部分人产生了错误的思维定式，即一切有价值的东西，都是可以变成商品的东西，在这些人的眼里，性当然也可以成为商品。这种情况下，以性作为交易筹码的丑恶勾当便大量涌现，一些女性以性服务作为投资，一些人则以性讹诈为手段诈取钱财，这些现象是性商品意识的体现。

(五) 性教育的滞后

我国历史上长期盛行性禁锢、性封闭的性观念，把性看成丑恶的、不可告人的事情。近年来，在社会环境中，大量渲染色情的小说、通俗读物、影视作品充斥于街头和网络，对性知识缺乏的青少年来讲，这些性刺激的泛滥极大地腐蚀、诱惑着他们懵懂的心灵。当前的形势，本应加强对青少年的性教育，以建立其牢固的心理防线，但在不少学校、家庭，却仍持有性封闭的观念，不愿向青少年谈及性知识。这种正面教育极为薄弱而消极影响、诱因广泛存在的强烈反差，对青少年性心理的发展产生了非常有害的影响。一些青少年正是在这种影响下，以探奇的心态去实施了强奸犯罪。

性教育滞后的主要表现，是对青少年负有教育管理职能的家庭、学校，仍然谈性色变。在教育内容上，存在着性禁区、性盲区。一些老师和家长不仅自己不谈性问题，也不允许学生和子女谈论性问题，甚至把在青春期前后出现的性好奇心理和表现也看成大逆不道，其结果只会强化青少年对性问题的猎奇心理和逆反心理。由于学校和家庭放弃了培养青少年健康的性意识和性价值观的职能，使青少年在性好奇心理支配下，在充斥着不健康性刺激信息的社会环境中对性知识的渴求成了无选择、无引导的猎奇行为。这种猎奇行为使本来正常的性好奇心理和性意向，变成了一种在罪恶感支配下的偷偷摸摸的活动，这只能使其变得心理晦暗，形成双重人格，而不利于其健康的性心理结构的形成。青少年对性知识在无引导情况下的自发的学习，当然也可使之习得相关的性知识，但在不良性信息充斥的社会环境中，无法形成正确的性意识和性价值观，而缺乏正确性意识和性价值观调控的性活动是危险的。

三、性暴力犯罪的心理特征

（一）认知特征

1. 较低的性认知能力

性暴力犯罪人是认知能力较低的一类犯罪人，他们大多文化水平较低。有不少性暴力犯罪人属于智力缺陷或智力水平低下，这就必然影响他们对事物的判断、理解和分析。调查发现，性暴力犯罪者易受直观感觉影响，喜欢感官刺激，他们在接触、观看视频和文字时，往往对那些刺激感官的形象行为和画面感受性较强，容易受其暗示而进行模仿；而对于艺术作品的深层次的内容却难以理解，如作品的主题思想、艺术价值等往往不能领会，因而他们从中吸收的只是片面的、符合较低层次需求的、感受较强的那些情节和画面。而这些内容如果从艺术作品中割裂开来，则恰恰是为社会所禁止的。他们分析、判断和逻辑思维能力较差，使他们对于艺术形象与现实生活中的行为及其后果难以区分，所以只要环境中有类似于他们所看到过的影视中出现的那些诱因刺激，往往就会做出不良的行为反应，从而导致犯罪。

2. 错误的性意识

所谓性意识，即人们对两性关系的认识、观念和体验。所谓错误的性意识，是指那些为我国民族传统、法律规范所排斥的性意识。错误的性意识往往是性犯罪者的重要思想根源。性暴力犯罪者错误的性意识的形成多是受一些封建的或外来的不健康思潮的影响，其表现，一是把女性看作性关系的客体，而不是主体，把女性看作泄欲的工具。二是把性关系看成纯个人的、生理的行为，忽略或者根本不懂得性的社会意义和伦理属性。三是对不良性行为的合理化认识，如“男人不坏，女人不爱”“女性勾引自己，自己系被引诱”等，为自己开脱罪责。四是过分夸大性的意义，把“性”当作人生的首要之义。

（二）情、意特点

性暴力犯罪人的情绪、情感特点与一般犯罪人大致相似，由于年龄不同，经历不同而具有不同的特点。性暴力犯罪的初犯多为青少年，由于他们这一时期的生理特点及性体验缺乏，因而在犯罪过程中，情绪、情感是不稳定的，易受外部诱因刺激影响。而性暴力犯罪的累犯、惯犯则多为成年男性，从他们情感活动的内容和强度来看，表现为冷酷性和残忍性。从其情绪反应来看，则情绪较为稳定。

冲动性、亢奋性是性暴力犯罪人最显著的意志特征。他们一旦产生了性犯罪动机，往往不顾一切，不择手段地实现其犯罪动机。即便遇到反抗以及意外的事件，也会不顾一切地实施犯罪行为，所以大多数性犯罪伴随高强度的暴力色彩，甚至引发凶杀等恶性犯罪。

就性暴力犯罪的惯犯而言，则大多缺乏改恶从善的意志，行为多受其本能欲望的控制和支配，从这点来看，这类犯罪人比其他类型的犯罪人更难以矫正其犯罪心理。

（三）动机特点

性暴力犯罪动机的形成，一般需要两个条件，一是较低层次的需要、冲动和生理欲望；二是满足这种需要的载体，即诱因条件。有的性暴力犯罪案件中，是个体在某种强烈的需求、欲望的支配下，主动寻求这种需要满足的对象，进行犯罪活动；有的则是某种诱发因素唤起了其隐藏的欲望和需要，导致性暴力犯罪动机的形成。前者具有预谋性、主动性，而后者则具有冲动性、情境性。

导致性暴力犯罪动机的需要大多是较低层次的。例如，有的人饱食终日，无所用心，精神空虚，生活无聊，于是为寻求感官刺激，便追逐调戏妇女，进行强奸、轮奸等犯罪活动。有的青少年则是出于无知好奇，一些青少年进入青春期后开始有了性冲动，但却无法通过正当合法的渠道加以解决，导致他们既不了解性的生理特点，也不理解性行为的社会属性，于是盲目探索、猎奇，在这种探求过程中一些人走向了犯罪。当然在这一过程中，往往有一些对个体形成犯罪心理产生影响的其他因素，如坏人的教唆，黄色书刊、影视作品的腐蚀等，也有些性暴力犯罪系出于报复的冲动。在另外一些性暴力犯罪中，则是由于犯罪人因性功能亢进而具有超乎常人的性冲动，这种性功能亢进有一些是病理性的，而大量的则是后天原因形成的，并不影响其刑事责任能力。还有一些性暴力犯罪系出于征服欲望，为满足其暴虐的征服欲，而强奸女性。

导致性暴力犯罪动机形成的诱发因素，并不限于某些直观的淫秽形象，也可能是第二信号系统——语言。甚至一些健康的、美的形象，在一些心灵丑恶的人眼里，也可能会起到诱因作用。所以，不能因为某些因素对于性犯罪心理的形成起到了诱发作用，就说它也是丑恶的。而且，外因通过内因起作用，诱发因素对一个人行为的影响程度取决于个人的思想意识健康与否。所以，归根结底，起决定作用的是个人，而不是其他。

（四）个性特征

性暴力犯罪者在兴趣、爱好、人生观和生活方式等方面具有不同于其他犯罪者的特点。

性暴力犯罪者的兴趣指向多集中于与性有关的事物上，如影视作品中涉及两性关系的画面，书刊中关于两性关系的描写，现实中关于两性关系的传闻，有的甚至具有一种变态的性兴趣、性偏好。由于他们的兴趣集中于与性有关的信息上，头脑中经常形成优势兴奋中心，因而有些犯罪人常有性幻觉或者常出现性的幻想。

性暴力犯罪者的人生观也是畸形的，如有的把吃喝玩乐作为人生的目的；有的把性放纵、性自由作为追求的目标，这种追求和人生观也是一部分人进行性暴力犯罪的思想动力。

第八章　物欲型犯罪心理

第一节　物欲型犯罪概述

一、物欲型犯罪概念与特征

物欲型犯罪，是指以最终占有公私财物为目的的犯罪。它主要包括盗窃、抢劫、诈骗和敲诈勒索等财产犯罪，以及贪污、贿赂、走私等经济犯罪。物欲型犯罪在世界各国的犯罪中，都是所占比例最多的一种，我国也是如此。而且，其对社会的危害，不仅仅在于公私财产的损失，还会污染社会风气、败坏社会风尚、污染人们的精神世界。

物欲型犯罪不仅是数量最多的一种犯罪类型，而且与过去相比，出现了日益突出的特点：

第一，大要案突出。改革开放以来，这一特点日益突出。近年来，动辄数百万元、上千万元甚至上亿元的特大贪污、贿赂、诈骗和走私等经济犯罪案已不罕见，而且，不仅非法获得的财物的数量巨大，犯罪的手段也更为狡诈，犯罪的危害更为严重。

第二，流窜作案日益突出。一方面，犯罪人流窜作案，“打一枪换一个地方”，以四处流窜作为掩护自己、对抗打击的手段；另一方面，一些流动人员、无业游民，由于流动而进入较为生疏的环境后，责任感降低、匿名感增强，加之环境的改变使他们的生活遇到一些困难，于是便进行盗窃、抢劫等犯罪活动。

第三，权钱交换型犯罪突出。共同特点是权力的商品化，其表现形式主要有三种：一种是直接把权力变成商品、财富，即利用手中的权力，直接把国家或集体财产据为己有，如贪污；一种是把权力与财富进行直接交换，即掌握权力的人和拥有财富的人，出于需要的互补性，进行对等交换，如行贿受贿；一种是权力与财富的间接交换，即掌握权力的人，出于为本部门或本地方谋取利益的目的，用权力换取财富，如法人走私。

第四，传统的物欲型犯罪在整个刑事犯罪中仍占较大比重的基础上，新型的物欲型犯罪日渐突出。所谓传统的物欲型犯罪，是指盗窃、抢劫、诈骗、贪污、贿赂等与社会形态、经济类型只具有较低的相关性，而在历史上一直存在的以满足物质需要为动机的犯罪。新型的物欲型犯罪，是指随着经济的转型和市场经济的发展而出现的，只有具备某些专业知识的人才能实施的，以满足物质需要为动机的犯罪。例如，电信诈骗犯罪、网络诈骗犯罪、证券犯罪、金融犯罪，等等。新型的物欲型犯罪智能化程度高、专业性强，缺乏传统犯罪的时空概念，犯罪人多出于自己的理性，而不是一时冲动，罪责感较低，甚至还可能有自我实现的成就感。

二、社会环境因素与物欲型犯罪心理的形成

（一）社会变革过程中出现的漏洞，刺激了一部分人的冒险欲望

改革开放过程中，面临新旧文化的碰撞和冲突，伴随新旧体制的交替。在这种交替过程中，旧的体制被打破了，但新的体制尚未建立起来；旧的价值观念被摒弃，而新的价值体系尚未形成；传统的思想意识受到冷落，外来的思想观念则畅行无阻。这使社会的各方面都处在激烈的动荡变化之中，特别是在社会的调控管理方面出现了大量漏洞。例如，在我国计划经济体制下，强大的道德力量足以遏制一些人的为恶意识，但今天，传统道德的权威下降了，法律虽然在不断健全，可人们法律意识的增长却是缓慢的，不足以弥补道德的失落。这种自律机制受到的破坏，体现了在变革过程中，社会各方面的新旧交替不能及时衔接的一个侧面，这必然带来大量的漏洞。在经济领域，在财物的大流动中，由于经济体制、企业管理体制和金融体制的新旧交替而带来的漏洞更多，不可避免地刺激了

一部分人不法获得的冒险欲望。在经济领域出现的大量漏洞对贪污、贿赂、金融、证券和走私等经济犯罪的影响更大。

(二) 改革过程中，利益的再分配，使一些人产生了相对贫困感和被剥夺感

社会的变革，必然伴随利益的重新分配。这一过程中，有的人通过不正当的手段聚敛财富，成了暴发户；有的人则出现了生活水平的下降。即使大多数人生活水平并未下降，但随着贫富差距拉大，相对贫困感却增强了，特别是当他们看到彼此起点相差无几，可事隔几年，居然出现了如此大的贫富差距，于是进而出现了一种被剥夺感。过去在重义轻利的价值取向下，人与人之间均贫富的经济地位，使人们即使过着清贫的生活，大多也能安于现状，但是现在，在相对贫困感和被剥夺感的支配下，人们心理的天平开始发生倾斜。于是，人们纷纷投入市场经济的大潮中，去参与、去竞争。在这一过程中便不乏有些人为尽快达到自己的生活目标，觅取捷径，有的将权力变成商品，以权谋私，贪污贿赂；有的以身体做本钱，出卖肉体；有的则干脆明火执仗，打家劫舍，盗窃公私财物。所以，大量物欲型犯罪心理的形成与其个体相对贫困感和被剥夺感有密切关系。

(三) 社会上存在的官僚主义、不正之风和腐败现象，使一些人产生犯罪合理化认识

社会上存在的少数权钱交易等腐败现象，严重污染了社会风气，给社会治安带来了恶性循环效应，特别是一些贪污贿赂、以权谋私的案件未能得到及时公正处理，更为一些不法分子提供了参照，使不少人产生了一种犯罪合理化认识，丧失了罪责感。所以，一些人疯狂作案，无所顾忌，有的犯罪人则专门寻找那些掌握一定权力的人家中作案；有的则冒充掌握一定权力的人员，招摇撞骗，索取贿赂。这些与当前存在的不正之风有密切关系。

(四) 市场经济发展过程中，超前消费、利己主义、享乐主义和拜金主义思潮的泛滥，助长了某些人的贪婪欲望

随着商品经济、市场经济的发展，一方面，丰富了人们的物质文化生活；另一方面，在发展过程中也出现了一些问题，如超前消费、个人主义、享乐主义、拜金主义盛行起来，助长了某些人的贪婪欲望。一些犯罪人在这种贪婪欲望支配下，为了达到获取巨额财富的目的，满足自己的享乐以及腐化生活的需要，疯狂地进行贪污、贿赂、抢劫和盗窃等犯罪活动，手段方法可谓无所不用其极。

三、物欲型犯罪的一般心理特征

(一) 认知特点

从物欲型犯罪人的认知选择性来看，这些人更容易对某些奢华的、腐朽的生活方式和超前消费加以感知。他们在由羡慕到追求的认知过程中，往往并不考虑自己的经济能力，或者虽看到了自己较为薄弱的经济能力与那种奢华消费的差异，但并不通过合法的方式提高经济能力，相反，将自己经济效益较低的状况归罪于社会，进而以反社会的方式达到自己的目的。

从物欲型犯罪人的认知能力来看，这类犯罪人的认知能力并不低于平常人，甚至某些犯罪人还具有较高的智力水平，或掌握某种特殊的技能。例如，有的盗窃犯、抢劫犯为了提高作案成功的概率，在作案前往往要多次踩点，选择合适的作案时间、路线和作案对象；有的人在作案时要进行化装，作案后要伪装现场；有的盗窃犯还具有溜门撬锁和掏兜的“技能”；一些诈骗犯则更是对各式各样的人的心理进行研究，而且善于伪装自己；一些贪污犯罪者则具有较丰富的财会知识；利用网络进行盗窃犯罪、利用信用卡进行诈骗犯罪、利用伪造护照获取不义之财的犯罪人，也具有一般人所没有的技能；而金融、证券犯罪人和电信诈骗犯罪人更是具有丰富的相关专业知识。需要指出的是，随着现代科学技术的发展，犯罪人作案的智能化程度在提高，尤其利用新的技术手段进行犯罪的形式也必然增多。

物欲型犯罪一般为理性犯罪，犯罪心理的形成有其思想和认知基础，犯罪行为多有预谋和准备，很少有冲动性、情境性的物欲型犯罪。

（二）情意特点

物欲型犯罪人的情感活动的特点，是重物轻人，表现在作案之前对他们所看上的金钱财物的倾心和极大向往，必欲得之而后快的情感寄托，以及作案成功后的满足、喜悦的快感，而对犯罪受害人则缺乏同情和怜悯之心。

物欲型犯罪人的意志特点，也有不同于其他犯罪人之处，主要表现是，物欲型犯罪容易形成瘾癖。因为物欲型犯罪大多是从小偷小摸开始，容易成功，自己的虚荣心容易得到满足。而当他们一次、两次尝到甜头后，是极少主动洗手不干的。所以，物欲型犯罪人直到受到处罚时大多有多次犯罪经历，且受处罚后容易重犯。另外，物欲型犯罪的初犯，在作案前往往伴随激烈的思想斗争和克服恐惧带来的紧张、焦虑的过程；而惯犯则具有较为坚定的犯罪意志(见初犯、累犯和惯犯的心理)。

(三) 动机特点

物欲型犯罪的动机，大多是个体在追求享乐腐化的生活方式的基础上，为满足对金钱财物的贪婪欲望而形成的，这种贪欲本身就是不正当的或与社会要求相冲突的，因而不可能在自己的合法收入的基础上得到满足；也有一部分物欲型犯罪的动机是出于正当的需要，如为满足基本的生活需求而进行犯罪的，这种导致犯罪动机产生的需要本身虽然无可非议，但其行为方式却是错误的。因此，从犯罪心理的矫正来看，前者应注意矫正其需要结构；后者则需要矫正其行为方式。

（四）个性特点

1. 个性倾向性

物欲型犯罪人大多具有不良的个性倾向，表现为这种类型的犯罪人大多形成了一种错误的人生观和价值观。个人主义、享乐主义、拜金主义思想严重，“人为财死、鸟为食亡”“有钱就有一切”“人生在世、吃喝二字”，是一些物欲型犯罪人的人生观、价值观的典型写照。这种个性倾向与其犯罪心理的形成有密切关系，而且决定了物欲型犯罪人必然具有容易反复的特点。

2. 个性心理特征

从物欲型犯罪人的能力特点来看，他们一般能力并不低，而且大多具有一些独特的“技能”。从其性格特点来看，好逸恶劳、唯利是图、见利忘义、攀比挥霍、贪得无厌和不爱惜他人劳动成果，是这种犯罪人的典型性格特征。

从气质特点来看，不同犯罪人有不同气质特点。盗窃犯罪人多为黏液质，抢劫犯罪人多具明显的胆汁质，诈骗犯罪人则大多具有多血质的气质特点。

四、物欲型犯罪的主体特点

（一）年龄

不同年龄的人在物欲型犯罪的类型、手段等方面有不同特点。年龄特点较明显的犯罪类型是盗窃、抢劫、贪污和贿赂等犯罪种类。其中，盗窃、抢劫等财产犯罪多系青少年所为，而贪污、贿赂等经济犯罪多系中年人所为；在进行盗窃犯罪时，一旦被发现，青少年比中老年更易付之于暴力从而转化为抢劫犯罪；诈骗、走私等犯罪无明显的年龄特征。

（二）性别

物欲型犯罪的性别特点，主要体现在需要施用一定暴力才能获得成功的物欲型犯罪，如抢劫罪多系男性所为，重大经济犯罪、盗窃等财产犯罪多系男性所为，女性物欲型犯罪大多集中于诈骗和数额较小的偷窃等类型。

（三）职业

国家机关工作人员的物欲型犯罪集中于贪污、贿赂等类型的经济犯罪。而一般盗窃、诈骗、抢劫等犯罪则大多是一些无业人员、创业失败人员、农民等所为。走私犯罪者多系沿海渔民，重大走私也不乏法人中的工作人员。金融、证券等犯罪人大多是一些专业人员。

第二节 盗窃、抢劫、诈骗犯罪心理

一、盗窃犯罪的心理特点

盗窃犯罪，是指秘密窃取公私财物的犯罪。以各种方式，掩人耳目，以达到秘密窃取的目的，是盗窃犯罪的显著特点。为此，盗窃犯罪人常常在作案时间、作案场所和作案手段上精心准备，认真预谋。

（一）侥幸心理突出

盗窃犯罪人往往认为盗窃犯罪是“最安全的犯罪”，一是无须与被害人当面对抗，只要自己手段高超巧妙，便可以在被害人不知情的情况下得手；这样一来客观上刺激了盗窃犯罪人的侥幸心理。二是随着科技和网络的飞速发展，很多盗窃犯罪手段已和传统意义的盗窃有很大的区别，如网络盗窃、银行卡盗窃等，这些盗窃犯罪凭借科技和网络手段，可以在千里之外实现盗窃的目的，犯罪人的侥幸心理更加突出。

（二）错误的认识

盗窃犯罪人在认识方面，一是容易产生合理化倾向，认为自己“盗亦有道”，只是把富人钱财进行均衡的“劫富济贫”的“正义之举”；二是我国对盗窃犯罪的量刑相对较轻，特别是刑法典修订后，取消了盗窃犯罪的死刑量刑，使很多盗窃犯罪人产生“偷死不偿命”的错误认识。

（三）物质欲望膨胀，贪婪成性

盗窃犯罪心理的形成往往经过了一个心理渐变的过程，很多盗窃犯罪人从小就有小偷小摸的习惯，最终导致盗窃成癖、贪婪成性。行为人的盗窃犯罪心理一旦定型，则很难自我回归，其原因在于其不断膨胀的物质欲望和盗窃犯罪本身的刺激性。

（四）恐惧与兴奋并存

盗窃是在被害人不知情的情况下实施的，尽管犯罪人为了掩饰自己的行为装作坦然自如，但其内心往往充满紧张、恐惧，害怕被人发现后受到法律惩处或挨打、被亲友耻笑；但盗窃犯罪对犯罪人来说，又有一定的刺激，一是目标财物对犯罪人的刺激，二是盗窃犯罪过程会刺激犯罪人的神经。

（五）内向型为主的性格特征

盗窃行为本身具有较强的隐蔽性，同时盗窃在我国历来是让世人所不齿的一种行为，“贼”的称谓具有贬义性质和一定的侮辱性，因此，犯罪人往往会把自己严实地包裹起来，害怕别人洞察到自己内心深处的“秘密”，尽可能少与他人交流，长此以往容易形成内向型的性格特征。

二、抢劫犯罪的心理特点

（一）野蛮的英雄观

抢劫犯罪人往往崇尚暴力，认为通过暴力手段获取钱财比偷、骗要显得威风，甚至自诩为“打家劫舍”的“英雄豪杰”。犯罪人在这种野蛮的英雄观的支配下，喜欢逞能，讲江湖义气，盲目崇拜。

（二）暴躁、兴奋的性格倾向

大多数抢劫犯罪人往往具有类似胆汁质的气质特征，喜欢直来直去，不喜欢拐弯抹角，在作案的过程中情绪体验较为暴躁、兴奋，有的初犯还会出现恐惧感。在这种情况下，犯罪人的情绪稳定性较差，当出现对其不利的情况时，出于“自我保护的本能”，往往会不择手段地将被害人置于死地。

（三）强烈的内心动机冲突

抢劫犯罪的后果往往较为严重，受害人非死即伤，加之我国刑法对抢劫犯罪的处罚力度较大，因此，抢劫犯罪人往往具有一定的恐惧和畏罪的心理特点；但犯罪人又难以抗拒这种“直接”获取钱财机会的诱惑，因此，内心动机冲突较为明显和强烈。这一点在初犯身上表现尤为明显。

(四) 缺乏同情心和正常的情感

抢劫犯罪往往会伤及被害人的人身健康甚至生命，犯罪人面对被害人受到伤害后的惨状，其逃避打击和获取钱财的倾向会抑制犯罪人同情心的产生，一些抢劫惯犯通过长期的作案后，其同情心和良知逐渐泯灭，从而缺乏正常的情感品质。

三、诈骗犯罪的心理特点

根据诈骗手段的不同，可以把诈骗犯罪分为传统诈骗犯罪和电信网络诈骗犯罪。传统诈骗，指的是利用较为传统的手段面对受害人实施的诈骗，主要包括街头诈骗、合同诈骗，等等。电信网络诈骗，指的是利用电话、网络、短信等方式，编造虚假信息，设置骗局，诱使受害人打款或转账，对受害人实施的远程、非接触式诈骗，主要包括电信诈骗、网络诈骗，等等。

(一) 传统诈骗犯罪的心理特点

1. 传统诈骗犯罪人的人格特点

传统诈骗犯罪是犯罪人与受害人在直接接触过程中，使受害人丧失警惕后骗取钱物的一种犯罪活动。传统诈骗犯罪人大多具有一些明显不同于其他犯罪人的人格特点。

(1) 冷酷无情，笑里藏刀

传统诈骗犯罪人在与受害人接触的过程中，常常在表面上表现得笑容可掬、和善可亲，似乎非常关心人、体贴人、乐于助人，但和善的面孔下面却藏着一颗冷酷无情的心。他们对受害人口蜜腹剑，缺乏起码的同情心。这种表里的极大冲突鲜明地体现在传统诈骗犯罪人的身上。

(2) 善于伪装

他们善于察言观色，能言善道，本是陌路人，很快就会变得像老相识一般。传统诈骗犯罪人的善于伪装自己，事实上是善于解除一些受害人的警惕，善于揣摩一些人的心理活动，善于投其所好，受害人之所以受骗，与其心理上存在一些易被骗子利用的缺点或弱点亦有关系。

(3) 较强的应变能力

为了博取受害人的信任，传统诈骗犯罪人往往善于应付各种变化的情境，观察受害人的心理动态，投受害人所好，虚拟自己的身份，改变话题，采用不同的诈骗策略和手段。

(4) 较强的冒险意识和自负心理

传统诈骗犯罪人是在与受害人的交往中以非暴力的手段达到自己的犯罪目的，应该说既困难又危险。但他们明知这种情况，仍敢于到处行骗，甚至在一些重要的场所，对一些社会名流、政府官员，甚至公安机关进行诈骗活动，说明其冒险意识、侥幸心理、自负的个性都是较强烈的。例如，某农民冒充港商跟某地方政府官员签订巨额“投资合同”进行诈骗、某诈骗团伙身着军装驾驶军牌车辆进入公安机关大院内要求领导“放人”，等等。

2. 传统诈骗犯罪中诈骗犯罪人与受骗双方的心理互动过程

传统诈骗犯罪的行为过程，也就是行骗与受骗双方的心理互动过程。传统诈骗犯罪心理是在受害人的不良心理意识的基础上形成和发展的。诈骗犯罪人从一开始就在有目的地引导受害人心理向既定方向发展，受害人心理的发展变化在很大程度上决定诈骗犯罪动机的实现程度。传统诈骗犯罪中双方的心理互动过程，可以分为三个时期，五个阶段（如图8-1所示）。三个时期是：接触期、相容期、结束期。五个阶段是：“试探—戒备”阶段、“抛饵—松懈”阶段、“强化—信任”阶段、“施骗—被骗”阶段、“逃避—悔恨”阶段。

行骗方—受骗方

接触期：{ 试探—戒备
抛饵—松懈 }

相容期：{ 强化—信任
施骗—被骗 }

结束期：逃避—悔恨

图8-1 传统诈骗犯罪中行骗与受骗双方的心理互动过程

（1）接触期

这一时期是双方心理接触的时期，它包括两个阶段，“试探—戒备”和“抛饵—松懈”阶段。

“试探—戒备”阶段，是诈骗犯罪人对受害人进行观察了解、试探摸底的阶段。这一阶段，受害人的心理还保持着紧张、警惕和戒备。

“抛饵—松懈”阶段。诈骗犯罪人经过观察了解和试探摸底后，对受害人的心理状态和个性特点有了初步了解，于是开始有针对性地通过花言巧语，引起对方对某个事物的兴趣，试探性地抛出诱饵，受害人则开始不自觉地为诈骗犯罪人所讲的内容所吸引，戒备心理逐渐被好奇心理代替。这就为双方进入心理相容期提供了心理基础。

（2）相容期

这一时期双方通过心理接触逐渐达到心理相容。心理相容标志着受害人的警惕性完全丧失，是诈骗犯罪人实施骗术必须达到的境界。这一时期也包括两个阶段：

“强化—信任”阶段。在这一阶段，诈骗犯罪人看到自己的伎俩开始起到作用，受害人开始为自己讲述的发财梦所吸引，于是采取进一步措施，或者投其所好，避其所嫌；或者欲擒故纵，吊起对方的胃口，从而进一步强化自己前一阶段抛出的诱饵，牢牢地控制住受害人。而这时的受害人则完全为骗子讲述的美好前景所陶醉，心理防线彻底崩溃，其心理活动由好奇转向信任、钦佩，甚至有的为尽快发财，表现得比骗子还要着急。

“施骗—被骗”阶段。诈骗犯罪人看到自己已取得了对方的完全信任，于是开始实施骗术，收起钓饵，获取财富，受害人完全蒙在鼓里，听之任之，“主动”地将钱物交给骗子，以实现自己的梦想。

（3）结束期

结束期，即“逃避—悔恨”阶段。这一时期是传统诈骗活动的尾声，表现为诈骗犯罪人的逃避和受害人的醒悟与悔恨。

（二）电信网络诈骗犯罪人的心理特点

近年来，随着信息产业的飞速发展，电信网络诈骗犯罪不断蔓延，涉案金额不断增大，危害严重。

1. 电信网络诈骗犯罪的心理战术及类型

电信网络诈骗犯罪之所以能够不与受害人见面就能够欺骗受害人转账汇款、成功实施诈骗，其重要的原因就是犯罪人抓住受害人的心理弱点，运用心理战术使其就范。归纳起来说，电信网络诈骗犯罪人所运用的心理战术主要有：

（1）利用受害人的贪欲

尽管这种方式出现较早，人们通过媒体报道后防范意识有所加强，但经过不断的转换升级，至今还在被很多电信网络诈骗犯罪人运用。这种方式又分为以下几种形式：一是犯罪人通过短信、电话、网络，对不特定的对象发送虚假中奖信息，引诱受害人缴纳“税金”进行诈骗；二是通过短信、电话、网络，对不特定的对象发送彩票、股票“内幕消息”，或引诱受害人进行“投资”实施诈骗，当前这种形式又出现了升级，有的犯罪人先通过网络交友博取受害人的信任，等待时机成熟后再引诱受害人“投资”进行诈骗；三是通过网络、短信发布虚假低价交易信息进行诈骗；四是引诱受害人进行网络赌博，操纵赌局进行诈骗。这些诈骗主要是犯罪人利用了受害人的贪欲，一步步引诱受害人上当受骗。

（2）利用受害人的马虎大意

有的犯罪人通过同学录、亲友群等社交群获取受害人的信息，冒充受害人的同学、亲友进行诈骗；有的犯罪人虽然不知晓受害人的信息，但通过类似“猜猜我是谁”之类的电话或短信，间接获取受害人亲友的信息进行诈骗；有的干脆向不特定的人群海量群发信息“钱打到××卡上就行了”；也有犯罪人冒充熟人、卖家等身份，在微信群、购物网站发送付款二维码，引诱受害人扫码付款；还有的犯罪人通过非法途径获取受害人买房、买车、入学等信息后，冒充有关部门谎称“退税”“发放补贴”“发放助学金”进行诈骗。这些诈骗犯罪人主要是利用受害人马虎大意的心理实施的，受害人只要细心甄别，就能够避免上当受骗。

（3）利用受害人对亲情的牵挂

犯罪人通过电话或短信，告知受害人的亲属“被绑架”，或者“出车祸”“得急病”正在抢救来进行诈骗。这一类诈骗得以成功需要两个前提条件，一是对受害人亲属个人信息的准确掌握，这是使受害人相信的基本条件。二是切断受害人与其亲属的联系，防止受害人核实。当前，公民的个人信息泄露，已成为一大社会隐患。犯罪人可以通过各种非法途径获取公民个人信息，据此来为受害人“量身定制”一套“精准诈骗”计划。这些诈骗犯罪人主要是利用了受害人对亲情的牵挂、又无从核实的心理实施的。

（4）利用受害人的恐惧心理

犯罪人在电话里或网络上伪装成公检法执法人员，谎称受害人涉嫌违法犯罪，要对受害人进行甄别调查，从而诱使受害人转账汇款进行诈骗。这一类诈骗成功率较高，是因为犯罪人充分掌握了受害人的资料，能够准确说出受害人的姓名、工作单位、家庭住址等详细信息，甚至还掌握有受害人的照片，用受害人的照片制作成“通缉令”，发布在“公安局”“检察院”网站上，并发出链接让受害人自己查看，或者用改号软件将自己的电话号码在受害人的手机上显示为公安局或检察院的号码，故意引诱受害人去查询该号码，以此来震慑受害人。这些诈骗犯罪人是充分利用了受害人害怕成为犯罪嫌疑人，急于证明清白的恐惧心理实施的。还有的犯罪人在说出受害人的详细信息后，谎称自己是“杀手”“打手”，受人之托要“收拾”受害人，引诱受害人“花钱消灾”。这同样是利用了受害人的恐惧心理。

(5) 利用受害人的猎奇心理

犯罪人在网上发布一些极具诱惑性的信息，如“一夜暴富秘诀”“同城交友”，等等，再配以诱惑性、色情图片，引诱好奇心强的受害人点击链接，从而一步步进入骗子精心设置的骗局。这些诈骗往往带有诸如木马程序、盗号软件等技术手段，受害人只要点击链接，自己的电脑或手机就有可能中毒，从而使自己的网银账号密码被盗或个人信息泄露。

(6) 利用老年人的空巢心理

老年人更容易成为电信网络诈骗的受害人，一方面是因为老年人对防范电信网络诈骗的意识和能力偏弱，另一方面也是因为随着我国老龄社会的到来，空巢老人越来越多，他们往往缺乏必要的人际交流和情感寄托，诈骗犯罪人正是利用这一特点，选择这些老人感兴趣的话题，往往轻易诈骗得手。

2. 电信网络诈骗犯罪人的心理特点

电信网络诈骗犯罪人与传统诈骗犯罪人的心理特点虽有相似的地方，但也有所区别。由于电信网络诈骗是通过网络、电话等方式远程实施的，无须与受害人见面，因而在心理特点上也体现出一定的独有性。

(1) 侥幸心理突出

由于电信网络诈骗犯罪人无须与受害人见面，远程即可对受害人实施诈骗，有的犯罪人距离受害人千里之外，有的犯罪人甚至远在境外，受害人对他们的相貌、身份、籍贯甚至性别都无从知晓，他们认为即便受害人报警，警察也对他们束手无策，因此侥幸心理尤为突出。同时，由于境外一些地区对电信、网络诈骗犯罪惩处力度较轻，导致犯罪成本过低，一些境外的电信网络诈骗头目更加有恃无恐。

(2) 自负与畏罪恐惧的矛盾心理

有的电信网络诈骗犯罪人自认为自己做得天衣无缝，警察无从查证，并且与受害人未曾谋面，线索和证据很难发现，因此显得较为自负，甚至有的电信网络诈骗犯罪人公然在电话里挑衅办案民警。但近年来，随着我国对电信网络诈骗打击力度的加大，一些身在境外的诈骗犯罪人也被抓捕归案，犯罪人面对如此形势，心理压力会增加，恐惧心理加剧。因此，当警察通过电话、微信视频义正词严地警告有的电信网络诈骗犯罪人时，他们会乖乖地将赃款退回。

（3）贪婪心理

电信网络诈骗的犯罪成本是较低的，往往一个群发器、一台电脑、几部手机和几部电话，就可以对受害人实施诈骗。但他们获取的犯罪收益却相当可观，从近年来查获的电信网络诈骗犯罪案件来看，涉案金额在逐步增大，受害人动辄被骗数十万元、上百万元甚至更多。2015 年贵州某单位 1. 17 亿元公款被骗，创造了我国近年来电信诈骗单笔数额之最。这些现象刺激很多具有不良心理素质的人对电信网络诈骗趋之若鹜，甚至出现了某些地区亲朋好友、村民之间互相学习诈骗技术，逐渐形成电信网络诈骗黑色“产业链条”的局面。当他们通过一次次作案获取巨额赃款后，并不会就此满足，反而会变本加厉更加疯狂，在贪婪心理的驱使下欲罢不能，直至最终落入法网。

（4）角色的随意性

电信网络诈骗犯罪人是通过电话、网络远程实施的诈骗，他们忽而是“银行职员”，忽而摇身一变成为“警官”，他们甚至通过变声软件将自己的声音加以改变，连性别都是假的。这样的角色改变是根据作案需要进行的及时调整，但这种角色的频繁更替会潜移默化地影响犯罪人的思维定式，使他们在日常生活中即便没有作案动机，也会随意更换不同的角色出现在他人面前。

（5）一定程度的坚持与耐力

近年来，随着主流媒体和公安机关、银行等部门宣传力度的加大，人们的防范意识有所加强，导致电信网络诈骗犯罪成功率越来越低。但电信网络诈骗犯罪一旦成功，往往就能获得巨额赃款。电信网络诈骗成功率最低的是针对不特定的人群发送短信方式实施的诈骗，相对较高的是根据受害人的个人信息“量身定制”的“精准诈骗”。但无论是哪种方式，都需要犯罪人一次次的打电话、不停地变换身份博取受害人的信任。当他们的谎言被戳穿之后，他们马上又会寻找下一个作案目标。有的犯罪人与受害人远程接触后，并不急于实施诈骗，而是先跟受害人“交朋友”“谈恋爱”，对受害人嘘寒问暖、投其所好、博取信任。等时间过去半年、一年甚至更长，他们自认为时机成熟了，才会对受害人逐步实施诈骗。能够完成这些犯罪步骤，都需要犯罪人具备一定的坚持和耐力。

第三节　贪污、贿赂犯罪心理

一、贪污、贿赂犯罪概述

贪污罪，是国家工作人员，或受国家机关、国有公司、企业、事业、人民团体委托管理、经营国有财产的人员，利用职务上的便利，侵吞、窃取、骗取或者以其他手段非法占有公共财物的行为。

贿赂罪包括受贿罪和行贿罪两种。受贿罪是国家工作人员利用职务上的便利，索取他人财物，或者非法收受他人财物，为他人谋取利益的行为；国家工作人员在经济往来中，违反国家规定，收受各种名义的回扣、手续费，归个人所有的行为。行贿罪，是为了谋取不正当利益，给予国家工作人员财物的行为。

二、贪污、贿赂犯罪的心理特征

（一）个人私欲恶性膨胀，物质占有欲强烈

“饮食、男女，人之大欲存焉。”需要是产生动机的基础，需要合理的满足和健康的发展，会使个体、群体与社会环境之间保持平衡；反之，需要畸形发展，则与社会不相适应。作为国家工作人员本应勤勤恳恳、兢兢业业，淡泊名利，权为民所用，但是，一些国家工作人员在各种消极因素的刺激下，以权谋私的思想成为主导心理，“有权不用，过期作废”的极端利己主义思想充斥泛滥。随

着个人私欲的恶性膨胀，竭力追求超前的、奢华的物质享受，为了满足这种畸变的、强烈的物质占有需要，侵吞国家财产的动机便会随之出现。

（二）侥幸心理

大多数贪污犯罪人头脑中并非没有法律观念，他们明知自己的行为是触犯刑律的，对法律后果也十分清楚，但认为法律有空子可钻，自信作案前准备充分和作案时技巧诡秘，自恃作案后可利用自己的权力和专业技能进行掩饰，天衣无缝，因而侥幸心理极为明显。这一特征在贿赂犯罪中表现也很突出，他们认为收受贿赂是两个人之间的事，谁都有罪过，只要双方都不说，神不知鬼不觉，即便以后东窗事发，死不认账也难以取证。随着犯罪次数的增加，侥幸心理逐步强化，同时，对刑罚的恐惧心理也日益淡薄。在这种侥幸心理的支配下，犯罪动机得到强化，一有机遇，就肆无忌惮地进行犯罪活动。因此，在侥幸心理支配下，贪污贿赂犯罪中鲜见偶发犯。

（三）职务优越感和自卑感

贪污、贿赂犯罪人作为国家工作人员既有一种职务优越感，又有一种自卑感，两种状态交织在一起，使他们的心里充满危机和矛盾。所谓职务优越感是因为自己身为国家工作人员，享有崇高地位，自己能通过权力、通过工作结交各种关系，能够运用手中的权力为他人解决各种困难和处境，因此职务优越感基本上是一种精神上的优越。职务自卑感，是因为受不良社会风气的影响，不自觉地接受了金钱至上的价值观，认为自己作为国家干部，虽然是科级、处级，但所挣工资无几，只够糊口，不足养家，认为自身的价值没有得到体现。在这两种感受的互动下，便产生了利用职权，为自己谋取利益的意识，利用职务优越感不仅为自己谋取了钱财，而且消除了自卑感。因此，贪污贿赂犯罪动机的形成在这里得到了有说服力的注解。

（四）消极的职业人格

所谓职业人格，是指个人职业环境对其人格造成的影响。一个人由于长期从事某项工作，会形成相应的职业人格。在一个人的职业人格中，既有积极的一面，又有消极的一面。作为国家工作人员的职业人格同样如此。在贪污贿赂犯罪人的身上，集中体现在长期工作环境当中形成的消极职业人格，如对管理相对人疾苦的漠视，对权力的崇拜，滥用职务上的便利和工于心计，玩弄权谋，灵活狡诈，等等。

这里需要强调的是权力崇拜和权力拜物教。在一些官吏的消极职业人格中，对权力的不正确观念是重要特征之一，其主要表现是：其一，权力私有化，我是什么长，什么长的权就属于我，我喜欢怎么用就怎么用；其二，权力效益化，掌握什么样的权力，就要获取什么样的效益；其三，权力图腾化，权力至高无上，胜者王侯败者寇，有权不使过期作废。由此，我们不难发现滥用权力、以权谋私的根源，同样，也可以引起我们对退休前的58岁、59岁成为贪污、贿赂犯罪高峰期的思考。

三、贪污、贿赂犯罪的行为特征

贪污、贿赂犯罪主体的特殊性，侵害对象、侵害客体的特定性，主体特有的犯罪心理，决定了其行为特征。

（一）善于伪装，手段巧妙

国家工作人员进行贪污、贿赂犯罪活动前，深知这种行为为国家法律所不容，一般都经过深思熟虑，很少匆忙行事，想方设法达到既非法占有钱财，又能逃避侦查的目的。他们利用国家法律、法规、政策中存在的不相衔接或某些矛盾的情况，以及单位管理制度的漏洞，运用手中的职权，利用自己的特殊身份和地位，在合法外衣的遮盖下，假公济私，掠取社会财富。在平时的工作中，往往工作积极，服从领导，谨小慎微，少言寡语，给人以老实本分，可以信赖的印象。

在进行犯罪时，他们往往利用各种手段，一般很难获取证据。有的利用计算机作案；有的内外勾结，利用各种名目，造虚假账目，监守自盗，伪造凭证，截留盗支；有的贿赂双方采用“三人不办事，两人不留条”的方式，一般在没有第三者时才进行交易；有的采用赠送有价证券、贵宾卡、消费卡和股票等手段行贿；一些受贿人得到贿款后，并不急于将钱花掉，而是观望风声，直到确信没事时才动用，一有风吹草动，赶紧将财物转移，毁灭证据。

（二）连续性强

贪污、贿赂犯罪活动一旦得手，行为人有了成功的内心体验，就会强化其原有的犯罪动机，对刑罚的恐惧心理随之减弱；同时，对金钱财物表现出极大的贪欲，更加追求超前的享受，只要一有机会，就进行贪污、受贿等犯罪活动。

在实践中，有的犯罪人对金钱、财物的占有欲望达到了疯狂的地步，他们自恃手段高明，没人能发现，便大肆侵吞，连续作案；有的连自己也不知贪污或受贿的具体数目；有的知道自己的行为迟早会暴露，便将贪污、受贿得来的巨额金钱拼命挥霍，或送给上级，或生活上花天酒地，腐化堕落。犯罪心理完全定型化，行为上表现为连续作案，侵吞的财物数额巨大。

（三）共同犯罪突出

贪污、贿赂犯罪多为共同犯罪，但贪污、贿赂共同犯罪的形式具有不同特点。就贪污犯罪而言，由于在一般财务制度下，单靠个体力量难以将国家财产据为己有，必须由相关人员相互配合才能实现贪污的犯罪目的，因此，贪污犯罪多为合作型共同犯罪，合作者利害关系密切，合作关系稳定。就贿赂犯罪而言，一般包括两种情况：一种情况是行贿方为主动一方，受贿方为受动一方；另一种情况是受贿方为主动方，即主动索贿，行贿方为受动方，即被动行贿。两种情况因行贿、受贿双方的心理积极性不同，利害关系的密切程度有所差别，而且在贿赂犯罪中双方的关系不是合作关系，而是相互利用的关系。这种关系的特点是具有临时性，实践中较少形成较为固定化的行贿、受贿关系，同时这种相互利用的关系也不平等，行贿方不管是主动还是被动，都属于弱势。

第四节 毒品犯罪心理

一、毒品的概念及种类

毒品，是指鸦片、海洛因、吗啡、大麻、可卡因以及国家管制的其他能够使人形成瘾癖的麻醉药品和精神药品。

麻醉药品，是指对中枢神经具有麻醉作用，连续使用易使人产生生理依赖性，形成瘾癖的药品。主要包括鸦片（药物学上称阿片）、可卡因、大麻、合成麻醉品，以及卫生部指定的其他药品，药用原植物及其制剂。所谓瘾癖，即一种习惯性的病态的嗜好。生理依赖性，是指依赖药品来维持身体生理机能，对麻醉药品产生生理依赖性的人，如中断用药，就会出现明显的病态反应。对药物的依赖性与对药物的耐受性有关，连续使用麻醉药品的时间越长，对该药品的生理依赖性越大，对药物耐受性就越强，用药剂量也随之不断增加，对健康的损害也就愈加严重。

精神药品，是指直接作用于中枢神经系统，使之兴奋或抑制，连续使用能产生依赖性的药品。包括抗抑郁药、苯丙胺类等中枢兴奋药和催眠药、安定药等中枢抑制药。这些精神药品的品种由卫生部确定，并实行分类管理。

在医疗中为治疗疾病，康复身体，可对症依法合理地使用麻醉药品和精神药品，但这种情况下不应称为毒品。毒品也不包括砒霜、氰化物等直接致人死亡的剧毒品。

在缉毒实践中，较常见的毒品有鸦片、海洛因、吗啡、大麻、可卡因、冰毒（又名甲基苯丙胺、甲基安非他明、去氧麻黄碱）和摇头丸（又名二亚甲基二氧基苯丙胺，Ecstasy，MDMA，俗称“X”“E”“摇头丸”“亚当”“的士高饼干”“欢乐丸”“忘我”或“快乐丸”等）。

二、毒品犯罪的一般心理特点

(一) 牟取暴利的贪婪欲望，是毒品犯罪的共同心理动力基础

毒品犯罪尽管风险极大，但却是一本万利。悬殊的差价，丰厚的利润，总能诱惑一些人的贪婪的欲望。国际贩毒集团为此千方百计实施跨国毒品犯罪，不断开辟新的贩毒通道；国内一些人也是在这种贪婪欲望支配下，或者参与境外贩毒集团的走私、贩毒的犯罪活动，或者在境内种植毒品原植物，生产、制造、贩运和销售毒品以牟取暴利。有的贩毒分子讲“干通一次，富及百世”“搞一次，富百年”，为此，有的嫌小偷小摸见效慢，于是搞起大宗贩毒；有的购置枪械，掩护贩毒，一遇查缉，便暴力拒捕。这些疯狂的贩毒活动，无一不是以牟取暴利的贪婪欲望为其心理动力基础的。

(二) 强烈的侥幸心理是毒品犯罪心理形成和发展的重要心理依据

毒品犯罪心理的形成，当然一方面是以其牟取暴利的贪婪欲望为基础的；另一方面，强烈的侥幸心理也是毒品犯罪心理形成的重要心理依据。由于我国在毒品管理与查缉工作中经验不多，加上边境线漫长，难以控制防范，且装备落后，人员不足，这种客观情况使一些犯罪人认为有可乘之机，于是抱着强烈的侥幸心理，跨越国境，冒充边民、商旅、游客，贩运、走私毒品，或者利用山区僻壤之地种植毒品原植物，生产制造毒品，而一旦成功，则会进一步强化其侥幸心理，促进其犯罪心理的恶性发展。即便失败，其侥幸心理也并不一定完全消失，如果他们认为自己的行为所获得的利益大于因受惩罚而带来的损失，他们仍然会感到其中的甜头，一有机会，仍会重操旧业。毒品犯罪这种一本万利的勾当，哪怕只有1%成功的希望，仍会有人为此铤而走险。所以侥幸心理是毒品犯罪，特别是一些重大的贩毒犯罪人的重要心理基础。

(三) 紧张、恐惧是毒品犯罪人伴随始终的重要心理特征

对于毒品犯罪人而言，从犯意的形成，到犯罪的实施，直到受到查缉的过程中，紧张、恐惧心理都有极为典型的表现，特别是受

到查缉、盘问时，这种心态更为明显。一般来说，紧张恐惧心理在行为举止表情上多表现为：手足无措、目光游离、举止僵硬甚至肌肉颤抖等现象，屏息静气，脸色发白，敏感多疑，即使外部出现的无关刺激也以为与己有关，从而出现下意识的反应。注意力多集中于藏匿毒品的物体上，当重点检查藏匿毒品的物体时，其紧张心理会加剧；当检查的重点从藏匿毒品的物体上移到其他物品时，则会出现放松的表情。这种种表现，只要我们注意观察，总是有迹象可循的。

（四）意志活动的两极性，是毒品犯罪人的典型的意志品质

毒品犯罪人在实施贩毒等犯罪活动时，包括吸毒成瘾的“瘾君子”在为寻找毒品而进行的犯罪活动过程中，意志活动往往是积极的、顽固的，甚至是偏执的。毒品犯罪人大多明了其犯罪活动的风险和后果，却仍然铤而走险、孤注一掷，表现出强烈的冒险意识和亡命徒式的意志特点。大量资料表明，从事贩毒活动的毒贩子，特别是国际贩毒集团的成员一般并不吸毒，这是为在进行毒品交易这一罪恶活动中，保持较强的意志力。“瘾君子”为获得毒品，以满足其毒瘾，更是把任何羞耻、道德、脸面、法纪都弃之脑后，可谓无所不用其极，表现出一种变态的亢奋的意志特征。而在放弃贩毒的罪恶活动和戒除毒瘾的方向上，意志活动却极为薄弱，尤其那些“瘾君子”更是带有病理性的意志缺乏，根本无法依靠自己的力量戒除毒瘾。

（五）毒品犯罪人的认知特点

在毒品犯罪猖獗的初期，我国境内毒品犯罪人的认知特点一般表现为，法制观念淡薄，认知能力低下。因为我国境内毒品犯罪多发于偏远地区和少数民族地区，这些地区经济文化比较落后，法制宣传教育也不够，使不少人法制观念淡薄，认知水平较低。通过调查得知，不少境内毒品犯罪人认为贩运、生产和吸食毒品不构成犯罪，有的人甚至认为种植鸦片、贩运毒品有助于搞活经济、走向富裕。当然，这一特点只是在毒品犯罪死灰复燃的初期，一些没有充

分认识到毒品危害的犯罪人所具有的。而对另外一些重大走私贩毒的犯罪人、毒品犯罪集团以及现在大多数犯罪人而言，不能归之于法制观念淡薄，认知能力低下。相反，他们明知毒品犯罪的严重后果和法律责任，因而极尽狡诈之能事，思维快捷，善于伪装，长于应变，具有一定的应对查缉的手段和能力。

三、毒品犯罪的行为特点

（一）我国毒品犯罪对象的多样性和集中性

在我国查缉毒品犯罪的实践中，几乎可见各种类型的毒品，但相对集中的种类是海洛因、冰毒和摇头丸。因为海洛因是从罂粟中提取的，而毗邻我国西南边陲的境外有大量的罂粟种植地。另外，海洛因体积小，无气味，易加工，携带方便，十分畅销，利润增值极高，因而走私贩卖毒品犯罪中，海洛因所占比重较大。而冰毒和摇头丸则以易加工，易携带，使用方便，暴利雄厚而成为毒品王国的宠儿。

（二）毒品犯罪手段狡猾，现代化程度高

贩运毒品的犯罪人为了逃避查缉，常常是绞尽脑汁，想方设法，以图蒙混过关，这就衍生出千奇百怪的贩毒手法（见贩毒的手法特征），不少犯罪人甚至使用现代化交通工具、通信设备和科技手段进行贩毒，使毒品犯罪更加隐蔽、迅速和诡秘。

（三）毒品犯罪的有组织性突出

这一特点表现在两个方面：一方面，大量跨国境贩毒犯罪活动是由境外贩毒集团和黑社会组织实施或操纵的；另一方面，我国境内的毒品犯罪活动，也日益呈现出团伙性和集团性的特点。有些贩毒犯罪活动，则是由境内毒品犯罪团伙或犯罪集团，与境外黑社会组织相互勾结进行的。毒品犯罪集团组织更严密，危害更严重。

（四）毒品犯罪的国际性

这一特点表现在，犯罪地的跨国性和犯罪主体的国际性。一般来说，国际贩毒集团所控制的贩毒活动，主要是跨国形式，由甲国制毒，经由乙国，销往丙国的形式极为常见。20 世纪 80 年代以

来，随着国际社会加强缉毒合作，一些国际贩毒集团利用我国对外开放的形势，看中了转道我国大陆贩运毒品的新路线，这使得我国的毒品犯罪最突出的表现形式仍是过境贩毒。由于毒品犯罪的跨国性，使毒品犯罪的主体也就具有了国际性，表现在世界各国所查获的毒品犯罪人，都有大量的外国人，我国也不例外。

毒品犯罪是一种国际犯罪，这不仅是因为世界三大产毒区都是跨国地区，且这些地区较为落后，而毒品消费市场大都在发达国家和地区，这就必然形成毒品的跨国流动。这一特点使国际社会在禁毒领域加强合作具有必要性和可能性。

(五) 毒品犯罪的武装性

许多国家的毒品犯罪集团本身就是黑社会，有着精良的武器装备，甚至足以与其所在国家的军队相抗衡。我国毒品犯罪人虽然尚未发展到这一程度，但较其他犯罪也具有较强的武装性。这些犯罪人，大多明知贩毒的法律后果，了解法律对贩毒者的严厉处罚措施，所以，在他们心理上有一种“抓住是死，拼也是死，不如拼一拼”的思想意识，因而一旦遇到查缉行动无处逃避时，往往暴力拒捕、负隅顽抗。

第九章　群体犯罪心理

第一节　群体犯罪概述

一、群体的概念和类型

群体，是指多人组成的共同体或联合体。社会心理学家认为，群体具有以下特征：第一，群体由二人以上个体组成；第二，群体成员之间具有直接或间接的接触或交往，心理上有“同属一群”的感受，行为上可相互影响；第三，群体内部往往存在一致的价值准则和共同的利害关系、共同的生活或行为目的。

群体的类型较多，按照不同的标准可作不同分类：

（一）按规模大小，可以把群体分为大型群体和小型群体

大小群体是按群体成员间是否有直接的、个人间的、面对面的接触和联系来划分的。群体成员之间有直接的、面对面的接触和联系的群体为小群体，如班级、处室；群体成员间以间接方式通过群体的共同目标、各层组织机构联结在一起的群体为大群体，如民族、阶级。在小群体中，情绪和心理的联系较密切，心理的作用更大；在大群体中社会因素的作用更大。犯罪群体一般是小群体。

（二）按构成群体的原则和方式，可把群体分为正式群体和非正式群体

正式群体，是指由正式文件所规定的，成员的地位角色、权利义务都很明确的群体，如工厂班组、机关科室等；显而易见，非正式群体是指无正式规定的，自发形成的群体，如帮伙。非正式群体各成员间的相互关系常有较明显的情绪色彩，其形成多以个人间的好感、喜爱、兴趣相投、共同的利害关系及其共同的价值准则为基础，成员多有相同或相似的经历背景，其行为则受群体中自然形成

的“规范”所调节。

（三）按群体是否客观存在，可以把群体分为假设群体和实际群体

假设群体是那些成员间可能并无任何个人接触和交往，但由于其年龄、职业、社会地位等方面具有相似的规律性特点，为研究和分析的需要而划定的群体，如青少年、中老年等；实际群体则是客观存在的，成员间有相互作用和接触的群体。

（四）按群体与其成员的关系，可把群体分为成员群体和参照群体

成员群体，是指个体为其正式成员的群体；参照群体则是指个体自愿接受其规范准则，以此来指导自己行为的群体。以何种群体作为自己的参照群体，会影响群体性质的变化，如一些青少年群体帮伙把黑社会、封建帮会作为自己的参照群体，往往是他们转化为犯罪团伙的重要因素。

二、犯罪群体的概念

犯罪群体，是指多个犯罪个体，在相互交往基础上形成的，具有共同犯罪目的和犯罪行为的群体。犯罪群体在符合群体一般特征的同时还具有以下特征。

第一，犯罪群体是中小型群体。犯罪是孤立的个人反对统治秩序的个别行为，犯罪群体的犯罪同样是孤立的个人组织或个人联合体危害统治秩序的个别行为。因此，考察犯罪群体性质的时候，必须明确，群体犯罪仍然是具有个别性的行为。如果是一个阶级反抗另一个阶级统治秩序的斗争，或者是一个民族反抗另一个民族压迫的斗争——虽然阶级、民族都是社会心理学意义上的群体，但由于这种行为不是孤立的个别化的行为，因而不是犯罪学或犯罪心理学研究的犯罪群体问题。这里讲的犯罪群体只能是中小型群体。

第二，犯罪群体成员之间存在交往关系，这种交往关系可能是相互之间的直接接触，也可能是间接的心理接触。

第三，犯罪群体是在一定的犯罪目的上形成发展的。这样，有

的犯罪群体一开始就是以犯罪为目的结成的；有的犯罪群体则是先有了一个群体，在其发展过程中蜕变而成的。所以判断一个群体是否为犯罪群体，看它有无共同犯罪目的。所谓共同犯罪目的，是指共同的犯罪目的（同一的犯罪目的），还是指共同犯罪的目的（共同进行危害社会的犯罪活动的目的），如果按前一种理解来界定犯罪群体的概念，则犯罪群体的外延要大大缩小，如果按后一种理解，则犯罪群体的外延有所扩大。笔者认为，按后一种理解，更符合犯罪群体的应有之义，这样，犯罪群体包括了一般共同犯罪的简单联合、犯罪团伙、犯罪集团、犯罪企业和骚乱群体。

第四，犯罪群体的犯罪，是群体成员共同实施的，而不是个别成员的行为，如一个班组中，可能有一个工人因某种原因犯罪，但不能因此说这个班组是个犯罪群体。所谓共同实施，也不是说群体成员必须全部直接去实施犯罪，在准备和实施过程中，他们也可能有不同的分工。

三、犯罪群体的类型

犯罪群体抑或群体犯罪的分类，因为所持标准不同，划分方法和结论也不尽相同。笔者认为，犯罪群体是有共同犯罪目的和共同犯罪行为的个人共同体或联合体。根据这种理解，犯罪群体应包括三种形式，一是简单犯罪联合体；二是犯罪组织；三是骚乱群体。

（一）简单犯罪联合体

简单犯罪联合体，是一种为犯罪纠集而成的，人数较少，有合作关系而无组织结构的简单联合体。所谓简单，因为它是一种个人间的联合，以区别于复杂的犯罪组织联合体。

简单犯罪联合体的特征，一是人数较少，一般为2~3人；二是犯罪人之间多为合作关系，合作的基础是双方的心理互补性；三是没有任何形式的组织结构，双方联结的纽带在于共同的犯罪目的和心理需要。双方也可能有一些约定，但并无系统化的规范。

简单犯罪联合体通常存在两种情况，一种是事先纠合型，几个犯罪人长时间合作，反复实施某种犯罪，如男女二人合作多次拐卖妇女、儿童；另一种是临时纠合型，即为实施某种特定犯罪而纠合在一起，犯罪目的实现后，这种共同犯罪的形式也就不存在了。

（二）犯罪组织

犯罪组织是一种有共同犯罪目的和共同犯罪行为，人数较多且有一定组织结构和组织形式的犯罪群体。犯罪组织的犯罪活动，也就是有组织犯罪。

（三）骚乱群体

1. 骚乱的含义

骚乱是一种公然蔑视国家和法律的权威，导致社会秩序混乱失控的集群性行为。球迷闹事、非法集会都容易引发骚乱。骚乱具有以下特征：

（1）骚乱是一种集群性行为。它不是个人越轨行为，也不同于一般共同犯罪、团伙犯罪或集团犯罪。它是以人群集聚的形式出现，而且人群成员复杂，其中可能有某种团伙或群体，也可能有敌视社会的犯罪人，还可能有政治阴谋分子，但主要是一般群众。他们的参与往往具有某种程度的盲从性和偶然性，有的可能是出于同情；有的则可能是由于情绪的共鸣；也可能是起哄或随大流；还会有相当数量的旁观者。

（2）骚乱是导致社会秩序混乱失控的集群行为。这种集群行为，往往严重扰乱公共秩序，甚至引起社会混乱，触发社会动乱。它与一般刑事犯罪造成的社会秩序的破坏不同，骚乱不仅直接破坏公共交通秩序、人民生活秩序和工作秩序，而且往往造成骚乱人群之间的激烈冲突或警方与骚乱人群间的直接对峙。由于这种局面的严重性，使正常的治安管理机制难以奏效，因而常常需要采取非常措施加以控制，所以它不同于普通集群行为。一般来说，骚乱的发生是集群行为恶性转化的结果。应合法地、有秩序地举行的示威游行请愿及其他群体活动，如果未能组织好，或者出现意外情况，易引发骚乱。

（3）骚乱是公然蔑视国家和法律权威的集群性行为。它不同于一般的刑事犯罪，一般犯罪人总是竭力避免能表现自己犯罪动机的言行被他人所察觉，而参与骚乱的人并不隐讳自己的言行，甚至会当众煽动闹事。这是因为人们在当时特定的情境下，普遍受到情绪感染，个人判断力、控制力降低，责任扩散感和认同心态等得到强化，平时约束人们行为的社会规范失去作用，所以才敢于公然蔑视国家和法律权威。其表现不仅在于不服从管理，违反治安法规，还可能表现为冲击党政军要地，亵渎国家或民族象征，与维持秩序的军警和工作人员对峙冲突，发生打砸抢烧等疯狂行为。

骚乱可以分为情境性骚乱和预谋性骚乱。情境性骚乱事先无明显征兆，具有较强的突发性和偶发性，起因可归结于当时的特定情境，如足球骚乱；预谋性骚乱往往事先就有预谋，并有一定组织性和相对明确的目的。

骚乱也可以分为政治性骚乱和非政治性骚乱。前者是由一定政治原因引起的，或者虽由一般社会问题引起，但受政治阴谋分子利用或操纵而使其显现出浓厚的政治色彩的骚乱；后者则是指不带有政治动机，没有政治企图的骚乱。

2. 骚乱群体及其构成

骚乱群体，是指由参与骚乱的人群组成的联合体。骚乱群体的特征，一是人数较多；二是并无严格的组织结构和形式；三是联系群体成员的不是靠组织规范，而主要是靠相同或相似的情绪体验，以及对引起骚乱的某些事件的共同或相似的认知；四是骚乱并非靠人为组织实施，大多是在情绪传递和交互感染过程中引起的行为激发和失控所导致。

在骚乱群体中，一般由几类不同的人群构成：一是核心群体，他们处于骚乱的核心地位，具有高于其他人群的影响力。这种群体可能在骚乱前就已形成，也可能是在骚乱过程中形成的，但一般均有一定的组织形态。他们虽然也受其他人群的影响，但主要的还是影响的施加者，他们对骚乱有主动的参与意识，也有明确的动机和认识。二是积极人群，他们是卷入骚乱较深的人群，是核心群体的外围分子。他们对骚乱具有较严重的认同心态，不仅思想、态度上认同，行动上也积极参与。三是同情人群，他们在行动上没有直接参与骚乱，但内心是认同的，情绪上也有共鸣。四是中立人群，这部分人行动上不参与，思想上不支持也不反对，但他们因好奇而有围观的行为。虽然他们中立，但容易被煽动或受当时情绪感染而转变态度。

第二节　有组织犯罪心理

一、有组织犯罪概述

（一）有组织犯罪的概念

有组织犯罪，是指有组织的犯罪群体共同实施的有组织的犯罪活动。一个群体是否具有组织性，应当看其群体成员之间的关系，以及群体的构成形式。如果群体成员之间存在较为密切的心理和行为联系，而且构成了一定的组织形式，就应当理解为具有了组织性。只要犯罪活动不是随机的，而是有一定的准备和分工，就应该理解为有组织性。一般说来，有组织的犯罪群体进行的犯罪活动通常也是有组织的，但它并不排斥个体犯罪。如果犯罪群体内部的个别成员在未与其他成员发生联系的情况下，孤立地进行的犯罪活动，不应列入有组织犯罪。从犯罪群体的组织形态来看，有组织犯罪的典型形态是那些组织严密、具有层级结构、有自己的价值准则、持续时间较长、较为稳定而又庞大的犯罪托拉斯和黑社会。从我国具体情况来看，我国的有组织犯罪大量的是其非典型形态，或者说是有组织犯罪的初级形态，这就是组织较为松散的犯罪团伙，以及具有合法形式的犯罪企业。

（二）犯罪组织的类型

1. 根据犯罪组织的严密性，可以把犯罪组织分为松散型犯罪组织—犯罪团伙和严密型犯罪组织—犯罪集团

（1）犯罪团伙。犯罪团伙，是指由三人以上个体所组成的，

为实施违法犯罪行为而纠集起来的，一种较松散的犯罪组织形式。犯罪团伙一般具有以下特征：

其一，团伙成员一般为三人以上，且多为青少年。这些青少年往往具有能够产生共鸣的相同或相似的经历和体验。多在较熟悉的，具有某些不良习惯和个性品质的邻里、同乡、同学、伙伴中组成，具有较强的地域性。

其二，团伙组织形式较为松散。表现在犯罪团伙无严密组织纪律、行动纲领、领导关系、明确的职权责的分工。团伙成员之间的关系，主要靠哥们儿义气和利益关系作为联结纽带，因而犯罪团伙也称作犯罪帮伙。

其三，犯罪团伙的犯罪活动具有较强的纠合性、随意性。其犯罪活动多为情境中的某些因素所引起，大多临时纠集成员进行，事先较少进行周密计划。

其四，犯罪团伙具有较强的再生性。这是因为犯罪团伙成员大多是在对某些事物具有相同的认知、感受和兴趣的基础上纠集起来的，因而即使我们将其主犯绳之以法，却并不容易拆散其一般成员之间的联系，特别是心理联系。因而实践中，往往打掉一批团伙后，很快就会生发出一批新的犯罪团伙。

（2）犯罪集团。所谓犯罪集团，是指由三人以上个体为实施违法犯罪而组成的群体，是一种较严密的犯罪组织形式。犯罪集团具有下列特征：

其一，犯罪集团的成员以成年人为主。特别是其首领和集团中的骨干大多是成年人，而且犯罪集团的主要成员固定或基本固定。

其二，犯罪集团大多具有较强烈的反社会倾向。有的犯罪集团就是为了对抗社会和司法制度，为了有组织地进行犯罪活动而成立的。其成员如有因参与共同犯罪而被捕或伤亡的，往往会得到集团的照顾。

其三，犯罪集团具有较严密的组织形式。表现在犯罪集团有明显的首领，有的首领是在聚集过程中或犯罪活动中形成的，有的则在开始便是组织者和领导者。有时这些首领还被冠以某种头衔和称呼，如“老大”、“大哥”、“盟主”或“帮主”之类。犯罪集团内部还常有严密的纪律，借以维系集团中成员的关系，约束一般成员的行为。

其四，犯罪集团的犯罪活动多是有组织、有预谋地进行的，在犯罪活动中常有明确的分工，不像犯罪团伙那样有较强的情境性和随意性。

其五，犯罪集团具有一定的自我保护能力。虽然犯罪集团的犯罪活动更为嚣张，但也较注意保护自己。他们大多有一些反侦查经验和措施，一旦有成员被捕，也多有拒不交代其集团和首领的情况的表现，有的甚至宁愿自己承担后果，也要为犯罪集团和首领开脱。

(3) 犯罪集团的几种特殊形式。黑社会。黑社会是一种组织严密、较稳定又庞大的犯罪集团。它的内部纪律更严格，等级和层次更多，集团骨干更稳定，也更隐蔽，常以某种合法身份作掩护，内部常形成独特的行为准则和生活方式，吸收成员也多有较严格和烦琐的程序；犯罪活动具有强烈的寄生性和反社会性，而且大多有行业和地域区别。大量黑社会组织还经营实业，较常见的情况是操纵色情、毒品、走私等罪恶活动。黑社会的存在还常与政府官员的腐败相联系。

20 世纪 80 年代末以来，我国一些犯罪团伙开始带有黑社会色彩，虽然它们还不是严格意义上的黑社会，但较一般意义上的犯罪团伙组织更严密，犯罪活动更有计划性，也更多地涉足经济领域。对这种具有黑社会性质，但还不是严格意义上的黑社会的犯罪群体，我国立法和司法实践中称为“黑社会性质犯罪组织”。其主要特征为：形成较稳定的犯罪组织，人数较多，有明确的组织者、领导者，骨干成员基本固定；有组织地通过违法犯罪活动或者其他手段获取经济利益，具有一定的经济实力，以支持该组织的活动；以暴力、威胁或者其他手段，有组织地多次进行违法犯罪活动，为非作恶，欺压、残害群众；通过实施违法犯罪活动，或者利用国家工作人员的包庇或者纵容，称霸一方，在一定区域或者行业内，形成非法控制或者重大影响，严重破坏经济、社会生活秩序。

犯罪辛迪加。犯罪辛迪加是一种利用非法手段牟取暴利的企业组织。虽然它的目标是为赚取利润，但其手段是具有犯罪性的。这种组织本身不认为自己是犯罪集团，即便在外人看来，看法也不尽相同。我国在发展市场经济的过程中，出现了较为突出的法人犯罪问题，实践中和学术界较少把犯罪法人作为犯罪集团来对待。当然法人犯罪问题是个复杂问题，但是，有一些具有法人形式的企业组织，原本是利用法人这块招牌，进行偷税漏税、走私贩私等犯罪活动，应当视为犯罪集团。

2. 根据犯罪组织内人际关系的缘由，可以把犯罪组织分为地缘型犯罪组织、血缘型犯罪组织和业缘型犯罪组织

地缘型犯罪组织是以其成员有共同的籍贯或共同的居住地为特征。血缘型犯罪组织是以成员有共同的血缘关系为特征，血缘型犯罪组织又可以分为自然血缘型和模拟血缘型两种形式。自然血缘型是其成员之间具有自然血亲关系，还有一些犯罪组织为了密切成员之间的关系，通过一些形式模拟血缘关系，如通过歃血为盟，使成员形成血缘的共同意识，或者在组织内部模拟家族制构造原理，建构成员之间的关系。这种模拟血缘关系对于凝聚成员心理、严密组织结构起了重要作用。业缘型犯罪组织以其成员具有共同的职业为特征。

3. 根据手段和目的的关系，可以分为以非法手段达到合法目的的组织和以非法手段达到非法目的的组织

前者如犯罪辛迪加，后者如暴力犯罪集团。

（三）犯罪组织的结构

1. 轮式结构（如图 9-1 所示）

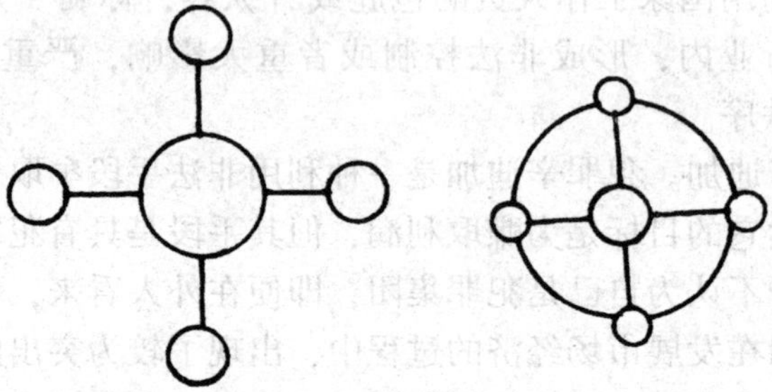

图 9-1　轮式结构犯罪组织

这种犯罪组织的结构形式实际上是多个犯罪组织间的联合体。在这样一种联合中，往往有一个组织居于核心地位，其他组织居于外围。有的犯罪活动是本组织单独进行，有的犯罪活动是几个组织联合进行。而外围组织之间，有的有一些松散联系，有的并无联系。

2. 金字塔式结构（如图 9-2 所示）

即在犯罪组织内部，各构成部分之间是以金字塔结构进行排列的。

3. 倒 Y 式结构（如图 9-3 所示）

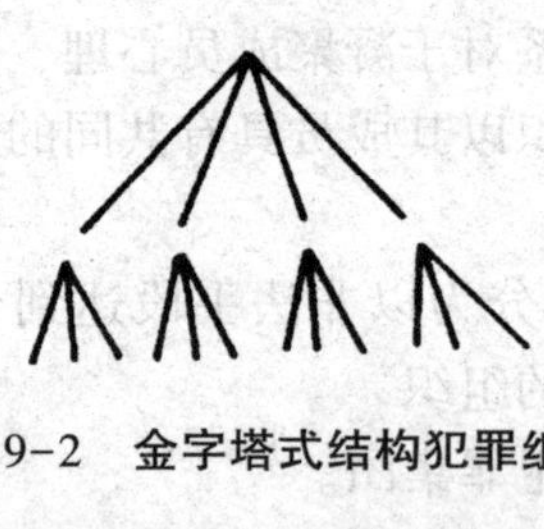

图 9-2　金字塔式结构犯罪组织

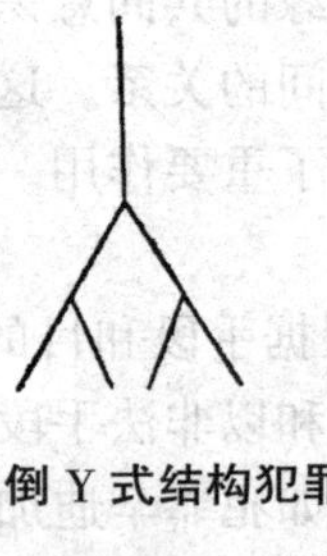

图 9-3　倒 Y 式结构犯罪组织

这种犯罪组织内部结构形态是倒 Y 式，上层往往是垂直指挥，到一定层次才分出枝杈。

二、有组织犯罪的心理特点

(一) 有组织犯罪的一般心理特点

1. 犯罪心理倾向的共同性

群体型犯罪之所以出现心理倾向的共同性，取决于两个方面，首先，是群体成员之间通过相互交往，逐步形成共同的信念、行为准则和以群体凝聚力为核心的心理联系，使他们构成了一个在心理上能够充分相容的群体。因此，在相同刺激的作用下，极易在情感、动机和意志行为等方面产生相同或相似的反应。其次，是群体凝聚力和群体成员之间的互助关系，使群体中弥散着一种为个体所喜好的情感氛围，这种氛围的存在，可以使群体成员出现心理反应的类化，导致犯罪目的的趋同。

2. 犯罪目的的同一性

群体型犯罪中，各个犯罪人尽管在犯罪动机的内容上不尽相同，但在犯罪目的上却具有同一性。当然，这种同一性不能排斥群体中各个成员犯罪时分工的不同。这种分工可以分为简单分工和复杂分工。简单分工是小型的犯罪团伙在进行单一的犯罪活动中的分工，如盗窃团伙在犯罪时有人望风、有人行窃、有人销赃。这种群体犯罪形式单一，分工简单，分工虽然不同，但触犯的罪名一致；复杂分工是较具职业化和实业性的犯罪组织在实施多环节、多层次的犯罪活动中进行的分工，如组织偷渡的“人蛇”集团为了牟取暴利，往往一条龙作业。有的负责招募偷渡者，有的负责搞交通运输工具，有的负责运输，有的负责伪造、变造护照证件。这种犯罪环节多、层次多、涉及面广、持续时间长，因而分工也比较复杂，不同的分工可能触犯不同的罪名。

3. 群体犯罪心理是在个体犯罪心理互动和整合的基础上形成的

群体成员具有共同的犯罪目的，但并不是说每个成员的心理活动总是完全一致。群体成员在行为的相互模仿、情绪的相互感染、认知方面的相互影响等互动过程的基础上，经过群体中头目或核心人物的思维整合，并对群体成员施加压力、暗示等影响，就使群体心理逐渐趋同，从而形成共同的犯罪心理。

（二）有组织犯罪群体形成的心理依据

1. 个性品质的接近和相似性

个性品质的接近和相似性，是指人与人之间在年龄、个人社会背景、居住环境、情趣爱好、个人遭遇和个性倾向等个性品质方面，具有的相同、相似或接近的特点。由于这一特点，人与人之间才会产生向心力、增强亲密感、促进心理相容。调查表明，大量的犯罪团伙，其主体都是青少年，而且具有很强的地域性、行业性。这与其成员间具有接近和相似的个性品质有密切关系。比如，都有缺乏家庭温暖，学习后进，为进步的学生团体所排斥，讲哥们儿义气等相似的经历和个性。这种相似性使他们之间容易产生同病相怜、互相同情、互相依赖等感受，从而促进他们之间的接近和交往。

2. 需要和能力的互补性

当人与人之间的需要和能力构成互相补充的关系时，就会促进人际吸引和个人需要的满足。一些拐卖儿童的犯罪团伙，往往既有男性，也有女性，便与此有关。

3. 代偿心理

青少年组成或加入某个群体，大多出自某些本属正当的需要的代偿性满足，特别是归属的需要和自尊的需要。归属的需要是人的基本需要之一，也是青少年最先得到发展和最先意识到的社会性需要之一。为实现这种需要，他们总是希望自己加入某个群体并为此付出努力，所以，在青少年中间最容易形成各种小群体，这是正常的，是青少年时期生理、心理特点和正当需求的一种反映。但是，青少年组成或加入某个群体时，由于他们幼稚、单纯，往往不加分析；而且对事物的发展缺乏预见和控制力，因而他们的行为很多是盲目的、情绪性的。如果引导不当或者放任自流，他们所加入的群体或自发组织的群体，在内外因素的作用下，也会滑向错误方向。

需要指出的是，学校中的一些双差生，常常是被一些健康向上的学生社团所排斥的，这使他们归属的需要受到挫折。这样他们往往到社会上与一些不三不四的人混在一起，拜把子、结帮伙，使自己归属的需要得到代偿性满足，这是一些犯罪群体形成的重要的因素。

自尊需要的代偿性满足，也是一些犯罪群体形成的一个重要心理基础。青少年的自尊心是比任何时候都脆弱而又强烈的，没有比对他们自尊的伤害更能导致他们产生挫折感的事情了。但在一些家庭和学校中，有的家长、老师不注意尊重他们的自尊心，动辄训斥，甚至打骂。有的家长、老师不尊重他们的隐私权，随意翻看他们的日记，限制他们的活动自由和范围，使他们感到自己的自尊受到了莫大的伤害，于是有的开始逃学，有的离家出走。但他们还不能独立，他们仍然需要情感的寄托，这样社会上存在的一些小群体，就为他们提供了避风港。而这样一些小群体，有的一开始就是犯罪群体；有的虽不是犯罪群体，但却很容易发生这种转化。

（三）有组织犯罪的心理动力因素

1. 群属意识和群体压力下产生的从众行为

犯罪群体一经形成后，就会在群体成员心理上产生一种群属意识。这种群属意识也就是个人属于某个群体，自愿按照群体的意志行动的意识。群属意识是群体成员之间所产生的不健康的，甚至是反社会的气氛和情绪共鸣的结果，这种群属意识是以对事物共同的认识、相同的情感体验为特征的。群属意识形成的后果，一方面使个体降低和失去原有的分析判断能力，排斥与群体意志相矛盾的观念和认识，尤其排斥那些正统的家庭和社会教育；另一方面，它使群体内聚力大大增强，使群体成员在情趣、思想认识、价值观念和行为活动上产生越来越统一的认识。这对于群体成员来说，是一种心理压力，使群体成员在心理上难以违抗群体的行动。即使这个成员对某个犯罪动议有自己的看法，他也可能在群属意识和群体压力下，放弃自己原来的见解，顺从群体的行动。

与这种从众现象相对应，在犯罪群体中，还常有一种众从现象，即当群体的头目提出一个犯罪动议时，虽然是他一个人提出的，但仍能使一般成员附和，这种现象与服从者和被服从者的个性特点以及他们在群体中的身份、地位有关。

2. 炫耀心理

犯罪群体特别是犯罪团伙的成员，大多年轻气盛，具有强烈的自我表现的欲望。但在犯罪群体那种不健康的氛围环境中，群体成员强烈的自我显示欲往往畸形膨胀，一方面显示欲极为强烈，不在某个时间、地点显示自己的存在，心理就不平衡；另一方面，其显示的内容则多是他们丑恶的、原始的、野蛮的一面，而不是良知未泯的一面。所以，犯罪群体中个人极端膨胀的自我显示欲，常常会使他们做出一些破坏性极强的事情来，如有的人为显示自己具有征服漂亮女性的本领，而去猥亵妇女；为了在女性面前显示自己的阳刚之气，而寻衅滋事，打架斗殴。犯罪群体成员中间存在的这种畸形的自我炫耀的心理，使他们在犯罪的手段、数量等方面相互攀比，结果造成他们犯罪心理的恶性发展。

3. 暗示和模仿

任何人的行为都有可能受到他人暗示的影响，但这种影响的大小和性质（正或负）如何，与接受暗示的人的心理品质，特别是道德情操、智力发展水平和意志力等密切相关。一些学者发现，人越年轻，越缺少社会经验和文化知识；认知能力越低，受到不良暗示的可能性就越大。犯罪群体中的一般成员由于常常具有这样一些特点，因而更容易受到外界不良暗示的影响。

模仿与暗示实际上是相互对应的，同样一种刺激，既可能是具有暗示意义的信息，又可能是被模仿的对象。而模仿既有对社会不良现象的模仿，也有群体成员之间的相互模仿，和对文艺影视作品中某些形象的模仿。简单的模仿可使个体直接产生犯罪行为，如一些青少年模仿影视中的江洋大盗，打家劫舍，会直接触犯刑律，这种犯罪心理的形成是简单模仿的结果。更多的情况是，模仿可使人习得某种技能和行为方式，犯罪群体组成的方式、入会条件、仪式规则、犯罪时逃避侦查的手段和犯罪技巧等，都可能经模仿而习得。

4. 罪责扩散感

罪责扩散感，是指在一个群体中，多人共同实施某一违法犯罪行为时，其内心产生的一种后果是由多人共同造成的，因而责任也由大家分担，因此自己不必全部承担责任的心理感受。这种心理往往会使个人在进行违法犯罪行为时，具有一种解脱感，减缓其内心的心理冲突和罪责感。这种罪责扩散感在群体犯罪中表现得相当突出，特别是在群体中处于次要的、从属地位的犯罪人，这种心态更为强烈。而且这种心理易为群体犯罪的主犯或骨干分子所操纵和利用。

5. 自我意识的消退

早在1903年，法国学者黎朋就发现，一般人在群体中常会失去对自我的意识，而采取一些在自己独处时不会采取的行动。他认为，个人在群体中的思想意识是非理性的，行为缺乏深思熟虑，情绪也是属于幼稚和不成熟的，而这种情况的出现，则与个体在群体中的匿名性、情绪的相互感染、个人在群体中容易盲从有关。后来的一些研究证实，除上述因素外，群体的大小，个人激动状态，当时情境及药物、酒精等都会影响自我意识的削弱。这些因素会减弱个人对自我的观察与评价，而且会降低个人对外来社会性评价的关注，从而使那些由罪责感、恐惧心理和羞耻心等构成的自我控制系统失去效力，导致不理智行为的发生。可以说，群体成员越缺乏对自我的意识，他们的行为方式就越无责任感，行为便越具有破坏性。所以，个人自我意识的消退在群体犯罪中的作用是不容忽视的。

(四) 有组织犯罪群体得以巩固和发展的心理依据

犯罪群体的巩固和发展，也是由松散的团伙型向严密的集团型的发展，由犯罪团伙向犯罪集团甚至黑社会的发展。

犯罪群体的巩固和发展，从外部条件来说，主要是因为打击不及时，未能及时地予以瓦解和铲除，当然也存在其他社会因素；从内部条件来说，则存在一定的心理基础。

1. 共同的情趣和利害关系

共同的情趣是犯罪群体形成的一个心理依据，也是犯罪群体得以继续巩固和发展的心理基础之一。因为犯罪群体成员间的共同的情趣既可以使他们互相吸引，又可以使他们产生凝聚力和向心力，而且由于他们的情趣大多是较低层次的、原始的，这种情趣只有在犯罪群体那种特定的群体氛围中才能得到欣赏。这就使一般成员对群体的存在产生一种精神上的依赖性，从而导致群体的持续存在和发展延续。

在犯罪群体当中，他们进行的违法犯罪活动，大多是共同策划、共同实施的，因而彼此间形成一种利害关系。不仅个人在出现退出群体的想法时，要对此有所顾虑，群体对希望退出的个别成员也会因此施以精神上、心理上的压力。所以，群体成员因共同犯罪而形成的利害关系，就像一条锁链，把群体成员拴在一起。

2. 认同感

犯罪群体的成员由于经常在一起吃喝玩乐，称兄道弟，进行违法犯罪活动，久而久之，其成员往往会对群体产生一种认同感，而认同感则是群体成员紧密联系在一起的重要因素。

所谓认同作用，是一种心理防御机制，指由于某种动机，而有选择地模仿别人某种特质的行为，如模仿他所崇拜或羡慕的对象的某些行为。但认同与单纯的模仿不同，它比模仿深刻得多。认同的结果，使成员的群体意识大为增强，使成员丧失自己的独立判断，从而甘愿接受群体的支配和约束，并将群体的信念、规范加以内化吸收，成为自己的心理动力。所以，在犯罪群体中，一旦有人特别是个体所钦佩、羡慕的人提出犯罪动议，往往立即得到附和与支持。而且由于他们所钦佩、羡慕者也就是认同者往往是那些心狠手辣、有犯罪经验者，所以这种认同很容易使群体成员在这些人的周围纠集，认同还会使群体成员在认知、情感和价值观等方面逐渐趋同，从而使群体得以巩固和发展。

3. 安全感

个体在参加或组成犯罪群体后，由于人多势众，互相壮胆，彼此情绪激发，加之共同犯罪时所出现的罪责扩散、法不责众、匿名等心态，使他们产生一种安全感。可以说，恐惧感的减弱，安全感的增强，犯罪欲望的实现，是犯罪群体得以巩固和发展的重要因素。

实验证明，个体在外部存在威胁的情况下，会产生交往倾向，而交往会使人产生安全感。犯罪群体的成员在群体之外常会感到外部威胁，如群众的检举、当事人的揭发、公安机关的防范工作，等等。这种威胁在群体成员间的交往中得到弱化，使其内心的恐惧感、紧张情绪得到转移，从而产生一种安全感。

4. 权威与服从

权威是社会人际影响的一个重要形式。它是指由于个体的某些素质，使别人自愿接受他的影响，服从他的指挥。在群体成员较长时间的接触交往和共同进行违法犯罪活动的过程中，有的成员因为具有了一般成员所没有的凶狠毒辣、奸诈狡猾和讲义气等特点，使他们在群体中自然形成了自己的地位和权威。这种权威一旦形成，群体成员大多会自觉不自觉地放弃自己的独立思考，而一味服从或顺从。一些作恶多端的犯罪团伙的头目、有“几进宫”历史的犯罪人，也利用一般成员的这种心理特点，控制、指挥一般成员。这种权威与服从机制的出现和发展，往往会使犯罪群体迅速向严密的犯罪组织发展，使犯罪活动更具有组织性，使内部关系分工更明确、等级更分明。

5. 犯罪亚文化

犯罪亚文化，是指犯罪群体在交往和犯罪活动过程中逐渐形成，并为群体成员所接受、信奉并加以遵循的，与社会主体文化和主导文化相对立的价值标准、行为方式及其现象的总称。例如，群体内的反社会意识、犯罪隐语和非语言符号；再如，手势、图腾、犯罪群体准则、禁忌和仪式、文身都属于犯罪亚文化的范畴。

犯罪亚文化对群体成员具有强大的联结和同化功能。[①] 联结功能，是指犯罪亚文化对于犯罪群体成员及其活动所具有的凝聚力和感召力；同化功能，是指犯罪亚文化对于犯罪群体成员改变原来的思想认识、价值标准、行为方式和习惯，转而赞同、认同犯罪亚文化并以之作为自己思想与行为的依据和准则的作用。犯罪亚文化是犯罪人欲求、心态和本性的自然流露，使其欲求、情感有所寄托和补偿，特别是犯罪群体中存在的群体意识，使犯罪人产生集体认同感和心理归属感，成为犯罪群体得以维系、巩固的心理纽带和精神支柱。

(五) 有组织群体犯罪中各类角色的心理特点

在群体犯罪中，不同的犯罪人往往担任不同的角色，如有犯罪计划者，有作案指挥者，有犯罪的直接实施者；在一些组织较严密的犯罪集团中，常有更明确而又繁杂的角色分工。在这里，我们根据在群体犯罪中所起作用的不同，将群体犯罪人分为主犯和从犯。

1. 主犯

主犯即在群体犯罪中起组织、领导、指挥作用和在犯罪中起首要作用的犯罪人。在一般共同犯罪中起主要作用的犯罪人，犯罪团伙中的头目，犯罪集团的组织者、领导者，骚乱中的教唆者、指挥者和首要分子，都属主犯。

主犯大多具有一般成员所没有的个性特征。其突出表现是，主犯智力水平较高，主动性较强，具有一定的组织能力。但不同类型的群体犯罪主犯，表现得有所不同。在一般共同犯罪中，其主犯有一定的主动性，更强的犯罪动机；在团伙或帮伙犯罪中，其主犯大多是一些凶残之徒，他们打架不要命，唯我独尊，也有义气和行帮思想，有些人还具有多次违法犯罪的经历；在集团犯罪中，其主犯往往有一定组织能力，心更黑手更毒，欲望更贪婪；骚乱中的主

---

① 储槐植、许章润等著：《犯罪学》，法律出版社1997年版，第235页。

犯，大多具有一定的煽动能力；法人犯罪的主犯，常常是本单位的领导或主要负责人。

2. 从犯

从犯也就是在群体犯罪中起次要作用的犯罪人。依其在群体犯罪中的心理积极性，从犯又可分为协从、顺从、盲从和胁从四种。

协从即自愿协助、配合主犯实施犯罪行为。协从犯一般与主犯有直接利害关系和共同的利益，并有较密切的情感联系。例如，奸杀案中，通奸女子协助奸夫杀害亲夫；有的犯罪人出于哥们儿义气协助他人实施报复犯罪，等等。所以，协从犯虽然在群体犯罪中的地位次于主犯，但其心理积极性仍明显较强，犯罪动机的形成仍是自愿的、主动的。

顺从指顺应、服从他人或群体的犯罪行为。顺从犯对自己的行为有一定认识，但他们心理上有顾虑和矛盾，而最终之所以参加了犯罪，在很大程度上是由于他们过多地考虑了一旦不去可能出现的后果，如会被那些“哥们儿”看不起，失去靠山等。这种从犯犯罪动机的形成仍然是自觉的，对行为性质存在自知力，但他们缺乏自信心和独立性，易顺从别人的意志。

盲从。一些犯罪人由于愚昧无知，认知能力低下，因而容易为群体犯罪中的主犯所操纵和利用。这些人对自己的行为及其后果常缺乏判断能力，容易受到暗示、诱导而盲从。

胁从，即在受到威胁、胁迫、要挟情况下，不得已进行某种犯罪活动。这种犯罪人了解自己行为的性质，而且犯罪行为是违背其愿望的，但由于受到胁迫、要挟，为了保护自己的利益，只好违心地服从，因而这种从犯犯罪动机的形成是被动的。

群体犯罪中的成员，由于角色不同，在群体犯罪中所处地位、所起作用不同，因而在打击群体犯罪时应针对他们的不同心理特点，区别对待。

三、有组织犯罪的行为特点

（一）危害和收益的相乘性

犯罪组织的犯罪危害绝不是个人犯罪危害之和的关系，而是相乘关系。这种相乘效应在犯罪收益方面表现尤为突出。如果是个体犯罪，不管是走私、贩毒还是偷税等犯罪，其收益总是有一定限度的，但是在犯罪组织中，由于有准备、有分工、有资金实力，有的犯罪组织还有一些诸如计算机、财务、法律等方面的专才，因此，其犯罪收益绝不是个体犯罪所能相比的。

（二）犯罪行为的计划性

有组织犯罪，特别是严密的犯罪组织、犯罪辛迪加，犯罪活动具有很强的计划性，犯罪准备充分，犯罪分工详细，犯罪步骤周密。这种周密的计划性，使犯罪成功率大大提高。但是这种计划性和需充分准备的特点，使有组织犯罪具有更强的可预测性，通过情报工作与有组织犯罪作斗争是行之有效的。

（三）犯罪的专业性

有组织犯罪具有较强的专业性。一方面，各种类型的犯罪组织大多有自己主要的，几乎带有专属性的犯罪方向。例如，贩毒犯罪组织专门经营毒品生意，“人蛇”组织专事组织偷渡，文物走私集团专事文物走私，等等。另一方面，犯罪组织的犯罪活动，大多需要一些专门性技能和专业素质。例如，走私集团内有人熟悉海关知识，伪造证件集团内有专人精于制造伪假证件，“人蛇”集团内有人熟悉出入境规定和有关知识。这种较强的专业性，使与犯罪组织的斗争难度加大。

（四）犯罪行为的渗透性

有组织犯罪是具有很强渗透性的犯罪，其犯罪行为的渗透性主要体现在向经济、政治领域的渗透。

有组织犯罪向经济领域的渗透主要体现在其向经营化方向发展。同时，这种经营化的犯罪方式还呈现出多样化的特点。近年来，传统的获取资金方式如贩毒、赌博、走私等所获资金数额在总量中所占的比重开始下降，犯罪组织将目光转向了娱乐业、建筑业、交通运输业等正当的企业活动，同时，也利用这种貌似正当的行业进行洗钱犯罪。有的犯罪组织头目还身兼公司、企业要职，以“经理”“董事长”“企业家”，甚至是“人大代表”“政协委员”的面目出现在公众眼前，而背地里却干着违法犯罪的勾当。如果没有及时摧毁这些犯罪组织，这种犯罪行为的经营化和暴力性结合在一起，就会逐渐形成犯罪组织垄断某个市场、某个地区、某一行业的严重后果。

犯罪组织为求得生存和发展，纷纷加紧向政府部门渗透，以求得政治保护。一个庞大的犯罪组织要在一个地区立足，并胆大妄为地实施犯罪，离不开政府部门某些官员的袒护。从近年来摧毁的犯罪组织来看，大多数能从其背后找到政府部门的“保护伞”的影子。犯罪组织建立这种“保护伞”，一般有两种方式：一是贿赂政府官员，一些政府官员在金钱的引诱下，把持不住，被犯罪组织拉下犯罪的深渊。二是犯罪组织直接由其首要分子或派出骨干成员出面谋求政治地位，以利用其权力为自己充当“保护伞”。例如，沈阳市 2000 年打掉的黑社会性质组织头目刘涌，其本身为某集团公司的董事长，同时也是沈阳市人大代表。2005 年山西吕梁地区打掉的黑社会性质组织“燕子帮”，先后派出 15 名成员考取了警校，而且目标很明确，这些成员毕业后要去公安机关扮演“内鬼”的角色，为该犯罪组织服务。

第三节 集群犯罪心理

一、集群犯罪概述

集群犯罪，又称群集犯罪、聚众犯罪，是指在集群行为过程中发生的犯罪行为。集群犯罪是群体性事件升级、恶化的结果，一般表现为球迷骚乱事件、哄抢财物事件、族群冲突事件、社会动乱等以聚众形态表现的打、砸、抢、烧行为。其行为结果常常具有暴力攻击性、规范挑衅性，往往会导致公众恐慌，产生极大的社会危害。因此，这种集群犯罪与前文讨论的群体骚乱在形式上、机制上是相同的，集群犯罪中也存在各种利益群体，也可因人群参与的深度不同对参与者作出群体划分。由于我国正处于社会转型阶段，各种社会矛盾相对复杂，存在引发公众不满的社会心理基础，个别特殊事件，常常成为引起集群行为的导火索。目前，在构建和谐社会过程中，党和政府高度关注不同群体的共同利益，特别强调减少和防范群体性事件的产生。

当前，随着社会生产力的发展和经济基础的变化，我国社会心理状态也出现了新的变化，人们思想活动的独立性、选择性、多变性和差异性明显增强，人民群众的参与意识、维权意识普遍增强，对加强民主法制的要求和变革社会管理体制的要求十分迫切，对保护产权和各项法律赋予的公民权利的要求也日益强烈。与此同时，一些社会成员心理失衡，诚信缺失，道德失范，成为引发社会不和谐的因素；局部领域的腐败现象仍然比较突出，引起人民群众的不满。这些因素导致了集群事件的发生，并推动一部分集群事件演变为集群犯罪。

二、集群犯罪的心理特征

（一）个性化的缺失

在集群犯罪中，参与者往往在集群场面中丧失了个性。随着情绪感染与行为互动的增强，多数参与者会失去独立人格和自我判断能力，几乎不能采取自觉、理智的行动，而完全融入狂热的集群行为之中，在一些首要分子的鼓动下实施危害社会的行为。

（二）情绪的交感效应

在集群犯罪中，普遍存在情绪的交感效应，即通过情绪的传递和相互感染、相互影响而改变行为的性质。在集群犯罪中，情绪的交感效应起到了重要的动力作用，特别是在一些情景性的集群事件中，可以明显地看到情绪的交互传递和相互感染的作用。这种情绪的交感效应，既可以激发尚未形成犯罪动机的个体产生犯罪冲动，又可以恶化已经存在犯罪动机的个体的犯罪心理结构。不仅如此，情绪的交互感染必然还会导致行为的相互传递，如在足球场看台上的观众形成一种狂热的情绪后，只要有一个人向赛场投掷矿泉水瓶，就会引起情绪激动的人群同样的反应。因此，情绪的交感效应，会导致集群中行为动机和行为目标趋向一致。而集群犯罪中情绪的交感效应，不仅会引起集群参与者的共同犯罪，而且会大大增强集群犯罪的危害性，导致集群犯罪出现一种相乘效应。

（三）理智感削弱和判断力缺失

处于集群行为中的个体，往往在狂热群体气氛影响下，以爆发性的行为发泄自己的原始本能与不良情绪，认识范围狭窄，认知能力和自我控制能力降低，理智感削弱，其行为具有强烈的反射性和本能性。同时，在这种集群氛围中，个体容易偏听偏信，表现出明显的盲从，自我判断能力缺失，容易被人利用和操控。

（四）罪责感扩散

在集群活动中，由于参与者互不认识，使其匿名感增强，责任感降低，认为参与的人众多，法不责众，自己的行为后果可以不负责任或少负责任，出现罪责推诿、责任扩散现象，因而在集群犯罪过程中犯罪人往往敢于采取不负责任的疯狂和残忍行为。这种罪责感的扩散不只是个体法制意识淡薄，不了解法律对共同犯罪的规定和处罚，而更多的是心理上的责任感扩散导致的不负责任的意识。

三、集群犯罪的行为特征

（一）行为的情景性和预谋性并存

大多数集群行为实现缺乏预谋，情景性、即时性强。而对于参与者来说，往往是不明真相的人受到某些诱发因素的刺激、推动而自发形成的人群聚集。这种集群行为情景性强，既无组织，又无领导，活动无规律、无计划，难以预料其发展趋势。还有一部分集群行为是预谋性的，事先有组织者或骨干成员预谋和策划，并有一定的组织性和相对明确的目的。就大多数集群性犯罪而言，其中的核心分子和骨干成员的行为具有预谋性，其外围成员的行为具有情景性。

（二）情绪的狂热失控性

集群行为的参加者是在集群气氛的感染下参与集群犯罪的，情绪的波动性、失控性明显。在集群过程中，他们处于一种狂热状态之中，理智感丧失，行为完全被集群气氛所支配，行动盲目，不计后果，难于控制。

（三）行为的公开性、疯狂性

集群行为的参与者毫不隐讳自己的言行，甚至在光天化日之下，当众煽动闹事，公然不服从管理，触犯刑法和治安法规，甚至冲击党政军要地，亵渎国家和民族象征，公然与警察对峙冲突，实施打、砸、抢、烧、杀等疯狂行为。这种失控的集群行为，往往严重扰乱社会公共秩序，甚至引发社会动乱，使正常的治安管理难以奏效，常常需要采取非常措施加以控制。

（四）集群行为的非持续性

由于参与者是在一时情绪失控、冲动、感染下实施集群犯罪的，因此，当这种集群气氛消退，或集群行为的参与者已经发泄完内心的愤怒和不满，心理紧张消除后，参与者的热情就会降低，集群行为即告结束，于是人群便一哄而散，其理智思维也逐渐回归。

第十章　网络犯罪心理

第一节　网络犯罪概述

一、网络犯罪的概念

网络犯罪的概念有狭义和广义之分。狭义的网络犯罪，是指以互联网为工具或以网络资产为对象，运用网络技术和知识实施的犯罪行为。广义的网络犯罪，是指以网络为犯罪诱因，或以网络为犯罪手段等所有与网络有直接或间接关联的犯罪行为。本书所说的网络犯罪是指广义的网络犯罪。网络犯罪不是一个具体的罪名，而是一类犯罪的总称。与普通犯罪不同，网络犯罪是随着计算机和网络的发展而出现的一种新型犯罪，其作案目标、方法和工具一般都与网络有密切关系，是利用信息网络技术而实施的一种新型犯罪。

网络从无到有，是一个各项技术突飞猛进取得历史性成就的过程，同时，也给犯罪人提供了犯罪的巨大空间。近年来，由于互联网犯罪及与互联网有关的犯罪现象越来越多，网络犯罪已成为各国关注的社会公共安全问题。目前，有很多犯罪与网络有关，其中最突出的问题，如网络色情泛滥，严重危害未成年人的身心健康；网络电子商务备受欺诈的困扰，有的信用卡被盗刷，有的网购商品石沉大海，有的发出商品却收不回货款；已经挑战计算机和网络安全几十年之久的黑客仍然是网络的潜在危险；等等。因此，防治网络犯罪，已成为犯罪学科必须面对的课题之一。

自 20 世纪 80 年代中后期以来，我国网络犯罪经历了萌芽、蔓延和扩散几个阶段，不仅涉及网络盗窃、诈骗、侵占、破坏、间谍等案件，还因为网络引发了大量的青少年暴力和侵财类犯罪，直接危害社会的发展和人民生活的安定。

二、网络犯罪的类型

（一）利用网络技术以网络用户为攻击对象的犯罪

这一类犯罪是指犯罪人利用自己所掌握的计算机网络技术，实施攻击互联网上的用户和网站的犯罪行为。主要包括：为达非法目的擅自进入、使用他人专用的网络系统；制作、传播网络病毒；恶意攻击网站、服务器；恶意攻击他人使用的电脑和智能手机；通过非法程序来获取他人隐私；等等。

（二）利用网络实施的盗窃、诈骗等犯罪

一些犯罪人用自己所掌握的计算机技术，利用网络窃取他人银行账户和密码，或者盗窃他人网络游戏中的虚拟财产，从而构成盗窃犯罪；有的犯罪人利用网络散布虚假消息，实施诈骗；有的犯罪人在一些门户网站设置非法链接，一旦用户误点了这些非法链接，往往就会一步步坠入犯罪人设置的陷阱；有的犯罪人利用网络组织传销、赌博、卖淫等犯罪活动。这一类犯罪主要是犯罪人利用了网络信息的作用，把网络当成犯罪的工具。当前，随着网络信息的发展，特别是随着智能手机、移动支付的普及，利用网络实施的常规犯罪有愈演愈烈趋势。

（三）利用网络传播色情、暴力等不良信息的犯罪

随着网络信息的发展，一些不良信息也随之而来。其中最为突出的是网络色情和网络暴力。网络色情，主要包括网络色情表演、网络色情交流聊天、网络卖淫和网络色情交友等。一些青少年辨别是非的能力较弱，很容易受这些不良信息的影响而误入歧途。有关调查表明，目前，城市中学生获得的性知识80%以上来自网络。此外，中学生在聊天过程中遇到不良信息的比例为73.2%，其中经常遇到者占11.8%。而不良信息中的色情内容是最多的。网络暴力信息，主要是以宣扬暴力为主的不良信息。近年来，一些心理扭曲的人，在网络上发布血腥、恐怖的视频或图片，对未成年人的价值观念构成较大的冲击。

（四）利用网络危害国家安全的犯罪

利用网络危害国家安全的犯罪，常见的主要有：一是利用网络技术，如电子邮件、QQ群、微信、论坛、微博等途径，传递信息，散布谣言，煽动骚乱；二是利用网络窃取和出卖国家机密；三是利用网络非法入侵相关网站、计算机，恶意攻击、篡改相关数据，以达到危害国家安全的目的。

（五）网络赌博与网络非法借贷

随着网络技术的发展，赌博活动也渗入网络中，并不断蔓延。参赌者无须见面，只需操作电脑、手机就可以感受那份财富倏忽来去的刺激。然而，网络赌博对参赌者身心、生活、工作和家庭带来了更大的危害。网络赌博不仅严重污染网络环境，往往还伴随欺诈等恶意行为。同样基于网络平台而生的非法网贷，往往与网络赌博相伴相生。当赌徒们输光了本钱的时候，与网络赌博相勾连的非法网贷就会适时出现，用高出银行数十倍、甚至上百倍的高额利息放贷。当然，非法网络借贷不仅仅是针对网络赌博参与者。近年来，非法网络借贷把黑手伸向了一些追求时尚、超前消费、爱慕虚荣的年轻人，特别是在校大学生。除此之外，也有一部分网络借贷的信息实为网络诈骗手段。

（六）网上洗钱

随着网上银行的兴起，各种银行业务也随之网络化。网上银行给客户提供了一种全新的服务，顾客只要有一部与国际互联网络相连的电脑或手机，就可在任何时间、任何地点办理该银行的各项业务。这些方便条件为洗钱犯罪提供了巨大便利，利用网上银行清洗赃款比传统洗钱更加容易，而且可以更隐蔽地切断资金走向，掩饰资金的非法来源。

（七）网上教唆或传播犯罪方法

网上教唆他人犯罪的重要特征是教唆人与被教唆人并不直接见面，教唆的结果并不一定取决于被教唆人的行为。这种犯罪有可能产生大量非直接被教唆对象同时接受相同教唆内容等严重后果，具有极强的隐蔽性和弥漫性。

网络犯罪不仅仅局限于上述方式，还包括如网上侵犯知识产权、网络组织卖淫、网上恐怖活动、网上报复，等等。

第二节　网络犯罪心理形成的相关因素

一、网络犯罪心理形成的个体因素

（一）模仿性、易受暗示性

有的个体由于年龄、认识能力以及个人经历的原因，对网络中的不良信息缺乏辨别能力，同时被网络的新奇和虚拟所吸引。特别是青少年，正处于人生观、价值观形成期，大量接触网络中的消极信息，会对他们的人格产生重大影响，有的甚至不能把网络中的虚拟世界和现实生活区分开来。例如，沉迷于网络游戏的青少年，如果经常接触游戏中的暴力情节，就会习以为常，在现实生活中遇到一些问题，往往想到用游戏里的方式解决，容易产生过激的行为。在网络创造的宽松的虚拟世界里，个体可以随意选择扮演的角色，可以随意地在网络游戏里杀人、放火，可以在聊天室里吹嘘、骗人，而这一切都不必承担任何后果和责任。同时，一些个体极具模仿性，容易迷失自我，不能有效地实现客观现实和虚拟世界间的转换，形成了心理错位和行动失调。他们忘记了自我在现实中的角色，全身心投入虚拟的网络世界中，这种角色的过度投入使网络角色的语言动作也被运用到现实生活中，把虚拟世界的角色榜样化，导致个体因此出现暴力倾向。特别是一些涉世未深的青少年，人生观、价值观和道德观在网络里很容易受到暗示而被扭曲。一些网络和网络游戏创造的魔幻色彩，甚至能控制青少年的意志和思维，让他们在现实与虚拟中游移。时间一长，青少年就容易在这种魔幻色彩的驱使下，在朦胧的意识状态中模仿这种魔幻情景而实施违法犯罪行为。

（二）自我实现

美国心理学家马斯洛认为，自我实现的需要是随着个体的成长而逐步出现的高层次的需要。当现实生活难以满足某些个体自我实现的需要时，他们往往会寻求另外的途径来达到自我实现。网络为人们提供了一个自我实现的虚拟世界。一些在现实生活中不得志、难以实现人生目标、得不到他人称颂的个体，往往会选择在虚拟世界里寻找自我实现的途径，以弥补现实生活中的不足。在虚拟的网络世界里，个体可以把自己装扮成本人崇拜的角色，可以轻易"达到"自己在现实中无法达到的目标，可以在聊天室通过吹嘘获得他人的尊敬和羡慕。而这种吹嘘往往同欺骗是联系在一起的，许多个体由吹嘘逐渐走上了诈骗的犯罪道路。对于网络游戏，调查表明，大多数游戏玩家认为，"网络游戏中的成功与现实生活中的成功一样重要"，甚至一部分个体认为，网络游戏中的成功比现实生活中的成功更重要。[①] 网络游戏吸引玩家的地方不仅仅是精致的画面、精彩的打斗，同时，还能够体现出玩家的水平，而玩家的水平高低靠的是游戏时间和游戏财力，它们是在网络游戏世界自我实现的资本。于是，一些网络游戏玩家为了追求在网络游戏里自我实现的目标，不顾一切、想尽办法。当通过合法的途径不能够达到自己的目标时，在这种网络瘾癖的驱使下，他们往往会通过非法的途径来满足。

（三）人际交往中的渴望关怀心理

得到他人的关怀和认可是个体在现实中健康生活的必要条件。但一些个体由于家庭或个性的原因，在现实中很难获得他人的关怀，导致这些个体获得关怀的需求尤为强烈。网络为人们提供了一个随意交往的平台，在网络世界里，个体可以和网友无话不谈，可以获得网友的关怀和支持，甚至在犯了错误后，还能从网友那里得

---

① 刘珉：《七成学生：游戏成功非常重要》，载《劳动报》2005 年 5 月 29 日。

到赞许。在网络的虚拟世界中，个体可以随意为自己确定身份、财产、相貌、性别，可以挑选自己喜欢的聊天对象和网友，不需要任何背景关系就可以挑战一切，无须多高的能力和社会地位就能够获得网络世界里的“平等”，这为个体提供了实现自我价值的虚拟舞台。个体在这种虚拟的网络世界中得到自我肯定，更容易获得自我关怀。但一旦回到现实中，这种虚拟的关怀往往不具有持续性和现实性，致使个体产生强烈的挫折感和失落感，从而容易走上犯罪的道路。

(四) 网络中人际交往的成就感和满足感

在现实生活中，一些个体存在人际交往障碍，难以找到知心朋友。而在网络中，简单的人际关系是现实生活无法企及的。在网络中，彼此可以不需要确认身份、地位、职业就可以成为朋友，或者可以变换自己的身份、职业、年龄等信息来选择交往的对象。由于在网络中的交谈无须面对面，彼此可以是从未谋面的，网友们可以比在现实生活中更放得开，随心所欲地交谈，这样更能促进他们彼此互动，使他们成为知己。正因为网络交友和聊天有如此多现实生活无法企及的地方，所以更能引起网民的兴趣，甚至使许多个体陷入其中不能自拔。在网络游戏中，玩家们遵循固有的游戏规则，不得随意互相攻击，新手也会得到高手的帮助，并且可以联合作战，给玩家一种群体的力量和团结合作的精神，在游戏中作弊被看作可耻的行为，这些对于网络游戏玩家来说具有巨大的吸引力。特别是那些在现实生活中失落的个体，对网络游戏中的人际交往充满了热情和美好的想象，更容易在网络游戏中获得为人处世的成就感和满足感，感到自身的价值。

(五) 网络中的宣泄心理

人们在现实生活中如果遇到郁闷、愤怒、委屈、悲伤、压抑等情绪，产生和这种情绪相对应的消极心理时，都会不自觉地去寻找发泄的途径，这在心理学上称作心理宣泄。网络为人们提供了一个随意聊天、随意打斗、随意发表见解的虚拟平台，是重要的宣泄途径。当工作任务重、工作不顺心，或者遭遇挫折时，个体都会产生压抑、痛苦的消极心理，这种心理如果得不到及时宣泄对个体的发展会产生很大的消极作用。在当今的网络时代，许多个体把注意力集中到了网络上，通过网络聊天的倾诉、甚至是谩骂和网络游戏的打、杀、拼、抢等激烈的场景，来宣泄自己现实生活中的心理负担。如果长此以往，就会不自觉地去网络世界里寻找宣泄的心理体验，从而产生网络瘾癖，甚至出现网络成瘾综合征。

（六）网络瘾癖

犯罪人实施网络犯罪的动机，有的是图财，有的是为了自我实现，也有的是为了宣泄。而网络瘾癖引发的犯罪是其重要原因，占了很大的比例。从某种程度上说，网络瘾癖是联系网络和网络犯罪的纽带，是最深层的心理原因。网络瘾癖，又称网络心理依赖，是指由于经常接触网络，导致精神和心理上对网络的一种主观渴求和继续从事的强烈欲望。如果发展到一定的程度，行为人就会出现因对网络过度依赖而导致的明显心理异常以及伴随的生理受损的现象，其症状可发展为食欲不振、头昏眼花、情绪低落、精力难以集中等，严重的可导致神经紊乱、精神抑郁、免疫功能降低、心血管疾病和眼睛方面的疾病等，这种症状国际上称为“网络成瘾综合征”（Internet Addiction Disorder，IAD）。患上网络成瘾综合征的人对网络有一种心理上的强烈依赖感，在使用网络过程中不能有效地控制时间，经常无节制地花费大量时间和精力上网，以从中获得满足感和愉悦感，使网络几乎成为现实生活的替代品，沉湎于虚拟的网络世界，“嗜网如命”而无法自拔，出现一些人格障碍，导致个体身心受损。特别是当前随着智能手机的普及，人们无须坐在电脑旁，甚至在躺着、走路的时候都可以轻松上网，这样更容易出现网络瘾癖。青少年处于发育和转型的关键时期，更容易接受新鲜事物的刺激、更容易形成网络瘾癖。有的家长为了联系方便过早地给孩子配手机，却不知智能手机的上网功能对青少年人格、心智的影响。一旦形成网络瘾癖，行为人明显表现出性格和情绪的改变，如偏执、易激惹、焦虑、烦躁等，这些消极的性格和情绪改变，极易推动行为人产生犯罪心理。

二、网络犯罪心理形成的外部因素

（一）社会发展因素

网络犯罪是在传统犯罪的基础上延伸或发展出来的一种新型犯罪。人类经历了三种社会形态，而犯罪现象的发展演变也与社会形态的演变相关：农业社会中有与农业社会相适应的犯罪，这些犯罪带有农业社会的特征；工业社会有与工业社会相适应的犯罪，这些犯罪又与工业社会的特征紧密联系在一起；现在被称为网络社会（或称知识经济社会、后工业社会），犯罪又与网络的特征紧密联系在一起。由于信息产业的发展，网络作为一种推动经济发展的动力，给社会带来了巨大的财富，改变了人们的生活模式及理念，应该说是人类发展的进步。但人类发展文明史往往与黑暗相伴随，网络虽把人类的文明推上了一个新时代，但也带来了网络犯罪。[①] 因此，网络的产生和发展为犯罪人提供了物质层面的条件，它是网络犯罪产生的前提条件。

网络犯罪是由简单的计算机犯罪发展起来的。从最初的盗窃计算机，破坏计算机硬件、软件，到现在的网络黑客犯罪、网络诈骗犯罪，是由计算机网络技术的发展所推动的。网络拉近了人们的距离，改变了人们的生活，更新了人们的意识，同时也给犯罪人带来了作案的便利。同时，网络技术的负面作用给犯罪带来一种催化和辅助作用，使犯罪如虎添翼，对犯罪本身进行了“技术改造”，拓宽了犯罪的“领域”，延伸了犯罪的空间，使犯罪从现实延伸到虚拟的网络空间。

（二）网络文化道德因素

网络文化是以网络物质的创造发展为基础的精神文化，这种文

① 杨正鸣主编：《网络犯罪研究》，上海交通大学出版社 2004 年版，第 29 页。

化本身是依赖于网络特征发展起来的。网络文化与传统文化的不同之处，在于它以网络化、信息化、数字化为标志的生存状态，以交互性、虚拟性、学习性为标志的运作模式，以多边性、共享性为标志的机制特征，它表现出的最深刻的地方，就是改变人们的思维方式。

现实社会中，人与人之间交流形式是面对面的直接交流，交流和活动范围受制于物理时间和空间，相对是固定的。而网络交流却不受时间、地点限制，不是面对面的交往，而是以网络作为中介进行的交流活动。现实生活中的交往一般是同事、亲戚、朋友和邻居等，依靠人和人之间的监督，传统道德起到了良好的维护作用，人们在交往中待人接物各方面也相对严谨。然而，一旦进入“没人认识”的虚拟的网络世界，那条由熟人的目光、舆论和情感筑成的防线便很容易崩溃，一些人的道德和行为失控，在虚拟世界里为所欲为，从而走上了网络犯罪的道路。

传统道德在人们内心已经根深蒂固，影响和支配着人们的行为，并作为一种做事做人的准则。而网络文化道德，是现实文化道德的一种延伸，同时也是现实精神生活的一种崭新的开拓，由于其建立和发展的时间较短，许多网络文化道德理念、道德规范与传统文化、道德有巨大的反差和冲突。因此，人们在短时间内很难适应这种网络文化道德。而且，目前还没有形成一套行之有效的方法对其消极面进行治理和预防。网络犯罪正是在这种条件下，从失控的传统道德中突破出来的。

（三）犯罪收益因素

犯罪收益是犯罪人实施犯罪行为产生的一种“利润”。犯罪收益和犯罪成本紧密相关，如果犯罪成本低、收益高，就会刺激犯罪人的犯罪欲望，犯罪人往往会不顾法律、道德的约束，铤而走险实施犯罪。如果犯罪成本高、收益低，犯罪人可能会“抛弃”这个犯罪领域，去实施新的收益较高的犯罪或放弃犯罪。网络犯罪正是犯罪人对犯罪领域的“开拓”，使犯罪从“现实”领域走向新的

“虚拟”领域。

网络犯罪之所以盛行，其中一个重要原因就是犯罪的成本低、收益高。网络缩短了人与人之间的距离，节约了信息和交流成本，但同时也为犯罪降低了成本。犯罪人只要掌握了网络技术，下载一些木马程序就可以轻松窃取他人账户里的财产；无须进入他人住宅就可以运用木马程序进入他人电脑获取其隐私；租用一个服务器就可以建立网站传播诈骗信息，或者散布违法信息。而这些低成本、快捷的犯罪方式是传统犯罪难以企及的。同时，网络犯罪是以网络为媒介的，很多环节避免了人与人的接触，这使犯罪行为更加隐蔽、更难以获取线索和证据，从而使犯罪人的侥幸心理更加突出。网络犯罪的高成功率、高“收益”，是刺激犯罪人实施网络犯罪的重要原因。

(四）法律和管控因素

网络的发展速度日新月异，从而推动了一系列的社会变革。社会变革遵循着从失范到规范，从无序到有序，从失衡到平衡的发展轨迹，网络的发展也不例外。网络必须要依法管理，才能使网络进入有序的状态。但是，当前网络立法相对滞后，不能及时有效地规范网络行为，主要是由于高速发展的网络化、信息化和相对滞后的立法过程的矛盾造成的。网络发展速度快，网络法律的立法速度慢，这种滞后性导致了网络犯罪迅速上升。从侦查实践来看，近年来，尽管公安部门一直致力于对网络行为的监管和网络犯罪的治理，但在某些环节和某些方面仍然相对薄弱。在警力配置上，网警的数量相对较少，知识结构和专业化程度不够高。同样，在起诉和审判过程中仍然存在类似的问题，如网络犯罪证据的认定问题、网络犯罪的定性问题，等等。司法不力，造成了许多案件难以侦破、难以处罚。

第三节　网络犯罪的心理及行为特征

一、网络犯罪的心理特征

(一) 动机的多样性

网络犯罪动机具有明显的多样化特征。有的犯罪人出于谋财，如网络盗窃、网络诈骗、网络卖淫等；有的是出于商业目的，如攻击竞争对手的网站、窃取他人的商业秘密等；有的是出于报复，如恶意入侵或攻击他人电脑、利用网络散布他人的隐私、利用网络进行诽谤等；有的是出于政治目的，如利用网络进行反动宣传或煽动；还有的犯罪人出于表现个人的“才智”、炫耀自己高超的计算机技术，从而获得他人的认同和崇拜，如编制病毒程序并恶意传播，导致大量的电脑和网络瘫痪；还有的犯罪人出于畸形的需求，如网友间进行视频淫秽表演。

(二) 角色的随意性

网络为人们提供了一个不用见面就可以交流的便捷渠道，这也为犯罪人实施网络犯罪开启了方便之门。网民可以在网络聊天过程中随意选择自己的角色，而网络角色和现实角色往往有很大的差距，其主要原因在于很多个体出于弥补心理，在虚拟的网络世界里为实现自己在现实生活中难以实现的目标而选择理想中的角色。例如，一个贫困的人可能把自己装扮成百万富翁，一个弱小的人可能会选择一个健壮凶悍的头像，等等。同样，犯罪人为达到犯罪目的和出于掩盖身份、逃避侦查的需要，在实施网络犯罪过程中往往也随意变换自己的角色。例如，网络诈骗，犯罪人往往把自己吹嘘得天花乱坠，以不同的身份和角色斡旋于不同的受害人之间。

(三) 罪责感的降低

网络犯罪对于犯罪人来讲，心理承受的压力和罪责感比传统犯罪要减轻很多。现实社会的犯罪，如杀人，犯罪人在实施犯罪行为后往往对被害人有惧怕心理，当被害人倒在血泊之中、犯罪人双手沾满血迹时，犯罪人的恐惧心理尤为突出；盗窃犯罪，犯罪人往往怕被人发现，同样也会产生恐惧心理和罪责感。而大多数网络犯罪是一种“文明”的犯罪，很多网络犯罪，犯罪人往往只是敲敲键盘就完成了，看不到被害人的面目，也没有生动的情景，像玩网络游戏一样完成了犯罪，心理上感觉轻松，罪责感就会降低。同时，由于法制观念淡薄，很多犯罪人认为传统犯罪是明显的犯罪，而对网络犯罪没有清楚的认识，甚至不认为是犯罪。例如，网络黑客攻击网站获取他人信息被犯罪人认为是一种“游戏”，甚至认为是获得他人赞许、崇拜的“资本”，只要没把这些信息转卖给他人就不是犯罪。在这种自负心理和错误认知的推动下，罪责感几近消失。

(四) 侥幸心理突出

网络是一个虚拟的世界，在网络里交流的人可能素不相识，一些别有用心的犯罪人有可能也混杂其中。犯罪人在实施网络犯罪时往往使用匿名状态或假名，这为犯罪人提供了一个隐蔽的空间。很多犯罪人认为，网络犯罪和传统犯罪不一样，网络犯罪的隐蔽性非常好，利于逃避侦查，而且往往无须和被害人面对面地较量就能达到犯罪目的。只要犯罪人不被抓获，他们还会肆无忌惮地实施犯罪，一次次地从网络犯罪中获得“成就感”。他们认为只要自己隐蔽得好，善于伪装，计算机技术高超，警察也拿他们没办法，显示出了强烈的侥幸心理。

二、网络犯罪的行为特征

(一) 犯罪空间的虚拟性

所有网络的交往和行为都是通过数字化的形式来完成的，这种数字化的基本特征之一就是虚拟性。网络犯罪就是在这个虚拟空间里实施或转化出来的。传统犯罪大多有犯罪现场的存在，而网络犯罪是通过使用操作网络的技术，用数字化的形式来完成的，现实中的现场较少。大多数网络犯罪是通过虚拟空间完成的，使犯罪行为带有很大程度的虚拟性，给侦查部门提出了新的要求。一些网络犯罪发生后，民警往往要对犯罪人使用过的电脑、犯罪人的 IP 地址、域名等进行专业调查和跟踪，以确定网络犯罪的时间和“空间”等要素。

（二）犯罪方法的智能性

网络是现代科学技术发展的产物，犯罪人实施网络犯罪必须具备相关的计算机技术和知识。网络犯罪的高智能性具体表现为：首先，犯罪人一般具有较高的计算机技术或网络技术。无论是以网络资产为对象的犯罪，还是以网络技术为工具的犯罪，不掌握一定的计算机技术或网络技术，是很难实施的。其次，犯罪人多采用高科技手段实施网络犯罪，如远程监控程序、针孔探头等，有时候多种手段并用。在形形色色的网络犯罪中，无论是信息窃取、网络盗窃、网络诈骗还是网上黑客入侵和攻击等，无一不是与高技术联系在一起的。

（三）犯罪行为的隐蔽性

隐蔽性是刑事犯罪的一般特征，网络犯罪的隐蔽性表现则更为突出。首先，网络犯罪侵害的是无形的目标，除物理性破坏和因网络而引发的现实犯罪外，网络犯罪的直接目标往往是无形的电子数据或信息，而数据一旦储存进电脑，再设置一些密码、防火墙等，外人是很难发现的，并且数据进入电脑后就无笔迹异同的差别。因而，此类犯罪侦破难度相对较大。其次，大多数网络犯罪造成的后果是无痕的，不经过数据检测是难以发现的。例如，有的被害人的电脑长期被远程控制，成为名副其实的“肉鸡”，[①] 而用户却浑然不觉。再次，大多数网络犯罪的时间跨度较短，具有瞬时性。计算机执行一项犯罪指令，可以在很短的时间内完成，当发现犯罪结果时往往犯罪行为已经实施很长时间了。最后，网络犯罪的作案范围一般不受时间、地点的限制。在计算机网络普及的情况下，犯罪人可以在任何时间、选择任一地区、甚至任一国度作案。例如，犯罪

① “肉鸡”，是指电脑在开机状态下可以被他人随意窃取资料或者被他人随意操控。

人在国外租借服务器，创建色情、反动等非法网站，危害结果在国内，犯罪实施地点在国外，而犯罪人可能躲藏在另外一个国家或地区。

(四) 犯罪行为的连续性

网络犯罪的连续性主要表现为：其一，某些类型的网络犯罪，一旦某一非法指令或程序进入网络信息系统，就会持续不断地发挥作用，源源不断地为犯罪人“服务”。由于网络犯罪的隐蔽性较强，犯罪行为往往在实施了相当长的时间后才被发现。其二，网络犯罪的发现和侦破难度相对较大，犯罪人在实施犯罪后尝到“甜头”的同时如果没有被及时抓获，就会建立起一种侥幸心理，即犯罪人认为网络犯罪是“安全”的犯罪，强化其犯罪心理，从而反复实施同种犯罪行为。

第十一章　不同经历犯罪人的心理

第一节　初犯心理

一、初犯的概念

初犯即第一次犯罪（的人）。犯罪心理学所讲的初犯与刑法学中的初犯有所不同。在刑法学中，初犯是第一次犯罪并达到了犯罪构成要件的人。犯罪心理学中所讲的初犯，可能是第一次受到刑事处罚的人，也可能是虽有犯罪行为，但未达到刑事处罚条件的人，如未达到刑事责任年龄的人违法犯罪等。

仅就第一次而言，初犯存在两种情况，一种是初次犯罪是其后一系列犯罪活动的第一次，是相对于再犯、累犯而言的。另一种情况则是，行为人犯罪与其一贯的心理行为表现、思想状态不相符合，带有很大程度的偶然性、情境性。这种犯罪似乎与某种特定条件相联系，这种条件消除了，其犯罪的可能性也就没有了，因而他们的第一次犯罪也被设想为最后一次，这种情况被称为偶犯。

二、初犯的年龄特征

（一）初犯年龄的高峰期和关键期

初犯年龄的高峰期和关键期的确定，是以调查研究和发展心理学为依据的。大量调查表明，初次犯罪的时间并非均匀地分布于人的一生的各个年龄阶段，而是相对集中于一个时期，这个时期为初犯年龄的高峰期。而在这个高峰期之前，有一个对其走向犯罪具有关键性影响的时期，这一时期较易出现不良行为，但如及时发现，认真对待，应能避免其走向违法犯罪；如教育失当，或未能及时发现、制止其不良行为，则可能使其最终滑向犯罪。这一时期为初犯年龄的关键期。

一般来说，青年初期，也就是十五六岁到十八九岁为初犯高峰期；而少年期，即十三四岁到十六七岁，则为初犯年龄关键期。据国外的犯罪学研究，犯罪的年龄分布曲线显示，犯罪在15~18岁达到一个高峰；英格兰和威尔士犯可起诉罪的男性的高峰年龄是18岁，在美国因为犯《统一犯罪报告》中确定的指数犯罪而被逮捕的犯罪人的高峰年龄是17岁①。我国一些学者组织的“武汉市同龄群青少年违法犯罪纵向追踪调查”显示，在5341名1973年出生的未成年人（调查年份为2002年），有违法记录的67人中，42人第一次发生违法行为的年龄在14~17岁，约占63%；而有犯罪记录的56人中，39人第一次犯罪时的年龄在16~19岁，约占70%。② 这说明，在初犯高峰期之前，确有一个非常关键的时期，在这一时期的少年容易出现一些劣迹。

少年期是人的生理刚刚开始发生显著变化的时期，身高和体重增长速度加快，性机能开始萌发，智力有一定发展，但尚不能理解复杂的事物，对外部事物开始产生了广泛的兴趣，并在好奇心支配下有了一些探求行为。但由于他们基本上还没有形成稳定的道德信念，价值观、人生观也还仅仅处于萌芽时期，因而在他们的探求过程中，并不明确自己行为的后果和责任。因此，只要发现及时，注意引导，教育得法，并不影响他们的社会化过程。但如果忽视了这一现象，对发展未加引导，对过错未能及时发现，或教育不得法，也会对其社会化和心理发展产生消极影响，某些不良行为就可能成为走向犯罪的前奏。正是由于这一时期对青少年心理发展和社会化进程的关键意义，这里称之为关键期。

---

① ［英］Ronald Blackburn著：《犯罪行为心理学——理论、研究与实践》，吴宗宪、刘邦惠等译，中国轻工业出版社2000年版，第41页。

② 郭翔、许前程、戴宜生、张潘仕：《武汉市同龄群青少年违法犯罪纵向追踪调查研究报告》，载《青少年犯罪研究》2002年第1期。

在少年期之后，便进入了青年初期。这一时期是人的生理、心理发展变化最激烈，矛盾最尖锐的时期。这个时期最突出的特点就是青少年生理、心理发展的不平衡性，表现为生理发育的迅速成熟和其个性心理尚不成熟的矛盾。这一时期，青少年身高迅速增长，体重迅速增加，体能大量过剩，性机能日趋成熟，性的要求和体验开始出现并迅速高涨。可以说，青年初期的生理发育速度是人的一生中变化最显著的时期。在心理发展上，这一时期同样是心理活动最活跃，心理发展最不平衡的时期，其表现是各种物质的、精神的、生理的欲求变得十分强烈，自我意识强且易受挫折。喜欢聚团结伙，意志活动、世界观、人生观和道德信念等规范行为的心理的发展则有所滞后，这使处于这一阶段的青年，理智往往不能很好调节、控制其亢奋的生理欲望和情绪冲动，行为受环境、情绪的影响较大。因此，这一时期的青少年一旦遇到适宜的条件和诱发因素，极易走上犯罪道路。所以，这一时期成为初犯高峰期，有其深刻的心理根源。

青年初期是一个容易发生罪错的时期，也是心理发展过程中极为重要的时期，是一个人的个性成型期。因此，既要看到他们有易越轨的一面，因而需要加强引导、教育，避免他们误入歧途；同时，对有了过错的青少年，也不能歧视，而是要采取正确方法加以挽救。就人的一生而言，这一时期仍是容易改过自新的时期。

（二）初犯年龄的趋前化

大量调查研究表明，初次犯罪年龄，近二十年内提前了 2 岁左右，不管是关键期还是高峰期，都相应有所提前。初犯年龄的趋前化与青少年生理发育成熟期的趋前化是一致的。研究表明，与 20 世纪五六十年代相比，青少年生理发育成熟期提前了大约 2 岁。20 世纪五六十年代，女性一般在十四五岁，男性在十五六岁，性发育成熟；而现在女性则提前到十二三岁，男性提前到十三四岁。这种性发育前倾的现象影响了青少年的身心发展和社会适应性。因为发育前倾缩短了儿时接受教育与必要训练的宝贵时间，从而影响了个人自我控制能力的培养和锻炼；同时，社会中各种性信息的泛滥，使个体性意识的出现随之大大提前了，但性教育及法律意识、道德观念的树立并未与此相适应，使这一矛盾更显突出，所以个体性意识、性要求往往以社会规范所不相容的方式表现出来，这极易造成一些青少年在性问题上出现过错。另外，发育前倾并不意味个体开始独立生活的时间也随之提前，实际情况正好相反。随着社会劳动的复杂化，社会生产力的迅速发展，要求社会成员要具备更强的能力结构和更全面的知识结构，这使青少年进入社会所需要的学习期限延长了，即准备期延长的现象。社会发展提出的这样一个要求，与青少年性发育成熟期提前的现状正好又构成了一个尖锐的矛盾，这使青少年体力、活动能量的急剧增加，与其参与社会生活所需要的知识和认识水平极不适应，对青少年的健康成长产生了消极的影响。可以说，性发育前倾是导致出现犯罪低龄化和犯罪手段成人化的重要因素。

由于初犯的高峰期和关键期，恰好处在青春期前后，因而青春期常常被人称为“危险期”，是需要加强引导、教育的重要时期。

三、初犯的心理特征

（一）激烈的动机斗争和心理冲突

就大多数初犯而言，犯罪前一般会有激烈的动机斗争和心理冲突。一方面他们产生了某些需要，如对财物的贪婪欲求，对女性的占有欲等，这些需要无法通过正当途径得到满足，于是产生了以非法手段进行满足的心理冲动；另一方面，他们往往也意识到自己的行为后果和自己应负的法律责任，考虑行为败露后对自己前途的影响，而这些方面的心理活动是抑制其犯罪冲动的因素，犯罪人的动机斗争和心理冲突表现为犯罪的冲动与抑制因素的相互斗争和衡量对比。当犯罪冲动占上风时，也就形成了犯罪动机。应该指出，这种心理冲突一直延续到犯罪行为过程中，犯罪人面对自己给受害人造成的损害，及其他阻碍犯罪成功的因素，以及内心的紧张恐惧情绪等，会产生是继续犯罪还是中止犯罪的心理冲突。而在作案结束后，面对自己的行为后果和公安机关破案进程的压力，会产生是逃窜、藏匿，还是投案自首的心理冲突。当然这一系列的心理冲突都是犯罪前动机斗争和心理冲突的继续与发展。这些动机斗争和心理冲突，会导致犯罪人在现场留下一些典型的痕迹，如长短不一的烟头、凌乱的脚印等，侦查人员可以据此判断犯罪人是否为初犯，对于确定侦查方向有一定的价值。

在激情性犯罪中，由于行为人是在当时特定情境中，由情绪的暴发引起的，因而似乎没有明显的动机斗争，但其内心深处的心理冲突依然是存在的，而且是强烈的。

（二）侥幸心理

犯罪人经过激烈的动机斗争，最后之所以确定以犯罪的手段满足自己的需要，原因在于侥幸心理占了上风，说明他们虽然害怕作案失败，身败名裂，但其强烈的犯罪心理冲动抑制了其后怕心理，使其概率并不大的犯罪成功的希望占据了整个内心世界，侥幸心理成了这个时期占支配地位的心理活动。可以说，侥幸心理是犯罪人特别是初犯形成犯罪动机的基本的心理依据。

侥幸心理是与冒险盲动联系在一起的。因为侥幸心理的产生不是以理智为基础的，而是以自以为不会发生什么意外的幻想为基础的，是以一种掩耳盗铃式的心理安慰为基础的，这就使其行为必然具有盲目性。

（三）恐惧心理

人在危险状态中，感受到外部威胁和现时危险或者事后回想起危险的情境时，会产生恐惧情绪。人在产生恐惧情绪后，在有机体内部如心跳、血液流动、内分泌及外部表情等方面会有所反应。恐惧作为一种消极的心理状态，是一种阻碍个体活动效果的因素，强烈的恐惧心理，甚至有可能使个体不得不放弃行为动机。因此，恐惧心理是一个人实施犯罪行为的制约因素。

作为初犯，由于他们缺少作案经验，面临着各种困难，还有作案一旦失败即要受到惩处的危险，因此恐惧心理在初犯身上是较为明显的。它不仅伴随犯罪行为人作案的全过程，而且也有可能由于强烈的害怕败露的恐惧心理压倒了其犯罪冲动，从而在作案之前就放弃犯罪动机，或中止犯罪。一般说来，恐惧心理在初犯身上往往延续较长时间，不少初犯在作案结束后很长一段时间仍有恐惧心理。当然，初犯的恐惧心理和侥幸心理一样，随着作案的成功会发生一些变化，只不过变化的方向不同。如果初犯作案成功，或作案后未得到及时处罚，其恐惧心理就会大大减弱，而侥幸心理则会得到强化。

（四）悔恨心理

悔恨心理是人在反省了自己的行为错误后，道德感复苏的一种表现。悔恨心理是人的心理、行为得以改善的基础。初犯特别是偶犯之所以犯罪往往有多方面原因，他们大多尚有一定的社会道德或法律意识，当他们出于情绪激愤或外部诱因的强大诱惑而进行犯罪后，看到自己行为后果的危害，常会产生一定程度的悔恨心理，如自责、内疚。在这种悔恨心理支配下，有的会对自己的犯罪行为后果加以补救，减少了犯罪给受害人的侵害；有的则在这种心理支配下，投案自首，改过自新。但应该看到，初犯的这种悔恨心理往往是不稳定和不彻底的，如果我们能及时捕捉到这种心理活动的轨迹，并施以正确的诱导措施，则会使其悔恨心理外化为悔恨的行为表现，否则这种悔恨的心情很可能成为其心理活动的一瞬间，很快为其作案带来的刺激和成功体验所淹没，导致其犯罪心理恶性发展。

（五）未定型的不良个性

一些青少年初犯之所以犯罪，自然是因为他们染上了某些不良的个性品质，如有的道德认识水平低下，有的形成了不健康的生活方式和思想观念，有的沾有不良行为习惯，有的容易冲动，意志控制力较差。但这种表现往往只是其个性结构中的一个方面，而在其他方面与社会要求并不相悖。例如，有的爱冲动，讲义气，但也有正义感；有的虚荣心较重，但工作也认真；有的则是在某些特定情境中表现出其不良的一面，而多数情况下则是好的，这说明青少年初犯个性品质尚未定型。这一特点，与青少年时期心理发展的水平是一致的。

（六）受处罚后易出现自暴自弃思想

青少年初犯受到处罚后，容易产生消极悲观的情绪，失去悔改的勇气，萌生自暴自弃、破罐破摔的思想，这一心理状态，实际上是青少年初犯怀疑自己不能重新自立于社会的自卑感和强大挫折感对其自尊心、虚荣心的冲击的交互作用产生的。这一思想状态说明他们具有较强的罪责感、悔恨心理，因此，应抓住时机对其进行教育改造。

四、初犯犯罪心理的发展

初犯作案后，其犯罪心理一般沿两个方向发展，即良性转化或恶性发展，前者是指初犯在犯罪后悔过自新，不再犯罪；后者是走向再犯、惯犯甚至职业犯。

所谓再犯，是指初犯在第一次违法犯罪后，没有受到刑事处罚，再一次进行违法犯罪活动。再犯的心理特征既不同于初犯，也不同于累犯和惯犯。比较初犯而言，再犯主要存在下列心理特征：

（一）积累了少量作案经验

由于有了第一次作案的经验，于是再次犯罪时，侥幸心理渐趋严重，恐惧心理大为减弱，紧张程度明显降低。但是，由于再犯是在未受到及时惩处的情况下再次违法犯罪的，因而他们没有受到惩处的挫折感，没有积累反面的经验，因而其犯罪经验与累犯、惯犯相比是不完全的，犯罪时的恐惧心理、后怕心理依然较为强烈。

（二）动机斗争和心理冲突有所缓和

初次作案，动机斗争、心理冲突较为剧烈，但第一次作案的成功，使其非分之想得到满足，因而再犯动机得到鼓励。从抑制方面来说，他们未受到应有惩处，对自己作案成功的希望增强，侥幸心理上升，恐惧心理减弱，道德、法制观念降低。因而抑制动机受到排斥，所以，再犯往往不具有初犯那样激烈的动机斗争和心理冲突。

（三）犯罪时心理稳定性增强

初犯在犯罪过程中，恐惧、紧张情绪是伴随始终的。而再犯时，这种情绪大为减弱，心理稳定性增强。

（四）导致其犯罪的某些错误认识得到强化

初犯往往是在某些错误认识支配下进行犯罪的，如一个初犯认为，干大事的人都要善于冒险，一件事只要对自己有利，哪怕只有1%的希望也可以去冒险。这种认识促使他第一次进行了小额毒品走私，当初次作案未被发觉，未受惩处时，这一结果似乎正好验证了他的那种错误认识，于是这种错误认识得到了强化。这种得到强化的错误认识，会比第一次更为容易地影响、促使他形成再犯动机。

（五）某些不良的个性品质得到发展

初犯者第一次作案大多与其个性品质的某些不良倾向有关，这些不良倾向如能得到及时矫正，多会发生良性转化，否则，其不良倾向就会得到进一步发展和扩大。例如，一个偷盗初犯，在其个性品质中有好吃懒做的不良倾向，如未得到及时惩治，这种不良品质就会进一步发展，不仅不劳而获，而且变得贪婪，这种得到发展的不良个性品质是形成再犯动机的重要心理依据。

第二节 累犯和惯犯心理

一、累犯和惯犯的概念

（一）累犯的概念

累犯，是指受过一定刑罚处罚，在执行完毕或者赦免以后，在法定期限内又犯一定之罪的犯罪人。因此累犯不仅不同于初犯，也不同于再犯，其区别主要在于累犯具有初犯所没有的，比再犯更为全面的犯罪经验。

1. 作案的经验

初犯一般没有作案经验。有的初犯只是从某些传播媒介间接获得了一些作案的经验，而没有直接作案的经验。再犯虽有了直接作案的经验，但其没有作案失败的经验。只有累犯才有较全面的，包括犯罪成功和失败正反两方面的经验，这些经验包括犯罪动机的伪装、犯罪准备、犯罪的手段和反侦查手法的使用等方面。

2. 诉讼的经验

累犯受过刑事处罚，经历过刑事诉讼的全部过程，对公安机关的侦查破案、检察机关的提起公诉和审判机关的法庭审理等过程都亲身经历，这种经验是其他犯罪人所没有的。

3. 监狱的经验

累犯有过监狱生活的经历，因而他对监狱中的监规监纪，对监狱与外界隔绝的环境，对犯人自由的限制，对犯人的强制劳动改造以及监狱的气氛与生活都有所了解和体验，这也是初犯所不具有的。

4. 重返社会的经验

累犯既然是刑满释放重返社会后又重新犯罪的，因而他对于重返社会后自己所受到的社会压力，自己重返社会后复杂的心态，及各种不便之处都有所了解，所以他们对于重返社会后的生活比较适应；而初犯出于对自己名声、前途的顾虑，对于重返社会往往忐忑不安，压力重重，这说明他们由于缺少累犯那种重返社会的经验，因而显得不适应重返社会后的生活。

（二）惯犯的概念

惯犯，是指反复实施同类犯罪，已形成犯罪恶习的犯罪人，也称“常习犯”“常业犯”。在我国，惯犯多见于财产犯罪，如走私惯犯、偷盗惯犯、抢劫惯犯、诈骗惯犯、赌博惯犯等。

惯犯既不同于初犯，也不同于累犯，他们之间的主要区别是：

1. 惯犯犯罪行为的反复性

所谓反复性，即反复多次实施同一类犯罪，初犯犯罪行为没有多次性特征，而累犯则不限于同一类犯罪。

2. 惯犯作案方式的定型化

由于惯犯长期实施同一种类犯罪，因而惯犯的犯罪手法，往往已形成了具有浓厚个人特点的熟练特征；初犯和累犯不具有这一特征。

3. 惯犯犯罪心理的顽固性

以犯罪获得不义之财已成为惯犯的一种生活方式，因此，只要一遇适宜犯罪的机会，就不会经过或只经过微弱的动机斗争和心理冲突，就去进行犯罪，其行为反应机制具有自动化特征。惯犯的犯罪心理也是不易改造的。所以，惯犯的犯罪心理较之初犯和累犯更为顽固。

二、累犯和惯犯的一般心理特征

（一）犯罪心理形成的自觉性和主动性

几乎所有的故意犯罪是自觉主动的行为，但就犯罪心理的形成而言，不同经历的犯罪人其犯罪心理形成的自觉性和主动性是不同的。初犯犯罪心理形成大多具有一定的被动性，被教唆、引诱、暗示、胁迫、诱惑的成分较多；累犯犯罪心理的形成则有较强的自觉性和主动性，因为他们既了解犯罪的后果，也承担过因犯罪所引起的法律责任，但却再次铤而走险进行犯罪。而且累犯在作案之前，往往动机更为明确，准备更为周密，作案的过程更为有条不紊；比较之下，惯犯犯罪心理形成的自觉性和主动性更强，甚至带有自动、反射的性质，只要一遇适宜的作案时机，就能激活其犯罪的冲动。

（二）对抗心理和反社会意识

犯罪是一种对抗社会秩序和法律制度的行为，因而即便是初犯，也存在一定的对抗心理和反社会意识，但从程度上说，初犯的对抗心理和反社会意识是朦胧的、微弱的；从内容上说则是具体的，是针对具体的个人和现象的。

累犯具有较强的对抗心理和反社会意识。因为累犯受到过司法机关的打击，因而他们常常对政府、公安机关存在一种敌视、对抗的心理。这种心理在累犯作案前后常有较强的表现，如他们对犯罪较少有恐惧、悔罪心理，对再次被捕常常满不在乎；在审判和关押期间，想方设法对付审讯、蒙骗法庭，对自己的罪行轻描淡写，把犯罪的原因推给他人、社会甚至受害人，毫无自责意识；在改造期间，消极对抗，有的甚至向初犯传授犯罪和反侦查、反审讯的经验；在被释放后，不能正确对待因自己的经历给自己在生活、就业等方面造成的困难，反而把这些困难归咎于社会。从累犯犯罪的心理动力因素来看，补偿心理对累犯犯罪动机的形成起了重要作用，许多累犯抱着一种“狱内损失狱外补”的心理，在出狱后不久，就重新进行犯罪活动。这种补偿心理实际上也是其对抗心理的一种表现。

惯犯的对抗心理和反社会意识更为强烈，表现在：一方面，惯犯的对抗心理和反社会意识具有顽固性，许多惯犯多次受到处罚，但仍不思悔改，反而更加猖狂地进行犯罪活动，犯罪行为对于惯犯而言，已不是一时冲动的结果，也不只是为满足一时一事的需要，而是一种行为习惯和生活方式；另一方面，惯犯大多具有自己的一套与社会公众意识完全背道而驰的犯罪哲学，表现在他们对于犯罪无丝毫羞耻之心，反而认为犯罪有理，并在自己的犯罪哲学的基础上，把某些犯罪视为自己的常业。与这种反社会的意识相对应，惯犯的人生观、道德观和价值观等往往也是与社会相对立的。

(三) 情感特点

累犯和惯犯具有消极的受到歪曲的情绪、情感特点。

第一，从犯罪前后的情绪反应性来看，累犯和惯犯对犯罪较少甚至没有畏惧和负罪感，因而他们在犯罪前后的情绪变化不明显，情绪活动较为稳定。其表现是，在作案前，不像初犯那样紧张、激动，而是处于较为平静的情绪状态，其外部表现无太多、太明显的反常现象；作案过程中，能对自己的情绪进行自我调整和控制，因而不像其他犯罪人那样紧张、恐惧，手忙脚乱，而是情绪稳定，沉着老练，即使遇到意外情况，往往也能随机应变，而不至于惊慌失措；作案结束后，也不像其他犯罪人那样有一种后怕心理，更不会有负疚之感。相反，累犯和惯犯特别是惯犯在犯罪后常有一种满足感，作案后能像平时一样生活，甚至轻松愉快。

第二，累犯和惯犯缺乏正常的社会情感。一般人都具有正常的道德感、理智感和美感等社会情感，初犯往往在这些社会情感的某些方面，在某些时候，表现出一些缺陷，但他们并未完全丧失这些社会情感；累犯和惯犯的社会情感则几近消失，他们没有高尚的道德情感，甚至对社会、对国家充满怨恨；他们没有正常的同情心、友谊感；他们对别人的痛苦不仅不会同情、怜悯，甚至能从别人的痛苦中获得乐趣。

就一般情况而言，虽然累犯和惯犯的情感特点在上述两个方面是一致的，但在程度上还是有所区别，如惯犯在作案前后的情绪稳定性更为突出，惯犯比累犯更缺乏社会情感。

（四）意志特点

累犯和惯犯的意志活动具有两极性特点。这种两极性表现在，强烈的犯罪冲动与薄弱的犯罪抑制力两个相互对立的特征。但比较之下，惯犯在意志活动中的两极性品质，比累犯更为突出。其表现为善于捕捉作案时机，并制订周密的作案计划；在犯罪动机形成过程中，犯罪的冲动极为强烈，抑制动机极为薄弱，根本不足以阻止犯罪动机的形成；在犯罪实施过程中，会全力以赴，不达目的不罢休，即使遇到障碍，也会忍受、坚持，想方设法予以排除，而极少出现犯罪中止的情况。所以对于惯犯而言，一方面在犯罪的道路上越滑越远；另一方面，在改邪归正的道路上，越来越缺乏毅力和决心。

（五）个性特点

累犯的不良个性较初犯而言，得到进一步发展和深化。例如，有的自私自利，极端个人主义思想得到发展；有的对金钱和财物的贪欲进一步膨胀；有的报复心理、嫉恨情绪恶性发展；有的道德感、价值观等急剧下滑，这些说明累犯的不良个性已发展到较为严重的程度。

惯犯大多已形成了较为稳定的、不良的个性品质，特别是性格，更是畸形发展。一些学者对惯犯的性格特征作出了如下概括：

对劳动和劳动成果方面，惯犯缺乏劳动观念，寄生、剥削思想严重，不爱惜劳动成果，挥霍财物。对自己和他人的态度方面，惯犯是极端自私的，缺少自尊心和羞耻心，自以为是，过分自信，固执；同伙之间是相互利用、相互猜疑、相互倾轧的关系；对被害人则残暴无情、心狠手辣，无怜悯和同情心，无悔罪心理；对他人缺乏热情、信任，交际狭窄，孤僻。对社会的态度方面，惯犯具有强烈的反社会意识，有压抑和反抗感。

当然，不同的惯犯具有各自的个性特征，如偷盗惯犯多孤僻、内向；而诈骗惯犯则多能言善辩，善于伪装，善察言观色，善博得人们的信任。

三、惯犯的行为特征

（一）类似性

惯犯由于多次实施同类犯罪行为，多次重复使用同样的手段、方法进行作案，使其在不同的犯罪案件中，在作案的方式、方法和手段上形成自己的特征，即其行为方式具有习惯化、定型化和个性化的特点。这种特点具有一贯性和类似性，并且会随着犯罪经验的积累不断改进和升级。这也是对多个案件进行串并的重要依据。

（二）狡诈性

惯犯由于多次作案，因而大多已掌握了一定的作案经验和应付侦查的手段，如扒窃惯犯、诈骗惯犯，不仅具有一定的作案技巧，而且比较了解受害人的心理，有的还有一套应付紧急情况、对付侦查的手法，从这点看，惯犯比初犯和累犯更为狡诈。

（三）疯狂性

惯犯作案常常是肆无忌惮、无所顾忌的，对受害人毫无同情和怜悯心。在作案过程中只要被害人稍有反抗，往往就会痛下杀手，为达犯罪目的无所不用其极。这种疯狂性还体现在犯罪动机的派生和转化上，如犯罪人在入室盗窃过程中本没打算杀人，但被事主发现后为尽快逃脱就杀人灭口，看到现场和自己身上的斑斑血迹，又纵火焚尸灭迹，等等。

（四）周期性

惯犯作案大多具有周期性，在某一段时间内，他们频繁作案，有时又会销声匿迹，偃旗息鼓一段时间。周期性的特点受犯罪人内外两方面因素的制约，一方面受犯罪人个人需要满足程度的影响，许多惯犯是以犯罪所得为生活来源，当犯罪所得足以支付其相对较长时间的支出和挥霍时，他有可能在这段时间不去作案；当犯罪所得无法满足其贪婪欲求和挥霍欲望时，他就会在一个较为集中的时间内频繁作案。另一方面，惯犯的作案周期又是以社会治安的大气候为转移的。一般说来，惯犯对适宜或不适宜犯罪的信息、时机具有较强的感知能力，并能选择自认为“最安全”的时间、地点来实施犯罪。

第十二章　青少年犯罪心理

第一节　青少年犯罪概述

一、青少年及青少年犯罪的概念

（一）心理学中的青少年期

按照发展心理学划分的年龄阶段，青少年时期一般是指少年期（11岁、12~14岁、15岁）、青年初期（14岁、15~17岁、18岁）、青年中期（17岁、18~21岁、22岁）和青年晚期（21岁、22~25岁）。但在实际运用中，人们对“青少年”概念的理解有所不同。这种不同集中体现在对青少年时期截止时间上的认识差异。之所以出现这一差异，是因为一方面，各个国家关于年龄阶段划分的标准不统一，生理成熟、心理发展水平的差异导致青少年的年龄标准也不尽相同；另一方面，基于不同的学科背景往往会导致对青少年界定的差异。

青少年时期正处于青春发育期，是生长发育的第二个高峰，在心理上处于儿童心理向成年心理的过渡阶段，是人生发展的关键时期。在这一时期，正是个体由无知走向成熟，由无责任能力到能履行一定社会职责的过渡、转折时期，其结果决定了一个人的前途命运。同时，这一时期也是生理、心理急剧发展、变化的时期。生理发育与心理发展的矛盾冲突，情感的复杂多变，是非标准、价值标准的不确定性使他们的心理极其不稳定，容易受社会环境的影响，而且由于他们独立意识和逆反心理强，对其教育、引导比较困难，因此，在这一时期，青少年容易受社会的不良影响而走上犯罪的道路。

（二）青少年犯罪的概念

青少年犯罪通常是指已满14周岁不满25周岁的青少年实施了刑法和有关刑事法律所规定的犯罪行为。但在学理研究中，为了探究青少年犯罪的规律性，往往根据青少年生理、心理发展阶段的特殊性，对这个时期作适当前伸，从而使青少年犯罪的概念大体上与上述青少年的年龄界限一致，即将11岁、12~25岁的青少年实施的犯罪行为统称为青少年犯罪。这里所说的“犯罪行为”，不仅包括刑法意义上的犯罪行为，还包括严重不良行为和一般违法行为。因为在现实生活中，我们随时都可以观察到一些青少年严重不良行为和违法行为，如小偷小摸、打架斗殴、酗酒，等等。对于实施了上述行为的青少年，因为其行为不具备刑法中所规定的关于犯罪的量刑的标准，所以也就容易被人们所忽视，而这却是犯罪心理学应该进行的、不可忽略的研究部分。对这一部分青少年越轨行为的研究，是基于以下两个方面的考虑：其一，一般违法者和犯罪者在心理机制上是难以区分的，二者之间并无本质上的区别，且在现实中有严重不良行为和一般违法行为的青少年群体远远大于受到刑事制裁的青少年犯罪群体。其二，犯罪行为的实施，是一个心理上的渐进过程。也就是说，犯罪行为正是由不良行为、一般违法行为逐渐演变而来的，许多犯罪人在青少年时期就表现出明显的越轨行为。因此，研究青少年犯罪，也应包括青少年严重不良行为和一般违法行为。

二、青少年犯罪的现状及特点

（一）青少年犯罪的现状

青少年犯罪已经是世界各国普遍关注的社会问题。青少年犯罪在全世界范围内蔓延，引起各国政府的忧虑和犯罪学者的关注。20世纪50年代以来，联合国预防和控制犯罪委员会召开的历届大会，都把青少年犯罪问题作为中心议题，呼吁大力开展青少年犯罪和青少年犯罪预防研究。

就我国而言，20世纪70年代末，尤其是进入20世纪80年代以来，青少年犯罪呈增长趋势，已经成为严重危害社会治安的问题。在我国改革开放初期，“文化大革命”所造成的恶果包括对一代青少年教育的荒疏，无法在短时期内消除，再加上发展市场经济而产生的一些负面效应，致使青少年犯罪数量至今居高不下。暴力犯罪仍是青少年犯罪当中最为突出的犯罪类型。同时，随着世界一体化的发展，网络技术的普及，青少年犯罪的流动性、智能化明显突出。这表明，青少年犯罪仍然是我国的一个严重的社会问题，不容忽视。

(二) 青少年犯罪的一般特点

1. 低龄化趋势

由于社会文化的繁荣，青少年广泛接触各种信息，生理、心理上普遍早熟，一旦把握不好人生方向，则极易误入歧途，走上违法犯罪的道路。当前青少年犯罪人的平均年龄比20世纪70年代提前了2~3岁，一般来说，青少年犯罪群体从10~12岁开始有劣迹，13~15岁是一般违法的高峰年龄阶段，15~18岁是犯罪的高峰年龄期。

2. 违法犯罪突发性

青少年生理发育快，心理状态不够稳定，自我控制能力弱，容易冲动。这些生理上的特点，决定了青少年犯罪人和成年犯罪人相比，其犯罪动机和犯罪目的具有很强的随意性和盲目性。一般在事前没有经过仔细的权衡和周详的预谋，常常是在外界偶然情境的诱导和刺激下，迅速产生犯罪动机，从而发生犯罪行为。很多青少年的犯罪行为缺乏思考，不计后果，表现出很强的突发性。

3. 暴力犯罪突出

青少年犯罪除以盗窃财物犯罪占最多以外，其他如抢劫、抢夺、伤害、绑架、强奸、打架斗殴等暴力型犯罪占相当的比例。特别是近年来在青少年犯罪案件中，暴力犯罪逐年递增，暴力手段不断升级，而且由过去的单一型暴力向混合型暴力犯罪发展。

4. 结伙犯罪突出

拉帮结派，纠集团伙是当前青少年犯罪的突出特征。渴望友谊、乐于合群，是青少年的一种心理需求，也是独立意识的外在表现，他们在父母面前往往封闭自我，而更喜欢同年龄相仿、意气相投的同学、伙伴在一起，形成一个个小群体。青少年犯罪多以结伙形式出现，与特定年龄阶段的这种心理需求有关。另外，青少年犯罪人经验少、能力差，结伙作案，可以让他们相互激发，在一定程度上减轻了恐惧感和孤独感。所以，青少年结伙犯罪大多是临时纠合在一起，结合过程简单，一哄而起，少则三五人，多则十几人，成员很不固定，分离组合比较频繁，一般随着一个犯罪活动的终结而自行解体。

5. 作案手段的模仿性

作案手段的模仿性是青少年犯罪的一个新特点。随着西方文化的涌入和大众传媒的发展，具有不良品质的青少年，容易从一些暴力、淫秽等不健康的影视作品或网络媒体中，获得刺激，也从中学到一些作案方式与技巧，使其犯罪行为具有明显的模仿性。

6. 再犯比例高

青少年的性格可塑性大，比较容易接受感化教育。然而，由于青少年思想上不稳定，喜欢意气用事，抵制不良诱惑和自我控制的能力差，极易受外界的影响，使其犯罪行为常有反复，往往在犯罪与悔改之间摇摆。在司法实践中可以看出，青少年犯罪人中有犯罪经历和曾经被司法机关打击的犯罪人占了很大的比例。有的青少年犯罪人在接受感化、挽救之后，一旦又回归到不良环境，接触不法群体，则极易故态复萌。反复的次数越多，犯罪人格越被强化，教育改造的难度也就越大。

7. 因网络、毒品而诱发的青少年犯罪急剧上升

近年来，网络和毒品成为青少年犯罪的主要诱因。在互联网和信息产业迅猛发展的同时，也带来了不容忽视的负面影响，青少年很容易接受这些负面影响而误入歧途甚至走上犯罪的道路，近年

来，这方面的统计资料说明了这一点。同时，在我国登记在册的吸毒人员中，青少年占了70%以上，在这些吸毒人员中，又有80%以上有过违法犯罪行为。

第二节　青少年犯罪心理形成的相关因素

青少年是人生成长的关键时期，也是一个充满矛盾的“危险时期”，社会化任务较为艰巨。如果这些矛盾解决得好，那么将有利于青少年的健康社会化，否则就会出现社会化障碍，导致越轨行为甚至犯罪行为。具体说来，青少年犯罪心理的形成，主要是由青少年时期特殊的矛盾导致的。

一、青少年生理发育与心理发展的矛盾

（一）青少年时期的生理发育

青少年时期是个体发育最为显著的阶段，主要表现在身体外型的巨大变化。身高和体重迅速增长，第二性征出现。到了青春期，整个身体出现明显的两性差异。同时，青少年时期的脑神经系统结构和机能发育成熟，使青少年的好奇心和探求能力迅速发展。脑机能特别是大脑皮层细胞机能的迅速发育，使青少年具有明显的兴奋性强的特点。青少年时期性器官的发育，性机能成熟，开始有了性的冲动和向往，而且随着社会的不断发展，性的成熟期普遍提前。因此，青少年时期是人生长发育的一个特殊时期。

（二）青少年时期的心理发展

青少年时期的生理发育直接影响心理发展，特别是中枢神经系统的发展，为心理的发展提供了物质基础。但青少年时期由于人生体验不足，心理发展水平欠缺，辩证思维、批判思维不发达，遇事容易偏激，固执己见。如果缺乏正确的教育、引导，就会导致行为上的偏差。尤其是在外界消极因素的作用下，就会对不良、错误的社会信息表现出强烈的好奇心和冒险性。

青少年时期由于脑垂体等激素的分泌，不仅促使个体全身组织

的迅速发育，而且也增强了脑神经系统的兴奋性。生理上的变化使青少年个体的情绪不稳定、易激惹、好冲动，有些个体由于难以控制自己的情绪而促成激情犯罪的发生。

性器官、性机能发育成熟的一个直接后果，就是促使青少年产生了性意识，并引发其一系列的、复杂的心理变化。青少年个体意识到自己在走向成熟，并对性产生好奇和新颖感；对异性感到害羞和兴趣，同时也会对异性产生特殊的好感，开始有意引起异性对自己的注意，一些青少年在这种情况下会进一步发生早恋。如果没有受到正确的性教育和情感教育，就容易接受外界不良的刺激，特别是黄色文化的腐蚀和不良伙伴之间的相互习染，一些法制意识薄弱的青少年，就可能放肆地追求性刺激，从而走上违法犯罪的道路。

总之，青少年时期生理的迅速发育与心理水平提高的相对缓慢之间的矛盾是客观的现实存在，这也是个体在人生发展过程中必须要经历的。生理的发育使青少年在外形上更像成年人，而其内心依然是幼稚的、不成熟的。青少年心理发展水平的欠缺，使个体还不能够正确地、理性地处理情感上的冲动，缓解焦虑的情绪状态，客观地分析自己所经历的人和事。正是由于一些青少年没有解决好这一矛盾，才导致他们走上违法犯罪的道路。

二、青少年自我意识的矛盾

（一）自我意识的含义

自我意识，是指个体对自己已经形成的心理特点和正在发生、进行的全部心理活动的认识，以及对自己与外界事物相互关系的认识。自我意识是对自己身心状况的体验、认识和控制，是对自己能力的反省，表明每个人都在以独特的方式来看待自己和世界。自我意识可以代表个体心理特点的总括，也可以影响个体个性心理结构中的个别成分。

自我意识的发展一般要经过三个阶段，即生理的自我意识、社会的自我意识和心理的自我意识。个体的自我意识产生以后，随着自我意识的不断发展，个体逐渐脱离对成年人的依赖，表现出更大的主动性与独立性，并强调自我的价值和自我的理想、目标。

（二）青少年自我意识的矛盾

在青少年时期，个体逐渐开始从朝向外界的观察，转变为朝向自我的观察和评析。于是，青少年个体既是观察者同时又是被观察者。与此同时，自我意识也就会被分化为两个处于不同地位的部分。即作为观察者，成为“理想自我”，对自己的将来的设想和认识；作为被观察者，成为“现实自我”，对自己目前所达到的实际发展水平的认识。“理想自我”处于观察者的地位，对“现实自我”进行观察，视其能否符合“理想自我”的要求。就一般意义而言，“现实自我”总是落后于“理想自我”，二者的不一致，便会产生自我意识的矛盾，给个体带来心理上的紊乱。

青少年自我意识的矛盾实际上就是青少年“理想自我”与“现实自我”的差距所引发的心理冲突。在这种状态下，青少年个体会试图把分化了的两个部分统一起来，但统一的方式却和成年人不尽相同。具体说来，有以下两种统一方式：（1）积极的统一。积极的统一就是主动地发展自我意识，按照社会的要求使“现实自我”不断完善，接近或达到“理想自我”的标准。积极的统一无论是对青少年自身的发展，还是对社会来说，都是有积极效应的。（2）消极的统一。消极的统一包括两种可能性：其一是虚假的统一，即青少年个体采取推诿给客观原因或原谅自我的办法来解除自我意识的矛盾，获得心理上的平衡；其二是有严重危害性的统一，即在外界不良因素的影响下，形成错误的、甚至是反社会的“理想自我”。在这种情况下青少年个体自我意识的统一，实际上就是犯罪人格的滥觞。

三、青少年个性心理结构内部的矛盾

个性心理结构是一个多层次、多水平、有机统一的整体，其内部各因素之间既相互依存，又相互矛盾、相互制约。青少年由于心理发展尚未成熟，其矛盾更为突出。

(一) 认识与情感的矛盾

青少年的认识水平较低，情绪易偏激，这样会影响他们对事物和人的认识与判断，或者使他们在正常状态下获得的认识发生扭曲。青少年容易感情用事，喜欢在同龄人中寻求支持和友谊，而又缺乏分辨是非的能力或者本身就不愿意去作更多的辨别。对待特定概念的含义作片面的、歪曲的理解，而又不能预见行为的后果。所有这些特点，形成了青少年认识与情感的矛盾。

(二) 认识与行为的矛盾

把认识付诸行动的过程是不断克服来自主观和客观阻力的过程。青少年的抑制力分化为在正向上的薄弱，遇到困难就可能轻易放弃正确的行动方向；在反向上则往往会出现顽固的倾向，遇到挫折反而产生逆反心理，从而更加激起满足欲望的驱动力。个体的行为是受一定的动机驱使的，而动机又是需要引发的。只有把符合社会要求的正确认识转化为个体内部需要时，才能使动机具有合法性。青少年由于认识能力的原因，很容易使动机和行为偏离正确的方向。

(三) 情感与意志的矛盾

情感与意志是互为动力作用的，情感能够成为意志的动力，意志能够控制情感。意志是在情感基础上产生的心理过程，但反过来可以调节人的情感。青少年时期这种互为动力的机制往往不成熟、不稳定，即不善于用意志控制情感。青少年的情感表现为活泼、热情、强烈而不稳定，易急躁，好感情用事。在强烈的情感刺激下，其意志力往往减弱，从而引发违法犯罪行为。

(四) 独立性意向和认识能力的矛盾

青少年时期的生理发育引起了外形上的变化，从而引起心理上的显著变化。他们感觉自己不再是小孩，要求取得与成人大体相同的地位，产生强烈的独立性意向，希望摆脱成人的控制。但他们的社会阅历少，认识狭窄、片面，往往分不清是非、美丑。因此，青少年一般缺乏真正的独立活动和独立处理问题的能力，容易上当受骗，也容易形成青少年帮伙等亚文化群体。

四、青少年心理发展与客观现实的矛盾

（一）青少年辨别能力较差与外界不良因素之间的矛盾

辨别能力较差是青少年的一大显著特点，这和青少年时期缺乏社会实践有密切的关系。只有对社会运动的亲身感知，才能对社会存在有比较客观的认识。青少年由于社会活动范围狭窄，不可能有更多的机会接触社会，也就不可能有丰富的社会经验，对社会上存在的不良现象缺乏心理准备和免疫力，辨别能力也就相应较差。青少年在社会化过程中，容易受情感的驱使，容易对符合自己本能欲求的事物感兴趣，但又不能很好地辨别美丑善恶，特别是当消极的社会存在迎合自己的趣味时，就会趋之若鹜，全然不考虑后果，从而形成社会化的缺陷，甚至在此基础上，形成犯罪心理结构。

（二）青少年的个人需求与客观现实可能性之间的矛盾

青少年时期的需要结构已经有了突出的变化，由于青少年独立意识的发展，渴望亲身去体验社会、感受人生，因此个人的物质需要、追求异性的需要、社会交往的需要都达到了更高的层次，而且比以往任何一个发展阶段更为迫切。但是社会，包括家庭，并没有、也不会为他们提供现成的机会，这就必然出现了个人需求的高感受性与客观现实满足需要的低可能性之间的矛盾。然而，个体的需求不能超越客观现实的可能性，不能违背社会道德和法律规范的要求。个体的需要无论是合理的还是不合理的，如果得不到满足，就会产生挫折感，个体就有可能为满足自己的需要而不择手段，甚至向有关的人或社会实施攻击行为，导致违法犯罪。

（三）青少年心理发展水平与客观现实矛盾的综合反映——适应障碍

适应，是个体与环境和周围其他人通过调节来保持协调的关系的过程。一般说来，人在成长的过程中，在面临环境改变的时候，都存在适应问题。解决适应问题的途径，或者是调节自己去适应环境，或者改变环境以和自己相适应。但是，就一般人而言，大多是

在自我调节的过程中逐步改变环境，以达到自身与环境的相适应，而期望单纯改变环境以适应自我，往往会带来更大的挫折或更严重的心理问题。

相对其他年龄阶段的人来说，青少年存在更多的适应问题。在青少年的生活中，从家庭到学校，从中学到大学，从学校到社会，从此环境到彼环境，都可能出现适应问题；从儿童期到青春期，从未成年到成年，也容易出现适应问题。这是因为，青少年心理和人格的不成熟，使他们对环境的改变，甚至自身的改变缺乏准备，自己所接受的教育和自己对社会的期待与社会的现实状况的强烈反差，更容易使他们产生挫折感和心理冲突。同时，在对待适应问题的解决方式上，与其心理发展水平相适应，青少年更容易以一种不成熟的方式来对待，如发泄、扩大化和自闭，这些方式既容易造成心理问题，也容易造成与环境的冲突。所以青少年的逐步成熟的过程实际上是在逐步适应和解决适应中存在的问题的过程。不能适应环境，或者不能健康地，以符合社会规范的方式解决适应中存在的问题，是青少年心理发展水平与客观现实矛盾的一种综合反映。

第三节　青少年犯罪的心理及行为特征

一、青少年犯罪的心理特征

（一）认识特征

个体的认识是由其认知结构和认知水平决定的。与一般青少年相比，青少年犯罪人表现出认知结构畸形和认知水平低的特点。首先，青少年犯罪人缺乏应有的文化知识、社会生活知识，特别是道德和法律知识。其次，他们认识标准模糊或错误，对是非、善恶、美丑易作出歪曲的评价。再次，青少年犯罪人的认知不成熟，不能很好地把事物或现象与它的过去、未来联系起来，只能看到事物目前的状况，所以容易受到眼前消极现象的影响。最后，由于缺乏批判力、内省力、自觉性、预见性和适应性等，青少年犯罪人对处理复杂的事物有困难，不能正确地权衡利弊得失，容易被人教唆或引诱而盲目实施犯罪行为。

（二）情感特征

青少年犯罪人的认知对其情感的发生有直接的影响，其情感特点与成年犯罪人不同，又与一般青少年有显著区别。青少年犯罪人缺少社会性情感，在理智感、道德感和美感方面常常是歪曲的，社会性情感的不成熟程度，比一般青少年要高。青少年犯罪人一方面对同伙讲义气，重感情，另一方面在正常的人际交往中，易发生嫉妒、愤怒等情绪。遇到挫折时难以压抑自己的情绪，容易导致攻击行为。青少年犯罪人渴望自尊，但由于外界消极评价和自身智力状况、学习状况、不良人际关系等因素的存在，往往有较强的自卑感及缺陷感。自尊与自卑并存，会导致心态不平衡，从而容易选择暴力、强奸、吸毒等发泄性或逃避性的行为。青少年的情绪不稳定，很容易因微不足道的刺激和生活琐事中的冲突而爆发激情，导致冲动性犯罪行为的发生。

（三）意志特征

青少年犯罪人在意志行动方面表现出明显的两极性，即在正确方向上显得意志力薄弱，在意志的错误方向上畸形发展、顽固自负。青少年犯罪人在接受正面教育，克服来自内部或外部的不良因素影响，改变自己的缺点、错误方面，自制力薄弱。他们不善于控制自己的不良情绪和欲望，经受不住不良刺激的诱惑而轻易犯罪。一旦犯罪，又难以自拔。虽然有时受到教育而产生悔改欲望，但却难以改掉不良习气，对自己失去信心。但在犯罪行为中，他们却表现出越来越顽强的意志品质。犯罪实践的磨炼，世界观、人生观的畸形发展，使他们的犯罪意志越来越坚强，自觉性越来越高，犯罪毅力也越来越强，甚至会发展成惯犯、职业犯。

（四）个性特征

1. 个性倾向性特征

在青少年犯罪人的个性倾向性特征中，最为突出的是需要特征和人生观特征。

（1）需要特征。与成年犯罪人相比，青少年犯罪人的个性尚未定型，但其需要已经具有反社会的特点。首先，青少年犯罪人的需要内容是以低级趣味为主。在青少年犯罪人的整个需要结构中，生物性需要与自我实现的需要混杂在一起，把本来属于生物性需要范畴的东西当作其人生价值来追求。正是在这些扭曲的需要结构的推动下，一些青少年不顾法律和道德，侵犯社会和他人的利益去实施犯罪。其次，与一般青少年比较起来，青少年犯罪人个体与社会之间的需要矛盾更为尖锐。他们背离社会要求和原则，不遵守社会法律和道德规范，其需要明显与社会需要相矛盾。当这种违背社会法律和道德规范的需要不能满足时，就通过违法犯罪来达到目的。再次，青少年犯罪人的需要具有易受暗示性。青少年犯罪人虽然自我意识有了很大的发展，但由于缺乏稳定的标准，所以对事物和现象的观察判断易受暗示，缺乏主见。他们容易被一些表面现象所吸引和蒙蔽，容易受他人的教唆、引诱。因此，青少年犯罪人在这些消极因素的感染下产生不良的欲望，或受教唆而走上犯罪的道路。最后，青少年犯罪人的非法需要易为外界诱因引起。不少青少年犯罪人，过去没有不良习惯，但其本身具有喜欢模仿、好奇心强、易受暗示等特点，在外界强烈刺激的作用下，加上自身情感、情绪和意志方面的弱点，会迅速产生非法需要，继而产生犯罪动机。

（2）人生观特征。青少年犯罪人的人生观虽然没有完全稳定，但已经显现出腐朽颓废的特点。主要表现有：金钱万能的价值观，庸俗低级的享乐观，哥们儿义气的侠义观，亡命称霸的英雄观，等等。在这些消极人生观的支配下，如果存在一定外界诱因的刺激，其畸形的需要很容易转化为犯罪动机，从而推动青少年犯罪行为的发生。

2. 个性心理特征

(1) 能力特征。有犯罪学家通过测试发现，青少年犯罪人的智商普遍偏低。这主要是因为，低智商容易产生情感的盲目冲动和认知的明显偏差，加上青少年的社会化不完全，各种矛盾突出，以致造成青少年犯罪人对社会的价值与行为标准在理解和遵守上产生困难。从犯罪类型上看，智商较低的青少年犯罪人多从事那些野蛮施暴型、偷盗型的犯罪。有些智力不健全的青少年，平时学习成绩差，社会适应能力弱，一旦遇到挫折和困难，很容易突破社会道德和法律的防线去实施犯罪。另外，随着科技和信息产业的高速发展，青少年高智商犯罪有所上升，如电脑“黑客”犯罪、金融诈骗犯罪，等等。与低智商青少年犯罪人相反，高智商青少年犯罪人比较能抑制情感冲动，犯罪预谋性强，因而犯罪的隐蔽性与成功率较高。

青少年犯罪人的犯罪技能特别是专门技能越高，犯罪的心理动因就越强。任何技能的熟练掌握，都会使主体形成相应的动力定型，从而提高行为效率和自信心。青少年犯罪人在初次尝试犯罪的时候，其内心动机斗争激烈，充满了恐惧和畏罪心理。如果没有得到及时的惩处和矫治，通过一次次的犯罪，积累了一定的犯罪经验，掌握了犯罪技能，在以后的作案过程中，其动机冲突就会明显减弱，犯罪动机得到强化，他们的犯罪技能同犯罪目的一样，已经内化为深刻的心理需要，成为一种习惯，表现出难以自控、强迫重复，常常会出现下意识的行为导致犯罪的情况，青少年犯罪人同时逐渐发展成惯犯、职业犯。而犯罪技能越高的犯罪人，其谋生的正当技能越薄弱，甚至出现“离开犯罪就无法生存”的状况。

(2) 性格特征。青少年犯罪人整体属于反社会性格，但在具体表现上又有一定的差异。青少年犯罪人的外倾性性格较为明显，其性格特征明显地反映出不成熟和严重缺陷，其主要表现为：一是缺乏崇高理想和目标，精神空虚，依赖性强；二是社会性低，缺乏社会责任感和规范约束力，放纵自己；三是分辨能力差，思维偏激极端，认识、评价水平低，易受暗示；四是冷漠、自私，缺乏同情心和怜悯心，与他人缺乏沟通；五是情绪波动起伏大，郁郁寡欢、消极悲观、多愁善感，易受外界情境和他人的影响。

(3) 气质特征。青少年时期是气质定型的关键时期，在与环境的交互作用中，他们的气质会发生一定程度的变化。班级地位的改变，重大的人生不幸或机遇的不期而至，家庭的解体和重新组合，社会制度和风气的反复等会使青少年的气质有所改变。有犯罪学家通过统计分析后发现，在青少年犯罪人中，胆汁质的人占了多数。这主要是由胆汁质个体的心理特点和青少年时期独特的心理矛盾综合作用所导致的。

二、青少年犯罪的行为特征

(一) 模仿性与受暗示性

很多青少年热衷于模仿偶像的言行举动，而这种模仿往往带有很大的盲目性，一些青少年犯罪人的犯罪行为正是由于盲目地模仿成人或其他传播媒介的消极行为而发生的。随着传媒文化和网络技术的发展，青少年面临着越来越多的消极因素的诱惑，如影视作品、电子游戏、网络游戏、网络聊天，等等。如何使青少年在网络时代把握好自己，不受消极因素的影响，是犯罪心理学界研究的一大难题，尚无统一定论。这主要是因为青少年生理处于旺盛的发育阶段，各种矛盾突出，而他们的心理还没有发展到成熟的阶段，缺乏满足自己需要的正当方法和手段，思维独立性差，自制力薄弱，所以喜欢模仿他人和接受一些消极的暗示而实施违法犯罪行为。

(二) 冲动性

很多青少年犯罪常常是由冲动所致。在冲动型的青少年犯罪行为中，某种强烈的情绪体验起着动机作用。在冲动型犯罪行为发生的过程中，青少年对行为是否会触犯法律、会造成什么后果都缺乏考虑，其犯罪行为大多是在意识水平低或未被意识的状态下发生的。青少年犯罪人在此过程中只感觉到愤怒、紧张、妒忌和怨恨等情绪达到了极点，只有立即向引起其紧张情绪的对象直接发泄或转向其他无关对象进行发泄才能使其心理趋缓。这种冲动型的犯罪行为，往往会导致严重的危害后果，犯罪人在事后大多也会追悔莫及。

（三）报复性

随着青少年的年龄增长，逐渐产生自立、自尊的愿望，获得与成人平等的待遇，不愿受管束，希望无拘无束地生活。这种心理特点，会随青少年生理的成熟而越来越强烈，特别是当他们具有一些不良品行时，如果对其管束或批评，轻则反感、对抗，重则予以报复。所以在青少年犯罪活动中，尤其是暴力犯罪中，报复性犯罪比较突出。这类青少年的违法犯罪，情况比较复杂，原因很多，多数表现为爆发性的犯罪。这种青少年犯罪人突出的心理状态表现为凶狠、残暴、不计后果。因此，我们在对青少年的教育方法上，要注意保护他们的自尊心和人格，妥善处理好各种矛盾纠纷。

（四）偶发性

青少年违法犯罪与成年人违法犯罪相比，他们的动机往往比较简单，有时甚至表现出正常人无法理解的某种奇特的表象。他们的犯罪，一般来说，较少预谋、策划，常常是在外界情境的刺激下，或者由于一时的感情冲动而突然犯罪。偶发性还表现在有的青少年平时表现还比较好，会在某种情况下，突然犯罪，出现让人难以理解的情况。青少年这种偶发性犯罪现象与其生理和心理特点是分不开的。青少年发育期，身体增长速度快，生理能量代谢率大，性的生理冲击力强，但是，他们心理发展尚不成熟，辨别是非能力弱，活动能量超过认识水平，因此具有较大冲动性，容易做出意料之外的犯罪行为。

（五）反复性与连续性

青少年犯罪还具有反复性、连续性的特点。一方面，他们往往会连续作案，特别是作案成功后，有了需要获得满足的体验，犯罪动机得到了强化，就会继续实施犯罪行为。另一方面，青少年犯罪人在服刑期满或解除劳教后，由于意志薄弱，经不起外界不良因素的引诱而重新犯罪。青少年犯罪行为的反复性和连续性与青少年自身的不良习惯、自制力差、人格缺陷有一定的关系。

第十三章　女性犯罪心理

第一节　女性犯罪概述

一、女性犯罪的概念

女性犯罪，即女性实施的犯罪。

传统的犯罪学和犯罪心理学都是以男性犯罪为根据来立论和进行研究的。女性犯罪仅仅被作为一个特殊的类型来看待。但是，随着女性社会地位的提高，女性逐渐进入社会生活的各个领域，越来越与男性一样拥有众多自我发展的机会，同时也面临各种各样的压力与困惑，尽管女性在犯罪中的总体比重还是比较低，但在发展趋势上，女性犯罪在逐年增加，犯罪类型日趋多样化，危害也越来越大。根据我国有关资料统计，1987 年女性案犯只占全部案犯的 2.5%。[①] 但近年来，女性犯罪已经占到全部犯罪的 10%左右，而且，这种趋势还在继续增长。因此，作为犯罪心理学理应对这一犯罪群体给予关注。

二、我国女性犯罪的特点

（一）从犯罪原因来看，基于情感因素而导致的犯罪较多

女性的情感特征是感情丰富、细腻而脆弱，情绪起伏大。这一特征以积极的形式表现出来的是女性的善良、温柔；而以消极的形式表现出来则是女性的缺乏理智和感情用事。在我国，由于家庭情感问题导致的女性犯罪一直居于首位，母爱、情爱的扭曲很容易诱发

① 李晓明著：《中国犯罪学论纲》，中国审计出版社 1996 年版，第 293 页。

女性犯罪。一方面，一些年轻的女性，经受不住感情的变故和挫折，在强烈的情感刺激下很容易自暴自弃或发生犯罪行为。另一方面，家庭的婚变、子女的叛逆和婚外恋情，也是诱发女性犯罪的主要情感因素。

（二）从犯罪类型来看，女性犯罪既集中又趋多元化

女性犯罪集中表现在侵财犯罪、性犯罪、故意杀人和故意伤害，兼有其他犯罪。侵财犯罪一直在女性犯罪中居于首位，这其中又以盗窃、诈骗犯罪居多。其次就是性犯罪，而且其增长速度超过了其他各类犯罪的增长速度。女性性犯罪主要集中在组织、强迫、引诱、容留、介绍卖淫和聚众淫乱等。女性杀人和伤害犯罪在女性犯罪中也占很大的比例，主要以奸情杀人、报复杀人和报复伤害为主。在女性故意杀人和故意伤害案件中，激情犯罪占了很大的比例。近年来女性犯罪逐渐呈现多元化的趋势，开始涉及一些以前没有或者很少涉及的犯罪领域，如贪污、贿赂、抢劫、制贩毒品、走私、偷渡等，虽然占据的比例不大，但危害严重，不容忽视。

（三）从犯罪主体来看，女性犯罪人中农村女性所占比例较大，文化层次较低，青少年女性犯罪突出

从女性犯罪的主体来看，有以下特点：其一，在女性犯罪中，农村女性一直居首位，而且呈逐年上升趋势，在女性暴力犯罪和女性拐卖人口犯罪方面，农村女性所占的比例更大。其二，女性犯罪人的文化层次普遍较低，文盲、半文盲占大多数，高学历女性犯罪者极少。其三，青少年女性犯罪突出，低龄化趋势严重，一些地区的女性青少年犯罪的增长速度甚至超过男性青少年犯罪的增长速度。

（四）从女性犯罪人在共同犯罪中所起的作用来看，女性犯罪人多为从犯，有的甚至是被动犯罪

女性因其生理特点因素，体力不如男性，她们实施犯罪行为时经常依附男性或犯罪团伙，如在一些盗窃团伙中，女性往往充当配角，帮助主犯望风、销售赃物等。有的女性犯罪人则是在他人的引

诱、威逼下实施犯罪行为的，如不少贩毒的女性犯罪人都是应男友的要求而被动犯罪，帮其藏毒过境，结果东窗事发被牵涉进来。女性犯罪人在敲诈勒索、抢劫案件中常常充当诱饵的角色，用姿色、花言巧语和自身的“弱者”形象来麻痹对方，帮助主犯达到犯罪目的。

第二节　女性犯罪心理形成的相关因素

一、女性青春期与犯罪

女性进入青春期后，生理上趋于成熟，第二性征逐渐明显，对异性产生好感和兴趣。但此时她们的心理发展落后于生理发育。由于受社会环境的影响，生活空间狭小，社会经历短暂，使她们的思维不成熟，缺乏识别力和判断力。因此，尽管此时她们的思维能力在增强，但认识的肤浅和社会阅历的缺乏，容易使她们受不良因素或他人的影响、暗示而走上违法犯罪的道路。

随着青春期女性的生理和心理的发展，对物质的占有欲也越来越强烈，要求标准越来越高。青春期女性出于渴望关怀、认可和吸引异性注意力的心理需要，对衣着打扮、化妆品和首饰等具有图新爱俏、互相攀比的倾向，其欲望越来越强，要求也越来越高。但经济上的不独立，或由于家庭收入不能满足其欲望等原因，造成了虚荣攀比心理与经济能力不足的矛盾，这种矛盾往往促使青春期女性突破家庭和个人收入的经济限制，通过非法途径寻找经济来源，从而产生相关的犯罪行为。

二、女性情感特征与犯罪

女性的情感特征是和其性别紧密联系在一起的。在对男女两性不同的社会评价基础上，产生了针对性别的不同的心理暗示。对女性的评价，往往以贤淑、善良、温柔等为标准，使女性在这样的评价标准下，逐渐形成了细腻丰富、善于忍耐、温柔体贴和多愁善感的情感特征，在社会角色定位上也逐渐形成了以家庭为中心的

“家庭主妇”形象。女性的这种情感特征对维系家庭的稳定，起到了积极的作用。如果家庭、婚姻出现了危机或挫折，为了维护自己赖以依靠的家庭和婚姻，女性的这种忍耐和温柔一旦走向另一个极端，就会发展成情感型犯罪行为。

三、传统观念与女性犯罪

我国几千年来的封建文化对女性的影响是深刻的。自古以来，女性都是以固守贞节、相夫教子为标准来要求自己，这种标准对现代社会的女性仍然有巨大的影响，尤其是在比较偏僻、落后的地区。一些青春期女性，由于年幼无知，过早地尝试恋爱和性行为，在恋爱失败以后，不能正确面对，产生强烈的自辱感和被抛弃感，有的自暴自弃、放纵自己，走上卖淫的道路，有的甚至产生报复犯罪行为。

在现实生活中，由于受传统观念的影响，男女平等还没有真正实现，女性在就业中受到歧视和限制，女性的合法权益被侵犯的现象依然存在。在家庭中，一些女性面临着严重的家庭暴力，而法律又不能及时保护她们。甚至女性在遭受不法侵害后，仍然会面临歧视和压力，如遭受性暴力侵害的女性，大多不愿意主动报案，因为在报案之后，受害女性往往会长时间面临社会舆论的压力和歧视。很多女性正是由于自己的合法权益遭到侵害，成为受害者，进而又成为报复犯罪的犯罪人。

四、角色冲突与女性犯罪

传统的女性角色特征（如柔弱、依赖、顺从等）是不适合参与社会竞争的。因此女性如果想在充满竞争的社会中取得成功，她们似乎就得与自己的女性角色告别。但是，事实上以男性为主导的社会，却希望她们保持传统女性的气质，这是一个难以调和的矛盾。因此，在女性特别是职业女性的生活中，出现了更多的挫折、更多的不如意，这导致了其心理冲突加剧。在现实中，注重事业的女性由于较少顾家而常常受到丈夫、子女的不理解，使其面临家庭和事业的冲突与选择。这从一个侧面可以看出女性进入社会时出现的适应方面困难的原因。一些青年女性在追求自立自强的口号下走出家庭后，其心灵深处的依赖性的弱点并未消失，这一心理冲突必然促使她们在同龄人中寻找寄托、进行交往，从而容易结成各种亚文化小群体。大量女性参加或组成这些极易陷入犯罪泥淖中的小群体，与她们的自立性和依赖性的心理冲突有密切关系。一些事业有所成就的女性走向犯罪似乎也可以看出这种角色心理冲突的作用。比如，一个女性进行贪污、贿赂，不是为自己挥霍，而是为家庭、子女，为给他们创造更好的生活条件，说明女性角色冲突对其形成犯罪动机确实起到了重要作用。

五、性别心理品质的双性化现象与女性犯罪

弗洛伊德和荣格认为，无论是男性还是女性，都既有雄性的一面，又有雌性的一面。在过去很长的时期内，人们总是尽量避免在自己身上表现出异性性别角色的特征，如女性即便有广泛交际的愿望，也多顾忌自己的性别，将自己的交际限制在一个较为狭窄的圈子内；而男子则总是尽力保持勇武和刚强，即便“有泪”也不“轻弹”，因而男性或女性总是表现出自己典型的性别角色。

但是，随着社会的发展，男女心理品质的双性化现象日渐突出，如男性不仅要勇敢、独立、坚定，而且也要体贴、理解、情感丰富；女性不仅要温柔、文静，做个好妻子、好母亲，而且要有事业、有毅力、独立、自强。社会不仅允许个人表现出这些与人们的刻板印象不一致的角色特征，个人也乐意做此表现。这种日渐突出的双性化现象，当然有其生理和心理的基础，但更有其深刻的社会原因。应当看到，它是在社会生产力发展到一定程度时相伴而生的。性别心理品质的双性化现象体现了女性在参与社会生活的深度和广度日益增强的背景对女性心理品质的影响，当然，这种影响是双面的，既有正面的影响，也有负面的影响，女性犯罪的增加是其负面影响的最典型的体现。

六、女性特殊生理时期与犯罪

（一）月经期

国外学者研究认为，女性犯罪与月经有密切关系。女性在月经前和月经期间，对刺激敏感，易怒，冲动性强，心情易变，难以抑制怨恨、妒忌和绝望等消极情绪，容易发生杀人、伤害、纵火等犯罪行为。

（二）绝经期

女性的绝经期，是指女性45~55岁，以月经停止为主要标志的时期，又称“更年期”。这一时期的女性，随着卵巢功能逐渐衰退，内分泌发生暂时紊乱，会出现一系列的症状。同时由于大脑皮层功能失调，兴奋和抑制过程的不平衡，也会出现一系列不同于其他时期的心理症状。这一时期的女性显得焦虑、烦躁，情绪变化快、波动大，攻击性增强，容易实施犯罪行为。

第三节　女性犯罪的心理及行为特征

一、心理特征

（一）动机特征

要认识女性犯罪的心理特征，首先要分析女性犯罪的动机特征。女性犯罪动机的产生不仅受其需要的支配，而且很大程度上与诱因直接相关。

1. 女性犯罪动机以享乐、情感和报复为主

在女性犯罪中，侵财型犯罪占据主要地位。而在这些侵财型犯罪中，贪图享乐是其最主要的动机类型。女性的虚荣心理和攀比心理，促使其在物质上的需求不断膨胀，如果超出了合法的限度，就会导致违法犯罪行为的产生。同时，一些女性性犯罪也是为了追求歪曲的生理上的享乐。有的女性为了满足其强烈甚至变态的生理欲望，常采用卖淫等手段达到目的。

情感需要是女性犯罪动机的重要组成部分，尤其是女性激情犯

罪，其动机大多属于情感型。一些女性因为恋爱、婚姻的失败，或者家庭出现危机，在强烈的消极情绪的刺激下，产生犯罪动机；有的女性在畸形的母爱、情爱的驱使下，为了给子女、丈夫、恋人创造优厚的物质生活条件，实施侵财犯罪，或者自己的子女、丈夫、恋人出现犯罪行为的时候，丧失原则立场，包庇纵容甚至直接参与犯罪。

女性的报复犯罪动机大多是由于客观上存在对女性的伤害所引起的。特别是在女性攻击性犯罪中，大多出于报复动机。而这种报复的起因，主要是家庭矛盾、婚恋受挫、人际关系矛盾，等等。女性在面临矛盾、危机和伤害的时候，一般最初是忍受、服从，当这种忍受不足以平息矛盾时，女性会出现烦躁、怨恨心理，但为了化解矛盾，女性一般仍然会委曲求全、自我抑制。当女性的这种消极情绪突破了限度，自我抑制不能够压抑其消极情绪时，女性往往会用非法的途径来发泄，最终导致攻击性犯罪行为的发生。

2. 女性犯罪动机的形成具有恶逆变倾向

相当一部分女性犯罪人先是合法权益受到侵害，成为受害者，然后产生犯罪动机，转化为犯罪人。女性在遭受不法侵害后，由于性格的软弱和受传统观念的影响，为了脸面、名声，便消极承受，或自暴自弃。当这种消极情绪积累到一定程度时，如果有犯罪诱因的刺激，女性就会像火山一样爆发，不顾一切地实施伤害、杀人、投毒、纵火等恶性犯罪。

（二）个性特征

1. 个性倾向性特征

女性犯罪人的认识比较狭窄，人生观、世界观较为低级、庸俗，其需要层次也局限于生理需求和低级的精神需求。当低级需求得不到高级需要的调节和控制，就会横向发展，恶性膨胀。例如，经济犯罪活动中的女性，由于缺乏有价值的生活目标，精神空虚，因而贪图钱财、追求享受的需要占支配地位。

2. 个性心理特征

(1) 性格。一般说来，女性犯罪人具有以下几个方面的性格特征：一是情感丰富，多愁善感，但认识肤浅；二是感情色彩较浓，富于内心体验，但不善于用意志控制感情，情绪的稳定性较差，行为举止易受心境的影响和支配；三是思维狭窄，认识不全面；四是依赖性强，胆小，缺乏信心。这些性格特征，使她们在遇到挫折和矛盾时，容易走上极端，对生活失去信心，从而感情用事，去实施某些在正常状态下不可能实施的犯罪行为。对女性性犯罪和侵财犯罪来说，其突出的性格特征是爱慕虚荣、贪图享乐。

(2) 能力。男女两性在智力发展水平上并没有优劣之分，在能力上各有长短，但女性在体力上一般不如男性。现实生活中，女性所取得的成就低于男性，是由传统思想对女性自我发展的限制及女性角色社会化不当等诸多因素造成的。现实中的男女能力上的差别使女性在就业谋生方面，比男性显得艰难。由此而使少数女性弃难从易，选择通过实施犯罪行为来达到目的。由于体力上的差异，女性的犯罪活动带有明显的性别特点，尤其是在暴力犯罪中，她们多使用投毒、纵火、雇凶等手段，这也为此类案件的侦查确定犯罪嫌疑人的性别提供了一定的依据。

(三) 认知特征

在认知活动方面，女性犯罪人一般表现为认知范围狭窄，社会化认知系统薄弱。由于家庭和社会对女性所提出的要求低于男性，使女性对自己的要求也相对较低。除少数女性希望用更多的知识充实自己、敢于挑战外，大多数女性仍然安于落后，甘愿过“相夫教子”的平淡生活。这使大多数女性的兴趣点集中在身边发生的琐碎小事，缺乏社会政治、经济、文化、科技、教育和法律等方面的知识。这一点在女性犯罪人身上表现得更为突出。这种狭小的认知范围使她们的社会认识系统薄弱，首先表现为她们认识、评价事物不是以道德和法律为标准，而是以自己的低级需要和直接经验为标准，容易受他人的诱惑。其次表现为她们思维的批判性、深刻性、逻辑性差，缺乏主见，易受暗示和盲从。她们不善于透过现象发现本质，容易被表面现象所迷惑。同时，看待问题带有很大的片面性，缺乏逻辑性和连贯性，不能从多角度认识事物，认识问题带有很强的情绪色彩。

（四）情绪、情感特征

在女性暴力犯罪中，情绪、情感是影响女性实施犯罪行为的重要因素。特别是在女性激情犯罪中，强烈的情绪、情感可以成为推动犯罪的直接动机。具体说来，女性犯罪人的情绪、情感具有以下几方面的特征：

1. 冲动性、情境性强

民间自古就有"男怕入错行，女怕嫁错郎"之说，可见情感生活对女性来说，是至关重要的，尤其是受传统思想影响的女性。许多女性非常看重恋爱、婚姻和家庭，甚至把婚姻幸福、家庭美满作为个人追求的重要目标。为此，女性可以承受种种艰难困苦，也可以牺牲自己的事业。如果这种欲求一旦得不到满足，或者遭遇了挫折，女性就有可能滋生强烈的怨恨与绝望情绪，从而丧失理智，实施报复犯罪。同时，畸形的情爱和母爱，也有可能导致女性冲破法律的界限，用犯罪来满足丈夫、子女的需要，或者对犯罪的亲人包庇、纵容甚至参与犯罪。

2. 情感丰富、细腻、脆弱

女性的情感十分丰富和强烈，而且容易变化、脆弱，遇事很容易动感情。这和她们高级神经的兴奋程度较强、抑制较弱有一定关系。一些细微的情节都可能引起女性强烈的情绪、情感反应，而且这种情绪一旦产生，女性又倾向于不断强化它，使其长时间保持甚至得到加强。如果这种强烈的情绪、情感是在不良的环境影响下形成的，或者行为人本身存在人格缺陷，女性所形成的往往是消极的情绪、情感，如果存在一定的犯罪诱因，那么在这种消极的情绪、情感的驱使下就会实施犯罪行为。

3. 情绪波动大

女性由于情感的复杂多变，情绪变化迅速，波动幅度大，反应强烈。同时，女性的理性判断力差，对事件的性质和可能出现的后果缺乏认识和预见，遇到一定情境的时候，容易紧张、愤怒，从而导致行为失控。特别是在女性特殊的生理时期，容易滋生烦恼、忧郁等消极情绪，在不良刺激面前，容易出现冲动型犯罪行为。女性情绪的波动性还表现出两极分化的特征，往往是喜怒无常、难以捉摸。有时对人和事表现出极大的热情，喜形于色、眉开眼笑、手舞足蹈，有时突然变得冷漠、痛苦甚至仇恨、敌对，从而在这种强烈的消极情绪的影响下产生犯罪动机。

（五）意志特征

一方面，女性犯罪人的意志受情绪影响大，带有明显的情绪色彩。当情绪高涨、心情较好时，其意志也相对坚定，能够克服困难和障碍；相反，当情绪低落、心境恶劣时，其意志便缺乏坚定性，稍遇挫折，便灰心丧气，主动放弃。另一方面，女性犯罪人的意志是建立在低级的动机水平上的，意志的动力特征表现为冲动性、偏激性等。因此，女性的犯罪意志也有两方面的表现：首先，表现为对自发形成的内部欲望过度依赖，欲望越强烈，则意志力也越强；其次，表现为对自发的、偶然的外部情境的依赖，即外部情境如果有利于自己实施犯罪行为，那么犯罪意志越坚定。

二、行为特征

（一）冲动性

女性犯罪人的情绪、情感极不稳定，波动性大，认识范围狭窄，常感情用事，一旦出现犯罪情境的刺激，则难以控制自己，迅速产生犯罪动机，并外化为犯罪行为，事后则极为后悔。这种冲动型的女性犯罪的侵害对象往往是具体而确定的，多为矛盾的对立方或相关的人，而且犯罪手段通常较残忍，后果比较严重。比较典型的就是由于家庭、亲情矛盾激化引发的暴力犯罪。

（二）非力量性

女性柔弱的生理特征，决定了她们很少实施力量型犯罪。即便是在暴力犯罪中，她们也多采用非力量的手段。在一些侵财犯罪中，她们往往充分施展自己女性的魅力，采用色情等手段来达到目的。在作案过程中，如果遇到突发情况，她们一般也不会像男性犯罪人那样负隅顽抗。

（三）隐蔽性、欺骗性、间接性

女性天生柔弱，是社会的一个弱势群体，因此，一般对女性的戒备心理低于男性。因此，女性犯罪人往往善于利用自己的弱者形象来博得他人的同情，达到其犯罪目的。这就使女性犯罪人的一些犯罪行为具有很大的隐蔽性、欺骗性，也比较容易成功。同时，女性犯罪人在犯罪手段的选择上，一般不直接参与攻击性的犯罪活动，即使是杀人、伤害等暴力犯罪，女性也多采取迂回的、乘人不备、不费力气、更利于保全自己的“柔性”手段，如投毒、放煤气，等等。这一点，与女性的体力和性别角色有关。

（四）性色彩浓厚

相当一部分女性犯罪与性有密切的关系，如因放纵自己的性欲而陷入感情纠葛或家庭矛盾中，导致暴力犯罪的发生；以自己的色相为诱饵，引诱男性受害人从事色情交易，继而实施抢劫、盗窃、诈骗犯罪，等等。当前，我国从事地下色情行业的女性越来越多，由此引发的犯罪也急剧上升。由于在我国色情行业属于非法，一些从事地下色情行业的女性为了寻求一种安全感，和一些不法分子甚至是黑社会性质组织相勾结，明目张胆地从事违法犯罪活动，由此引起一系列的连锁反应，导致许多相关犯罪行为的发生。

第十四章　变态型犯罪心理

第一节　变态型犯罪心理概述

变态型犯罪发生的心理依据在于变态心理。变态心理是相对于常态心理而言的。人们的心理活动随着外界环境的变化而变化，这种变化是正常的心理活动，但是，如果外界环境的变化过于强烈，或人们在该变化中心理活动的某些环节发生了适应不良或其他的病变，就可能使人们的心理活动异乎寻常，也就会发生变态心理现象。随着社会竞争的日趋强烈，越来越多的人面临各种各样的压力与困惑，如果没有得到及时的调适，则有可能导致心理变态。

一、变态心理的概念

变态心理，是指超出了正常范围的人的心理活动和行为表现，又称疾病心理、心理异常或行为异常。它包括人的认知、情绪、情感、意志、个性及行为等方面的异常。

按照辩证唯物主义的观点，人的心理是对客观现实的反映。变态心理与正常人的心理现象一样，也是对客观现实的反映。但是，变态心理是人在大脑生化生理功能障碍和人与客观现实关系失调的基础上，所产生的对客观事物的歪曲的反映。这种歪曲的反映，在持续时间和外部表现上达到一定程度时，个体就不能像正常人一样调节自己的行为，也不能采取正常人的办法加以纠正。

二、变态心理的常见类别

变态心理的类型划分，是一个复杂的问题，至今仍有许多争论。一般来说，根据日常生活中变态心理的外在表现和变态心理学的研究范围，可以把变态心理分为以下几大类：

（一）严重的变态心理

这类人正常的心理活动受到完全的破坏，心理活动的各个方面不协调，丧失了正常人的理智和反应，不能正常理解和认识自身的现状，缺乏辨认能力，也不能控制自己的言行，甚至给社会造成危害。患者常常丧失自我病识能力，拒绝就医，有的可能在意识障碍、辨认与判断能力丧失的情况下，发生危害性行为。这种病人经司法精神病学鉴定后一般不负刑事责任。精神分裂症、情感性精神病、妄想性精神病、心因性精神病、癫痫性精神病和重度痴呆等都属于严重心理变态。

（二）轻度的变态心理

这类人由于心理活动的某些方面受到影响（如挫折、冲突等）而表现出一定的异常，他们对客观现实的反映有轻度的歪曲，人际关系不太协调。但这类人一般对自己心理和行为的不正常有认识，并能主动就医和调适。患有神经衰弱和各种神经症的人即可归入此类，具体如各种恐惧症、抑郁症、焦虑症、强迫症，等等。

（三）心身障碍

心身障碍是一种内在的心理异常，经过一段时间后，逐渐对人身体的各器官、各系统正常的生理活动有所影响，最终导致各种生理器官出现病变。这类由心理因素所导致的身体疾病又叫心身疾病。

（四）大脑疾患及躯体缺陷时的心理变态

这类心理变态是由于大脑的器质性病变（大脑损伤、脑瘤等）、先天脑发育不全（智能障碍）、生理残疾和躯体缺陷所导致的。大脑病变、躯体缺陷往往会导致行为人的性情变坏，出现程度不同的人格障碍。例如，聋哑人的急躁、智能障碍者的冲动、大脑器质性病变导致的性情扭曲，等等。

（五）行为偏离及各种调节反应

此类心理变态包括性格异常、酗酒、药瘾、赌博、性变态及心身变化和紧张情境的调节反应异常。例如，亲人亡故、社会压力、天灾人祸造成的精神创伤和更年期、老年期的心身变化等所产生的心理变态。这些行为偏离往往会违背社会道德和法律规范，甚至给社会造成危害。

（六）特殊条件下的心理变态

此类是指催眠状态、梦境、感觉剥夺、超觉静坐、高峰经验和气功心理状态等特殊意识状态下产生的心理变态。

三、常态心理与变态心理的划分标准

常态心理与变态心理的区别是相对的，二者之间并无绝对的界限。由于变态心理的表现受多种因素的影响，其判别标准是因人而异的，因而在这一问题上并无统一公认的标准。通常可以从以下五个方面来判别常态与变态：

（一）经验标准

即以一般人对正常人和异常人的心理与行为的"经验性评价"为标准。凡是符合一般人评价的就为常态，否则即为变态。这种标准带有主观性，评价者可能将凡是与自己经验不符者都视为异常或变态，而且个人经验是因人而异的，经验本身正确与否，也并不是绝对的。因此，经验标准具有局限性。

（二）社会适应性标准

社会适应性标准，是指在一般正常情况下，人的行为与环境保持协调一致的程度。人的社会属性决定了人总是在特定的社会环境中生活，因而人的行为应当与所处的环境相适应。如果能够适应，就为常态；如果不能适应，则为变态。但是，人的社会适应行为和能力受时间、习俗、文化传统、地区等条件的影响，并随着时代的发展而发生变化。

（三）病因、症状标准

某些变态者具有正常人身上不存在的病因和症状，如果在某个体身上发现了这些致病因素和症状，则可判断为异常。但只有病因而无症状的，则难以判断为异常。这一标准在临床上应用较多，但也有其局限性。因为某些平时虽然有病因、症状，但自以为心理行为“正常”的人，往往不会主动去就医，就不可能用病因、症状标准对其诊断。

（四）统计学标准

统计学标准，是指根据统计学标准数据来区分变态和常态。测验统计表明，一般心理特征的人数频率多为常态分配，居中间的多为正常，居于两个极端者多为异常。所以确定个体的行为是正常还是异常是以其心理特征是否偏离平均值为依据的。有学者把变态心理看作对“正常的偏离”就是采用的这一标准。但这一标准不是在任何情况下都适用。例如，智力、智商居中（70~140）的人多数属正常，而居两端的则不一定是异常，智商不到70的个体可判断为智力缺陷，属异常；智商高于140的，为智力超常，是否异常，则并无共识。

（五）心理测验与实验标准

心理测验与实验标准，是指利用“心理测量量表”或心理实验仪器来测查个体的心理是否正常，包括心理、生理和神经系统等方面的测查。例如，“明尼苏达量表”对变态人格的测试；脑电波的测量对于某种癫痫病的确定，等等。

以上标准各有其优劣，在临床诊断实践中可互相配合，用不同的标准考察同一病人，以便作出准确的诊断。对于处于临界状态的个体的判断，还需要更为丰富的临床知识、实践经验和周密的调查研究才能做到。但是，无论采用什么标准，不宜以偶然的表现为依据来确定个体是否变态。

四、变态心理犯罪概况

变态心理者的违法犯罪行为，以凶杀、强奸、伤害、纵火、影响交通治安、扰乱公共场所秩序较为多见。侵害对象多为近亲、邻居、附近的陌生人等。变态心理犯罪由于不合常理、突发性强，往往给社会造成比常态犯罪更为严重的后果。

从国外的情况看，英国在押犯人中的精神病患者平均占

9.65%，人犯中有人格异常的比率高达40%～60%。美国1981年的一份调查记载：在暴力犯罪者中，有34%属于临界智力、智力低下或学习有困难者。日本检察厅1980年受理的纵火、杀人、暴力伤害等犯罪案件中，精神病作案者占10.2%，其中，纵火案中有20%是精神病人作案。在我国，各类刑事案犯中约有10%属于精神病患者，有人格障碍的在犯罪人中高达60%～80%。

变态心理者犯罪与正常人犯罪相比，在犯罪心理和犯罪行为上有很大区别。他们的违法犯罪行为，有的应负完全法律责任，有的应负部分法律责任，有的则不负法律责任，其判别依据主要是他们在实施危害行为时的精神状态。

第二节　人格障碍与犯罪

一、人格障碍概述

人格障碍（Psgchopathic Personality）也称变态人格、人格异常，是一种人格在发展和结构上明显偏离正常，以致不能适应正常的社会生活的心理行为表现。人格障碍是一种人格发展的内在不协调，主要是道德、情感、动机和意志行为活动异常的特殊人格，一般不伴有认知过程障碍和智力障碍。

人格障碍是变态心理的一种，是在先天遗传的基础上、在后天环境的消极影响下形成的，其中后天环境的不良因素起决定作用。人格障碍一般发生在意识清晰和智力正常的背景下，但道德、观念、理智、情感、意志等偏离正常和不协调。人格障碍的特征主要有：

（1）人格障碍一般从儿童时期开始，在儿童时期就有初步的表现，到青年时期已经很明显。

（2）一般无意识障碍，无智力缺陷。思维的逻辑性、连贯性无异常，无妄想，日常生活能自理，尚能从事正常的学习、工作。但遇事判断不明，分析不准，缺乏理智。

(3) 情感不稳定，具有严重的情感障碍。主要表现为情感反应异常，变化快，且肤浅、表面化，对人冷漠无情，易激惹，好猜疑。

(4) 自制力差。行为的动机和目的不明确，易受感情冲动和本能欲望所驱使，行为缺乏目的性、计划性和完整性。

(5) 对自身的人格缺陷缺乏自知力，不能吸取应有的经验教训，不能用正确的认识来指导自己的行为。

(6) 社会适应性差，与周围环境和人格格不入。人格障碍者具有反正常社会秩序、法律规范的倾向，而且不易悔改。

(7) 人格障碍一经形成就具有相对的稳定性，较顽固。有的人格障碍者终身不变，很难矫治。但也有的人格障碍者到中年以后，饱经风霜，精力下降，其人格障碍则有所缓解。

总之，人格障碍不是精神病，它不具有中枢神经系统活动的紊乱和其他器官的功能障碍，也无明显的病理过程。所以它既不是精神病的初期，也不是轻度的精神病，而是处于正常人与精神病之间的一种人格类型。

二、人格障碍的类型

人格障碍的表现十分复杂，目前尚无一致的分类方法。总的看来，主要有以下几种类型：

(一) 偏执型人格障碍

偏执型人格障碍以猜疑和偏执为特点。始于成年早期，男性多于女性。表现为对周围的人或事物敏感、多疑、不信任，易把别人的好意当恶意；经常无端怀疑别人要伤害、欺骗或利用自己，或认为有针对自己的阴谋，因此过分警惕与抱有敌意；遇挫折或失败时，则埋怨、怪罪他人，推诿客观，强调自己有理，夸大对方缺点或失误，易与他人发生争辩、对抗；常有病理性嫉妒观念，怀疑恋人有新欢或伴侣不忠；易记恨，对自认为受到轻视、侮辱、不公平待遇等耿耿于怀，引起强烈的敌意，常有回击、报复之心；易感委屈，评价自己过高，自命不凡；总感自己怀才不遇、不被重视受压制、被迫害，甚至上告、上访，不达目的不肯罢休；对他人的过错更不能宽容，固执地追求不合理的利益或权利；忽视或不相信与其想法不符的客观证据，因而很难以说理或事实来改变病人的想法。

（二）分裂型人格障碍

分裂型人格障碍以观念、行为、外貌装饰的奇特、情感冷漠、人际关系明显缺陷为特点。表现为性格明显内向或孤独、被动、退缩，与家庭和社会疏远，独来独往，除生活或工作中必须接触的人外，基本不与他人主动交往，缺少知心朋友；面部表情呆板，对人冷漠，对批评和表扬无动于衷，缺乏情感体验，甚至不通人情；常不修边幅，服饰奇特，行为古怪，不能顺应世俗，行为不合时宜或目的不明确；言语结构松散、离题，用词不妥，模棱两可，繁简失当，但非智能障碍，系由文化程度所致；爱幻想，独出心裁，脱离现实，有奇异信念（如相信心灵感应、特异功能、第六感觉等）；可有牵连、猜疑、偏执观念及奇异感知体验，如一过性错觉或幻觉等。因此，常被人称为怪人。

（三）反社会型人格障碍

反社会型人格障碍以行为不符合社会规范，经常违法乱纪，对人冷酷无情为特点。此类病人往往在少儿期就出现品行问题，如经常说谎、逃学、吸烟、酗酒、外宿不归、欺侮弱小；经常偷窃、斗殴、赌博、故意破坏他人或公共财物，无视家教、校规、社会道德礼仪，甚至出现性犯罪行为，或曾被学校除名或被公安机关管教等。成年后（指18岁后）习性不改，主要表现为行为不符合社会规范，甚至违法乱纪，如经常旷课、旷工，不能维持持久工作或学习、频繁变换工作；对家庭、亲属缺乏爱和责任心，不抚养子女或不赡养父母，待人冷酷无情；经常撒谎、欺骗，以获私利或取乐；缺乏自我控制，易激惹、冲动，并有攻击行为，如斗殴；无道德观念，对善恶是非缺乏正确判断，且不吸取教训，无内疚感；极端自私，以自我为中心，往往是损人利己或损人不利己，以恶作剧为乐，无羞耻感，故使其家属、亲友、同事和邻居感到痛苦或憎恨。

（四）冲动型人格障碍

冲动型人格障碍以阵发性情感爆发，伴有明显冲动性行为为特征，又称攻击性人格障碍。常表现为情感不稳，易激惹，易与他人发生冲突，可因点滴小事爆发强烈的愤怒情绪和攻击行为，难以自控，事前难以预测，发作后对自己的行为虽懊悔，但不能防止再发；人际关系强烈而不稳定，时好时坏，几乎没有持久的朋友；激情发作时，对他人可做出攻击行为，也可自杀、自伤；在日常生活和工作中同样表现出冲动性，缺乏目的性，缺乏计划和安排，做事虎头蛇尾，很难坚持需长时间才完成的某一件事。

（五）表演型人格障碍（癔症型人格障碍）

表演型人格障碍以过分感情用事或夸张言行以吸引他人注意为特点。表现为情感体验较肤浅，情感反应强烈易变，常感情用事，按自己的喜好判断事物好坏；爱表现自己，行为夸张、做作，犹如演戏，经常需要别人注意，为此常哗众取宠、危言耸听，或在外貌和行为方面表现过分；常渴望表扬和同情，经不起批评，爱撒娇，任性、急躁，胸襟较狭隘；以自我为中心，主观性强，强求别人符合其需要或意愿，不如意时则强烈不满，甚至立即使对方难堪；暗示性强，意志较薄弱，容易受他人影响或诱惑；爱幻想，不切合实际，夸大其词，可掺杂幻想情节，缺乏具体真实细节，难以核实或令人相信；喜欢寻求刺激而过分地参加各种社交活动。

（六）强迫型人格障碍

强迫型人格障碍以过分要求严格与完美无缺为特征，多见于男性。在强迫症中，约72%的病人在病前具有强迫型人格。常表现为对任何事物都要求过严、过高，循规蹈矩，按部就班，不容改变，否则感到焦虑不安，并影响其工作效率；拘泥细节，甚至对生活小节也要程序化，有的病人好洁成癖，若不按照要求做就感到不安，甚至重做；常有不安全感，往往穷思竭虑或反复考虑，对计划实施反复检查、核对，唯恐有疏忽或差错；主观、固执，比较专制，要求别人也要按照自己的方式办事，否则即感不愉快，往往对他人做事不放心；遇到需要解决问题时常犹豫不决，推迟或避免作出决定；常过分节俭，甚至吝啬；过分沉溺于职责义务与道德规范，责任感过强，过分投入工作，业余爱好较少，缺少社交友谊往来；工作后常缺乏愉快和满足的内心体验，相反常有悔恨和内疚。

（七）焦虑型人格障碍

焦虑型人格障碍特征是一贯感到紧张、提心吊胆、不安全和自卑，总是需要被人喜欢和接纳，对拒绝和批评过分敏感，因习惯性地夸大日常处境中的潜在危险，所以有回避某些活动的倾向。

（八）怪癖型人格障碍

怪癖型人格障碍以顽固的异常嗜好为特点。这种异常嗜好常常是违背法律和社会道德的，有的甚至具有严重的社会危害性。这是一种常见的以病理性冲动或病理意向为特点的行为障碍，表现为无明显合理动机，行为反复出现。主要包括偷窃狂、纵火狂和谎言癖等。

1. 偷窃狂（病理性偷窃）

偷窃狂的特点是具有反复出现、不可遏制的偷窃冲动和行为。其偷窃的目的不是因为偷窃物对行为人有使用价值或经济价值，恰恰相反，所偷窃的物品常常是没有价值和毫无用处的。行为人又常常把偷窃物弃置不用、丢弃、藏匿或放回原处，且反复偷窃、屡教不改。其偷窃行为无计划，事后又觉后悔、羞愧，常单独作案。此类人身体健康、精神正常，社会适应性良好，多见于女性。

2. 纵火狂

纵火狂反复产生不可抗拒的纵火冲动和行为，其纵火动机不明确。行为人对火和其他燃烧物有一定的持续专注，对他人的灭火行为有异常的兴趣。他们知道纵火的严重后果但不能克制自己纵火的冲动。

精神分析理论认为，怪癖型人格障碍是畸形的心理需要在作怪。从小缺少关爱，孤独内向，强烈渴望被关注、希望得到获得性心理需要。被压抑的心理情绪需要寻找发泄的渠道和替代，属于冲动控制障碍。倚赖在偷盗过程中的惊险恐惧心理、侥幸心理刺激来满足获得性心理需要是形成偷窃的心理因素之一。

有心理学家认为，杀人狂也属于怪癖型人格障碍的一种，杀人狂以杀人为乐趣，从杀人过程中获得快感，是最恶劣的人格障碍。一般的杀人犯和杀人狂之间的最大区别在于：一般杀人犯杀人具有直接或间接的因果关系，动机明确；杀人狂杀人一般没有直接因果关系。

（九）依赖型人格障碍

依赖型人格障碍的特征是依赖、不能独立解决问题，怕被人遗弃，常感到自己无助、无能和缺乏精力。主要特点是意志不坚定，缺乏自信，生活能力低，顺从和依赖性强，多愁善感，焦虑，抑郁，在社交中表现为退缩或沉默。依赖型人格对亲近与归属有过分的渴求，这种渴求是强迫的、盲目的、非理性的，与真实的感情无关。依赖型人格的个体宁愿放弃自己的个人趣味、人生观，只要自己能找到一座靠山，时刻得到他人的温情就心满意足了。依赖型人格的这种处世方式使行为人越来越懒惰、脆弱，缺乏自主性和创造性。由于处处委曲求全，依赖型人格障碍患者会产生越来越多的压抑感，长时间的抑郁，也可能转变为突然的攻击、破坏行为，严重时会发生自伤、自杀行为。

三、人格障碍型犯罪的特点

在一般人口中人格障碍者所占的比例并不大，但在犯罪人中，人格障碍的比例却是相当高的，尤其是惯犯、累犯。

人格障碍者的犯罪，绝大多数不能免除法律责任，但对他们的处罚方法毕竟与处罚正常人犯罪不同，因此，有必要弄清人格障碍者违法犯罪的特点。

（1）主体主观因素是其犯罪的主要原因，与环境关系不大。大多数人格障碍者犯罪是由于主观对客观事件无法像正常人一样理解，而是按照自己的不合理逻辑作诠释导致的，与其认知缺陷有关。

(2) 作案动机和目的具有特殊性。人格障碍者犯罪，常带偶然性，很少预谋。其动机稀奇古怪，正常人难以理解。一是动机不合逻辑；二是动机不是对客观世界的真实反映；三是动机指向的目标不确定；四是动机具有明显的冲动性，有时有无意识性。例如，纵火狂，是由于不能控制的强烈纵火冲动引起的，以纵火行为为最大满足，无其他目的。同时，违法犯罪目的不明显。例如，偷窃狂，其偷窃行为目的特殊，不是为了非法占有公私财物，挥霍享受，而是为了通过偷窃行为达到心理上的满足。

(3) 作案方式具有独特性。人格障碍者对作案时间、地点和环境一般很少选择，手法不甚隐蔽，有的甚至在作案中缺乏逃避制裁的自我保护行为。除纵火狂具此特点外，一般破坏性的违法犯罪，如故意毁坏公物、公共设施、交通设施、文物古迹等也具有这一特点。同时，由于人格障碍者对周围人抱有敌意，甚至无法与人共处，因此一般是单独作案，缺乏与人合作的意识。

(4) 作案手段具有相对稳定性。人格障碍者犯罪的时间、地点和手段等有相对的稳定性及特定范围，构成系列性案件。例如，从侵害对象看，有的多残害具有同一特征的妇女；有的专偷一种物品。这也是侦查工作中串并案的依据。分裂型人格障碍、偏执型人格障碍和反社会型人格障碍等，都具有上述特点。

(5) 犯罪心理具有顽固性和难以矫治性。人格障碍者的犯罪心理难以矫正和改造。这种人的犯罪行为由于长期多次反复，形成动力定型。加上他们对惩罚缺乏痛苦体验，所以矫治很难。如果环境不良，方法不当，还可能更加复杂化。对此，只能通过心理治疗，矫正其人格，才可能使情况出现改观。但对人格障碍者的人格矫正也是心理治疗中极其困难的一项工作。

总之，人格障碍型犯罪者能够辨认自己的行为，并能够预知其危害行为的后果，也未完全丧失自控能力，事后往往能采取自我保护措施或辩护。因此，应具有一定的责任能力，特别是反社会型人格障碍犯罪者则应负完全的刑事责任。

第三节　精神疾病与犯罪

一、主要类型的精神疾病与犯罪

精神疾病，是指在各种生物、心理以及社会环境因素的不利影响下，大脑功能失调，导致认知、情感、意志等精神活动和行为出现不同程度的障碍，是脑功能失常的总称。这种脑功能失常往往会导致行为主体实施违背社会规范的不合理行为，甚至是违法犯罪行为，给社会造成严重危害。以下着重介绍几类易导致违法犯罪的精神疾病及其犯罪特征。

（一）精神分裂症与犯罪

精神分裂症，是指在各种不同原因（生物学、心理学和社会环境因素）的影响下，人的精神活动发生分裂，即人的思维、情感和意志行为之间互不协调，患者对正常事物产生歪曲的理解和认识，行为荒诞怪异，脱离现实。精神分裂症是一种病因未明的精神病，多于青壮年缓慢起病。在我国，精神分裂症是涉及各种法律问题最多的一组疾病，在精神疾病司法鉴定案中约占70%。患者往往受精神症状的影响支配，常常出现伤害、凶杀、强奸、放火等严重危害社会的行为，成为刑事案件中的犯罪嫌疑人或被告人，而涉及刑事责任能力问题；有的因外伤或其他原因而发病，而涉及法律关系评定问题。

精神分裂症的症状是：知情意三者内在的统一性被破坏，有明显的个性特征的改变；在心理活动过程与个性特征之间的统一性也高度失调；丧失自制力，常发生幻想或妄想，其危害行为大多由这些障碍所导致。精神分裂症病人违法犯罪的特点有：

（1）缺乏犯罪动机和犯罪目的，难以断定其因果关系；

（2）违法犯罪行为突发性强，缺乏预谋，难以预料；

（3）以攻击性和暴力性犯罪为主，且手段残忍，不计后果；

（4）明目张胆地作案，事后也不逃避；

（5）审问时，一般不承认自己有精神病，对犯罪事实供认不讳，还常坚持作案有理；

（6）感情淡漠，表情呆滞，常独自发笑，陈述杂乱无章。

（二）情感性精神病与犯罪

情感性精神病，是指患者表现有一些极端的、长期的情绪障碍，主要症状以抑郁、狂躁为主，或二者兼备而交替出现。抑郁状态的症状有悲伤、绝望、厌世、心灰意懒、郁郁寡欢、动作迟缓、失眠和没有食欲等。严重的抑郁状态，常有自罪自责妄想，在极度绝望的状态下导致自杀或伤害他人。狂躁状态的症状主要有长时间的过分兴奋，情绪高涨，欣快自满，周围的一切都会使其感到愉快和满足，精力旺盛。在行为活动上，由于情绪兴奋，自控能力弱，因而容易出现伤害、毁坏财物、追逼、猥亵异性等违法犯罪行为。

（三）癔症性精神病与犯罪

癔症，是指病人部分或完全丧失对自我身份的识别和对过去的记忆，在遭遇无法解决的问题和冲突时，产生的消极情绪以转化成躯体症状的方式出现的精神疾病，通常称为“歇斯底里”。这种精神疾病的特点是没有器质性损害的基础，纯属功能失调，主要是由暗示和自我暗示所引起的。

癔症性精神病是在某种精神刺激后引发的精神障碍。多表现为：发病突然，精神紊乱严重，伴有幻觉、妄想、思维形式障碍和行为异常等症状，容易把幻想当现实。常有明显的感情色彩，具有夸张性和表演性。虽病程较短，容易恢复正常，但在暗示和外界刺激下可多次复发。癔症性精神病患者在发病期行为怪诞、思维紊乱，容易在幻觉的暗示下实施违法犯罪行为。

（四）妄想性精神病与犯罪

是指缺乏客观事实根据，内容荒谬，难以说服，坚信不疑的一种病态信念，由此而导致的精神疾病称作妄想性精神病。病人的这些思想缺乏事实内容，违背思维逻辑，但病人对此不仅不能加以判断，而且坚定不移地相信它的真实性，丝毫不能动摇或纠正其错误信念。妄想性精神病常见的有以下几种：

1. 被害妄想

最为常见。病人觉得其本人或亲属处处遭到迫害，别人在背后议论、嘲讽自己，出门被人跟踪监视，或有人在其饮食中放毒，等等。病人可受妄想支配而拒食、逃跑、控告或采取“自卫”而攻击伤人。

2. 关系妄想

或称牵念观念，病人将环境中与自己无关的事物都认为与自己有关，如认为别人的一举一动、报纸和广播的内容都是针对自己的恶意中伤。常与被害妄想同时存在，相互影响，容易在妄想的支配下实施报复行为。

3. 物理影响妄想

或称被控制感，病人认为其思想情感和行为都受外界某种仪器所支配操纵而不能自主，并坚信这些仪器或现象是由某人或某组织操纵或向他发射的，因而感到痛苦和恐惧，并继发被害妄想，向其所想象的加害方实施伤害或破坏性报复行为。可与被害妄想同存。

4. 夸大妄想

坚信自己才智超群、地位不凡、财富巨大或系名门后裔，有的认为自己能领导全国、改变社会，从而出现“反革命”行为。这种情况多见于精神分裂症、躁狂症。

5. 嫉妒妄想

其表现是没有根据地猜测自己的爱人对自己变心、背叛，偶尔看到爱人与异性在一起，就会坚信他们有不正当关系，因而对其盯梢追踪，或纠缠不休、打骂、限制自由、逼其承认，严重的甚至伤害、杀害对方。

6. 自罪妄想

其表现是无根据地坚信自己犯有不可饶恕的罪行或错误，应受惩罚。病人常因此有绝食、自杀等自虐行为，以此来“赎罪”。也有的病人为使家属免受牵连，先杀死家人，然后自杀或投案，形成

“扩大性自杀”。有的甚至主动“自首”，编造犯罪事实，要求处罚。

7. 钟情妄想

其表现是病人坚信某异性在爱恋自己，对方的一言一行、一举一动都是在向自己表示爱意，于是经常向其写情书或寻机献殷勤。如果得不到答复就认为有人在从中作梗而采取报复行动；如果对方拒绝，则认为对方是在考验自己或出于羞涩；如果发现对方有了爱人，则往往进行性骚扰，甚至暴力强奸、行凶报复。

8. 疑病妄想

其表现是坚信自己患有某种不治之症，即便是医生确诊无病也不相信，其结果容易导致自杀或攻击性行为。

9. 非血统妄想

其表现是认为自己不是现在的父母所生，自己的生父母另有其人。自己本来出身显赫，是名门之后。这种人常因此而对其父母进行虐待，或四处招摇撞骗，扰乱社会治安。

（五）意识障碍与犯罪

意识障碍，是指行为人对周围的事物反应迟钝、意识模糊或完全无反应、丧失知觉。完全丧失知觉又称昏迷或神志不清，是意识障碍最严重的程度。意识障碍主要有以下几种：

1. 意识蒙眬

意识蒙眬，是指变态者产生片段错觉、幻想与妄想，其主要特征是意识清晰度降低，意识范围缩小、狭窄和孤立。此时极易发生攻击、伤害行为。意识蒙眬症状多发于癫痫伴发精神障碍和癔症患者中。

2. 神游症

神游症与梦游症同属漫游性的自动症。但梦游症是在睡梦中突然起床，刻板地完成某些动作和行为。神游症是白天突然出现无意识的蒙眬状态，无目的地外出游走或“旅行”，常持续几小时、几天，突然醒来后，对变态神游时的经历多数遗忘。有的人在神游时将其财物胡乱送人；有的侵入他人住宅，乱拿他人财物；有的无故干扰妨碍他人行走和游玩；有的甚至会有拐骗、伤害儿童的行为。

3. 意识错乱

意识错乱的表现是常出现大量幻觉，主要是幻视，内容多是恐怖场面，且清晰逼真，使其由于恐惧紧张而产生敌对情绪和相应的兴奋不安。这时一般会出现意识紊乱、行为失常，如狂乱奔跑、毁物伤人等行为。

4. 定向与自知障碍

定向障碍的表现是个体不能确信自己所处的空间、时间、地点和周围的人，如找不到门窗出口、昼夜不分、季节不分、不识亲人；当其被民警带到派出所时，也不知道自己在什么地方，一会儿认为自己在法院，一会儿认为自己在医院。自知障碍的表现是个体对自己的心理状态不能作出正确的评价，对自己的各种活动缺乏清晰意识，如患者不承认自己有病，拒绝治疗，等等。自知障碍变态者在发作时一旦做出违法犯罪的行为，一般自己也不会意识到。

(六) 智力障碍与犯罪

智力障碍，是指一个人的智力水平明显低于一般同龄人的水平，并伴有社会适应行为的障碍。这是一种思维、分析及记忆力的不足，患者因而不能像普通人一样正常地生活和学习。智力障碍多是由大脑发育不全或大脑受器质性损害造成的。由于大脑发育不全、智力低下或智能落后，根据智力测验得到的智商结果，可将其分为愚鲁、痴愚和白痴三种。

智能障碍者犯罪大多为伤害、毁坏财物、纵火、偷窃和性犯罪等。由于智能低下，理解力、判断力和自制力较差，其行为往往直接受本能驱使，即便是轻微的刺激就可能导致强烈的报复性攻击行为，也容易受他人的引诱、暗示而出现危害社会的行为。同时，由于性本能的驱使，又使他们容易发生追逐异性、企图强奸的行为，侵害对象多为幼女。女性智力障碍者则容易成为性犯罪的受害者。

(七) 癫痫性精神病与犯罪

癫痫性精神病是一种大脑异常放电而引起的阵发性脑功能紊乱，俗称“羊角风”。此病多间歇性发作，并可导致患者出现明显的个性改变：容易激动、急躁、好攻击、报复心强、残酷无情等。

癫痫性精神病导致违法犯罪行为比较常见。最常见的犯罪类型是伤害、凶杀，其次是盗窃和性犯罪。患者常在意识不清，伴有幻觉、错觉的情况下，出现情感冲动和无目的的暴力行为。癫痫性精神病患者的犯罪特点有：行为时如在梦中，行为后不知所为；行为突然发生和终止，无事先的预谋过程；行为时不分场合、手段拙劣，事后不逃避现场。

二、伪装精神病与犯罪

(一) 伪装精神病的含义及其类型

伪装精神病又称诈病，古代称为佯狂。历史上不乏为达到某种目的而佯狂的记载和传说。在与犯罪作斗争的实践中，也有一些犯罪人为逃避承担法律责任和减免处罚或获得某种利益等，故意伪装成精神病。因此，司法人员在办理案件过程中，需要掌握精神病与伪装精神病的区别所在，需要了解精神病鉴别的必要知识。

常见的伪装精神病主要有以下类型：

1. 伪装幻觉

伪装幻觉是诈病者的常见手段，多伪装幻听、幻视，如声称看到鬼神，听到了鬼神的喊叫，自己是执行某位“大仙”的命令，等等。

2. 伪装妄想

比较常见的是伪装被害妄想，说自己受到了某某的迫害，某某要毒死他、害死他，也有的伪装夸大妄想、嫉妒妄想。

3. 伪装疯癫

诈病者根据一般人认为精神病就是疯癫的心理，自己也伪装成疯疯癫癫、胡打乱闹、蓬头垢面的样子。

4. 伪装木僵

其表现是在他人面前呆坐不动，不说话、不点头，故意满嘴口水、满裤屎尿，等等。

（二）精神病症状与伪装精神病的区别

伪装精神病的鉴定是司法精神病学的任务，但作为司法人员应当了解鉴别伪装精神病的基本知识。这里的鉴别有别于司法精神病鉴定，因为这种鉴别不具有司法鉴定那样的法律效力，而且司法鉴定要由专业医师采取必要的医学方法进行。

1. 幻觉与伪装幻觉

作为精神异常表现之一的幻觉，正常人看来是虚幻的。而作为变态者对其幻听、幻视到的现象是确信不疑的，并不承认其所“听到”或“看到”的是幻觉，他们所实施的危害社会的行为也是在这种幻觉支配下进行的，先有幻觉而后有攻击行为。而伪装幻觉，则是先有犯罪行为，然后为逃避处罚，牵强附会编造幻觉，因为幻觉是编造伪装、凭空想象的，他自己也并不相信他所编造的东西。诈病者由于有强烈的逃避制裁的动机，所以他们所编造的幻觉十分鲜明生动，且与犯罪行为密切相关。编造者为骗得别人的相信，往往故弄玄虚，过分渲染，这就难免出现漏洞，而且伪装幻觉一般不会像真正的精神病人的幻觉那样呆板，因而伪装幻觉与病理性幻觉截然不同。

2. 妄想与伪装妄想

变态者对自己“妄想”的内容确信不疑，而且较为隐蔽；而伪装者的目的是要人相信，因而总是主动暴露自己的妄想症状。

3. 病理性兴奋躁动与伪装的兴奋躁动

作为精神病患者，因为具有病理基础，因而即使不吃不喝往往也能持续较长时间，甚至用药物也难以使其稳定下来，躁动的结果往往伴有中毒性症状，如失水、眼角凹陷等；而伪装者假装的躁动无病理基础，一般维持时间较短，很快就会疲惫不堪，只要旁边无人，就需要趁机休息，甚至晚上还能呼呼大睡。

4. 木僵与伪装木僵

病理性木僵不仅外部表现是木僵状态，其思想、情感也处于

"僵化"状态，而且木僵病人常出现交感神经的亢进症状，如脉搏减慢、反射活动迟缓等现象；伪装木僵表面上虽然呆滞不动，但其心理活动激烈，心理状态紧张，反射活动更难以控制，尤其无条件反射，一有外部刺激，即会出现敏锐的反应。

(三) 伪装精神病的心理和行为特点

诈病者一般具有以下心理和行为特点：

1. 强调因果关系，伪装动机强烈

诈病者伪装动机较为复杂，但归根结底是为了私利动机，或者是为逃避刑事责任，或者是为了减轻法律责任，或者是为了获得某种赔偿或补偿等。伪装成败直接关系自己的切身利益，因而他们的伪装动机是非常强烈的。诈病者在这种强烈动机支配下，必然会竭力进行表演，努力使别人相信他确实疯了，这就难免在伪装时出现过分夸张的特征，表现得比精神病的心理变态还要变态。其言语过分离奇，动作过分夸张，症状缺乏内在联系和统一；有的为使人相信他确有精神病，甚至主动向有关人员诉说病症，有人甚至声明"精神病人犯法不负责任，你们不能拿我怎么样"，等等。

2. 症状不符合一般病程发展规律，发病突然，症状孤立，漏洞百出

由于诈病都是基于某种原因和目的，因此发病多较突然。有的在作案前精神还很正常，案发后却突然出现异常，而且伪装者受其文化水平、社会阅历影响，往往只凭想象或观察到的个别患者的精神病症状进行伪装，并且又极力注意外界对他的反应，因而其症状显得单调、孤立、杂乱无章，难以归纳为某类精神疾病。例如，有人和没人时表现不一样；和亲属、医生、民警相处时表现不一样；白天和晚上也不一样；变态行为之间还掺杂着正常行为，接受检查时容易受到暗示，增添夸张的症状表现，等等。

3. 伪装者的心理与行为是分裂的、不一致的

正常人的心理与行为是统一的，变态者的心理与行为也是一致的，其行为的异常是因为其心理变态所致，变态的心理与变态的行

为是一致的。但诈病者的伪装不管多么逼真，从外部看来不管多么异常，其思想与心理的世界始终是激烈地活动着，对外界总是保持着高度的警觉，对外界环境、动静，往往有灵敏的反射性反应，在接受讯问时，一旦涉及其犯罪要害，往往会出现难以掩饰的情绪，当审讯人员谈到对其有利的情况时，往往会神情关注，对其不利的情况往往拒绝回答，因而其内心实际上在对外部有利于自己的信息进行选择，这也容易使他的伪装出现漏洞。

第四节　性心理障碍与犯罪

一、性心理障碍概述

（一）性心理障碍的概念

性心理障碍又称性倒错，指性冲动障碍和性对象的歪曲，即寻求性欲满足的对象与性行为的方式与常人不同，并以此类性偏离作为性兴奋、性满足的主要或唯一方式。此类精神障碍患者的一般精神活动并无其他明显异常。目前性心理障碍的概念包含了以下三方面的含义：第一，其行为不符合社会认可的正常标准。但不同的社会和历史的不同时期这种标准并不相同。例如，随着人们对于性取向认识的深入，曾经在历史上被认为是性心理障碍的同性恋已经从精神疾病中除名。第二，其行为对他人可能造成伤害，如诱奸儿童和严重施虐狂。第三，本人体验到痛苦，这种痛苦与其生活的社会态度有关，其性欲冲动与其道德标准之间发生了冲突或认识到给他人带来了痛苦。

性心理障碍有不同的变称和分类，根据我国精神疾病分类方案，一般将性心理障碍分为两类，一是性偏好障碍，是指长期采用不同于正常人的性欲满足方式。如异装癖、露阴癖、窥阴癖、恋兽癖、恋尸癖等；二是性身份障碍，是指长期对自己的生理性别有强烈的厌恶和排斥感，同时具有强烈的转变性别的心理要求和实际行为，如易性癖。

（二）性心理障碍与人格障碍

性心理障碍在医学和精神病学中的位置类似于人格障碍。有的学者认为，性心理障碍可能与人格障碍有着病原学上的关系，是人格障碍的一种表现。例如，一个好斗、残忍的人在其性偏好上可能是一个施虐淫者。但是，性心理障碍的人不一定都具有人格障碍的一般特征。大多数性心理障碍者在社会生活的其他方面适应良好，甚至能取得出色的成就。性心理障碍的人身心素质往往有所改变，但在一定环境条件的约束下可以控制自己，而单纯的人格障碍者则不能。

（三）性心理障碍与性犯罪

性犯罪是从司法角度提出的，涉及范围既包括性心理障碍犯罪，也包括纯属犯罪性质的行为，如强奸、侮辱妇女等。尽管性心理障碍导致的行为一般会违反社会习俗，但不一定构成违法犯罪。有些犯罪行为虽然是行为人在性心理障碍推动下实施的，但这种犯罪的性质与强奸、猥亵等犯罪有所差别，其行为是受性心理障碍的驱使所致。这类人日常表现一般较好，所以当其出现异常行为时往往使周围人感到意外。对其责任问题看法尚不一致。但认为他们是性行为偏离正常，并非不能辨认和控制自己的行为，因此一般认为不能完全免除其责任。

二、性心理障碍与犯罪

（一）性心理障碍者违法犯罪的特点

（1）性心理障碍者作案一般是有预谋、有计划、有选择的。

（2）作案者有一定的较为固定的行为模式，一般不会自动停止作案，往往会造成系列恶性案件，且手段残忍。

（3）有自我保护能力，往往会采取某些掩饰罪行和逃避打击的反侦查手段。

（4）被抓获后往往能够如实供述其罪行，对犯罪过程能够清楚地陈述。

（二）性心理障碍的类型与犯罪

性心理障碍不一定导致犯罪，但有些性心理障碍类型与违法犯罪关系极为密切，如恋童癖、露阴癖、施虐淫癖、窥阴癖等。

1. 易性癖

易性癖又称易性症，是指渴望以与自己的生理性别不同的另一种性别生活并为人所接受的心理现象。易性癖者通常对自己的指派性别感到不适或不恰当，希望接受手术和跨性别激素治疗，以使自己的身体尽可能与自己的性别认同一致。随着人们对于性别问题认识的不断加深，易性癖已被世界卫生组织从精神疾病中除名。但易性癖在一些国家和地区会被习俗观念所排斥，由此可能会推动行为人采取一些极端行为，甚至是犯罪行为来获得自己对性别、身体的某种满足。

2. 恋童癖

恋童癖者性满足的对象是性发育未成熟的儿童。恋童癖可分为异性恋童癖、同性恋童癖和乱伦恋童癖三种，多为男性。这些性心理障碍者常以猥亵和奸淫儿童来获得性满足。常涉及奸淫幼女、鸡奸幼童、非法监禁等犯罪行为。恋童癖犯罪人由于各种原因难以和成年异性发生正常性关系，他们具有强迫性人格、依附性较重、缺乏自信、沉默寡言等特点。

3. 露阴癖

露阴癖主要见于男性，是指通过在异性面前突然裸露自己的生殖器来得到性满足。这类行为多发于夜间僻静处，并从对方的惊恐、害怕、厌恶等情绪反应中获得欣快的体验。行为人只是在接近异性时，突然暴露自己的生殖器，有的伴随手淫，并不对异性身体进行伤害，有的也发生于公共场合。这种人行为时意识清醒，并对于其行为大多有责任能力。

4. 施虐淫癖

施虐淫癖又称虐待狂、施虐狂，是指在性行为中对异性施以肉体或精神上的种种折磨，以给对方造成肉体和精神的极大痛苦来获得性兴奋和性满足。施虐淫癖犯罪多见于受害女性被强奸前后或被猥亵过程中受到身体摧残，最严重的可发展成为严重性暴力犯罪，其犯罪手段往往十分残忍。这种类型的性心理障碍对社会的危害性最严重，影响最恶劣，是性心理障碍犯罪中发生率最高的一种。

5. 窥阴癖

窥阴癖是以偷看他人的性活动或异性裸体而获得性兴奋或快感的一种性心理障碍，多见于男性。患者对窥视有强烈追求，周期性出现，勉强抑制此欲望会引起明显的焦虑不安情绪，窥视之后即获得性的快感。窥阴行为者一般性格内向、害羞，缺乏接近异性的交际手段，但社会适应能力良好。受窥视的强烈欲望所驱使，患者会冒险潜入女厕所、粪池、浴池、女性居住的卧室，窥视时伴有手淫，有的事后通过回忆而手淫，达到性的满足。窥阴行为虽对对方无直接的人身侵犯，但足以揭人隐私，属于不道德和轻微违法行为，通常受到社会舆论的谴责或行政处罚。

6. 摩擦癖

摩擦癖是指习惯性和癖好性地通过触摸或摩擦异性身体而获得性快感的一种性心理障碍。这种性心理障碍者主要为男性，他们通常在拥挤的场合进行，故又称“挤恋”。行为人在实施摩擦行为时常常具有计划性和目标选择性，这在实施摩擦癖行为前及过程中均有所表现。例如，常在作案前对衣着和面容进行修饰；作案时选择的对象多为年轻、漂亮、陌生的异性；场地多为拥挤而且不易被抓获的场所，如公共汽车、商场、电影院等。当被摩擦的对象有明显的反应时，行为人通常会中止有关行为，并且装出一副若无其事的样子。但是，如果对方默然避开或默许，常常又会继续有关行为。

下　篇

第十五章　犯罪侦查心理

第一节　犯罪侦查的心理依据

一、现场勘查的心理依据

现场即犯罪现场，是指犯罪人实施犯罪和遗留有同犯罪有关的痕迹物证的一切场所。现场勘查，是指侦查人员对犯罪现场中犯罪人留有的痕迹物证进行反映、提取和分析，及对有关人员调查了解有关情况的过程。之所以要对犯罪现场进行勘查，是因为犯罪现场除留有能为我们提供犯罪信息的物态的痕迹物证外，还不可避免地留下了犯罪人的心理痕迹。这是我们对犯罪过程和犯罪人进行分析的依据，也是现场勘查的心理依据，对于确定侦查方向，划定侦查范围具有重要意义。

(一) 心理痕迹的含义和特征

心理痕迹，是指在犯罪现场及其痕迹物证上折射出的犯罪人的心理特点和个性品质。

犯罪行为的发生是由于人在某种需要的基础上产生的内驱力与外部诱因相互作用的结果，犯罪行为发生的时间、场所、方式、手段以及现场被破坏的程度，出入路线的选择，现场停留时间等，无一不折射出犯罪人的心理特点和个性品质。因此，反过来说，通过对现场痕迹物证的认真观察分析，可以判断犯罪人各种心理特点和个性品质，经与现场访问获得的多种信息资料相互印证，可为侦查破案提供第一手材料。

总的来说，心理痕迹具有以下特征：心理痕迹具有客观性，它是一种客观存在，不能空穴来风，凭空想象；心理痕迹还具有依附性，它没有自己独立存在的形态，而是依附于犯罪现场及现场中的物态痕迹之上；心理痕迹具有抽象性，必须在勘查的基础上，进行由表及里，由浅入深的心理分析才能获得；心理痕迹还具有科学性，即必须使用科学的理论和方法进行勘查、分析，才能获知符合客观实际的心理痕迹。

（二）心理痕迹与物态痕迹的关系

心理痕迹与物态痕迹既有联系又有区别。

心理痕迹与物态痕迹的联系在于：第一，物态痕迹是心理痕迹的载体，心理痕迹依附于物态痕迹而存在，只有在对现场及物态痕迹详细勘查的基础上，才能分析并获知心理痕迹。第二，心理痕迹与物态痕迹可以相互印证、补充。两种痕迹来自同一犯罪现场，共同反映犯罪的有关信息。物态痕迹反映犯罪人的心理痕迹，心理痕迹可以提示我们，犯罪人留下了怎样的物态痕迹，因此，一定程度上，心理痕迹可以弥补我们对物态痕迹反映的不足。而且，心理痕迹与物态痕迹所反映的信息应当是一致的，如有矛盾，则需要重新勘查现场，或者进一步对心理痕迹进行分析。

心理痕迹与物态痕迹的区别在于：第一，两种痕迹存在形态不同。物态痕迹是以物理形态存在的，具有直观性，通过人的感官或仪器可以观察，心理痕迹依附于物态痕迹而存在，具有抽象性和间接性，只能通过心理分析来获得。第二，两种痕迹的作用不同。物态痕迹可以直接说明犯罪事实，证明犯罪人，在司法程序中可以作为证据使用；心理痕迹是为进一步获取物态痕迹创造条件，提供线索，其本身并无证据意义。第三，获取两种痕迹依赖的条件不同。物态痕迹的获取更多地要依靠感觉器官，依靠仪器设备，需要工作人员具有较强的观察力和较高的物证技术素质；心理痕迹的获取更多地依靠对犯罪规律和犯罪人心理特点的熟悉，需要工作人员具有较强的心理分析能力和较高的理性思维的素质。

（三）心理痕迹的内容

心理痕迹虽然不是物态痕迹，但从犯罪现场的物态痕迹入手，却能够分析出犯罪人的心理痕迹：从犯罪手段、反侦查手段、犯罪现场的布置和痕迹物证的遗留情况，可以了解犯罪人的智能条件；从犯罪侵害客体的空间、体积、重量、数量和遗留痕迹中，可以分析犯罪人的生理条件，如犯罪人的高矮、胖瘦、年龄、性别、体质状况、生理特征、痼癖动作，等等；从犯罪工具的使用情况、熟练程度和犯罪手段等，可以分析犯罪人的技能和习惯；从犯罪现场的凌乱程度，犯罪行为指向的明确性，可以分析犯罪人对侵害客体及现场情况的了解和熟悉程度以及知情条件；从犯罪的后果、行为特点可以分析犯罪动机、目的；从犯罪手段、后果和痕迹物证的遗留情况，可以分析犯罪人的情绪、意志特点和个性品质。这些心理痕迹的分析，将有助于锁定犯罪嫌疑人的范围，减小摸排范围，有利于侦查破案。同时，心理痕迹的准确分析，也是犯罪心理测试（测谎）的重要基础。

所以说，犯罪现场所折射出的心理痕迹是较为全面的，但它们又是隐蔽的、潜藏着的，需要调动侦查人员的心理潜能，对现场情况进行深入细致、全面客观的观察分析，才能获得。

二、侦查措施的心理依据

现场勘查是犯罪侦查活动中最基本的措施之一，也是采取其他措施的先行措施。在现场勘查之后，为达到破获案件、证实犯罪的目的，往往需要采取诸如跟踪守候、搜查扣押、查缉追捕等一系列措施。这是因为犯罪侦查过程，实际上是侦查人员与犯罪人的互动过程，它体现了在侦查活动中，侦查与反侦查双方的相互斗争，相互制约。就侦查一方而言，总是千方百计地获取犯罪线索和证据，确定和证实犯罪人；就另一方而言，总是想方设法掩盖罪证，设置障碍，逃避侦查。双方的这种较量、斗争，可以说持续于侦查的全过程。因此，犯罪发生后，如果犯罪嫌疑人主动坦白交代自首，便不需要采取或只需采取少量侦查措施，但是大量案件需要采取与特定案情相适应的侦查措施，其原因就在于，犯罪人出于已有的犯罪心理结构和防御心理，必然会有一些反侦查的心理和行为。

（一）反侦查心理的含义

反侦查心理就是犯罪人在其已有的犯罪心理结构支配下，出于防御的需要，在犯罪准备、实施和犯罪后情境中出现的逃避及对抗侦查的心理活动。反侦查心理必然以逃避和对抗侦查的行为活动表现出来。

反侦查活动是犯罪人在作案前后，有目的、有计划地采取各种手段、方法，以逃避侦查的活动。大量犯罪人所采取的反侦查措施是在案后进行的，特别是情境型的犯罪更是如此。但是就大量有预谋的犯罪而言，在犯罪的准备和实施过程中，犯罪人就开始了一些干扰侦查视线的活动。在这些犯罪中，采取何种反侦查手段，是其预谋的内容之一。近年来，犯罪智能化程度越来越突出，与此相适应，犯罪人反侦查的手段也在花样翻新。

反侦查心理是犯罪心理的延续，二者系同本之木，同源之水。犯罪心理是反侦查心理产生的基础，反侦查心理是犯罪心理的另一种表现形式，是在犯罪心理的基础上形成和发展起来的，反侦查心理与犯罪心理一样，与个体的认知结构、智能水平、个性特点有密切联系，甚至是被它们所决定的。

反侦查心理也是犯罪人防御心理的一种表现形式。因此，反侦查的心理依据在于个体防御的需要。在这些犯罪人心目中，既要以非法手段满足自己的需要，又要竭力避免自己受到处罚，因此在犯罪的同时或在案后受到怀疑时，便要采取某些反侦查的手段，以达到自我保护的目的。犯罪人的防御心理有不同的表现形式。从防御心理形成的时机来看，有预谋性的防御心理和补救性的防御心理。前者是指在犯罪准备过程中，就有了反侦查的心理准备和措施准备。后者是指犯罪前没有做充分的反侦查的准备，犯罪后才在对抗侦查的心理支配下，采取一些补救措施。根据防御心理及其外在表现的主动性，有退行性的防御心理和攻击性的防御心理。前者是以被动、消极的防御为特征，外部表现大多是逃避。后者则是以主动、积极的防御为特征，如串供、伪装积极等方式。我们在谈论反侦查心理时，一般是指这种主动性的防御，而在时机上，则可能是有预谋的，也可能是补救性的。

（二）反侦查心理的表现

犯罪人的反侦查心理集中从其反侦查的行为方法上表现出来。常见的反侦查手段主要有：

1. 伪造作案时间

确定作案时间，是排查犯罪嫌疑人的重要途径。因此，犯罪人往往在作案时间上要些花招，以蒙蔽侦查视线。其方法通常有两种：一是案前设计，制造自己没有作案时间的假象。这是在作案之前，精心预谋，故意使自己的行动在一些不知情的人的视线中，以利用他们来证明自己没有作案时间；二是案后串联，请同伙或请其他人作伪证，以证实自己没有作案时间。前者比后者具有更大的隐蔽性。

2. 破坏和伪造犯罪现场

可以说，犯罪现场就是犯罪信息库。因而犯罪人特别是有经验的案犯总是竭尽全力对犯罪现场进行破坏、伪装。常见方法有：(1) 以清除、消灭痕迹为目的，对现场进行清理破坏，如清扫血迹、足迹。(2) 以扰乱侦查视线为目的对现场进行伪装处理，如对现场和各种物体重新设计摆放，以制造某种假象，给人造成某种误解，如通过对现场的设计清理，把他杀的现场伪装成自杀或意外事件。常见的有，杀人后将尸体从高处抛下，伪装成坠死；杀人后移尸水中，伪装成溺死；扼死后又套上绳子伪装成自杀；用电击杀人后，伪装成不慎触电死亡，等等。在盗窃中，有的内部知情人在作案时故意把现场弄得很乱，以给人造成外人作案的错觉。(3) 移动犯罪现场。多见于杀人犯罪中的移尸、弃尸等情况，这时的犯罪现场就有了第一现场与第二现场甚至第三现场之分。

3. 伪装犯罪动机

一般有两种情况：（1）把不存在的犯罪动机伪装成某种犯罪动机。多见于嫁祸于人或自我表现，如某营业员自伤，伪装成与抢劫犯进行搏斗的现场。(2) 把此犯罪动机伪装成彼犯罪动机，如明明是奸情杀人，却将其伪装成图财害命。

4. 伪装个体形象特征

在盗窃、抢劫、强奸、预谋杀人和伤害等犯罪中较常见。这种反侦查的手段和方法有：(1) 伪装体貌特征，如蒙面或戴假面具作案，描画、粘贴胡须、眉毛，男扮女装或女扮男装，小脚穿大鞋等。(2) 伪装言语特征，如改变言语习惯，平时说普通话，作案时改说方言，或在平时说方言，作案时改说普通话。(3) 伪装行为习惯或动型，如伪装左撇子、颠脚进行作案等。

5. 处理赃证

赃证是证明犯罪的关键证据，所以赃证的处理，是犯罪人对抗侦查的重要手段。处理的对象，一是赃物，二是犯罪的工具或其他罪证。处理的方法，一是销售、毁灭、遗弃、掩埋、藏匿或改变其存在形态；二是张冠李戴，嫁祸于人。

6. 伪装作案的过程

犯罪人为了扰乱警方的侦查视线，有时候会对作案过程进行精心伪装。常见的有，伪装进入和逃离现场的路线，如故意从相反的方向进入和逃离现场；伪装作案手段，如用掌握或偷配的钥匙开锁后故意破坏锁孔，造成撬锁的假象；等等。

7. 伪装积极

有些犯罪人自恃作案隐蔽，案发后即伪装成破案积极分子。这种伪装积极的行为，是犯罪人在作案时采取的反侦查手段的继续，是一种掩护自己的外衣，通过伪装积极参与破案工作，一方面为破案人员提供某些线索，以便对侦查进行误导；另一方面，可以随时了解破案的进程，以便采取进一步的应对措施。

8. 串供和谎供

案发后，犯罪人意识到自己的危险，于是便与人串联，编造口供，动员自己的同伙或不明真相的群众向公安机关提供虚假证言，大多用来证明自己没有作案时间和作案动机，有的犯罪人则在自己受到审查讯问时，编造口供，或避重就轻，或编造情节，企图蒙混过关。

(三) 犯罪人反侦查手段获得的途径

1. 传播媒介对犯罪手段和反侦查手段的描写

从实践中看，犯罪人特别是初犯的反侦查手段，很多是通过所谓犯罪文学或犯罪新闻报道、影视作品中获得的。因此，过多描写犯罪情节的影视书刊等传播媒介，是犯罪人反侦查手段获得的重要来源，具有一定的消极作用。

2. 犯罪人作案经验的积累

对不少惯犯、累犯而言，他们作案的成功与失败，都可以使他们从中吸取正、反两方面的作案经验和反侦查经验。

3. 犯罪成员间的教唆和传播

有些初犯是从未被改造好的刑满释放人员和教唆犯那里习得的反侦查手段；有些惯犯、累犯则是在关押期间，与其他犯罪人相互直接或间接地教唆、传习，甚至相互交流犯罪经验的结果。

4. 现代科技的推广与应用

社会的发展，加速了现代科技在各个领域的推广与应用，在这一过程中，不可避免地被一些嗅觉灵敏的犯罪人所利用，从而促进了一些反侦查手段的“更新换代”，如利用现代通信设备“遥控”作案，使用高速交通工具利用时间差作案，利用电脑作案，利用信用卡作案等。需要指出的是，在近年来较为常见的跨国境犯罪，有大量的是与现代科技手段相联系的，如电信诈骗、走私，贩毒、制毒，在伪造护照、证件、印章等犯罪中，现代通信、交通及其他科技成果被广泛应用，这为打击犯罪制造了更多障碍，也对我们提出了更高的要求。

三、缉捕行动的心理依据

缉捕，是捕获犯罪人归案并接受法律制裁的紧急侦查措施。缉捕对象是依照我国刑事诉讼法有关规定，应该逮捕的犯罪嫌疑人、被告人和应该拘留的现行或重大嫌疑人，以及犯罪后潜逃的、被通缉的、越狱逃跑的、正在被追捕的其他犯罪人。

对犯罪人采取缉捕行动的心理依据在于犯罪人的逃避心理。如前所述，逃避心理是犯罪人防御心理的一种消极表现形式。犯罪人在作案之后，出于畏罪感和本能的防御反应，往往产生逃避、躲藏等行为。但是，不同的缉捕对象或在不同的阶段，其逃避心理的外在表现会有所不同，特别是无准备的与有准备的逃避心理和表现是不同的。

（一）无准备的逃避心理

无准备的逃避心理，是指由于偶然的原因，突然实施犯罪行为，或者案发突然，在没有思想准备或思想准备不充分的情况下引起的逃避反应。这种情况下的缉捕对象，往往在难以控制的恐慌心理支配下仓皇出逃，而且逃跑的方向、路线和落脚点，多受其本能的防卫戒备心理的驱使。

1. 恋家求助

由于事先没有充分的思想和物质准备，因此缉捕对象一般不立即逃往外地，而是出于对安全感的迫切需求，仓皇返回居住地或家里，以获得精神上的安全感。但他们在家中一般只停留短暂的时间，然后便离开家中，但大多并不远逃。特别是青少年犯罪人，由于社会阅历浅薄，缺乏独立闯荡社会的经验和谋生的手段，往往更难摆脱恋家心理。

2. 社交亲和

人的社会交往有亲疏远近之分，不同层次的社会交往关系有不同程度的亲和水平。比如，直系亲属或情恋对象亲和力最强，旁系层次或一般朋友的亲和力次之，亲属的朋友、朋友的朋友，则仅有间接交往关系。而人的带有规律性的交往心理特点，是愿意与自己有较强亲和力的人深入交往，越是在危难时刻，人越是希望与亲近的人加强联系，因为亲和力越强，越容易使人产生安全感；人越是在无准备情况下，越容易受这一心理规律的驱使。

(二) 有准备的逃避心理

有准备的逃避心理是在有预谋、有准备的犯罪之后，在有充分准备特别是心理准备的情况下产生的逃避反应，也有一些是从无准备逃避心理转化而来。由于缉捕对象的逃避行为是有准备的，因而往往故意不按一般的心理和行为规律藏匿或逃窜，如故意不与亲朋接触和进行联系。

有准备的逃避心理支配下的逃避行为，存在两种较为典型的情况，一种是在远离案发地，缉捕人员难以想到或者难以发现的地方，隐姓埋名，苟延残喘；另一种是没有固定落脚点，四处流窜，继续作案。前者一般动机简单，只是想逃避惩罚，其心理依据是侥幸心理；后者则动机较复杂，既想逃避，又有示威和破釜沉舟心理，其心理依据在于对抗心理。因此，后者对于社会治安具有更现实的危险性。

第二节　侦查思维

侦查人员不仅在现场勘查中，而且在侦查破案的全过程，都需要进行积极的思维活动。

一、侦查思维的概念

侦查思维是侦查主体在犯罪侦查过程中，发现问题、解决问题的思维活动。它所要探究的是侦查人员在侦破案件过程中的思维方式、特点和规律。

人们在解决问题时的思维过程，一般经历了发现问题、分析问题、提出假设和验证假设四个阶段，侦查破案的思维过程也经历了这样四个阶段，即发现犯罪、分析案情、提出假设和验证假设。发现犯罪是侦查主体产生破案动机的前提，没有案件的发生，侦查主体便不会产生破案动机，也就不会产生侦查思维活动。

分析案情即根据现场勘查、调查访问等手段获取的信息资料，对案件有关情况所作的分析判断。案情分析是提出假设的依据。

提出假设，也就是提出侦查假设。侦查假设的建立是侦查破案的关键性环节，符合客观情况的假设，可使破案工作不走弯路，提高效率。

验证假设也就是通过一定的方法措施，对侦查假设进行验证。验证的方法可以在两个层次上进行，一是侦查实践活动，即通过调查、搜查辨认、实验和鉴定等侦查措施进行验证；二是思维活动，如通过侦查谋略的提出和实施来验证某个推测。

需要指出的是，不能将侦查破案的思维过程简单化，它不是在一个方向上直线式地、简单地进行，而是一个反复、曲折的过程，如案情分析，不仅在现场勘查时进行，而且往往在提出假设、验证假设的过程中反复进行。侦查假设也常常是建立、推翻、再建立以及补充完善等多个反复的过程。

二、案情分析

案情分析是为了对案件有更深层次的了解，透过现象，认识本质；也是为提出假设，特别是确定犯罪嫌疑人，采取侦查措施提供理性的依据。

一般说来，案情分析主要是对犯罪行为产生的客观过程和犯罪人的心理品质进行分析。

（一）分析犯罪行为产生的客观过程

1. 作案时间

一个人有无作案时间，是确定其有无犯罪嫌疑的首要条件，因而作案时间是确定犯罪嫌疑人的重要依据之一，所以分析案情必须重视对作案时间的分析。作案时间可以通过尸表变化、胃内容物变化情况以及调查访问获得的情况加以分析。

2. 犯罪工具和使用工具的技能条件

通过对犯罪现场认定的犯罪工具及使用工具所需要的技能进行分析，有助于缩小侦查范围。这种分析可以通过被害人伤口形状、现场遗留痕迹及调查情况进行。

3. 现场遗留物和赃物

大多数犯罪人在作案时恐惧、紧张和亢奋情绪占优势地位，这使他们有可能在无意中遗留下痕迹物证，即使一些狡猾的犯罪人常常破坏、伪造现场，甚至毁尸灭迹，也总会忽略一些细枝末节，无意中留下痕迹，只要我们认真分析，冷静思考，就可以找到能够证实犯罪的痕迹物证。

4. 知情条件和体貌特征

通过对现场情况的分析，如果发现犯罪人对现场十分熟悉，行为指向明确，那么知情条件就可以成为划定侦查范围的可靠依据。通过对现场痕迹的分析，往往还能推断出犯罪人的某些生理特征，如身高、体重、年龄、性别及一些癖癖动作，有的案件知情人或见证人还能提供关于犯罪人的体貌特征，将这些材料结合起来进行分析，对于确定嫌疑人往往有重要作用。

5. 心理反常现象与犯罪案件的因果关系

在调查访问及排队摸底过程中，如果有人出现了心理反常现象，不管其是否为重点嫌疑人，侦查人员都应给予足够重视。例如，有人想尽办法探听破案进展情况，对案件表现出不寻常的关心时，就要注意分析这种反常现象与犯罪案件的联系。很多情况下，这种反常实际上是犯罪人在作案后尤其是公安机关采取一定措施后的必然反应。侦查人员的及时掌握，深入分析，常常成为破案的重要契机。

(二) 分析刻画犯罪人的心理品质

关于对犯罪人心理品质的刻画，在本书“犯罪心理画像”章节中有详细论述，在此仅作简单介绍。需要注意的是，对犯罪人心理品质的刻画，重点是以下几个方面：

1. 分析刻画犯罪的动机和目的

犯罪行为是在犯罪动机驱使下进行的，犯罪动机则是在某种需要的基础上产生的。通过对犯罪行为形成的痕迹物证进行分析，可以了解到犯罪人的需要和动机特征。推断犯罪动机，还可从犯罪侵害对象、作案手段、案发时社会背景等方面进行分析。一般说来，动机与行为方向是一致的，但有的犯罪案件中，犯罪动机具有多样性和转化性。这样就需要我们利用现场中的物证痕迹和心理痕迹，通过对犯罪人心理活动规律的分析，判断何为主导动机，何为从属动机，何为第一动机，何为第二动机，这对于确定案件性质和侦查方向是大有帮助的。

一种行为可以出自多种动机，但目的只有一个。例如，杀人案件，犯罪的动机可能是出于报复的动机，也可能是出于图财害命，或是奸情杀人等，但目的只有一个，即剥夺被害人的生命，所以作案目的在一般案件中比较明确。尽管如此，我们仍可通过分析作案目的，进一步透视犯罪人的心理世界。

2. 分析刻画犯罪人的智能和职业特征

犯罪人进行犯罪的过程，也是其犯罪心理活动的过程，包括产生某种需要，形成犯罪动机，确定犯罪目的，选择作案目标，设计犯罪手段，准备犯罪工具，思考逃避打击的方法等。所以，通过对现场及作案过程的分析，我们可以发现犯罪人的知识结构、经验、作案技巧及其他智能状况。例如，伪造护照、证件、印章等案件，从其伪造技术方法、熟练程度，可以分析出案犯的特殊能力水平。

对犯罪现场及遗留的痕迹物证进行分析还可以看出犯罪人的职业特点。因为人的行为是由一系列动作组成的，行为能否顺利完成，决定于个人动作、技能的掌握和熟练程度。从事某一职业的人由于其有目的、有计划、长时间地从事类似的动作，往往掌握了这种动作的规律，形成自然的、习惯的、熟练的动力定型，即使在一些非职业活动中，也会按照习惯性动作进行，从而反映出其职业特点。犯罪人为使作案顺利成功，总是力图用最快的速度、最好的技能来实施，所以通过痕迹分析其职业特点是可能的。

3. 通过言语分析，刻画犯罪人的个性特征

言语是人类思维和交流的工具，通过言语可以获得对其情感、意志、认识及其个性品质的判断。犯罪人的言语，可以直接透射出

其心理痕迹。因此应重视对犯罪人言语的分析。

(1) 从犯罪人作案过程和作案后言语的内容可以分析犯罪人的个性特征。一些抢劫、伤害、诈骗等案件，犯罪人在与受害人接触过程中，常有欺骗、恐吓、威胁等言语，表现了犯罪人的狡诈、阴险、狠毒和贪婪等个性特征。在一些性犯罪案件中，犯罪人还会有下流、威胁、安慰等言语，从而反映出不同的心理特点。

(2) 从书面语言也可以分析犯罪人的个性特征。书面语言是个人凭借文字表达思想感情的，不像口头言语可以借助表情、动作来加强其表现力，但书面语言多经书写人思考，词句往往能比较准确地表达思想感情，所以从其语气、情感色彩、文法句法、修辞和字迹等方面，可以比较准确地反映出其的知识水平和思想状况。在有些案件中，书写人往往对字句进行伪装，这种伪装实际上也反映了其个性特征的一个侧面。

4. 从遗留痕迹中分析犯罪人的行为习惯

人的行为习惯具有定型化特点，因而具有相对稳定性。人的任何活动都可能无意中暴露其行为习惯，特别是生理习性。犯罪活动同样如此。这就有可能使我们通过现场勘查和分析，发现犯罪人的某些行为习惯，如步伐习惯、吸烟习惯、随地吐痰等，一些惯犯由于经常进行某种犯罪活动，往往在作案时间、作案对象、出入路线的选择、作案工具的使用、作案的手段和方法、对现场的破坏伪装等方面形成定型，从而在不同的案件中，留下相同或相似的痕迹特征，所以只要我们对现场痕迹仔细观察分析，就可以获知犯罪人的某些行为习惯。

在一些案件中，往往留有文字痕迹，通过对笔迹特征的分析，了解书写者的人格特征和书写时的心理状态，已为许多研究证明是可能的，而常常被作为分析元素的笔迹特征主要是字体大小、倾斜性、流利性、运笔轻重、字形以及行间距、字间距等特征。

5. 通过分析作案过程，刻画犯罪人的意志特征

犯罪人行为的调节和支配，常常会遇到各种内部的心理上与生

理上的障碍（如作案的决心、身体的素质等）和外部的阻碍（如现场中的某些不利条件）等一系列困难。因此，犯罪活动能否完成，是与其意志特征密切联系的。实施犯罪所需要克服的困难越大，说明其意志越坚定。例如，一些流窜犯，为达到犯罪目的，往往长途盯梢，采取各种办法克服不利条件，直到犯罪目的的实现。分析刻画犯罪人的意志特征，对制订侦查方案，设计侦查谋略是有帮助的。

三、侦查假设

（一）侦查假设的概念

侦查假设是侦查人员以一定的客观事实（现场勘查、调查访问、技术鉴定等获得的各种情况、材料和信息）为依据，运用以往的经验及有关的规律性知识，对犯罪性质、犯罪动机、作案时间、作案过程及犯罪嫌疑人等所作的假设性推测。

侦查假设是有关案情的推断，其真实性如何尚需验证，因而侦查假设具有或然性。侦查人员尽可以根据现有材料，发挥自己的想象力对案情作出大胆推测。但是，这种推测绝非主观臆造、凭空想象，而必须以客观事实和科学知识为依据。

一般来说，侦查假设是侦查人员选择某种侦查途径的必由之路。因为只有对案情作出符合实际的推测，才能进一步确定侦查方向、范围和重点，这是侦查工作的重要一步，没有或者不符合实际的侦查假设，会使侦查思维陷于停滞或盲目中。然而，根据现场勘查和调查了解的情况，往往能作出数个假设，这时，一般要选择可能性最大的那个假设开展工作，而且随着调查取证的深入进行，随着大量新信息、新材料的获得，要不断对侦查假设作出修改、更正和补充。

（二）侦查假设的建立

侦查假设的建立，实际上是根据犯罪行为造成的各种痕迹、后果回溯推断其形成原因的过程。因为任何一起案件的发生，都体现着一定的因果关系。犯罪人都是首先形成犯罪动机，进行犯罪活动，这是因；这种因又造成了现场中与犯罪有关的痕迹物证的出现，这是果。侦查假设的建立，就是根据这种因推测造成这种果的各种原因和过程。

凡是侦查人员尚未知晓又需要知晓的内容，都可以成为侦查假设的项目。一般而言，侦查假设包括：对犯罪性质的假设，对犯罪动机、目的的假设，对犯罪证据条件的假设，对作案人的假设，对受害人的假设，对犯罪时间的假设等，这些假设的提出、修改和验证，伴随侦查的全过程。

四、侦查推理

（一）侦查推理及其种类

侦查推理是以对已知案件事实的正确判断为前提，推导出对案情或案犯的新判断的思维活动。推理在案件侦破工作中必不可少。通过推理，可以深化对案情的认识，从已知推出未知，从而推动案件侦破的进程。推理是侦查思维的重要形式，在侦查假设的提出和验证中，推理起了重要作用。

在侦查中常用的推理方法有以下几种：

1. 归纳推理

归纳推理是以特殊性为前提，概括出一般性结论的推理，它包括完全归纳推理和不完全归纳推理。在侦查实践中多数进行的是不完全归纳推理，即根据某些而不是全部具体事例得出一般性结论，这种结论常常具有或然性。

在侦查实践中，不完全归纳推理常用来概括案件情况，推测犯罪过程，提出侦查假设。

2. 演绎推理

即从一般性原理出发推导出特殊性结论的推理。

(1) 假言推理。假言推理是至少有一个假言判断作为前提的推理。假言推理在侦查中，一般用于推论犯罪人应具备的条件，推断犯罪人，以及否定某一嫌疑对象或情节等。

(2) 选言推理。选言推理，是指至少有一个选言判断为前提的推理。选言推理在侦查中常用于推断案件性质，排除犯罪嫌疑人等。

3. 类比推理

类比推理是根据两类对象的某些属性相同推出其他属性也相同的推理。类比推理的结论同样具有或然性，在侦查实践中，类比推理常用于查找无名尸体，排查犯罪嫌疑人，认定罪证，串联案件等。

（二）影响推理正确性的因素

推理的正确性受推理的前提和推理规则的制约，也受下列心理因素的影响和制约。

1. 经验

个人的经验在推理中起到了一定作用，当个人经历过相同或相似的事物时就容易产生联想进行推理，所以经验丰富的侦查人员对于案情的推理常常更符合案情的发生、发展的规律。但个体经验中所存在的某些定势、偏见，则易使个体作出错误的推理，或者对符合自己偏见的推理容易接受。因此，经验对推理的影响应从两个方面来看：首先，对于侦查人员所熟悉的案情，经验可使推理快速而准确，甚至使推理这一思维形式具有极大的跳跃性，一些老侦查员所看重的直觉实际上就是一种跳跃性的思维；其次，对于侦查人员所陌生的案情，经验对推理的影响往往是负面的，因此，即使老侦查员在面对全新的课题时，也要慎用自己的经验，特别是运用自己的习惯思维而遇到困难时，要注意运用发散思维、逆向思维，调整思路。

2. 推理的正确性易受前提所形成的气氛的影响

一些学者发现，推理常常受到“气氛效应”的影响而导致错误，即个人在推理过程中，由于前提所造成的气氛，形成了一种定势，在这种气氛或定势影响下，人们往往不顾逻辑规则，而推出错误的结论。一般说来，人们对肯定的前提愿意接受肯定的结论，对否定的前提易接受否定的结论；而对于全称的前提，易接受全称的结论，对于特称的前提，易接受特称的结论；若前提中，一个是全称一个是特称，则易接受特称的结论，这是需要注意的。

3. 个体的思维品质

一个人思维的独立性、全面性和深刻性如何，对其推理的正确性有很大影响，很难设想，一个思维活动片面、肤浅、人云亦云的侦查员对案情会作出符合实际的推理。

五、侦查谋略

为验证侦查假设，推进侦查进程，侦查谋略的采用是必要的，也是重要的。侦查人员应善于根据案件具体情况采取相应的谋略。在实践中较常用的侦查谋略有以下几种：

（一）加强刺激，促其反常

人的肌体和心理在正常情况下可保持平衡状态，但当个体受到外部刺激时，常会出现一定的生理、心理和行为反应，当外部刺激达到个体所难以承受的阈限时，个体心理平衡就受到破坏，从而引起剧烈的心理和行为反应，甚至失控。加强刺激的谋略，就是根据这一特点对犯罪嫌疑人施以一定的心理刺激，并观察其反应，如果有反常表现，则进一步研究反常的原因，以获取有利于侦查破案的线索。

加强刺激主要有加强语言刺激和情境刺激两种途径。

语言刺激。犯罪人在作案后为了保持自己的心理稳定与平衡，一般非常忌讳与案件有关联的言辞。据此，在侦查中就可采取语言刺激的方法，旁敲侧击。嫌疑人若确为犯罪行为人，就有可能出现坐卧不安、不知所措等失常表现，侦查人员可从中发现破绽，观察其反常的表现和程度，从而有利于作出进一步的分析和判断。

情境刺激。即在侦查活动中，有计划、有步骤地在犯罪嫌疑人周围环境中制造一种压力气氛，以形成对其有强大震慑意义的刺激情境，促其心理恐惧、紊乱、反常，使其产生走投无路之感，这种情况下，犯罪人常常出现逃匿，转移、销毁赃物、物证等自我暴露行为，甚至投案自首。

（二）利用矛盾，各个击破

在对一般共同犯罪、犯罪团伙和犯罪集团的侦破中，既要看到犯罪团伙间有利害关系，因而可能互相包庇，也要看到他们是一伙私欲膨胀、尔虞我诈、相互间充满矛盾的群体，只要我们对他们的各自经历和心理特征进行分析研究，就会发现他们彼此之间的矛盾，如分赃不均、争风吃醋、相互猜疑、钩心斗角，等等。这些应加以利用，以扩大他们的矛盾，离间他们的关系，促使他们相互揭露，也就是分化瓦解，各个击破。

在适用此项策略时，应注意分析犯罪人在气质、性格、情趣和爱好等方面的差异，利用其不同特点，分别采取诸如离间、感化、激将、诱导等方法，以达到各个击破的目的。在侦破走私、贩毒和组织偷渡等团伙犯罪的斗争中，较常使用此项策略。

（三）欲擒故纵，明撤暗攻

此项策略多用于久侦不破的案件。其含义是指，基本确定了犯罪嫌疑人但又证据不足时，可对侦查对象暂时放松一下，以造成他们心理上的松弛、麻痹、错觉和疏忽大意，进而使他们放松戒备暴露其破绽，侦查人员得以收集到更多证据，证实犯罪。例如，有的盗窃案，在严密控制下不敢销赃，处处小心，致使无法获得证据，使侦破工作不能深入，这时可针对犯罪人急于销赃的心理，在表面上把侦查工作停止下来，给对方造成麻痹、错觉，从而使之产生胜利感、安全感，犯罪人就有可能在这种心理支配下大胆销赃。我们就会从中发现新的线索，获取证据，推动破案。所以，纵和撤是擒的手段，擒和攻是纵的目的。

（四）掌握规律，以逸待劳

有一些连续犯罪的案件中，犯罪人在作案对象的选择、作案场合和作案时间上有一定规律性，如一些残害妇女案和盗窃案，在时间、场合、对象和方式等方面都有一定规律，我们只要掌握了这种规律，就可以在犯罪人可能出现的场所蹲坑守候，以逸待劳，捕捉犯罪人。

（五）抛砖引玉，诱而歼之

在诈骗、盗窃、抢劫、走私和贩毒等有赃物的案件中较多采用。这种策略是在掌握犯罪人活动规律基础上，抛出诱饵，引鱼上钩。例如，在一些案件中，通过使犯罪人在罪恶交易中先尝到一些甜头，待其警惕松懈，大批成交时，再予一网打尽。使用此策略时，要注意不要诱人以罪。

（六）破案留根，后发制人

在一些案件侦破后，或一些大案的某些部分破获后，为使案件全面突破，或为便于侦破更大的案件，故意留下一个尾巴，以便顺藤摸瓜，达到全案突破的目的。破案留根反映了侦查破案工作中的计划性和策略思想。在一些有非法交易的，如走私、贩毒等犯罪和一些团伙、集团特别是组织严密的犯罪集团的侦破工作中，较常采用这一策略。

六、侦查人员的思维品质

在侦查活动中，侦查人员的思维能力如何是决定案件侦破效率的关键因素之一，因此，侦查人员应具备优秀的思维品质。

（一）思维的广阔性和深刻性

思维的广阔性即善于全面看问题的思维品质，这对于侦查人员来说是十分重要的。因为侦查工作涉及面广，接触的人和事都十分繁杂，如果思维方式单一，只见树木，不见森林，或者只囿于以往经验，局限于自己的思维定式，就会使案情分析陷于片面，迟滞破案进程，因此，侦查人员要善于多方向、多角度地分析思考案情。

思维的深刻性，就是要深入事物的本质，抓住事物的根本原因及后果。作为侦查人员绝不能被表面现象所迷惑，尤其是犯罪人为掩盖罪行，经常制造假象，干扰侦查，这就要求我们要善于透过表面现象，揭露事物的内在联系。

（二）思维的独立性和灵活性

思维的独立性，是指侦查人员在犯罪侦查中，要有自己的独立见解，不能人云亦云，当然思维的独立性也不是刚愎自用，主观武断，要善于听取他人意见。最终破案还是要依赖集体的力量和智慧。

思维的灵活性，是指侦查人员要善于从变化了的情况出发思考问题，提出解决问题的方案。侦查破案，切忌思维惰性，僵化教条，以及形成固定不变的思维模式。

(三) 思维的逻辑性和敏捷性

思维的逻辑性，是指侦查人员的思维活动要符合逻辑规则，思路清晰，依据充分，推理正确。

思维的敏捷性，是指侦查人员发现问题要敏锐，解决问题要果断。当然，敏捷不是轻率，它依赖于充分的客观资料和缜密的逻辑思维，以及坚决果断的意志力。

第三节　调查访问心理

调查访问是侦查工作的一项重要内容，是侦查线索和证据的重要来源。调查访问的对象主要是受害人、证人及其他知情人。

一、被害人心理

(一) 被害人的心理倾向

一般来说，被害人往往具有强烈的自我保护、自我防卫的意识和要求严厉、迅速惩处犯罪人的双重心理倾向。这两种心理倾向有时是矛盾的、对立的，有时又是统一的。当这两种心理倾向是统一的、一致的、协调的时候，被害人便会积极配合公安机关工作，主动为公安机关提供线索、证据和材料，以便使自己从被犯罪人侵害所造成的巨大痛苦和失衡中解脱出来，达到保护自己、惩处犯罪人的目的。若两种心理倾向是不协调的，甚至是矛盾的、对立的，那么受害人往往会出现一些反常的表现，主要是受害人经过权衡利弊，认为控告、惩治犯罪人并不足以达到自我保护的目的，甚至会扩大对自己的侵害时，其就会采取某些不利于破案的举动。例如，一些强奸犯罪的受害人，虽然内心也具有仇恨和惩办犯罪人的愿望，但是为了保护自己的名声不受进一步的损害，反而宁可忍受痛苦，也不愿配合公安机关的工作，甚至有的受害人在受害后忍气吞声，拒不报案甚或私了，从而招致更多的侵害。在这种情况下，其内心存在既要保护自己，又要惩处犯罪人的心理冲突。这种情况在财产犯罪，特别是诈骗犯罪的受害人中也较普遍存在。有的受害人出于强烈的自我保护的心理倾向，还会有另外一些反常的表现，如有的因自己与犯罪人有人身依附或其他利害关系，不仅不去追究犯罪人的罪责，反而加以隐瞒和包庇；有的由于不相信公安机关能保护自己，惩处犯罪人，于是自己铤而走险亲手报复犯罪人；有的虽然配合公安机关工作，但出于强烈的报复情绪，故意渲染或故意忽略某些情节。因此，被害人的任何心理和行为表现，都是其对自己和对犯罪人的两种心理倾向与态度相互斗争的结果，这决定了他在接受调查时所持的态度和表现。这是作为侦查人员不可不察的。

(二) 被害人在接受调查时的心理特点

1. 精神恐惧不安，内心紧张慌乱

犯罪常常是在受害人毫无精神准备的情况下发生的，这种突发性事件往往使受害人不知所措，精神恐惧，内心慌乱失措，失去正常的感知能力，所以对现场情况无法正确感知，甚至出现错觉、幻觉，而这种慌乱、恐惧的情绪状态往往持续较长时间，以致在接受询问时，心情仍无法稳定，对受害事实、经过仍无法准确回忆。在这种情况下，虽然受害人愿意揭露犯罪事实，配合调查，其对受害经过的描述与事实仍会有某些出入。所以，对受害人的陈述要进行认真客观的分析。

2. 激愤心理

受害人由于受到犯罪人的无端攻击，使他们在精神、肉体和财产上受到不同程度的侵害与损失，所以他们内心对犯罪行为与犯罪人是极端气愤和仇恨的。这使他们在陈述时，常常带有浓厚的情绪色彩，有的会由于激愤和仇恨而扩大事实，把事情说得如何可怕，凶手如何残忍，行为如何粗暴，情节如何恶劣，添枝加叶，夸大其词。

3. 心理压力沉重

有的受害人不仅受到了犯罪行为的直接侵害，同时还可能受到更大的威胁、恐吓，有的不仅财产受到损失，人身受害，名誉也受到损害，精神受到打击，因而受害人大多有沉重的心理压力。例如，有的受害人为保全自己的名誉不说出自己受害的事实和细节；有的受害人受到亲友的不法侵害，却囿于亲情不愿揭发；有的受害人对能否破案心存疑虑，甚至不相信公安机关能公平执法，因而对调查访问态度冷漠，不愿合作；也有的受害人因与犯罪人有某种牵连，不肯如实陈述或者自觉心中有愧，不敢向公安机关如实交代问题，等等。

4. 期待援助保护的心理

受害人在与犯罪人的斗争中，处于权益被侵害的弱者地位，他们在受到侵害时孤立无援的处境，使其回想起来仍然感到恐惧不安，因此受害人大多有强烈的要求援助保护的期待，这种心态在接受询问时仍会有较强的表现。

二、证人心理

证人情况较为复杂，可以作证的人的范围也较为广泛，凡是直接、间接了解案情的人，如被害人亲朋、犯罪同案人及其他知情人都可能成为证人。因其复杂，也因其对于证实犯罪的重要性，作为侦查人员应了解不同证人的心理。

（一）主动作证的心理

愿意配合司法机关主动作证的，大多出于嫉恶扬善的正义感、对受害人的同情心以及维护国家法纪与社会道德的责任感和法律意识。这种人一般愿意客观地提供证言，但也有的为使犯罪人受到严厉处罚而故意夸大某些情节，这是需要注意的。

（二）不愿作证的心理

不愿作证的人，大多是因为胆小怕事，缺乏正义感、责任感和同情心，把犯罪看作与自己无关的事，奉行明哲保身之道，害怕受到牵连和报复，这种人即便受到询问时，也往往借故推辞，吞吞吐吐，不愿配合。

(三) 伪证心理

有的人出于与犯罪人或被害人的利害关系往往提供虚假证言，或夸大犯罪事实，或虚构犯罪事实，或隐瞒犯罪事实，其心理动力方面的原因比较复杂，需要认真分析。但大致有这样几种情况：有的人与当事人积有私仇，为达到报复的目的，便扩大或歪曲事实；有的人与犯罪行为或犯罪人有牵连，于是故意包庇、袒护、隐瞒犯罪事实或情节；有的人与犯罪人有某种身份或经济关系，为使犯罪人免受惩处而作伪证；有的知情人受到威胁、恫吓，为保全自己而提供虚假证言；有人怕证言的提供会暴露自己的隐私，故意隐瞒某些情节；有的人看到犯罪人可怜，产生恻隐之心，因而故意淡化犯罪情节；有的人是出于哥们儿义气包庇犯罪人；也有的人是被人收买而作伪证，如此等等。对于伪证，必须加以揭露，以免使侦查走向错误轨道。但是对于伪证的不同情况，则应加以分析，区别对待。

三、影响证人证言和受害人陈述可靠性的因素

证人证言和受害人陈述的可靠性，依赖于调查访问对象感知、记忆和陈述三方面的状态和能力。

(一) 感知

证人提供的证言和受害人的陈述是以其感知事实为基础的，而感知的效果如何，则受个体生理、心理因素和当时环境的影响。

从环境因素来说，如时间长短、光线明暗、距离远近、气温高低，以及噪声、地形等存在于个体之外的因素，对个人感知的效果都有影响，如感知者与感知对象距离过远，则可能无法感知或感知不完全。感知对象的特点对个体的感知也有影响，如具有新异性的刺激物易引起人的感知。在考察外部环境因素对个人感知的影响时，应当注意，人的感受性是有限度的，人的感觉器官只能对适宜的刺激发生反应，而对超过阈限值的事物无法感知。

影响感知的个体生理和心理因素主要有以下几个方面：

1. 机体状态

个体感官有缺陷的人不能正确感知客观事物；但即使具有正常感官的人，如果肌体过度疲劳或处于患病状态，也易破坏心理的稳定性，从而感知不可能或不完全。

2. 情绪

感知者在感知时有顾忌、不安、恐惧和惊愕等消极情绪时，就会无法对感知对象作出清晰和完全的感知。比如，感知者在受到强烈惊愕、威胁时会产生比实际刺激更强烈的反应，这种现象叫惊吓效应。由于惊吓效应，受惊吓的人的陈述常有夸大或错误。当然能否产生惊吓效应，与个人个性有关，胆小怯懦的人容易受到惊吓而使感知失真。

3. 知识和经验

人们往往以自己的知识和经验去理解发生的事情，所以人们对熟悉的事物更容易感知。同样，亲历案情的人对熟悉的部分易感知，而对不熟悉的部分则不易感知或不准确。

4. 注意中心作用

人们在一定时间内感知外界事物时，只能有少数注意中心，处于注意中心的事物感知得清晰，而在注意中心之外的事物则感知不到。一个人的注意中心与他的兴趣、爱好及切身利益有关，符合他的兴趣、爱好及与其切身利益有重大关系的容易成为注意中心，具有显著特征的事物亦容易成为注意中心而被感知。

5. 适应

适应即感知器官在刺激持续作用下所产生的感受性的提高或降低的变化。不同的人的适应能力有些差异，但无论是谁，适应总需要一个过程，如从亮处走进暗处，起初几乎什么都看不见，经过对弱光的感受性的逐步提高，视觉器官才慢慢适应亮度的变化。适应对感知的这种影响是需要侦查人员注意的现象。

在个体主客观因素影响下，个人的感知还有出现偏差的可能，甚至会出现错觉、幻觉。例如，在惊慌状态下，把草绳看成毒蛇，把在暗处挂的衣服看成一个人，等等。

（二）记忆

记忆的能力对于证人证言和被害人陈述的可靠性有重要影响，侦查人员应当重视分析这种影响。影响记忆的因素主要包括：

1. 感知

一般说来，多次感知的信息不易遗忘，记忆也较为可靠。

2. 时间

人们的记忆受提取信息与接受这种信息的时间长短的影响。一般人对最近发生的事件记忆较深刻，因此证人或被害人的陈述距案件发生的时间越近，可靠性越强。但如果关于某事物的信息连续多次地被人感知，第一印象在人的记忆中同样是较深刻的。

3. 情绪

情绪愉快或不愉快的经历易于记忆，枯燥的经历易于遗忘，但是情绪过度的抑制和兴奋，会妨碍当时的感知、记忆。所以证人或被害人在经历犯罪事实时过度兴奋、紧张或恐惧，感知就会受到影响，事后的回忆也难以准确。需要注意的是，在一些刑事案件中，特别是暴力犯罪案件，被害人或目击者由于过度紧张、恐惧而处于意识狭窄状态，其关注点往往集中在某一个方面而忽略了其他因素，会导致事后所作的辨认和陈述准确性降低。

4. 年龄

一般情况下，儿童长于机械记忆，成年人长于意义记忆，老年人记忆力衰退，难以记忆新材料，但对青少年时代的经历往往记忆犹新。

5. 感知后的活动

如果证人或被害人在经历了案件事实后又转到了别的事务上，那么他所感知的案件事实，可能在他的记忆中部分地或者在一般特征上发生遗忘或混淆。

6. 职业训练

个体所接受的职业训练对记忆也有影响，如电话员善于记数字，司机善于记地点和交通标志，画家善于记图形相貌，等等。

7. 记忆时的主观状态

如果证人或被害人在感知案件事实开始后不久为某种需要，自己提出记住它的任务，那么这种记忆就可能比较完整和准确。

上述因素对不同的人的记忆的影响，程度是不同的。因为不同的人的记忆存在个别差异，这是需要侦查人员对有关人员进行调查访问时加以考察的。

（三）陈述

陈述是被访问者通过语言叙述，把他感知过并记住的事实表达出来。所以陈述的表现形式是语言。体态、表情和动作，虽然有助于理解其陈述，但不能代替陈述。因为我们正是通过对方的陈述获知案件的真相和原始状态。不过，由于种种因素的影响，被访问者的陈述有时不符合事实。总的来说，影响陈述的因素主要有：

1. 认知

被访问者如果在陈述时掺入了主观想象的成分和自己的理解会使其陈述带上主观色彩，从而影响陈述的可靠性。

2. 暗示

被访问者由于受到各种暗示而使陈述失真的情况是较为多见的。证人和受害人最易受到的暗示有以下几种：

（1）带暗示性的询问。这种询问可导致对方作出不恰当陈述。因此，如何排除带暗示性的询问，是调查人员应注意的问题。此外，询问前，证人、受害人的社会生活经验也具有暗示意义，从而影响其陈述的可靠性。

（2）自由交谈的暗示。犯罪案件的发生，常成为人们闲谈的话题材料。证人在被询问之前，有的就与他人交谈过案情，这种情况下，证人的陈述难免有意无意地接受他们的影响。

（3）讨论的暗示。如果证人参加了关于案情的讨论，那么参加讨论的人的观点、讨论的结果都会对他产生暗示性影响。

（4）流言的暗示。流言可能出于捏造，也可能于辗转相传中被歪曲，因此流言缺乏可靠性。但由于流言往往迎合人的心理，富于刺激性，故易引起人的注意。如果证人或受害人听到了关于案件的流言，就可能使自己亲身感知的案件事实变得模糊起来而不自觉地附和流言，从而使证言可靠性大受影响。

3. 再现障碍

当证人或受害人出现再现障碍时，会使正常陈述发生困难。再现障碍的出现与陈述者当时的情绪状态有关，而陈述者的情绪又可能受环境的影响，如有些证人不习惯询问时严肃的气氛，或心存疑虑，或陈述时过于疲劳、紧张，都可能导致再现障碍的出现。对于出现再现障碍的人，不能施加压力，要缓和其情绪，或者先行休息，待其抑制解除后再继续陈述。

4. 被询问人的态度和倾向

被询问人对犯罪人与犯罪行为的态度和倾向，对其陈述的可靠性有很大的影响。如果被询问人希望犯罪人受到更严厉的惩罚，就可能出现夸大犯罪事实和情节的倾向；如果被询问人对犯罪人同情，甚至与犯罪人有过相似的处境或认为犯罪有理，其陈述就可能有利于犯罪人。

四、辨认心理

辨认是一项重要的侦查活动。在破案过程中，往往需要被害人或证人对与案件有关的人、照片、处所、车辆、作案工具、赃物、言语特征等进行辨认。实践表明，即便亲历犯罪的被害人、证人，辨认也时常发生错误。影响辨认的因素主要有：

1. 记忆是否牢固

如当时接受的案情信息是否清晰准确，信息在保持阶段是否被遗忘混淆。

2. 辨认的情境

辨认时的情境条件与记忆中的环境条件是否相符，相符的程度越高，辨认的准确性就越高。如果在辨认的情境中，存在某些阻碍辨认人员对信息提取的因素，如激情状态、极端恐惧等，也会妨碍辨认。

3. 定势偏见

一些实验和实践表明，证人的辨认往往受到其心理定势和某些偏见的影响，如一些证人辨认嫌疑人时，往往把长相粗野、凶相的看作犯罪者。

4. 无意识迁移

有的证人往往把在犯罪现场看到的人和物混同于在其他地方看到的人和物，从而使辨认发生错误。这是先前接受的信息与以后接受的信息相混淆，使个体发生无意识迁移的结果。

5. 暗示

辨认人由于受到暗示而发生辨认错误的情况较为多见，这种暗示可能来源于辨认的主持者，也可能来源于辨认的对象，如在对多个嫌疑人进行辨认时，神情紧张、神色慌乱的人易被指认为犯罪人。

6. 辨认的方法

辨认方法有单独辨认与选择辨认之分，单独辨认即出示一名嫌疑人、一张照片或一种物品让辨认人作出肯定或否定的认定；选择辨认是让辨认人从多名嫌疑人、多张照片或多种物品中进行选择。一般而言，选择辨认的结果较为可靠。

鉴于辨认容易出现失误，所以作为辨认的主持者，首先要认真分析辨认者的主客观因素和心理特点，要注意安排辨认的时间、地点，回避环境中不利因素的干扰，尽量使辨认者心情稳定平静；其次，应当避免给辨认者以任何暗示或诱导，不能先入为主，更不能持“有罪推定”的态度，以免使辨认者受到影响而误认；最后，在辨认时应遵守有关规则，如对犯罪嫌疑人应首先进行秘密辨认，在确有把握时才进行公开辨认。在辨认嫌疑人或照片时，应严格遵守选择辨认的相关程序规定，等等。

五、根据调查对象心理特点，做好调查访问工作

对与案件有关人员的调查访问，是一项思想性、政治性和策略性很强的工作，所以调查人员不仅要有引导对方开口说话的技巧和艺术，还要善于做宣传、鼓动、启发工作，善于唤起对方的正义感、道德感和法律意识，取得对方的理解、信任和帮助，以取得有利于案件侦破的言词证据。

（一）对被害人的访问

被害人处于权益被侵害、财产受损失、人格受侮辱的地位，他们仇视、憎恨犯罪行为和犯罪人，但往往被突来的打击弄得不知所措，精神紧张，有时神志不清，思维混乱，言语没有重点，缺乏逻辑性。因此，侦查人员要对他们关心、同情、耐心，通过启发引导，排除干扰，稳定情绪，唤起回忆，恢复常态，以便如实陈述。要鼓励他们同犯罪作斗争的勇气，对涉及被害人利害关系和个人隐私而不愿如实反映情况的要查明原因，对症下药。有的受害人出于趋利避害的本能，可能会出现出尔反尔，撤回控告的情况；有的因自己与犯罪行为有千丝万缕的联系，而在陈述时故意有选择地说些对自己有利的言辞，而对自己不利的情节则故意加以忽视，这时需要认真分析原因，或加以揭露，或耐心做思想工作解除其后顾之忧，或有针对性地宣讲法律知识，树立法律观念。

（二）对证人的询问

对证人的询问，要根据其不同的思想态度和作证动机采取不同的方法。总的来说，对不同对象应分别施加不同的心理影响，要善于运用心理学原理，启发对方的激情、理智、联想、记忆、责任感、爱国感、同情心和法律意识。具体来说，对主动作证者，要给予鼓励，引导其实事求是地反映情况；对思想有顾虑、记忆较差的人，要设法打消顾虑，启发联想，唤起回忆；对于胆小怕事者要耐心抚慰，消除紧张，鼓励他们与犯罪作斗争的勇气；对于编造伪证者，要善于识别假象，区别不同情况进行处置。

第十六章　犯罪心理画像

第一节　犯罪心理画像概述

一、犯罪心理画像的概念

（一）关于犯罪心理画像概念的学术观点

有关犯罪心理画像的概念，存在不同的界定。国内外很多学者从不同的角度阐释了什么是犯罪心理画像。归纳起来，主要有以下几个方面的观点：

1. 辨识说

以道格拉斯（Douglas）为代表的学者认为，犯罪心理画像"是建立在所实施的犯罪分析基础之上的个人主要人格和行为特征的辨识"。简言之，它是指从犯罪特点来推断出犯罪人特征。这一定义强调犯罪心理画像的基础是犯罪分析，而画像的直接目的是推断犯罪人的人格和行为特征，这也就是美国联邦调查局行为科学部使用的犯罪心理画像方法，即犯罪现场分析法（Crime Scene Analysis，CSA），在沿用归纳法的基础上，更注重具体案件的行为信息。

2. 预测说

英国的坎特（Canter）认为，犯罪心理画像是指根据对犯罪和犯罪现场的仔细、行为方面地勘查，获得有关犯罪人人格和生活方式的线索，是对犯罪人家庭情况、职业和性格的准确预测。这一定义强调根据犯罪与犯罪现场预测未知犯罪人的人格和生活方式，体现了坎特所提出的侦查心理学的理论思想。

3. 技术说

美国的布伦特·E. 特维（Brent. E. Turvey）提出行为证据分析

法（Behavioral Evidence Analysis，BEA），他认为，犯罪心理画像是“根据物证或行为证据得出的关于犯罪人特质的推论，它以对任何与犯罪有关的行为的阐释为基础，描述犯罪人的特征”。[①] 他强调分析过程中演绎法的使用，为犯罪心理画像的理论和方法研究提供了新内容。在特维看来，犯罪心理画像不是一门科学，而是一种技术，是由相关知识背景的人经过专业训练后作出的推测。犯罪心理画像不是一个结论，而是一种过程。

4. 描述说

国内学者李玫瑾教授认为，“犯罪心理画像就是在侦查阶段根据已掌握的情况对未知名的犯罪嫌疑人进行相关的行为、动机、心理过程以及人员心理特点等分析进而通过文字的形式对犯罪嫌疑人的人物形象及心理特征群的描述”。在她看来，犯罪心理画像是根据已知的情况对未知嫌疑人特征的描述，是为侦查提供方向和帮助的重要手段。

（二）犯罪心理画像的概念

国内外研究者对犯罪心理画像的概念的界定，揭示了犯罪心理画像的主要目标，即分析作案人的人格特征、心理特征和行为特征，但均未能明确阐述分析的理论依据。这也就导致对犯罪心理画像技术的不同认识。在侦查实践中没有一个确切的理论根据，导致分析结论五花八门，严重影响了犯罪心理画像的准确性。结合国内外犯罪心理画像这一技术的理论研究及侦查实践，犯罪心理画像的概念应表述为：犯罪心理画像是运用心理学、逻辑学和统计学原理，结合画像者的经验，根据犯罪现场的物质痕迹、心理痕迹及其他相关信息进行分析、刻画和描绘犯罪人的心理特征、行为特征与生活背景等信息，从而协助确定侦查范围的一种方法和技术。它通过对作案人遗留在犯罪现场的反映其特定犯罪心理的各种痕迹或信

① ［美］布伦特·E. 特维著：《犯罪心理画像——行为证据分析入门》，李玫瑾等译，中国人民公安大学出版社2005年版，第1页。

息的分析，来刻画作案人犯罪心理特征进而服务于侦查工作。犯罪心理画像本质上是一种侦查辅助手段，它贯穿于全部侦查过程中，不能与其他侦查措施相分离。即使有些痕迹被假装、被破坏，用现代刑侦手段毫无认定价值的，甚至是似乎毫不起眼的细节，交叉运用犯罪心理学理论和逻辑学、统计学等方法，去分析、刻画犯罪人最可能的个性心理特征和生活背景等信息，描绘犯罪人的性别、年龄、种族、职业、学历以及其家庭环境状况、社会环境状况、人际关系、个人生活习惯、生活方式等方面的特征，对于刑事侦查有重要的参考意义。

二、犯罪心理画像的历史及发展

对犯罪人进行推断和刻画，最早可以追溯到19世纪实证犯罪学派创始人龙勃罗梭的“天生犯罪人论”。龙勃罗梭通过对种族、年龄、性别、身体条件、教育背景及地域环境等方面相似的犯罪人进行比较，认为犯罪行为的起因和动机能够被理解，并能因此进行预测。进入20世纪，犯罪心理画像得到了长足的发展，一些犯罪心理学家在犯罪心理画像方面做出了卓有成效的成就，并应用于刑事侦查领域。例如，格罗斯博士提出了犯罪人的犯罪行为进行画像的方法，这些犯罪人包括杀人犯、纵火犯、盗窃犯和假币制造者，等等。

把犯罪心理画像技术系统化并具体应用于对犯罪人行为分析的实践正式起源于美国联邦调查局。1972年一个名叫杰克·科斯奇的联邦调查局侦查员创立了联邦调查局的行为科学部，并创立了一种被称为犯罪现场分析 Crime Scene Analysis 的犯罪心理画像技术。该项技术很快被应用于侦查实践，并侦破了一些轰动一时的案件。目前而言，犯罪心理画像有三种主要的方法：一是美国 FBI 的犯罪现场分析的方法，他们注重的是现场的各种特征，将现场的特征和受害人的详细报告输入特征数据库中进行画像，这个数据库是1979年 FBI 行为科学部在对36名系列杀人犯和强奸犯访谈的基础上，建立并发展起来的；二是英国 Canter 建立的调查心理学的方法，他们注重的是犯罪现场的行为特征所反映的心理学意义，认为犯罪行为必然反映犯罪人的日常生活行为，因而根据所获取的信息提出了犯罪的一贯性假设，并且把这个假设运用到犯罪心理画像的两个领域：人际关系的一致性和空间的一致性；三是诊断评估的方法，它基于临床的实践经验进行评估。

当前，犯罪心理画像技术已经被广泛应用在侦查过程中。它是利用关于一起犯罪、一个犯罪现场，及其被害人的所有可以获得的信息，来勾勒出未知作案人的过程。描述罪犯的特征对犯罪人格和行为进行心理分析，如同指纹和调查访问一样是现代侦查工作的重要组成部分。据罗素·沃佩琪的著作《杀人犯的犯罪心理画像》中写道："美国每年有数以百计的案件从心理画像专家的建议中获得侦破线索；行为科学研究所的心理画像专家称，从 1978 年到 1994 年，他们对案情的分析判断每年约有 92%以上是正确的。"国际著名的刑事鉴识专家李昌钰博士在《犯罪现场侦查》中指出：犯罪嫌疑人画像是根据犯罪分析来确认最大可能作案嫌疑人的大体特征的过程。[①] 现代犯罪心理画像之父——格罗斯权威性地指出，人们要意识到认真研究犯罪人行为的重要性。在《犯罪侦查》一书中，格罗斯提出了几种对犯罪人的犯罪行为进行画像的方法，这些犯罪人包括杀人犯、纵火犯、盗窃犯、假币制造者和谎报强奸案的女性等。

我国犯罪心理学起步较晚，犯罪心理学的研究成果在侦查方面的应用不够充分。因此，重视犯罪心理分析，加强犯罪心理画像技术的研究及其在侦查实践中的推广和应用显得尤为重要。通过不断探索和努力，使犯罪心理画像技术在有效打击治理犯罪、矫正和预防犯罪方面发挥重要作用。

---

① 李昌钰著：《犯罪现场侦查》，中央警察大学出版社 1995 年版，第 191 页。

三、犯罪心理画像的基础

犯罪心理画像需要扎实细致的前期基础工作，才能汇集各种信息，进行综合分析判断。这些基础工作主要包括：

（一）犯罪现场勘查与分析

犯罪现场勘查是刑事侦查中的一个重要环节，也是收集物证的重要手段。但犯罪心理画像角度的犯罪现场勘查更加注重的是细节和行为痕迹的逻辑分析，特别是标记行为的分析研究。比如，犯罪人在作案过程中先伤害谁、后伤害谁，对谁下手重、对谁下手轻，作案手段的特点是什么，处理凶器或尸体有什么特殊之处，怎样进入和逃离现场等，这些看似对刑事物证分析价值不大的信息，对于犯罪心理画像却有非常重要的意义。

（二）被害人特征的研究分析

在犯罪心理画像过程中，需要对被害人的特征进行深入细致的分析研究，才能动态地掌握和获悉犯罪人的心理特征。例如，分析犯罪人作案目标的针对性及其原因，即犯罪人在众多潜在被害人中确定侵害目标的原因是什么？被害人被害的过程有哪些特征？被害人的死因是什么？其伤口是什么性质和类型？有哪些特征？是否遭受性侵害以及何种性侵害？等等。特别是在系列案件分析过程中，画像者需要善于把具有共同特征受害人的案件串并起来分析，以发现犯罪人的心理轨迹。

（三）犯罪人特征的研究分析

由于犯罪心理画像是对未知犯罪人心理特征、人格特征等要素的描绘刻画，因此画像者对犯罪人特征的研究分析显得有些虚无。这里所说的犯罪人特征研究分析，是指根据犯罪现场的各种物质痕迹，去揣摩犯罪人的各种特征，从犯罪人的角度进行思考、理解和体验犯罪人的各种心理活动。

四、犯罪心理画像的信息来源

信息来源是犯罪心理画像的先决条件，其可靠程度决定了犯罪心理画像的准确性，因此在寻找信息来源的时候画像者一定要做到细致全面。犯罪心理画像的信息来源主要分为以下几个方面：

（一）现场勘查

通过现场勘查，获取犯罪人在现场遗留的痕迹、标记，从而分析犯罪人如何确定侵害对象、如何进入和逃离现场、如何选择作案时间和地点、作案工具和手段有什么特点、如何控制和攻击目标、现场增加或减少了什么、现场发生了什么变化、伪装伪造现场及其性质等，通过这些信息来分析研究犯罪人的动机、人格特征和生理特点，等等。

（二）调查走访

通过对被害人、目击证人和知情人的调查走访，了解犯罪人在作案过程中的肢体特征、行为特征和语言特征，等等。同时，还需要调查被害人在案发后是否收到过与案件有关的信件、短信，或是否接到过相关电话等。需要注意的是，调查走访的结果需要与现场勘查结果、法医检验结论等信息结合起来综合判断。因为在犯罪行为实施过程中，被害人或目击证人往往处于激情状态，容易出现意识狭窄，其注意力往往集中于凶器、赃物和鲜血等方面，而对犯罪人特征的回忆可能会出现误差。

（三）法医检验

通过法医检验，获取被害人伤害的部位、创伤程度及特点，犯罪人所使用的伤害工具，是否在被害人身上留下特殊印记，是否存在性侵害等信息，来分析判断犯罪人的动机、需要和兴趣爱好等，从而更深层次地研究推断犯罪人的家庭背景、生活经历，等等。

（四）作案规律的把握

在对一些可以串并的系列案件分析中，要善于发现犯罪人的作案规律。这些规律包括：选择被害人的规律，捆绑被害人的规律，选择抛尸地点的规律，选择作案时间和地点的规律等。犯罪人在作案过程中，容易形成思维定势，一些在作案过程中形成的判断往往会潜移默化地影响其行为。同时，生活经历、记忆深刻的事件也会影响犯罪人的心理和行为，并体现在作案过程中，如对作案对象的选择、作案手段的选择；等等。

五、犯罪心理画像的适用及介入时间

国外犯罪心理画像的研究案例大部分是谋杀和强奸案件，近来也涉及抢劫、绑架勒索等严重暴力犯罪，尤其是在涉及变态犯罪和某些具有仪式主义行为的案件中，犯罪心理画像往往能表现出其独特的优势。目前在国内，犯罪心理画像技术运用到侦查实践中的案例也主要集中在系列暴力犯罪案件，但这并不意味着普通案件就不适用犯罪心理画像技术。在刑事案件中，无论是独立的案件还是系列案件，只要具备典型的能够反映出犯罪人心理痕迹的特征，就可以适用犯罪心理画像。只是在系列案件中，易于捕捉犯罪人的作案规律和心理痕迹，从而保证了犯罪心理画像结论更为准确。

在刑事案件侦破过程中，犯罪心理画像的介入并没有一个具体的活动时间，通常是在系列案件中一部分已经发生之后才介入，但也不排除在某一案件发生之始就予以关注的情况。从案件侦查的具体实施以及刑事诉讼活动推进的阶段来看，犯罪心理画像一般始于现场勘查阶段，在这一阶段主要是收集、记录散落在现场各处的与行为人行为相关的行为证据；结束于逮捕阶段，主要是针对行为人的心理特点，制定有针对性的审讯策略。在英美国家，犯罪心理画像能在刑事诉讼中应用得更广泛，此项技术体现在审判阶段心理画像专家以专家证人形式出庭作证，其结论被法庭采信后能作为证据使用。在我国，根据刑事诉讼法的规定，犯罪心理画像结论尚不是法定证据的种类之一。在现阶段，由于犯罪心理画像发展得不成熟，以及其结论的证据价值尚不存在，因此，与刑事诉讼活动相关的犯罪心理画像仅应用于刑事犯罪案件的立案侦查持续到审讯阶段。但要注意的是，在刑事诉讼程序结束之后，仍有对犯罪人进行心理画像的可能和必要，只是这个阶段的犯罪心理画像与刑事诉讼活动已经关系不大，而是出于此项技术研究与应用发展的需要而进行的资料累积和数据分析。

六、犯罪心理画像的意义

（一）有助于确定侦查方向

侦查人员在对犯罪现场进行勘查、对物证进行鉴定并充分调查走访之后，要明确案件的侦查方向。犯罪心理画像技术通过对犯罪嫌疑人的犯罪动机、心理特征和行为特征的分析，能够帮助侦查人员判断侦查方向，并能保障在侦查过程中侦查行为不偏离正确的方向。

（二）有助于锁定犯罪嫌疑人，缩小侦查摸排范围

犯罪心理画像通过对犯罪嫌疑人生活背景、心理特征、性格特征和行为特征等个人信息的分析，有助于侦查人员确定重点侦查对象，从而缩小侦查摸排范围。尽管这种画像结论并不能成为司法程序的证据，但能够指引侦查人员沿着犯罪心理画像结论去寻找证据。

（三）有助于甄别伪装现场

一些犯罪人为了逃避侦查，千方百计地对作案现场进行伪装，以扰乱警方视线。例如，伪装作案动机和目的，伪装死因，伪装作案工具，伪装进入和逃离现场的地点，等等。伪装现场常常会留下与事物发生、发展一般规律不相符合的反常痕迹，会出现自相矛盾的情形。通过犯罪心理画像的分析可以识别这些反常和矛盾现象，从而识别伪装现场，确定作案人的真实意图和作案轨迹。

（四）有助于节省侦查资源

通过犯罪心理画像的分析，使侦查人员以犯罪心理画像结论为主线展开侦查，可以避免“大海捞针”式的排查，使侦查活动更加具有针对性，从而节省人力、物力，为侦查破案赢得战机。

（五）有助于犯罪预防

犯罪心理画像通过对一些已经具备不良行为或一般违法犯罪行为的个体进行风险评估，得出其实施严重暴力犯罪的可能性，从而对一些高危人员采取有针对性的预防措施，防止其走上严重暴力犯罪的道路。

（六）有助于确定串并案依据

刑事案件的串并能够发现更多的线索和证据，有利于系列案件的侦破。犯罪心理画像从心理的角度分析个案犯罪嫌疑人的心理特征、行为特征、作案方式和生活背景等因素，对于一些有类似特征的案件，画像人员可以提出串并案的建议，从而打破了传统意义上只注重物证和现场特征为串并案依据的局面。

（七）有助于确定侦查防范工作的重点

系列连环案件的犯罪人如果没有被抓获，往往会继续实施同样类型的犯罪行为。运用犯罪心理画像，通过对系列案件犯罪人犯罪心理发展变化轨迹的把握，预测其犯罪行为暴力和危害升级的可能性，以及犯罪人下次作案的时间、地点、侵害对象和犯罪行为方式等，从而以此为依据进行有针对性的防范和布控。

（八）有助于协助评估案件证据的性质和价值

在犯罪现场、犯罪嫌疑人处所等地方收集到的物证属于什么性质，是否具备证据价值，需要结合案件的分析研究，特别是犯罪心理画像的结论来进行综合判断。例如，根据犯罪心理画像得出的犯罪人的身高、体重等特征，来判断收集的脚印是否属于犯罪人所遗留的；根据犯罪心理画像得出的犯罪人的职业、身份特征，来判断现场的烟头、衣物等是否为犯罪人遗留；等等。

（九）有助于制定和调整审讯策略

在审讯过程中，需要对犯罪人进行全面充分了解，才能做到知己知彼，从而制定有针对性的审讯策略。借助犯罪心理画像手段，可以全面准确了解犯罪嫌疑人，动态把握其心理活动变化过程，从而制定和及时调整审讯策略。

第二节 犯罪心理画像的内容

犯罪心理画像的内容是以侦查破案为核心，以现场勘查、调查走访和法医鉴定等为依据所作出的推论。这些推论主要包括三个方面：一是犯罪人自身的生理及心理属性，二是犯罪人所处的地域或生长、生活的地域，三是犯罪人的既往犯罪历史。

一、犯罪人的属性

犯罪人的属性，是指犯罪人所特有的区别于其他个体的生理、心理及社会等方面的特征。这些特征的综合是全面了解和认识犯罪人的依据，也是缩小排查范围、锁定嫌疑对象的重要依据。

（一）犯罪人的生理属性

犯罪人的生理属性，是指对犯罪人自然生理状况及其外部特征所进行的描述。主要包括：犯罪人的性别、年龄、身高、体重、面部特征、体态、步行特征、动作特点、体表标记、有无残疾等。例如，通过现场遗留的足迹来判断犯罪人的身高、体重和步行特征；通过被害人的描述来判断犯罪人的面部特征、是否有残疾；通过犯罪人留下的动作痕迹及目击者的描述来判断犯罪人的动作、肢体特征；等等。

（二）犯罪人的心理属性

犯罪人的心理属性，是指犯罪人心理方面所具有的特征，主要包括犯罪人的人格、能力、情绪情感和心理变态等方面。

人格是行为人相对稳定的特质，这些特质主要是指行为人所具有的与他人相区别的独特而稳定的心理品质。这些心理品质主要包括：气质、性格、认知、自我调控等。不同的人格会表现出不同的行为风格，并具有一定的稳定性。通过这种稳定性，不仅可以帮助划定犯罪人的范围，还可以了解其做事方式，预测其下一步的动向，以进行有针对性的预防和布控。例如，不同气质类型的人，其行为方式也有所不同，犯罪人也一样。胆汁质的犯罪人在作案过程中，往往无所顾忌、不择手段，反侦查意识薄弱或做得较为粗糙，留下的作案现场往往较为凌乱，作案手段也较为简单；多血质的犯罪人作案手段较为灵活巧妙，反侦查意识强烈；黏液质的犯罪人作案预谋性强，犯罪现场留下的有价值的线索和痕迹较少，反侦查举措做得较为细致；抑郁质的犯罪人在作案过程中往往表现出爆发性和发泄性，某种情绪特征明显，往往在犯罪过程中不计后果。

能力，是指行为人完成某种活动的心理条件。主要包括：观察力、记忆力、想象力、操作能力、语言表达能力、随机应变能力、环境适应能力，等等。能力不同，会影响犯罪人对犯罪类型的选择，也反映出犯罪人的犯罪经历、年龄和知识结构等。一般来说，犯罪人在实施犯罪的过程中，往往总会自觉地运用自己在工作、生活中学到和养成的一些技能、技巧和习惯，[①] 特别是一些犯罪人直接在犯罪过程中运用自身的职业知识和技能，如物理专业学生用放射性元素投毒杀人、汽车 4S 店员工用解码器盗窃车辆，等等。同时，经常进行犯罪活动的犯罪人，一方面其犯罪能力会得到提高，另一方面其犯罪手段、作案技巧会逐渐形成自动化和个性化的特点，形成较为稳定的“动力定型”。这些“动力定型”会使犯罪人的作案手段、作案技巧、犯罪目标的选择、犯罪工具的使用、犯罪现场的特点和抛尸地点的选择等形成相似的特点，这些特点成为串并案的主要依据，也是进行犯罪心理画像、锁定犯罪嫌疑人的重要依据。

情绪情感是行为人对客观事物的态度体验及相应的行为反应。情绪具有较大的情景性和两极性，情感具有倾向性和稳固性。犯罪人的情绪情感在犯罪过程中往往会自觉流露出来，常常表现为各种标记行为。例如，犯罪人失手将女友杀死后，又后悔不已，于是在死者的手心放上一枚硬币，意味着“送你上路”，流露出对死者的不舍和对犯罪行为的悔意；犯罪人在入室抢劫杀人后，蘸着死者的血在墙上写了“杀人者，恨社会”几个大字，流露出对社会的不满和对自己遭遇的愤懑，等等。

心理变态是相对于心理常态而言的，是指超出了正常人的心理和行为表现，包括个体的认知、情绪情感、意志、个性及行为等方

---

① 宋晓明、董晓薇、张赛宜、吴兴民主编：《犯罪心理学》（第 3 版），中国人民公安大学出版社 2009 年版，第 275 页。

面的异常。行为人在变态心理趋势下所实施的犯罪，往往会在现场留下一些怪异和不合常理的痕迹，如电影《沉默的羔羊》里犯罪人在杀人后对死者尸体进行的特殊处理等。需要注意的是，在犯罪心理画像过程中，判断犯罪人是不是变态犯罪者，应根据现场的痕迹、法医鉴定结论和走访调查结果等信息来综合判断其动机和需要是否符合常理，而不是其犯罪手段残忍与否。

二、犯罪人的地域属性

犯罪人的地域属性，是指犯罪人由于长期生活、居住或活动在某一区域，受到周边人文环境、生活习惯和风俗习惯等因素的影响，而表现出的相对稳定的认识特征和行为方式。这一区域可以是其出生地、生长地、居住地，也可以是其工作地、学习地，还可以是其社会关系的居住地，等等。这种地域性通常表现为：说话口音、行为风格、风俗习惯、肤色长相、衣着打扮等；还表现为犯罪人对作案地点环境是否熟悉、有无交通工具、有何种交通工具等。通过对犯罪人地域属性的准确刻画有助于侦查人员缩小排查区域，节省警力资源。在侦查实践中，可以通过对被害人、目击证人陈述的分析，以及现场勘验的结果来推断犯罪人的地域属性。需要注意的是，一些标记行为往往也暗示着犯罪人的地域属性。例如，犯罪人每次在杀人后习惯用衣物、被单或报纸将死者的脸盖上，通过这一标记行为分析犯罪人可能怕见到死者面部生晦气，而这正是潮汕人的风俗习惯，遂判断犯罪人为潮汕地区的人，并对数起命案进行串并案侦查。

在犯罪心理学界有一项用于对犯罪人所处地域推断的技术，即地理学的犯罪心理画像。地理学的犯罪心理画像，是指根据有关联的数个犯罪地点分析出犯罪人的心理地图，进而发现犯罪人的个人生活空间与行为规律，最终锁定犯罪人最可能的居住范围或归属点。地理学的犯罪心理画像是由犯罪地点到犯罪人的心理地图、再到犯罪人的生活空间与时间规律，最终找出侦查中优先排查的重点区域和嫌疑对象。当前，这项技术已经运用到了侦查实践中。

三、犯罪人的既往犯罪史

犯罪人的既往犯罪史，是指犯罪人的违法犯罪经历、种类及遭受司法机关处理的经历。主要包括以下内容：有无劣迹，包括道德方面的劣迹；有无犯罪前科；犯罪经历及种类；是否为职业犯；犯罪手段及后果升级，等等。对既往犯罪史的刻画，可以在划定的侦查范围内快速锁定犯罪人。

犯罪人的既往犯罪史，一般会通过一些行为和痕迹在犯罪现场表现出来。这些行为痕迹主要包括惯技行为、标记行为和反侦查行为。惯技行为是犯罪人在实施犯罪过程中经常使用的手段和技能，其主要包括：犯罪前是否有预谋踩点及预谋踩点路线和方式；进入和逃离作案现场的方式；作案工具的选择；交通工具的选择；对被害人蹲守和跟踪的方法；对被害人控制的方式方法；对被害人侵害的方式、特点及程度；对被害人或被害人尸体处理的方式方法；对被害人随身物品及衣物处理的方式方法；抛尸地点的选择；等等。通过对犯罪人惯技行为的分析，可以判断出犯罪人是否有犯罪经历，是否为职业犯，在系列案件犯罪中是否存在犯罪行为及后果的升级的可能等。标记行为是犯罪人为了满足某种特殊需要而做出的非犯罪手段所需的特殊行为。这种行为尽管看似与犯罪目标无直接关联，甚至是多余的，但却是犯罪人内心某种特殊需要或某种情感的流露，分析这些标记行为对于深入了解犯罪人的人格特征、生活经历等信息有重要的作用。反侦查行为是犯罪人逃避侦查所使用的方法和手段。一般来说，犯罪人的反侦查行为是通过犯罪经验的积累、犯罪人之间的交流或者书刊、影视剧等媒介的传播获得的。因此，一般可以通过犯罪人是否实施反侦查行为及反侦查行为的熟练程度、特征，结合犯罪人实施反侦查行为使用的物品和留下的痕迹来判断犯罪人是否有既往犯罪史。

四、犯罪人的社会特征

犯罪人的社会特征，是指犯罪人在各种社会关系中所表现出来的特征。主要包括家庭及成长背景、婚姻状况、文化程度、职业和经济状况、社会层次，等等。

（一）家庭和生活背景

家庭和生活背景，是指与犯罪人有直接关系的家庭和其生活的环境，以及与其关系密切的相关情况。包括家庭类型、家庭成员构成、生活习惯、成员间的相互关系及感情、家族史及其影响、家庭是否遭遇过重大变故、成长过程中或生活中记忆深刻的事件，等等。这些特征往往会通过犯罪现场的一些痕迹和标记行为表现出来，也可以通过作案规律体现出来。例如，在系列强奸未成年小学生案件中，犯罪人在实施强奸的过程中总会关切地说“下回不要一个人走这条路了，危险”“回去后别声张，对你名声不好”等，并在事后给被害人一些零钱，让其打车回家。通过对这些标记行为分析判断，犯罪人可能有一个跟被害人差不多大的女儿。再如，某地发生连环伤害年轻女性的案件，犯罪人的侵害目标是穿红色衣服的年轻女性，通过调查后得知，犯罪人曾经和一个爱穿红色衣服的女子热恋，该女子在骗光了他的积蓄后，远走他乡、杳无音信，由此他对穿红色衣服的女性产生愤恨。

（二）婚姻生活状况

婚姻状况包括是否结婚，夫妻关系是否和睦，夫妻双方在家庭生活中的地位，性生活状况，是否分居、离异、丧偶等。例如，犯罪人在强奸女性的时候，逼迫被害人说“告诉我，我很棒，告诉我，你很崇拜我……”，从这一标记行为可以推断出犯罪人可能在其婚姻生活中，因性生活不协调而被其妻子奚落、贬损。再如，犯罪人在抢劫杀害被害人后，又用锐器将女性死者的胸部、阴部砍伤，根据这一标记行为可以推断出犯罪人可能没有婚姻，由于长期的性压抑得不到宣泄，从而对女性性器官产生好奇和愤恨的心理。

（三）文化知识程度

文化程度，是指犯罪人的文化知识水平和运用文字的能力。这里所说的文化程度不仅仅是指犯罪人的学历，也包含了犯罪人通过其他途径而获得的语言、文字和其他技能的运用能力，如一小学文化程度的重庆农民，在深圳打工期间不仅学会了粤语，还通过自学学会了英语，并且能够运用自如，回到重庆后运用这种专长，在网络上假扮香港富豪诈骗内地女子。文化程度在某种程度上决定和影响犯罪人对犯罪对象及犯罪类型、犯罪手段的选择。同时，通过犯罪人的字迹，也能够判断出其文化程度。例如，1997 年江苏宜兴发生的一起凶案，犯罪人在杀害一对母女后，用手蘸着死者的血在现场的墙上写下了两个“仇”字，笔迹专家根据其字迹特征，推断出犯罪人“写法笔顺不符合规格，笔画应该打弯的地方没有弯，说明他写字的水平很低下，文字水平比较差，文化也不高，也就是相当初中的水平”。①

（四）职业与经济状况

职业状况，是指犯罪人所从事的职业或与之相关的状态，包括目前从事何种职业、具备何种技能，也包括曾经从事的职业、受过的技能培训及其所具备的职业特征等。犯罪人的职业状况往往会通过其职业特点体现出来，并反映在犯罪过程中。例如，外科医生和屠夫在碎尸的时候手法一般较为娴熟，烟花厂的配药工人能熟练地配制出自制炸弹，等等。在判断犯罪人的职业特征时，主要依据犯罪人在现场留下的职业身份证明（工作证、徽章、制服等）、作案的职业特征、职业技能和职业习惯等。对犯罪人职业状况的刻画，决定了在什么地方、什么行业找什么样的犯罪人。同时，职业状况在一定程度上决定了个体的社会地位、活动范围、行为方式，等等。因此，犯罪人的职业状况也与犯罪人实施犯罪活动的类型、方式和手段有直接关系，并体现在犯罪过程中。

经济状况，是指犯罪人经济收入的高低及生活水平，它与职业状况有密切的关系。犯罪人的经济状况也能够体现在犯罪的过程中，通过一定的痕迹、物证体现出来。比如，犯罪人遗留在现场的

① 《一个“仇”字破了七年悬案》，载新浪新闻，http://news.sina.com.cn/o/2004-11-29/00114373031s.shtml。

衣物的质地、价格，犯罪人的脚印所反映出来的鞋子的价格、档次，犯罪人遗留的烟头所反映出的香烟的档次，等等。

（五）社会群体及层次

在侦查过程中，侦查人员可以根据犯罪人的收入和经济状况、文化程度、社交范围、生活环境、兴趣爱好等综合特征，将犯罪人归入一类社会群体，这些社会群体属于不同的社会层次。这些特征可以独立存在，也可以在某一个个体身上交叉存在与体现。由于在现实中符合某种单一特征条件的人比较多，但同时具备多个特征条件的人很少，因此可以将这些特征融合在一起，对犯罪人进行整体全面刻画，对于锁定、查找犯罪人有重要的作用。

第三节　犯罪心理画像的方法与步骤

一、犯罪心理画像的思维顺序

在侦查过程中，面对大量的各种各样的信息，要确保犯罪心理画像的推理结论准确无误，就必须遵循一定的逻辑思维顺序。所谓思维顺序，是指侦查人员在进行犯罪心理画像过程中其思维过程需要遵循的逻辑顺序。一般说来，犯罪心理画像的逻辑顺序主要有“由内向外”“由表及里”。①

（一）由内向外

由内向外，是指在进行犯罪心理画像时的思维顺序要从现场的中心向外围扩展。这是由于现场中心是刑事侦查的重点，大部分痕迹、物品位于现场中心，对现场中心的把握是破案的关键。同时，现场外围往往也会蕴含一定的有价值的信息，因此由内向外的思维顺序能够从整体上梳理各种信息。

---

① 杨玉章著：《三定侦查法——犯罪心理画像实证研究》，群众出版社2008年版，第212页。

1. 现场中心

现场中心是侦查人员研究犯罪行为的起点，侦查人员在现场中心应当着重研究以下内容：一是犯罪行为所侵害的客体，包括被害人及其伤亡情况、现场物品损失和破坏情况等；二是作案工具及其使用情况，包括犯罪人使用的作案工具的种类、特征和来源等；三是犯罪人在现场中心的行为轨迹，包括犯罪人在现场中心实施了哪些行为以及这些行为的先后顺序、犯罪人在现场实施了何种反侦查行为以及这些行为的熟练程度等；四是犯罪人的心理痕迹，包括犯罪人的动机、犯罪目的、生理属性、社会层次、生活背景、突出心理特征和与被害人的关系等。

2. 现场外围

尽管大部分物证和线索位于现场中心，但犯罪人作案离不开进入和逃离现场、毁尸灭迹、销赃等行为，因此对于现场外围的研究对犯罪心理画像有重要的意义。侦查人员在现场外围应当着重研究以下内容：一是犯罪人进出现场的情况，包括侵入部位、侵入方式和出口情况，从犯罪人进出现场的情况可以分析出犯罪人的惯技行为、社会层次和生理属性等；二是关联现场[①]的性质、形式，包括犯罪人行走的路线及对路线的熟悉程度，作案的路线是必然道路还是选择道路，犯罪人对抛尸、抛物地点的选择等，从而分析犯罪人对大、小环境是否熟悉；三是交通工具的种类和特征，从而分析犯罪人的特征、层次、是外地人还是本地人、与被害人的关系等；四是犯罪人的反侦查行为，包括犯罪人破坏、伪装、清洗打扫和涂抹等行为，通过这些行为来判断犯罪人的智力水平、思维习惯和有无前科等；五是犯罪人的逃离方式，包括犯罪人是否借助交通工具、借助什么样的交通工具，从而分析犯罪人与犯罪现场的距离；六是犯罪人的行动路线，包括犯罪人进入和逃离现场的路线、抛尸路线与伪装路线等，从而分析犯罪人的方位、对现场的熟悉度，等等。

---

① 关联现场，是指同一案件中不同性质的现场。

（二）由表及里

“由表及里”包括两层含义，一方面是指对环境的分析由表及里，另一方面指对各种信息的分析由表及里。

1. 环境分析

这里所说的环境，是指以犯罪现场为核心，各种影响犯罪行为的自然环境和社会环境。环境分析的由表及里，是指在环境的分析上，侦查人员先观察案发现场外部整体的自然环境、社会环境以及这些环境与犯罪现场在方向和位置上的相对关系，再观察案发现场的具体位置和周边状况，最后结合被害客体的具体情况观察分析中心现场的实际情况。对环境分析的由表及里分为三个步骤：一是从外围整体和宏观上观察分析现场的自然环境（如山脉、河流、草地等）、社会人文环境（如道路交通、建筑物、与现场有关的单位等），并在此基础上分析现场环境与中心现场的关系；二是通过走访调查，了解现场周边的治安状况、类似案件的发案状况、现场附近居民的居住和生活特点、被害人的基本情况等；三是从犯罪人的视角分析其选择侵害对象与作案现场的原因和特点，以及犯罪人对现场环境的熟悉程度和交通情况，等等。

2. 信息分析

信息分析的由表及里，主要是指从明态信息入手分析潜态信息。明态信息，是指能够从感官上直接感知和判断的信息；潜态信息，是指需要依靠逻辑思维去分析和判断的信息。从明态信息入手分析潜态信息，主要包括：从被害人的个人情况和伤亡情况（被害人的性别、年龄、穿衣打扮、重点伤害部位、伤害的程度等）分析犯罪人的动机和目的；从现场的物品（犯罪人遗留的物品、犯罪人带走、翻动和破坏的物品等）情况来分析判断犯罪人的层次、身份特征；从被害人损伤部位、损伤程度来分析判断犯罪人与被害人的关系、案件性质；从现场物品的翻动、破坏与变化情况来分析犯罪人的心理特征和心理状态；从作案工具、交通工具的选择来分析犯罪人的职业特征、社会层次和行为习惯；从被害人有无反抗、反抗程度来分析犯罪人身上有无损伤和损伤程度，以及犯罪人与被害人之间的关系，等等。

二、犯罪心理画像的一般方法

（一）归纳性犯罪心理画像

1. 归纳性犯罪心理画像概述

归纳性犯罪心理画像，又被称作心理症候群①的刻画，是指依据归纳推理，描绘未知犯罪嫌疑人的行为、动机、心理过程以及其心理特点、生活经历等信息的过程。具体而言，是指对一个犯罪嫌疑人的犯罪心理画像是根据对一系列犯罪人的特征归纳而成，通过对犯有类似案件人员的相关特征、作案手段等信息和数据统计研究得出结论。归纳性推理是数据统计或比较分析的产物，具有普遍性意义。

归纳性犯罪心理画像的数据汇编和数据分析主要是通过以下三种途径获得：一是依据正式或非正式的研究成果，即对一些典型的犯罪人、犯罪心理研究后进行描述。这些被研究的犯罪人的犯罪心理、人格特征、生活经历和作案手段等信息被作为推理的基础。二是通过画像人员的实践经验进行判断。三是大众资料来源，包括大众媒体、民间团体所获取的资料。

2. 归纳性犯罪心理画像的特点

归纳性犯罪心理画像有其独特的优点，也存在缺点。总的说来，归纳性犯罪心理画像具备的优点有：首先，归纳性犯罪心理画像是一种便于运用的方法，运用这种方法不需要画像人员具备针对犯罪行为或犯罪进行调查研究必需的刑事专业知识，不必花时间或精力去接受教育或培训。其次，画像人员不需要付出太多的努力就可能在相当短的时间内得出归纳性犯罪心理画像结论，从而节省时间，为侦查破案赢得战机。

归纳性犯罪心理画像的缺点主要表现为：首先，归纳性犯罪心

---

① 心理症候群（syndromes），是指一系列相关的症状。

理画像所用的信息往往是从有限的人群样本中概括出来的，这些信息并不是与任何类型的案件都有关联。因此，从本质上讲，归纳性犯罪心理画像不是对某个具体犯罪嫌疑人进行的画像，而是对一系列个体特征进行的概括。由于收集者知识和能力的差异，可能导致收集的个案中有的适合作为样本，有的则不适合。一些不适合作为样本的个案如果被用来描述或预测某个犯罪嫌疑人的特征，并不具有必然性和可靠性。其次，归纳性犯罪心理画像是仅从公众所熟悉的、已知的、在押的犯罪人中概括推论出的，因此，一个归纳性结论并不能完全或准确地用来解释一些目前仍然逍遥法外、未知的犯罪人。再次，同任何归纳总结一样，归纳性犯罪心理画像在排除无辜嫌疑人时也存在不确定性。由于对画像人员的素质没有硬性要求，当归纳性犯罪心理画像被某些非专业出身的画像人员当作“确实可靠”的预测工具时，其准确性往往大打折扣。最后，从侦查角度来看，归纳性犯罪心理画像最主要的弱点是它不适合特殊的案例，因而不能作为犯罪心理画像的主要手段。

3. 归纳性犯罪心理画像的运用

尽管归纳性犯罪心理画像存在很多不足之处，但在科学方法的引导下，归纳性犯罪心理画像也可以合理利用。所谓合理利用，是指包括在有心理症候的案件中可以运用归纳性犯罪心理画像进行推论，也包括用归纳性方法进行适当的数据分析、研究。

但是，在目前的归纳性犯罪心理画像实践中存在一些缺点和不足。这些缺点和不足如果没有及时发现并被运用于推论结论中，则很容易误导刑事侦查或在审判阶段影响法庭认定犯罪嫌疑人。

（二）演绎性犯罪心理画像

1. 演绎性犯罪心理画像概述

演绎性犯罪心理画像，是指通过对犯罪嫌疑人系列特征的描述，从而确定犯罪嫌疑人的特征和范围。这些特征是从一个或一系列相关案件中的物质证据和行为证据推理而来。相关的物质证据往往表明犯罪人的行为痕迹、受害人的特征和犯罪现场特征等，这些特征直接用于支持犯罪心理画像的各种推论。演绎性犯罪心理画像过程，就是根据物质证据对犯罪嫌疑人的特征进行推理的过程。在演绎性犯罪心理画像过程中，需要关注犯罪行为的某种特定模式，而不是一般的犯罪行为模式，这也是演绎性犯罪心理画像和归纳性犯罪心理画像的主要区别。

2. 演绎性犯罪心理画像的信息内容

(1) 案件的物证信息。在进行演绎性犯罪心理画像之前，应提供给犯罪画像人员全部可靠的相关物证，这样才能确保犯罪心理画像人员所分析的犯罪嫌疑人的心理、行为特征的完整性。在演绎性犯罪心理画像过程中，画像人员所作出的推论需要有可靠的信息来源，这些信息来源包括物证、证人证言或两者的结合。

(2) 被害人研究。被害人研究是对被害人特征全面的研究和分析：了解已知被害人的各种信息，包括被害人的性别、年龄、面部特征、衣着打扮、发型、身高和生活规律等，依据这些信息，推断出犯罪嫌疑人的犯罪动机、作案手段和行为特征等。被害人研究中的部分内容包括风险评估，即画像人员需要研究被害人的被害风险系数和犯罪嫌疑人实施犯罪行为时所承担的风险系数。

(3) 犯罪现场特征。犯罪心理画像人员应掌握的现场特征包括：犯罪人进入现场的方式、攻击方式、攻击顺序、犯罪现场类型、犯罪工具的特征，等等。犯罪现场特征取决于刑事证据和被害人的研究。由于犯罪现场特征依赖于证据，但并不是所有的证据都能得到收集，因此不是所有的犯罪现场特征都能得到确定。在某些系列案件中，如系列强奸或系列谋杀案件，犯罪现场的独特性及相关性分析则取决于随着时间的推移其犯罪现场发生变化还是没有发生变化。犯罪现场特征的分析能够帮助画像人员辨别出犯罪嫌疑人的习惯性行为和标记行为，进而推断出犯罪嫌疑人的精神状态、行为特征和动机等。

3. 演绎性犯罪心理画像的前提假设

演绎性犯罪心理画像的前提假设包括以下内容：不存在没有动机的故意犯罪行为（尽管有时只有犯罪嫌疑人知道其确切的作案动机）；由于每个犯罪嫌疑人都有自己独特的行为和动机，应该根据具体案情开展侦查；不同的犯罪嫌疑人由于完全不同的原因可能表现出相同或相近的行为；由于个体差异以及受环境的影响，没有两个案件是完全一样的；随着时间的推移，个人行为由于受环境和生物学因素的影响而具有独特性；习惯性犯罪行为可能随着时间的推移和犯罪嫌疑人实施多起犯罪行为后发生变化；同一个犯罪嫌疑人在实施多起犯罪行为过程中，乃至实施某一起犯罪行为中都有可能具有多种动机。

4. 科学方法在演绎性犯罪心理画像中的运用

科学方法的运用是促使画像人员从诸多偏见（如地域歧视、性别歧视、固有观念、个人经验、个人好恶等）中解脱出来的途径。没有两个犯罪人是完全一样的，每个人有自己独特的思维方式和行为特征，这种独特性取决于个体的成长经历、情感和心理综合动态的发展结果。因此，犯罪人都有按自己的方式去制造犯罪现场来满足其独特的心理和情感需要的潜质。很多犯罪人可能具备一些大致的相似性，但是演绎性犯罪心理画像能够有助于从不同犯罪人共有的特征中找出差异性。

在演绎性犯罪心理画像中运用一般科学方法，要求遵循以下基本步骤：

（1）详细说明问题，即观察。对于一个具体的案件，评估已知的刑事证据和行为证据、被害人研究，确认已知的犯罪现场特征。

（2）收集具体信息，即收集资料。根据步骤一，确定还需要进一步收集哪些证据和信息，分析或检验有用的法庭信息与行为证据、被害人研究和犯罪现场特征。

（3）建立一个初步假设或解释，即推测。形成书面的初始评估，包括已知的物证、已知的被害人研究、已知的行为模式（习惯性行为和标记）、可能的动机和人格特征的信息。将这些已知的信息作为协助最终进行心理画像的一种侦查工具。

（4）通过实验来检验假设，即假设检验。在对所有已获取的物证与行为证据进行完整分析和解释之后要重新评估犯罪嫌疑人的特征，同时，当出现新的与案件有关的证据并随之产生新的案情分析时，也要重新评估犯罪嫌疑人的特征，还应征求刑事侦查人员对案件疑点的看法和观点。

（5）诠释结果。根据已明朗的案件证据来解释犯罪人特征的有效性，同时摒弃没有任何证据支持的犯罪人的特征分析。

（6）提取结论和根据需要适当修改假设，即形成结论。寻找表现犯罪人特征的行为模式。这些行为模式包含心理的、情感的、个性的信息及社会关系信息，而这些信息是从物证和行为证据、被害人研究和犯罪现场特征的总结中推论出来的。这些行为模式组成未知犯罪嫌疑人的心理画像。犯罪心理画像中的任何要素都应该是根据可论证的行为证据而得出的。

三、犯罪心理画像的步骤

（一）以细致勘查和广泛调查为基础，掌握翔实的基础材料

所谓基础材料，是指为犯罪心理画像做铺垫的勘验结果、鉴定结论、检验报告和调查走访结果等信息材料。这些信息材料是犯罪心理画像的基础和前提。在现场勘查和调查走访的时候，除了从一般刑事侦查意义上的勘验和走访之外，更需要从犯罪心理学的角度上去观察分析现场的各种痕迹和特征，不放过任何看似对刑事侦查没有价值，但对犯罪心理画像有极其重要意义的痕迹和特征。

（二）对收集的材料进行甄别和整理

对材料进行甄别和整理，是保证犯罪心理画像可靠性的重要步骤。首先，要对犯罪初始信息的真伪进行甄别，弄清信息的来源，即这些信息是从什么途径、运用什么手段获得的；其次，要分析信息的客观性，即收集的信息能否客观真实反映犯罪人的基本情况，

是否存在其他可能性等；再次，认真分析各种信息之间是否存在矛盾之处，调查走访获得的信息是否真实可靠，提供人是否存在作伪证的动机，从而剔除一些虚假和对案件无意义的信息，使初始信息得到精确和优化；最后，根据犯罪心理画像的内容，对经过甄别和过滤的信息加以分类及排列，分别作为确定犯罪人的生理属性、社会属性、地域属性、心理属性和既往犯罪属性等的依据，使每个心理画像内容都能有条理清楚的信息要素支持。

（三）犯罪过程的重建和还原

犯罪过程重建和还原是对犯罪过程的刻画与再现。犯罪过程的重建和还原，是准确进行犯罪心理画像的重要途径。犯罪重建的信息源于物证、被害人或知情人的陈述、走访调查结果和鉴定报告等。画像者需要找出经过甄别的信息与犯罪行为之间的联系和彼此之间的关系，并利用逻辑思维把这些信息各自证明的犯罪情节串联为一个整体，即犯罪过程。画像者在进行犯罪过程重建的时候，一定要深入案发现场，通过细致入微的观察，结合各种物证与信息来揣摩犯罪人的心理过程和心理痕迹，切忌只看卷宗和笔录，而不亲临犯罪现场。同时，要运用换位思考的方法，来判断犯罪人的心理过程和意图，即从犯罪人的角度思考问题，从而保证犯罪重建的真实性。

（四）进行犯罪心理画像，形成书面画像报告

在做完了充分的前期工作后，即可按照犯罪人的属性进行犯罪心理画像，并形成书面犯罪心理画像报告。在形成书面犯罪心理画像报告后，侦查人员可以根据犯罪心理画像的建议和内容展开侦查。同时，犯罪心理画像报告形成后并不是一成不变的，在进一步的侦查过程中如果发现新的证据和依据，可以对原来的判断进行调整和修正。

（五）犯罪心理画像的验证和访谈

在抓获犯罪嫌疑人后，针对犯罪嫌疑人各方面的特征，结合犯罪心理画像的内容，来验证犯罪心理画像的准确性。同时，通过对犯罪嫌疑人和相关知情人的访谈，结合相关刑事证据，来确定是否

需要对犯罪心理画像的内容进行调整。在确定犯罪嫌疑人，或者判决以后，还可以通过对其深入的访谈，对犯罪心理画像的各个环节进行经验总结，从而提升犯罪心理画像技术的水平，促进犯罪心理画像技术的发展。

第十七章　犯罪审讯心理

第一节　犯罪嫌疑人在审讯中的心理特点

犯罪嫌疑人在审讯中具有复杂多变的心理活动，因为在审讯中他们往往既想交代罪行，以争取从宽处理，但又不甘心就这样坦白交代；既有将受到惩罚的恐惧紧张，又存在一定的侥幸心理。所以，审讯中的犯罪嫌疑人心理是既矛盾又复杂的，并且，案犯在审讯中的心理也不是静止不变的，而是随着审讯的进程在不断变化。这种变化既有被讯问人对自己心理的积极能动的调整，又存在一些被动的反应。这是需要我们进行认真观察和分析的。

一、犯罪嫌疑人在审讯中的心理特点

（一）畏罪心理

畏罪心理，是由于犯罪嫌疑人害怕罪行被揭露后会受到惩罚而产生的。它是由于个人的罪责感和外部威慑力量，主要是法律和道德以及当时审讯环境中凝重、威严的氛围，使案犯受到强有力的心理刺激而形成的。这种案犯由于害怕自己受到惩处，害怕自己的名誉、地位、前途受到损害，害怕自己会牵连其他人，所以常有逃避罪责、隐瞒事实的行为，并且围绕着如何逃避、如何隐瞒，会有激烈的心理活动，并在外部有所表现，如交代问题时避重就轻，或者在交代一些皮毛小事后，就声称已经说清，等等。对于有畏罪心理的犯罪人，要让其正确认识自己的犯罪行为与应受处罚的关系，减轻心理压力，促其交代供述。

（二）侥幸心理

侥幸心理，是犯罪嫌疑人自以为作案隐蔽，自信没有什么证据

落在公安机关手里，从而以为可以逃避和减轻罪责时所持有的一种心理状态。抵赖、狡辩是具有侥幸心理的人最常见的表现。

犯罪嫌疑人侥幸心理的产生一般出于两种情况，一是自认为手段高明，行为诡秘，攻守同盟牢固，轻视公安机关获取罪证的能力，因而自欺欺人，以为公安机关不能拿他怎么样，以这种盲目的安全感为基础产生侥幸心理；二是一些犯罪嫌疑人经过回顾作案经过，分析了罪证、案情和初审情况之后所产生的侥幸心理，这种侥幸心理的产生比前者更理智、更顽固，因而更不易清除。

侥幸心理的一般表现是：初审时竭力试探审讯人员对其作案证据的掌握情况，为有计划地抗拒审讯做准备；或在接受讯问时，以守为攻，辩解、否认；或者寻找审讯人员问话中的漏洞，主动反击；或者缄口不语，令你奈何不得。侥幸心理是案犯交代罪行的最主要的心理障碍之一。但是有侥幸心理的人，只要其侥幸心理赖以存在的基础被戳穿，其对抗审讯的防线就会瓦解，而掌握和适时出示证据是打消其侥幸心理的关键所在。

（三）抗拒心理

抗拒心理的出现大致有三种情况：一是在侥幸心理的基础上产生的抗拒心理。这种情况与侥幸心理的表现有许多相似之处。二是在绝望情绪支配下产生的抗拒心理。这种犯罪嫌疑人自知罪行严重、难逃法网，于是在求生愿望支配下作垂死挣扎。他们的心理活动是：即使交代也难以宽大，对抗审讯或许还能延缓时日，因此他们的内心仍然存在侥幸心理。三是犯罪嫌疑人在反动的思想意识和政治偏见支配下对抗审讯，也有的是审讯人员方法不当损害了犯罪嫌疑人的人格和自尊心，而表现出情绪对立。

抗拒心理的外部表现，或者沉默不语，顽固拒供；或者岔开讯问主题东拉西扯；或者以攻为守，强词夺理，胡搅蛮缠，故意激怒审讯人员；或者假装痛苦甚至悲伤，企图争取审讯人员的同情；或者欺骗、乱供、搪塞、顶撞，等等。出现上述情况时，常常会使审讯陷入僵局，这就要求审讯人员头脑要清醒、思维要敏捷，要能有效控制审讯的氛围和进程。

(四) 恐慌情绪

犯罪嫌疑人出现恐慌的情绪，一般是由于以下原因造成的：有侥幸心理的犯罪嫌疑人，其侥幸心理赖以存在的基础被揭穿；犯罪嫌疑人发现自己的犯罪导致了其没有预见到的后果的发生，这种后果超出了其心理承受能力；审讯中压抑、严肃的气氛和环境在犯罪嫌疑人心理上产生恐惧的效应。恐慌的心态多见于初犯和偶犯。由于恐慌，犯罪嫌疑人容易出现思维紊乱和言语障碍。主要表现：一是神情恍惚，手足无措，自我控制能力减弱，有的会出现冒汗，脸色发白，肌肉颤抖等外部表现；二是语无伦次，吞吞吐吐，神色慌张，对指控一概否认或一概承认。这种情况会使审讯难以进行。这时需要缓和审讯气氛，放松审讯节奏，稳定对方情绪。

(五) 防御戒备心理

防御戒备心理，是犯罪嫌疑人在接受审讯时比较常见的一种心理现象，其表现是唯恐自己言多语失，出现破绽，因而处处设防，处处戒备，言辞谨慎，字斟句酌。这种人心理防范意识极强，需要采取适当策略，打破其心理防线。犯罪嫌疑人出于防御心理，为达到逃避或减轻罪责的目的，也在千方百计地对讯问人员进行观察，了解他们的心理活动，想方设法影响他们的心理。主要手法有：

1. 争取审讯人员的同情

这是犯罪嫌疑人对付审讯的常见策略、常见方式，如痛哭流涕，鸣冤叫屈；强调客观，把自己犯罪说成迫不得已，把犯罪原因归结于社会、学校、家庭甚至被害人；强调自己一旦受到处罚会给家庭带来的不幸；不主动认罪，却一味强调自己的光荣历史，等等。目的都是争取同情，使审讯适可而止，或者使审讯人员对其供述作出有利于他们的判断。

2. 扰乱审讯人员思维活动

犯罪嫌疑人在审讯中往往通过一定方式，使审讯人员思维混乱、判断错误。为此，有的无中生有，虚构情节；有的答非所问，转移话题；有的转嫁罪责，开脱自己；有的则设法使审讯人员怀疑揭发检举者以便脱身；有的故意乱供，你喜欢听什么，他就说什么；有的则只供从犯、拒供主犯，只供轻罪、拒供重罪，只供一般事实、拒供关键情节，等等。

3. 动摇审讯人员意志

意志的较量是贯穿审讯始终的。犯罪嫌疑人为动摇审讯人员意志，采取一些办法，如反诘反问，故意给审讯人员制造难题，“你不是要我供述吗？那你先回答我的问题”；有的则胡搅蛮缠，抓住审讯人员问话和态度上的漏洞，指责发难；有的以沉默进行对抗，消磨审讯人员意志；有的故意激怒审讯人员，企图诱使审讯人员丧失理智，从而导致审讯陷入僵局。

二、犯罪嫌疑人在审讯中的心理变化

不同的犯罪嫌疑人，由于其个性不同、经历不同、犯罪恶性程度不同，因而在审讯中表现出的心理特点亦不尽相同，即使为同一个人，在审讯的不同阶段，其心理也是在发展变化的。审讯实践表明，被讯问人在审讯中的心理变化一般经历了四个阶段，即试探摸底阶段、对抗相持阶段、动摇反复阶段和交代供述阶段。当然这四个阶段的划分并没有绝对界限，不同的人表现也是有区别的。

（一）试探摸底阶段

审讯之初，犯罪嫌疑人由于与外界隔绝，对案件进展情况、证据暴露情况、同伙情况，都无法知晓，因而往往心烦意乱，焦虑不安。这种情况下，在与审讯人员的接触中他会急于试探摸底，以了解公安机关对自己罪证的掌握程度，同时也会注意观察与评价对手的个性特点和审讯风格，以便制定应付审讯的对策。这一阶段，犯罪嫌疑人特别是有应对审讯经验的犯罪嫌疑人，常常采取以静观动、以虚代实姿态。或者有预谋地作些供述；或者投石问路，索要罪证，以便进行试探摸底。

（二）对抗相持阶段

经过初审，被讯问人开始适应审讯的环境，对审讯人员的能力、经验也有了初步了解，自以为“心里有底”，因而在这一阶段，对抗意识有所上升。尤其当审讯开始触及其犯罪实质，涉及其切身利益时，往往引起他的激烈对抗，这时便进入了对抗相持阶段。其表现，一方对犯罪事实、情节进行穷追不舍的讯问，不时给对方的辩解以批驳、揭露；另一方则极力隐瞒、掩盖犯罪事实，极力回避、抵赖、辩解和否认或者谎供、乱供，避重就轻。这一阶段，由于被讯问人对抗心理正盛，审讯易陷入僵持状态。

（三）动摇反复阶段

经过审讯人员巧妙出示证据、有力地讯问、善意地引导，结合政策攻心，被讯问人心理防线渐渐出现动摇，侥幸心理、对抗情绪渐趋缓和。此时，被讯问人的心理特点，往往是思想斗争异常激烈，想顽抗，又怕受到从严惩处；想回避，又抵挡不住审讯人员的追讯；想交代罪行，又怕受到刑事处罚和同伙报复，所以被讯问人的心理活动处于动摇、矛盾和权衡利弊的重要关头。此时，作为审讯人员如果能够准确把握时机，加以恰当引导，被讯问人心理就会朝向坦白交代的方向发展；如果方法不当，或者未能把握住时机，就会延长僵持时间，使被讯问人抗拒心理死灰复燃。

（四）交代供述阶段

经过双方反复较量，被讯问人会逐渐感到如果继续对抗，将于己无益，交代罪行才是唯一出路。但是由于畏罪心理和残存的侥幸心理，被讯问人内心中仍然存在幻想，能少供就少供；有证据便供，无证据便不供；问得紧就供，一般讯问就不供。实践表明，能主动彻底供述罪行的被讯问人为数是极少的。

三、供词及其心理依据

（一）否认的供词

被讯问人之所以会有否认的供词，其心理依据主要在于以下几个方面：

一是畏罪心理，自知罪行严重，认为即便供认也难逃法网，于是矢口否认。

二是恐惧心理，也就是对将要受到惩罚后而失去前途、地位、家庭和友谊等的恐惧、顾虑，因而否认。

三是侥幸心理，自以为作案手段高明，公安机关不可能掌握证据，或自觉哥们儿义气深厚，同伙不会出卖自己。

四是封建义气思想，为讲义气，拒绝供出同伙。

五是对抗心理，一些犯罪嫌疑人对国家、社会持有敌视态度，因而以否认和拒供对抗审讯。

六是正当的否认，如侦查中获得的某个证据与事实不符，因而被讯问人予以否认。

一般说来，重刑犯比轻刑犯较易出现否认的供词，中老年比青少年较易出现否认的供词。

(二) 虚假供词

虚假供词产生的原因更为复杂，在产生否认供词的心理基础上，除以上六种情况外，也可能产生虚假供词。除此之外，虚假供词的产生也可能是以下列几种心理为基础的：

一是企图以假乱真，使办案人员从怀疑假供开始怀疑其全部供述，以造成翻供的机会和借口。

二是犯罪嫌疑人由于胆小怕事，一遇办案人员追讯便信口开河，把道听途说的情节也揽在自己身上，也有的是以此扰乱办案人员视线。

三是犯罪嫌疑人有思想顾虑，怕供词会对自己的名誉、前途有所妨害，因而虚拟情节。

四是贪图犯罪既得利益，借助于编造谎供来加以维护。

五是为庇护同伙或为嫁祸于人。

六是以谎供试探摸底，了解办案人员对其罪证的掌握情况。

七是幻想以“主动供述”骗取审讯人员对其产生好感，以获得从宽处理。

在实践中，也存在由于逼供、诱供、指供或其他不当方法而造成的虚假供述。

（三）错误供词

错误供词是犯罪嫌疑人在无伪造动机情况下作出的与案件事实不符的供词。错误供词出现的心理依据主要在于以下三个方面：一是作案时感知发生错觉；二是记忆出现偏差；三是受到了暗示的影响。

（四）翻供

翻供即推翻原供，作出新的供词。翻供存在以下两种情况：

1. 为纠正以前的错误供述而翻供

这种翻供心理的产生有以下几种情况：一是原供系逼供、诱供的结果，后受审条件变化因而翻供；二是原供系出于包庇同伙，后却发现同伙已经交代或已经落网，因而翻供；三是原供系慑于同案人报复而为，后来这种威胁得以解除，因而翻供；四是犯罪人心理发生良性转化，出于认罪悔过而推翻原来的谎供；五是原供因记忆障碍而供述错误，后记忆恢复而自觉纠正。不管哪种情况，这种翻供都是积极的、有益的。

2. 出于抗拒心理而翻供

其原因一是供认罪行后对即将面临的处罚感到后怕，于是推翻原供；二是受到教唆或串供因而翻供；三是原供是出于对法律的误解，以为只要供认即可免受处罚，后知道并非如此，于是悔而翻供；四是以翻供抗拒审讯；五是幻想翻供可以达到逃避惩罚的目的。

综上可以看出，翻供情况较为复杂，遇有翻供，应认真查清原因，区别情况再予处理，不能把翻供一概看作态度不好而加以斥责。

（五）坦白和供认的供词

案犯对犯罪事实的坦白和供认，有以下几种情况：一是出于悔罪心理而主动坦白和供认；二是为获得从宽处理而坦白、供认；三是在“敢作敢为”的意识支配下进行坦白和供认；四是误认为自己的行为不构成犯罪，即使承认也无妨；五是经过较量，对自己的犯罪事实已无法抵赖，因而供认；六是避重就轻，为隐瞒更严重的罪行而供认较轻微的犯罪事实；七是以自己主动供认的行为掩护同伙；八是在情绪被激起状态下，或炫耀自己手段高明而坦白、供认。需要注意的是，在实践中案犯对于犯罪事实的供认，大多是不彻底的，有的则是附有条件的。

（六）影响供述动机的因素

影响被讯问人供述动机的因素问题，有学者对此进行了研究①后发现，导致犯罪人未能形成供述动机的因素依次为：一是审讯人员搞刑讯逼供；二是审讯人员提问方法不妥，有损犯罪人人格和自尊心；三是犯罪人害怕一旦供述反受重罚；四是犯罪人有一定反审讯经验和谎供经验；五是审讯人员态度过于严厉、粗暴、生硬；六是犯罪人抱有侥幸心理，想以假乱真，蒙混过关；七是犯罪人讲哥们儿义气，想保护同伙；八是害怕受同伙报复，担心影响个人名誉。

同时，该项研究还发现，影响犯罪人形成供述动机的因素依次为：一是经出示证据，自感罪行已经暴露；二是受良心谴责，有内疚感与悔罪感；三是亲属、朋友、领导和同事的规劝；四是审讯人员晓之以理，动之以情；五是同伙已经交代；六是有关政策感召，想争取宽大处理；七是审讯人员搞刑讯逼供；八是刑罚威慑力。

四、无罪犯罪嫌疑人在审讯时的心理特点

对犯罪嫌疑人在审讯时的心理特点的研究，一般是立足于有罪的犯罪嫌疑人的，但事实上接受讯问的犯罪嫌疑人既可能是有罪的，也可能是无罪的。讯问也不应以证实犯罪为唯一目的，澄清嫌疑也是目的之一。如果经过讯问，证实了犯罪，扩大了战果，是成功的讯问；如果经过讯问，否定了嫌疑，同样是成功的讯问。事实上，一些冤假错案的发生，与讯问目的的单一性是有关系的。这就

① 参见罗大华、周勇、赵桂芬：《影响犯罪人供述的因素及其对策之心理学研究》，载罗大华、何为民主编：《法制心理学研究与应用》，中国政法大学出版社1998年版。

需要研究无罪的犯罪嫌疑人在讯问时的心理特点。

总的看来，无罪犯罪嫌疑人在受到讯问时，其心理状态是极为复杂的，往往是激愤心理，孤独感，对自由的渴望，对个人遭遇的迷惘、困惑等交织在一起，因而其外部表现，从言辞、态度到行为活动都有很强的杂乱感，缺乏一致性。其供述心理的变化与有罪犯罪嫌疑人有很大的不同。如果说有罪犯罪嫌疑人心理经过了试探摸底、动摇反复、对抗相持和交代供述四个阶段的话，那么无罪犯罪嫌疑人心理则往往经过否认供述—承认—乱供—翻供等过程。

一般说来，无罪犯罪嫌疑人在最初接受讯问时，总是否认供述，而且对自己被列入犯罪嫌疑感到困惑不解，因而多极力否认，想尽快洗刷自己的嫌疑。但情况往往是，越是否认，越是被认为狡辩抵赖。如果讯问人员已掌握了"有罪证据"，又面临较大的破案压力时，这个压力就会自觉不自觉地转嫁到被讯问人身上，这时被讯问人如果承受不了这种压力（这种压力可能是刚性的，如刑讯逼供；也可能是柔性的，如诱供、骗供；可能是现实存在的，也可能是想象存在的），他就会迫于压力，承认是自己作的案；这种承认即"证实"了讯问人员最初的有罪判断。而要做到证据"充分"，还需要更为详细地对犯罪情节、作案手段和作案动机等方面的供述，这时的被讯问人便开始进入胡乱供述的阶段。一方胡乱供述，另一方不满这种乱供，于是施加更大压力，在这种压力和诱导下，被讯问人的供述开始能够"自圆其说"。但这些是一种表面现象，就无罪犯罪嫌疑人而言，这些是不得已而为之，是为了逃避现实的压力和痛苦。但是，还自己清白的愿望对每个人来说，都是既强烈又持久的，因此，一有机会便会推翻原来供述。一般而言，讯问环境变化时、讯问人员更替时、诉讼程序升级时，翻供就容易出现。因此，作为讯问人员一定要全面考察被讯问人供述态度的一贯性，特别是对各种翻供的表现要深入分析，避免先入为主。

第二节 讯 问

一、讯问的心理基础

讯问是一种特殊的心理交往形式，是讯问与被讯问双方的心理互动过程。讯问的成功进行，需要三个方面的心理基础，一是讯问主体间心理接触的建立和保持；二是讯问者对被讯问者施以心理影响的可能性；三是使对方做好有利于供述的心理准备。

（一）心理接触

心理接触是讯问的基本前提，是获取真实可靠供述的基本条件之一。因此，在讯问以及讯问过程中，都要建立和保持同对方的心理接触。心理接触的任务，是经过接触达到知已知彼，了解对方案情及心理等方面的信息，创造对话的气氛。具体来说，第一，通过心理接触，减轻审讯环境气氛给对方心理造成的不必要的压力，引起对方回答问题的动机兴趣，初步在审讯双方中间建立起正常的对话的桥梁；第二，通过心理接触，尽可能多地获取被讯问人的个性心理，以及对自已犯罪行为后果和行为性质的认识等方面的信息，为进入审讯的实质性阶段准备条件、铺平道路。

心理接触具有单方面性质。因为心理接触是审讯人员采取各种方法力图从对方那里获得尽可能多的信息，而被讯问人则在一定时期严守关于案件的信息。由于这种单方面性，审讯中一方对另一方的强制性，双方利益的矛盾性，双方地位的不平等，使被讯问人对讯问人员所采取的措施不是配合而是抵触。因此，如果在讯问初期，未能建立起心理接触，那么在整个审讯期间再建立接触就会变得困难起来，所以，审讯人员要注意把握与被讯问人心理接触的主动性。

心理接触的方法主要有：通过提出使对方感兴趣的问题，进行积极对话；帮助对方克服对自己命运、前途所持有的无所谓或冷漠的态度；注意倾听对方陈述，对其因不幸而走上犯罪道路表示惋惜、同情，对犯罪行为的恶果表示痛恨和谴责，等等。总之，在进行心理接触时，一般不涉及犯罪实质问题，只是在较为和缓的情境中，从对方愿意交谈的话题谈起，时间长短、内容多少、程度深浅，则依案件具体情况而定。这种接触一般持续到审讯人员认为可以开始进行实质性讯问为止。

（二）心理影响

讯问能否对被讯问人产生积极的心理影响，也是成功讯问的重要基础。但是我国法律规定，不能以刑讯逼供和以威胁、引诱、欺骗以及其他非法手段施加心理影响。因此，心理影响必须在法律许可范围内进行。

心理影响，主要靠语言和言语的作用，如说服教育，表情和适当的身体姿态、动作等非言语因素也可产生心理影响。但是，心理影响是以心理接触为前提的。因为只有通过接触，了解了对方的心理活动、思想情绪、个性特点和文化素质等，才能有的放矢地采取能够产生积极心理影响的方法。要对被讯问人施加心理影响，情感的作用也是至关重要的。例如，利用被讯问人过去的荣誉、曾经有过的良好经历、少儿时代的理想抱负，以激发其荣誉感、自尊心，唤起对未来的美好向往；再如，利用被讯问人对受害人的内疚和对自己莽撞行为的悔恨，激发其真诚坦白的决心，因此情感的作用是不能忽视的。

心理影响的目的主要是为被讯问人思索案情的认知活动、意向活动创造良好的心理环境，如帮助被讯问人重现过去的犯罪情境。所以，适宜的心理影响有利于被讯问人准确供述，也是在审讯中采取适当策略的依据。

（三）心理准备

当犯罪嫌疑人经过心理接触，接受了心理影响表示愿意交代罪行，但由于心理压力、遗忘、思维和言语障碍等因素不能充分表达自己意愿时，就要通过解除其心理压力、唤起回忆和帮助思考等途径，使其做好心理准备，以使其准确供述。

唤起回忆，是指对那些有交代罪行的愿望但存在回忆障碍的犯罪嫌疑人，通过运用心理影响，唤起其对案情的记忆。有些惯犯，由于作案次数较多，可能出现记忆残缺或记忆混乱；有的初犯、偶犯由于讯问的紧张气氛和他的不利地位，产生恐慌情绪，从而发生再现障碍。唤起记忆的方法，可以采取改善审讯环境和紧张气氛，以稳定情绪；或者提供回忆线索，启发联想，从而引起正常回忆或纠正回忆错误，但一般不宜用已掌握的罪证作为直接刺激物取代其回忆。

帮助思考，即在犯罪嫌疑人不能流畅供述，言语逻辑混乱时，帮助其恢复正常思维活动。由于犯罪嫌疑人言语逻辑的混乱常常是自身情绪波动或外部压力所造成的，因而作为讯问人员应稳定其情绪，排除妨碍其供述的杂念，帮助其按照案件发生的顺序，按记忆、思维活动的心理过程，进行自由陈述。当然，帮助思考不能用暗示方法，更不能指供、诱供。

在审讯前或审讯中，审讯人员亦应做好心理准备。这种心理准备包括：对犯罪嫌疑人对抗审讯的可能性和采取的反审讯方法的心理准备；针对犯罪嫌疑人心理选择适当审讯策略，制订正确审讯方法的心理准备。这种心理准备是在查阅案卷材料，对犯罪嫌疑人进行观察、讯问等手段搜集了必要的信息，深入了解了对象的基础上完成的。完成心理准备和物质准备，都是实施审讯的必要前提。

二、讯问用语

讯问用语即讯问所使用的语言、语词。讯问用语对于讯问效果有重要影响，用语得当，对犯罪嫌疑人会产生积极的心理影响，用语不当则会产生消极的心理影响。所以讯问用语的选择，首先要考虑会对犯罪嫌疑人产生怎样的心理影响；其次要能准确地表达讯问的要求和目的；最后还要有利于获取犯罪嫌疑人的有关信息。

在讯问中较常使用的有以下几种语词：

（一）模糊性语词

模糊性语词，是指那些表达事物的意向时，含义具有不确定性的语词。如“一群人”“多次犯罪”，等等，由于模糊性语词含义模糊或有多重含义，因而被讯问人有可能将自己的犯罪行为与讯问联系起来，或以自己的希望和想象，作出符合自己愿望的判断，从而产生供述的倾向；而且，使用模糊性语词，可以使讯问既策略，又避免了指供、诱供，还可以对被讯问人起到旁敲侧击的作用，有助于扩大战果。所以，模糊性语词在审讯中经常被使用。

（二）精确性语词

精确性语词，是指意思表达精确、简练的语词。这种精确性语词的使用，有利于搞清案件的具体细节或关键性情节，增强证据和讯问的威慑力，使被讯问人无法回避、抵赖、歧解，使突击讯问更显威力。

（三）婉转语词

婉转语词是用语措词较为委婉、温和，较少攻击性、刺激性的语词。婉转语词的使用有利于消除被讯问人对立和恐慌、焦虑的情绪，因而婉转语词常用来表示同情、鼓励和照顾对方自尊心。对于主观恶性较浅，犯罪具有某些可以理解的原因的犯罪嫌疑人，或者其他需要减缓审讯的强度和气氛时，多使用婉转语词。

（四）法律语言

法律语言的特点是用语较为规范、严密、有力，有助于打消犯罪嫌疑人企图蒙混过关的幻想和侥幸心理。例如，对于自以为没有被告人供述就不能定案因而拒不交代的犯罪人，就可以引用《刑事诉讼法》的规定：没有被告人供述，证据确实、充分的，可以认定被告人有罪。

（五）体态语言

人的手势、眼神、表情、身体动作和姿态等也可以表达思想、情绪，传递信息，因此也可视为一种“语言”。体态语言在审讯中往往可以起到口头言语难以起到的作用，因而是不应忽视的。体态语言在审讯中的作用主要表现在：第一，传递某些信息，表明自己的态度。例如，审讯人员可用眼神、手势、语调和姿态等，表达期待、鼓励、满意或不满意、愤怒、制止和蔑视等意思。第二，可以加强口头言语的表达力和感染力。例如，审讯人员可在讯问的同时伴以某个手势或动作。这里应当强调的是体态语言与口头言语的协调统一。机械模仿一些动作手势不会起到上述作用。

三、讯问方法

讯问方法一般有陈述法和问答法两类。

（一）陈述法

陈述法也就是讯问人员提出问题后，让被讯问人按要求就事实经过作综合陈述。被讯问人在自由陈述中往往会暴露其心理状态和个性特点，讯问人员也可以从中发现陈述的矛盾和漏洞，以便采取相应对策。陈述法多在初审阶段或其他需了解案件全貌时采用。

（二）问答法

问答法就是让被讯问人根据讯问人员所提问题进行回答，即一问一答的方法。在讯问之前，一般应制订讯问计划，对讯问中可能出现的问题及使用的问答式讯问用语应有所准备。

在实践中，较常采取的讯问方式有以下几种：

1. 侦查讯问

侦查讯问，多用于探明被讯问人对自己犯罪行为后果的态度和可能使用的反审讯方法，为深入追查关键问题创造有利条件，一般用于初审或初次追讯新的重大的问题。在初次讯问时，被讯问人心理上处于戒备状态，这时应首先设法缓解或消除其戒备心理，探清其心理准备的程度和心理活动特点。

2. 迂回讯问

迂回讯问常用于案情较复杂，被讯问人比较狡猾，防御计划较为严密等情况中。发问时，可先提出一些表面看来与讯问无关，实则与犯罪事实有内在联系的问题，使其在不明讯问意图情况下作出真实供述，从而堵死其抵赖的退路。这是一种通过迂回发问，以被讯问人自己的陈述否定其狡辩的方法。

3. 直接讯问

直接讯问是针对案犯竭力回避、抵赖的问题，在其没有思想准备的情况下，直接提出要害问题，使其没有回旋余地，被迫供述。根据不同情况，直接讯问可以有不同方式，如揭发式、启发式、驳斥式、质问式等。

4. 跳跃讯问

跳跃讯问即打破按照逻辑顺序进行问话的常规习惯，对其已经有所准备的问题避而不问，而是跳过其防线突然对关键问题发问，使其措手不及，无法狡辩的一种讯问方法。跳跃讯问常在公安机关已掌握证据，但被讯问人拒不认罪，并对一般审讯方法有所了解，又对讯问有所防备的情况下使用。

第三节　审讯的策略与方法

在审讯中，为达到审讯目的，要注意运用审讯策略，尤其对于那些有对付审讯经验的犯罪嫌疑人，审讯策略的使用更是必不可少。

一、实施审讯策略的基本要求

(一) 审讯策略的构成要素

在进行审讯之前，审讯人员应当熟悉并研究讯问技巧、讯问用语、审讯场所的布置、审讯人员应当持有的态度、实施审讯方法的时机以及审讯的强度和速度等审讯的基本要素。可以说，审讯策略的实现，是各个要素有机结合的结果。

1. 讯问方式和讯问用语

在审讯时，审讯人员要根据案件具体情况选择讯问方式和讯问用语。讯问方式和用语措词恰当与否，直接影响犯罪嫌疑人的心理变化。因此，讯问方式和讯问用语的选择要根据犯罪嫌疑人个性、犯罪嫌疑人对自己所犯罪行的态度、审讯时的心理状态以及案件进展情况进行。

2. 审讯态度

审讯人员必须善于用正确的态度去影响被讯问人。一般说来，审讯人员的态度，一要严肃。审讯人员的言谈举止、着装都要同审讯的特定环境和严肃的气氛相一致，要能够体现人民警察的权威和尊严，使对方心理受到一定震慑，从而产生对审讯人员的敬重感。二要诚恳。不应随意对被讯问人进行训斥、讽刺、挖苦，而应尊重其人格。诚恳的态度，有助于缓和对立情绪，开通对话渠道，有助于对方供述心理的形成。三要文明。用语、方法都要文明，要能控制自己的情绪，避免冲动，以使审讯工作顺利进行。

3. 审讯场所

审讯时，要注意布置场所。一般说来，审讯场所的布置要庄重肃静，避免外界影响。要通过适当布置烘托出庄严的法律气氛，以对被讯问人产生适当的心理压力，但不要放置分散被告人注意力的物品。除审讯双方外，不应有其他人在场，以免干扰审讯。

4. 审讯时机

审讯策略的使用、证据的出示和审讯进程的把握，都要注意抓住时机。

初审时机。因为犯罪嫌疑人刚被拘押，心理尚未恢复平静，对于哪些犯罪事实已被公安机关掌握还心中无数，对于怎样对抗审讯，还没有充分的心理准备；同时，他们对于犯罪活动的记忆也比较清晰，回忆和再现比较容易，因而初审是一个重要的时机。

动摇时机。犯罪嫌疑人在接受审讯时，必然会在某一阶段出现动摇不定和思想斗争的时候，这是其心理转化的关键时刻。如果审讯人员善于抓住这一时机，采取适宜对策消除其心理障碍，往往会促使其坦白交代；但如错过这一时机，犯罪嫌疑人则可能恢复其侥幸心理，甚至由此怀疑审讯人员的能力，从而强化其对抗意识。

供词矛盾的时机。犯罪嫌疑人出于侥幸心理和对抗意识，常常编造口供，企图蒙混过关，但是只要他是在撒谎，或虚构情节，不可避免地会在供词中出现漏洞和矛盾，如口供前后出现矛盾，同案犯之间的口供有矛盾，犯罪嫌疑人口供与其他客观事实有矛盾，等等。这是突破犯罪嫌疑人心理防线的重要时机，审讯人员如能抓住时机发起猛攻，往往可以达到事半功倍的效果。

5. 审讯的强度和速度

讯问的强度和速度是通过讯问方式、讯问用语和讯问态度等表现出来的，讯问强度和速度的掌握需要我们根据案件不同情况有针对性地进行。

（二）审讯策略的使用，应符合法律、政策和道德原则

根据我国法律规定，禁止使用任何非法的手段，包括刑讯逼供，趁被讯问人昏迷、生病进行审讯，以连续审讯为名搞车轮战，以及威胁、恐吓、指供、诱供等非法手段。这些做法不仅是非法的、不人道的，而且违背人的正常心理机制，扰乱被讯问人思维活动，妨碍其准确回忆；或者导致被讯问人采取迎合讯问人心理和期待的态度，从而造成供述不真实。

审讯的策略手段还应符合社会主义道德原则和人民警察的职业道德，不应欺骗或随意许诺，利用对方对法律的无知进行讯问。

（三）审讯策略手段应具有有效性、经济性和灵活性

所谓有效性，即审讯策略的使用，要有助于查明犯罪事实，获取真实可靠的供述，或为此目的而取得必要的信息。从心理学的角度来说，审讯策略应能够对犯罪嫌疑人产生积极的心理影响和心理效应，主要是：第一，有助于使被讯问人改变或形成一定观念，也就是改变其某些已经形成的不利于审讯的观念，形成有助于他们悔罪和供述的观念。第二，能影响被讯问人情绪。犯罪嫌疑人在审讯中所有的对立、抵触和绝望等消极情绪，是阻碍其正确供述的心理障碍，审讯策略的使用要有助于消除这些消极的情绪，形成有利于供述的积极的情绪。第三，要能够影响和分散被讯问人的注意，即审讯策略的使用要能够把被讯问人的注意从其主要防御部位引开，使其暴露防御的漏洞。为达到有效性的目的，我们所采取的审讯策略，应当符合人的心理规律。

所谓经济性，即以最简捷的方式达到最好的效果。这就要求审讯人员在事先要深思熟虑，深入研究案情和被讯问人，恰当地选择审讯策略。

所谓灵活性，即使用的策略手段要灵活多样，避免程式化和教条主义。要善于针对不同情况采取相应策略；根据被讯问人的不同情况，如犯罪嫌疑人经历、犯罪恶习深浅、文化程度、有无反审讯经验以及社会地位、个性特点、职业特点和认罪态度等采取相应策略；根据审讯进展情况，掌握证据的数量、质量情况，采取相应策略，等等。总之，要具体情况具体分析。

二、审讯策略简介

（一）影响犯罪嫌疑人认识活动的策略

1. 形成错觉，改变认识

针对犯罪嫌疑人心理特点，通过审讯提问给犯罪嫌疑人提供某种信息，使其产生错误判断，以改变其不利于供述的认识。一般说来，人对外部信息的接受是有选择的，人总是倾向于接受与自己有关的，或对自己有利的，或符合自己需要、期望、期待的信息，犯罪嫌疑人同样具有这一心理规律。据此，审讯人员可以通过提供与案情有关的信息，使犯罪嫌疑人加以接受并产生错误判断。

为使犯罪嫌疑人产生错觉，审讯人员通常要设计一个审讯的情境，在审讯进行过程中，由审讯人员“无意”中透露某个信息，这一信息可以有多种理解，而犯罪嫌疑人在感知到这一信息后往往以自己的需要和期待加以理解，使其在不自觉中接受了影响，形成某种错觉。例如，一杀人案犯罪嫌疑人希望被害人没有死，以便获得从轻处理，在审讯时，主审人员就说了对被害人尽力抢救等话语并引用了被害人生前所写信件的内容，使犯罪嫌疑人产生了被害人没有死亡的错觉。

2. 允许撒谎和制止撒谎

在审讯中，一些犯罪嫌疑人往往以编造谎言的方式，开脱罪责、抗拒审讯。这是因为他们具有侥幸心理，以为公安机关尚未掌握其罪证，编造谎供有可能蒙混过关。这时审讯人员即使明知犯罪嫌疑人在撒谎，仍可不露声色，耐心听取，使其自由表白；犯罪嫌疑人看到审讯人员在认真听，就会以为审讯人员已被其谎言所蒙骗，于是愈加起劲地论证自己的说法，开脱自己。从这种编造谎言的过程中，我们可以了解他企图回避和隐瞒的问题、注意和强调的问题以及力图使审讯人员相信或不相信的信息。

当然，允许编谎是获取信息的一种手段，如果犯罪嫌疑人的谎言越编越离奇，甚至以撒谎拖延时间，与审讯人员周旋时，应在适当时机揭露其谎言以使其形成撒谎是枉费心机、审讯人员洞悉一切的观念。有时则在被讯问人刚刚开始撒谎时就予以严正制止和驳斥，以造成其心理紧张，瓦解其心理防线。

3. 引而不发

在审讯中，不直接出示证据，但可以通过问话，给犯罪嫌疑人以有力暗示，即犯罪证据已被我掌握，审讯人员之所以不点破其罪行或证据，是为了给他一个坦白供述的机会。所以，引而不发是指在审讯中，以点到为止的问话，让犯罪嫌疑人理解审讯人员并未点破的意思。引而不发的策略可使对方产生犹豫动摇的心态，有助于促其坦白供述。

4. 连续使用证据

有的犯罪嫌疑人自以为作案诡秘，犯罪证据难以收集，防御计划周密，因而侥幸心理、对抗意识比较严重。针对这种情况，审讯人员可以有选择地连续出示一组或几组强有力的证据，配合以强有力的讯问，以给犯罪嫌疑人造成巨大的心理压力，使其丧失对抗信心，形成有利于供述的观念。需要指出，连续使用证据，并不是无保留地全部抛出，而应留有余地，同时还应结合政策攻心等其他策略方法。

（二）影响犯罪嫌疑人意向活动的策略

在审讯过程中，犯罪嫌疑人总是把其注意集中于对抗审讯上，因此审讯人员要运用各种方法把犯罪嫌疑人的注意中心从主要防御部位引开，促其暴露防御的漏洞。

1. 自由交谈法

人在孤独心境下，总会设法与外界交流以保持心理平衡，犯罪嫌疑人同样如此。他们在受到拘押后，与外界联系隔绝，身心倍感孤独，希望有人与他交谈，但在审讯中那种威严的气氛，审讯人员严肃的态度，又容易使犯罪嫌疑人感到压抑、紧张，产生戒备心理。这时，审讯人员可以避免正面强攻，不是以严厉的讯问，而是从其愿意或敢于交谈的问题入手，消除犯罪嫌疑人拘束、压抑的心态，缓和审讯气氛，加深双方的心理接触，这样有助于转移犯罪嫌疑人注意，消除其戒心，树立对审讯人员的信任感。如果审讯人员再注意其言语的感染力和针对性，就会使犯罪嫌疑人产生交谈兴趣，并在交谈中透露出我们希望获得的信息。这里的关键是建立对话的心理基础，巧妙地、不动声色地引导交谈的方向。

2. 声东击西法

犯罪嫌疑人在审讯中常常是既想逃避罪责，因而对重要罪行或犯罪关键情节极力隐瞒、闭口不谈，又想表明自己老实认罪的态度，于是主动交代一些次要问题。声东击西法，就是利用犯罪嫌疑人这一特点，将计就计，声东而击西，从而转移对方在关键问题上的注意。其方法是，审讯人员对犯罪嫌疑人隐重示轻的企图不予点破，而是顺其心态，向次要问题发起进攻，追讯细节，或从表面看来与主要罪行无关的情节谈起，隐蔽主攻方向，使犯罪嫌疑人思想麻痹，察觉不出审讯人员的真正意图，这也就是所谓“声东”。当审讯人员通过“声东”使犯罪嫌疑人的注意发生转移，对主要罪行或犯罪关键情节疏于防范时，立即扭转主攻方向，针对其防御漏洞，直取要害，使其猝不及防，这也就是所谓“击西”。声东击西的关键是要对犯罪嫌疑人防御重点即注意中心，也就是“声东”所攻主要方向，加以准确选择，确定能转移犯罪嫌疑人注意，又不泄露审讯意图，同时要看准“击西”的时机。

3. 四面出击法

有些犯罪嫌疑人为逃避惩处，不分罪行大小、情节轻重，一概否认、全面防御，心理时时处于高度戒备状态。对此类犯罪嫌疑人，可以采用四面出击方法，使犯罪嫌疑人摸不着审讯意图、抓不住审讯规律、形不成稳定的注意中心，使其顾此失彼，漏洞百出。这一审讯策略的要点是通过讯问问题从一个到另一个迅速、频繁地转移，使其穷于应付、疲于奔命，心理高度紧张、注意高度分散，这时审讯人员就应集中力量，拿出过硬证据，选准突破口，予以攻克。四面出击的关键是保持审讯的强度和速度，使其无法集中精力进行防御。

（三）影响犯罪嫌疑人情绪的策略

情绪对于人的活动具有动机作用。积极的情绪，可提高人的活动效能，消极的情绪则降低人的活动效能。影响犯罪嫌疑人情绪的策略的采用，就是为了减弱、缓和以至消除那些不利于供述的消极情绪，建立形成有利于供述的积极情绪。

1. 制造紧张与消除紧张

适度的紧张对人的当前活动是有利的，没有紧张或过度紧张则不利于当前活动。

有些犯罪嫌疑人自以为作案手段高明，防御严密或自恃后台过硬，因而侥幸心理严重，没有任何紧张，表现为对待审讯满不在乎、轻松自如，有的甚至态度嚣张、公然挑衅。对于这类犯罪嫌疑人应采取措施，促其情绪紧张。其方法，一是在犯罪嫌疑人狂妄自大、毫无防备的情况下，突然出示有力证据，伴以义正词严的讯问，指出其所犯罪行的严重性和恶劣态度的后果；二是通过加大审讯强度和加快速度，缩小犯罪嫌疑人考虑如何回答讯问的时间，使其思维活动难以跟上讯问节奏，从而造成其情绪紧张。当然，制造紧张应在法律和人的生理机制许可的范围与限度内进行，否则难以保证供述的准确性。

也有些犯罪嫌疑人在审讯中顾虑重重，或者由于审讯气氛和环境及对将受到惩罚的恐惧，而产生巨大的心理压力，情绪极为紧张、思维活动紊乱，造成供述障碍。这时，审讯人员应采取措施，消除其紧张情绪，恢复其心理稳定与平衡。其方法主要是减缓审讯的强度和速度，缓和讯问语气，宽松审讯气氛，讲解法律政策，解除其顾虑，指明其前途；或暂时避开实质性问题，以避免对其心理造成新的不良刺激，对其犯罪原因表示理解，对其失去自由表示惋惜等，是较为有效的方法。

制造紧张与消除紧张不是对立的，而是统一的，都是为了使犯罪嫌疑人形成有利于供述的情绪。采取这一策略，要注意宽严结合、刚柔相济，还要对犯罪嫌疑人的具体情况作具体分析。

2. 加快审讯速度与减缓审讯速度

通过加快审讯速度，即快速提问，让犯罪嫌疑人马上回答，不给其考虑时间，可以使犯罪嫌疑人无暇思考对抗审讯的方法和编造谎言，使审讯人员把握审讯主动权。

快速审讯持续时间不宜过长。有的犯罪嫌疑人利用快速审讯快速回答，回避对他不利的情节和问题，审讯人员由于讯问速度过快，无法对犯罪嫌疑人供述的可靠性作出全面衡量；有的犯罪嫌疑人为对抗审讯，有时也故意激怒审讯人员，企图使审讯人员自乱阵脚；同时，有些犯罪嫌疑人由于身体状况及心理条件，也不宜使审讯强度和速度过强过快，在这些情况下，应减缓审讯速度。

加快与减缓审讯速度，要灵活掌握。一般认为，加快速度易使犯罪嫌疑人的心理防线出现漏洞；放慢速度则有助于审讯人员洞察犯罪嫌疑人心理，判断供述真伪，思考有效对策。

3. 出其不意，攻其不备

有些犯罪嫌疑人具有反审讯的心理准备，他们往往根据审讯人员可能提出的问题，编造口供。对此，审讯人员通过突然提出前面审讯中未涉及的问题和犯罪嫌疑人意料之外的问题，或出示某个犯罪嫌疑人以为审讯人员未能掌握的证据，常常会使其惊慌失措。此策略关键在于正确分析犯罪嫌疑人反审讯心理，避开其有备、猛攻其无备，给其造成巨大的心理压力。

(四) 针对犯罪嫌疑人个性施加影响，获取信息的策略

犯罪嫌疑人在审讯中的心理表现受其个性的制约，因此在审讯中，要注意分析犯罪嫌疑人个性特点，针对其个性采取不同策略，才能收到好的效果。例如，对于犯罪之前表现较好，犯罪有一定客观原因的犯罪嫌疑人，应当肯定他们为社会作出的贡献，以唤起他们的荣誉感、罪责感；对于受过挫折，感情脆弱，家庭观念较重，儿女情长的犯罪嫌疑人，应进行感化教育，激发其悔恨之心；对于讲义气，脾气暴躁，感情容易冲动的犯罪嫌疑人，可以采取激将法，或针对其讲义气的特点，对其进行关怀帮助，给予理解，解决实际困难，以使其产生认同感，在义气所驱使下，他们往往以交代罪行来回报审讯人员的“义气”；对于思想负担沉重，顾虑较多的犯罪嫌疑人，多讲解法律政策，进行政策攻心；对于彼此间有矛盾的共犯，应利用他们之间的矛盾，如分赃不均、争风吃醋、观点分歧等，进行分化瓦解；对于夸夸其谈、口若悬河者，要注意抓住其言语中的漏洞，严厉质问，以严肃审讯气氛。此外，对于犯罪嫌疑人的气质类型，审讯人员也应注意分析，加以利用。

三、测谎与审讯

在国外，特别是在美国的司法活动中，甚至在其他一些活动中，如招工、考核等方面经常使用测谎技术。测谎仪是根据人在情绪发生变化时，由于植物神经系统作用会引起生理变化的原理而设计的一种仪器。美国普遍使用的测谎仪采用的是“准绳测谎法”，即人在编造谎言时，因其心理压力常有一定的生物特性的变化和情绪变化，这些情绪变化会引起的一系列的生理反应，通过仪器测定这些生理反应的数值，并与被测试人正常状态下的生理反应数值进行比较来确定被测试人是否说谎。

在我国，经过犯罪心理学界的学者们不懈努力和反复实践，创造出一套适合中国人体质和生理结构的测谎方法，即“心理痕迹测试法”，并经过实践检验，获得了广泛的认可。这种测谎法的原

理是，在测试前通过对现场、物证等物态痕迹的观察，充分掌握和动态描绘犯罪人的心理痕迹，在此基础上编制测试题目，根据被测试人在回答问题时皮肤电、脉搏和呼吸等生理指标曲线的波动情况与测试题目中目标问题的吻合度，来判断被测试人是否涉案。这种测谎法的实质是通过仪器来提取和判断被测试人的心理痕迹，从这个角度来说，这种测谎法测的不是谎言，而是“心理痕迹”。

测谎前，测谎人员要进行必要的准备，要与被测者交谈，使其配合。测试时，主持者将测谎器终端电极固定在被测者身上，然后用预先编制的问题，向被测者发问要求其回答。测试一般进行3次，每次使用同样问题，每次测试需2~3分钟。主持者允许被测者在回答问题时作稍许思考或保持沉默，然后根据被测者回答问题所出现的反应，来评价和解释测谎结果，以此判断被测者是否涉案。

测谎技术具有一定科学依据，国外司法界在审讯中使用测谎技术取得了一定成效。我国一些学者认为，使用测谎仪本身就能给被讯问人心理造成一定压力，如果能结合政策教育、证据使用等方法，往往能使犯罪嫌疑人交代、供述。近年来，我国在侦讯、审判实践中和监管场所，多次尝试使用测谎器，取得了较为理想的效果。当然，测谎器讯问法的结果，不具有绝对可靠性，但根据测谎结果，往往可以确定审讯和侦查方向，获得有用线索和信息。

四、对几类不同犯罪嫌疑人的审讯对策

（一）女性犯罪嫌疑人

女性犯罪嫌疑人情绪较易波动，容易激动和伤感，对事物容易根据是否符合自己意愿和感情作出判断，对讯问反应敏感，疑虑较多，常因个别枝节问题产生抵触情绪；陈述易受其情绪支配，顺应问话现象较多，多有翻供现象；出于较强的羞耻心理和思想顾虑，在供述中对涉及隐私的内容多有保留和言语吞吐的现象，对涉及个人名誉和家庭子女利益的部分往往掺入虚假成分。因此，一般说来，对女性犯罪嫌疑人的审讯，节奏宜缓慢，用语宜温和，发问要

明确、恰当，要在实现心理接触或减轻心理压力的同时，宣讲法律知识，防止其供述出现随意性，切忌暗示，防止其顺势向暗示方向进行错误陈述。在一些较为特殊的时期，如经期、孕期、更年期，其心理会有某些异变，尤其情绪波动较为强烈，这是需要注意的。鉴于女性犯罪嫌疑人心理特点，宜由女民警主持审讯。

（二）青少年犯罪嫌疑人

青少年犯罪嫌疑人由于其年龄特点，在审讯中常有较强烈的情绪反应，愿听鼓励、称赞的语言，反感挖苦、嘲讽的语言，易感情用事，易受暗示和外部影响，轻信“哥们儿义气”和攻守同盟，判断事物带有片面性，对犯罪情节常常简单地予以肯定或否定，供述内容缺乏系统性，较为粗糙，常对审讯和处罚结果以至自己的犯罪后果，抱有天真幼稚的想法。

针对青少年犯罪嫌疑人的心理特点，在审讯中，要促使其正视现实，唤起对美好前途的向往。这就要求在对青少年犯罪嫌疑人进行审讯时，要贯彻思想品德和法制观念教育。由于青少年案犯容易出现逆反心理，因此审讯人员要以诚恳的态度，加以启发诱导，要尊重其人格，指出其前途，动之以情，晓之以理，对其过去的好的表现，以及认罪态度等思想认识上哪怕非常小的进步，也要给予承认和鼓励，这样才能达到教育目的，促其主动配合，如实供述。

（三）老年犯罪嫌疑人

老年犯罪嫌疑人有较为特殊的生理、心理特点，他们对审讯问话往往反应迟钝，表情冷淡，且由于其社会阅历较深，供述多经斟酌，但有时也会掺入个人想法。有的老年犯罪嫌疑人以年老自居，对年轻审讯人员表示轻视；对强硬发问，易产生抵触情绪；对自己的某些偏见，常较固执，不易改变，有时在审讯中会出现像青少年那样的情绪波动。因此，对老年犯罪嫌疑人的审讯，强度和速度都不宜过强过快，问话宜简单明了，使用证据要有力，说服教育须以事实和法律为根据，对老年犯罪嫌疑人的人格尤其要尊重。

(四) 对犯罪经历不同的犯罪嫌疑人的审讯

1. 初犯

初犯没有接受审讯的经历，因而在审讯中往往心理压力较大，对审讯环境、气氛感到压抑、紧张、自卑，畏罪心理较强，对抗审讯的方法较单纯，漏洞较多，多有悔罪心理和悲观厌世情绪，易受教唆而盲目对抗。

对初犯的审讯，关键是减轻其心理压力，消除其精神负担，要善于利用其悔罪心理，帮助其认识犯罪行为对社会的危害和对受害人的损害，把悔恨变成交代、供述的心理动力，要注意宣传法律知识，进行法制和道德教育。

2. 累犯

累犯具有反审讯经验，对于审讯中可能出现的情况甚至可能的问话有一定心理准备，具有一套反审讯伎俩。侥幸心理、对抗意识较强烈。在审讯中情绪较稳定，常采取一些方法，扰乱审讯秩序和进程：或者以静待动，伺机反扑；或者谎供、乱供，企图扰乱审讯人员思维；或者故意挑起审讯人员急躁情绪，造成僵局；或者对问话听而不闻，沉默不语，即使供述也是字斟句酌，唯恐出现纰漏。泛泛的政策法制教育对他们往往成效不大。

针对累犯心理特点，审讯人员在审讯之前对审讯中采取的策略，审讯中可能出现的情况，出示哪些和怎样出示证据，甚至讯问用语都应有所准备。对审讯对象的经历、作案特点和个性特征应作全面了解与研究，审讯中要力争稳、准、狠。所谓稳，即要掌握好审讯节奏，根据需要调整强度和速度，控制住审讯环境；所谓准，亦即使用审讯策略，出示证据要做到准确、及时、恰当；狠，并非采取刑讯或暴力威胁手段，而是说审讯人员采取的措施、出示的证据要能够对犯罪嫌疑人产生强有力的心理影响。根据这一要求，审讯时，可多采取迂回包抄、循序渐进等方法稳扎稳打，出示证据要有利于消除其赖以抗拒的侥幸心理，政策法制教育要言之有物，持之有据。实践说明，累犯亦并非顽固不化，只要方法正确，有的放矢，其心理防线同样可以被突破。

3. 惯犯

惯犯与累犯有相同或相似之处，对惯犯的审讯，可以参照对累犯的审讯方法进行，关键是要具体问题具体分析。由于有的惯犯具有反审讯经验，甚至多次反审讯经验，也有的没有反审讯经验，因而在审讯中的表现会有不同，采取的方法也应当灵活多样。

五、国外心理学讯问方法简介

（一）联想反应讯问法

联想反应讯问法的心理依据，是人存在联想这一心理现象。联想是根据事物间的客观联系进行的。联想的进行受四个规律的制约，即接近律、相似律、因果律和对比律。接近律是说两个事物在空间或时间上具有相互接近的特性时，易引发人的联想；相似律是说两个事物具有相近或相似的特性时易引起人的联想；因果律是说两个事物互呈因果关系时易引起人的联想；对比律是说两个事物的性质或特征具有相互对比的关系时，易使人产生联想。联想虽然是一种心理活动，但可以通过言谈举止表现出来，因此，我们可以通过联想来揭示人的内部心理状态，以及这种心态所体现的事物间的联系。根据这一原理，可以采取联想反应讯问犯罪嫌疑人，以判断其供述的真伪。

联想反应讯问法，是由审讯人员预先设定两类语句，作为引起被讯问人联想的刺激语句，一类是与案件无关的刺激语句，另一类是与案件有关的语句，要求其将联想到的事物迅速说出来，由此对其是否有罪或供述是否正确进行判断。如果案犯是无罪的，那么他对于两类刺激语句，不管是与案件有关的抑或是无关的，其反应的时间、方式和表情等方面都是一致的，无可非议的。如果被讯问人是有罪的，那么他在进行联想反应时，会出现某些反常情况，其一，由刺激语句联想到作案情节、时间或工具，并在联想冲动即思维惯性驱使下，脱口说出联想到的作案情节。例如，一个偷过“飞鸽”牌自行车的人，看到“飞鸽”的刺激语不是联想到与“飞鸽”

有相同或相似特征的事物，却一下子联想到自己偷窃的“飞鸽”牌自行车，并在联想的思维惯性下脱口说出自行车，从而暴露其犯罪真相。其二，由于犯罪嫌疑人联想到刺激语句与案件存在内在联系，于是在其内心深处不顾一切加以否认。其表现是，一方面对与案件有关的刺激语句的联想反应时间长于对与案件无关的刺激语的联想反应时间。这是因为犯罪嫌疑人对与案件有关的刺激语不能自由联想，同时又顾虑自己说出的反应语会暴露自己的作案事实，因而要寻找合适的反应语，这自然需要较长时间。另一方面，犯罪嫌疑人在听到与案件有关的刺激语时，可能感到自己的犯罪事实已经暴露，因而由于紧张、恐慌而产生情绪波动，如面红耳赤，手足无措，言语吞吐，举止慌张等。

为使联想反应讯问法更为有效，可以重复使用。联想反应讯问法获取的信息具有一定价值，但不能认为它绝对可靠，因为无罪的被讯问人对刺激语的联想反应，由于某些原因，外部表情等方面也可能会出现类似于有罪犯罪嫌疑人的反应。

（二）复述讯问法

复述讯问法的心理基础是联想和暗示。其方法是，审讯人员编造一个与案件的发生过程相类似的故事，只变更某些细节，然后审讯人员将此故事口述给被讯问人，随后令其将故事复述出来，或者审讯人员根据故事提出问题要被讯问人回答。被讯问人在复述故事或回答问题时，往往无意识地将自己的犯罪过程以及某些细节加进故事中，从而暴露犯罪的真相或线索。这是由于被讯问人被讯问时，常常是心烦意乱，思想集中于对自己作案经过的回忆或者考虑如何对付审讯，因而无心倾听故事，所以对故事细节茫然无知，这就使其在复述故事或回答故事中的问题时难免联想到自己的犯罪经过，在无意识中，将自己的犯罪经过补充于故事情节之中，或者将所听故事与自己的犯罪经过相混淆。这种情况下，审讯人员只要把握时机，将其所暴露出的与故事不符之处加以详细追问，就有可能查出被讯问人的犯罪真相。

复述讯问法关键在于所编故事与犯罪主要情节经过相符，这样，即使犯罪嫌疑人能准确地复述故事，其情绪也会受到影响。因为其从故事中会联想到自己的犯罪经过，并会疑虑审讯人员已掌握了其所犯罪行，这样审讯人员仍可根据犯罪嫌疑人在复述故事和回答问题时的情绪变化，推断其犯罪可能性。

（三）九步审讯法

九步审讯法是美国刑事司法学和警察科学著名学者弗雷德·英博教授总结归纳的一种审讯方法。它从一般意义上把审讯归纳为九个步骤，分别是：第一步，直接正面告知被讯问人，他已被视作本案犯罪嫌疑人，并注意观察对方的反应；第二步，审讯人员说出自己对犯罪原因的推测，并给嫌疑人提供一个可以在道义上为自己开脱的理由；第三步，打断嫌疑人对自己无罪的说明，并注意观察其反应；第四步，驳倒嫌疑人关于第二步中提出的道义借口的说明；第五步，以认真诚恳的态度获得并保持嫌疑人的注意力；第六步，通过加强目光接触来消除嫌疑人的消极情绪；第七步，提出一组选择问题，建议嫌疑人在“可以接受”和“不能接受”两个回答中进行选择；第八步，让嫌疑人口头讲述犯罪的各个细节；第九步，把口头供述转为书面供述。

九步审讯法包括丰富的心理学内容，每步都要注意观察对方的反应，以决定如何进入下一步。九步审讯法具有操作性强、适用性广的特点。但是，由于我国的诉讼制度与美国不同，因而在我国讯问实践中，还难以全面借用，不过其基本思路还是可以借鉴的。

第十八章 犯罪心理的预测、预防和矫正

第一节 犯罪心理预测

一、犯罪预测和犯罪心理预测

(一) 犯罪预测

1. 犯罪预测的概念

犯罪预测，是指运用科学的理论和方法，对未来或未知的犯罪发展趋势、数量增减、种类变化，以及个体犯罪或重新犯罪的可能性进行的估计和推断。

犯罪预测，作为对未来事物（犯罪现象或犯罪心理）的推测和判断，具有某种程度的不确定性，因为任何预测都只是对某种可能性所作的预测，而这种可能性受制于许多复杂多变的因素，而且也受制于预测的方法和预测者的素质。同时，预测的目的在于根据预测提供的信息，采取必要的措施，来防止预测的那种后果的出现；或者促进符合人的期待的结果的出现。这样，犯罪预测在实践中常有预测值与实际值不相吻合的情况。这就要求我们不应因为实践中常出现这种情况而怀疑犯罪预测的科学性；同时，我们在评估犯罪预测的科学性时，也不应单纯以预测值与实际值的吻合程度来判断，还要看这种预测值是否揭示了犯罪活动的规律，对于打击、预防和减少犯罪是否起到了应有的作用。

为了促进犯罪预测的科学性，需要以科学的理论依据为依托，并采取科学的方法。前者要求我们在辩证唯物主义理论指导下进行预测，后者要求我们采取适合预测客体，同时已为实践所证明的科学的方法。为提高预测的信度，可以针对预测项目的特点，采取多

种学科参加的多种方法综合进行。

犯罪预测是 1928 年由美国的伯吉斯首先尝试进行的。1950 年，美国格卢克夫妇开始运用心理学方法发展了犯罪预测。1960 年，联合国预防犯罪会议正式提出对犯罪要进行预测。近年来，我国一些学者已开始了对犯罪预测的理论和应用方面的研究，并取得了一些成果。可以预见，随着犯罪心理学等学科的发展，犯罪预测的技术和方法也会得到进一步提高及完善。

2. 犯罪预测的种类

犯罪预测按照不同的需要，可以划分不同的种类（如图 18-1 所示）。

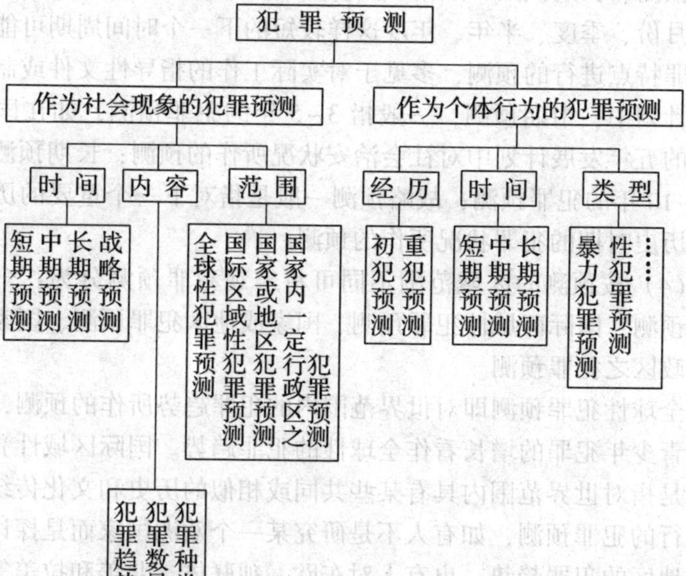

图 18-1 犯罪预测的种类

（1）根据预测的对象划分，可以把犯罪预测划分为作为社会现象的犯罪预测和作为个体行为的犯罪预测。

（2）按预测个体的经历划分，可以将犯罪心理预测分为初犯预测和重犯预测。初犯预测即对尚无犯罪行为的个人，对其发生犯罪行为的可能性进行的预测，初犯预测的对象多是未成年人。重犯预测，是对已有犯罪行为的人，在给予一定处罚后，对其未来重新犯罪的可能性所作的预测。在犯罪人释放前进行重犯预测，使有潜在重新犯罪可能的人在释放后仍能得到必要的管理教育，有利于避免其走上重新犯罪的道路。

（3）按预测时间的长短，可将宏观的犯罪预测分为短期预测、中期预测、长期预测和战略预测。短期预测，是指时间较短，一般是对月份、季度、半年、年度这样较短的下一个时间周期可能出现的犯罪特点进行的预测，多见于对实际工作的指导性文件或制订的工作计划中；中期预测，一般指3~5年的犯罪预测，如在国家或地方的五年发展计划中对社会治安状况所作的预测；长期预测，是指5~10年的犯罪预测；战略预测一般是指对下一个重要的历史阶段或历史时期的犯罪状况所作的预测。

（4）按预测的区域范围不同可将宏观犯罪预测分为：全球性犯罪预测、国际区域性犯罪预测、国家或地区犯罪预测、国家内一定行政区之犯罪预测。

全球性犯罪预测即对世界范围内的犯罪趋势所作的预测，如有人将青少年犯罪的增长看作全球性的犯罪趋势。国际区域性犯罪预测，是指对世界范围内具有某些共同或相似的历史和文化传统的区域进行的犯罪预测，如有人不是研究某一个欧洲国家而是探讨整个西欧地区的犯罪趋势，也有人对东欧、独联体、北美和拉美等地区的犯罪趋势作综合研究，因为这些地区具有相同或相似的历史渊源和文化传统，这些地区内不同国度的人民具有相近的生活方式和风俗习惯，因此对这些地区的犯罪趋势作综合研究是可能的。国家或地区犯罪预测，是指以国家或地区为单位进行的犯罪预测。国家内一定行政区之犯罪预测，是指对一国内具有相同特点的地区进行的犯罪预测，如我国有的学者对我国沿海地区的犯罪趋势进行预测研究，有的则对内陆省份的犯罪趋势进行预测研究；有人对城市的犯罪趋势进行预测研究，有人则对农村的犯罪趋势作预测研究。

(5) 按照犯罪的种类范围不同，可以将犯罪预测分为综合预测、分类预测和单项预测。

综合预测，是指对整体犯罪现象，而不是对某一类或某一种犯罪进行预测；分类预测，是指对犯罪现象分别不同类型进行的预测研究；单项预测，是指对某一种罪名的犯罪进行的预测。

(6) 按照预测的内容不同，可以将犯罪预测分为对犯罪趋势走向预测、对犯罪数量增减预测和对犯罪种类变化预测。

(二) 犯罪心理预测

犯罪心理预测，是指对个体犯罪心理形成发展的可能性所作的预测，包括初犯预测和重犯预测。

一般说来，犯罪心理预测与犯罪行为预测是一致的，有可能形成犯罪心理的人，也有可能出现犯罪行为。但是从理论上说，犯罪心理与犯罪行为的产生并不是同步的，犯罪行为的出现除了具有已形成犯罪心理这一基础要件外，还须具备情境条件。因而，犯罪心理预测与犯罪行为预测也是有区别的，一个人出现犯罪行为的概率与形成犯罪心理的概率并不是等值的。

犯罪心理的形成是多种因素相互作用的结果。在主体犯罪心理形成过程中，大量的社会文化、政治经济因素，个体所受家庭、学校的教育和工作、交往、环境，以及个体心理发展水平和社会化程度，都产生了程度不同的作用，而这些因素与犯罪心理形成的相关性是因人而异的，而且犯罪心理虽然会有种种表现，但毕竟是一种心理状态，犯罪人总是要千方百计加以掩盖的。因此，要想准确地进行犯罪心理预测，其困难是显而易见的。

但是，任何事物都有其自身的发展变化的规律，这是辩证唯物主义的基本观点之一。犯罪心理的形成、发展和变化也有其规律可循，这一规律可以为人们所认识。所以，我们可以通过已知的规律性认识、了解未知的情况。当然，由于犯罪心理学理论和整体水平的局限性，对犯罪心理规律和犯罪行为机制的揭示，还处于较为落后的阶段，因而犯罪心理预测的准确性、可靠性还不是很高，但并不能就此否认犯罪心理预测的可能性，只能激励我们更进一步探索犯罪心理的规律，以更好地进行犯罪心理的预测和预防。

（三）犯罪预测和犯罪心理预测的关系

犯罪预测和犯罪心理预测，可以看作种属关系。犯罪心理预测是犯罪预测的一种。犯罪心理预测虽然是对个体犯罪心理形成的可能性所作的预测，但是，由于个体犯罪心理的形成受制于许许多多社会因素的发展变化，它从另一个侧面也反映了社会现实的发展变化，而且宏观的犯罪现象、类型、群体无非是许许多多的个体所组成。所以，犯罪心理预测在一定程度上有助于说明宏观的犯罪趋势。

二、犯罪心理预测的依据

犯罪心理预测的依据包括两个方面，一是理论依据，二是事实依据。理论依据是犯罪心理预测的理论指导和必须遵循的原则；事实依据是在进行犯罪心理预测的具体操作时需获得的基本事实。

（一）理论依据

1. 辩证唯物主义关于事物发展规律的观点

辩证唯物主义认为，事物是运动的，事物的运动是有规律的，事物运动的规律是可知的。由可知的事物运动的规律，我们可以预测未知的世界。这一观点是我们进行犯罪心理预测的基本的理论依据和哲学基础。

2. 犯罪心理形成发展变化的原因和规律

犯罪心理学的基本理论告诉我们，犯罪心理的形成既有一定原因，又有一定规律。一个人犯罪心理的形成反映了个体社会关系失调和心理平衡的破坏，而且这种失调和破坏体现了个体心理发展过程中质的变化。这种变化是需要一个量变过程的，这种量变过程是伴随主体内外因素相互作用的过程而发生的。在这一过程中，具有同样生活经历、心理品质和个体特征的人，受到外界不良影响越多、越严重，形成犯罪心理的可能性就越大；而在同样社会背景中的人，本身具有的不良因素越多、越严重，形成犯罪心理的可能性就越大。因此，我们可通过一个人所处的社会环境及其心理品质，特别是现在所处的与将来所处的微观社会环境的变化、个性特征及其内外因素相互影响的过程和程度，对个体犯罪心理形成的可能性进行预测。

（二）事实依据

理论依据只是说明犯罪心理预测可能性的理论原则，在犯罪心理预测的具体操作中，还需要了解预测对象的生活史、现状及所处环境等信息资料。

进行犯罪心理预测，一般需要调查、了解以下三方面信息资料：

1. 环境信息

主要是指预测对象所处的具体的社会环境，特别是其家庭和交往环境。

2. 个体信息

也就是预测对象自身信息，包括：个体心理发展水平和社会化程度，个体个性特征、个体情意心理特征和精神状态，个体在物质和精神追求方面的表现，个体对待学习、工作和劳动的态度，个体性欲望、性观念和性活动方面的表现以及个体生活史。

3. 个体与环境的相容性信息

即表现个体对环境的适应性和环境对个体的相容性，以及人际关系等方面，能够说明个体与其所处环境相互关系的信息。

三、犯罪心理征兆

（一）犯罪心理征兆的概念

犯罪心理征兆是在犯罪心理形成过程中出现的，被作为犯罪心理预测依据的反常行为的表现和征象。

一个人在形成犯罪心理过程中，往往会有一些反常的心理活动和行为表现。这些反常在不同的人身上表现不尽相同。比如，在初犯犯罪心理的形成和重犯犯罪心理的形成过程中，其反常表现和征兆在数量特征、深度特征和表现形式等方面会有一些差异，即便同是初犯，但由于年龄不同、阅历不同和个性差异，犯罪心理形成的征兆也会有所不同。

研究犯前征兆的依据在于人的心理活动的社会性和外显性，也就是说，人的心理活动是在社会活动中产生的，人的心理活动的内容与其从事的社会实践活动和所接受的社会影响密切相关。人在产生某种心理活动后，也必然会从其外部行为活动中表现出来，当然，这种外显行为，既可能是显性的，如积极的实践活动；也可能是隐性的，如消极的防御反应和本能的表情变化。同样，在犯罪心理形成过程中必然出现的需要异常、紧张焦虑、动机冲突和人格改变都会在外部有相应表现，这种外部表现从个体的一贯行为链条来看，具有反常性；从社会规范、社会主流文化的角度来看，也具有反常性。这种带有反常性的个体在行为方式、人格特征等方面的变化，我们称为犯前征兆。

鉴于目前预测方法的局限性，鉴于人特别是青少年具有接受暗示和自我暗示的一般心理规律，如果轻率地将某个人预测为可能犯罪的人，则这种预测结果可能不仅不会避免预测结果的发生，甚至有可能促进预测结果的发生。因此，根据某个孤立的征兆就对某人作出可能犯罪的预测是不严肃的；而应将其各种孤立的征兆联系起来，考察这些征兆的内在联系及这些征兆与其心理结构之间的关联性。犯罪心理预测特别是根据犯罪心理征兆进行预测时，应只限于研究人员和预防、改造罪犯的职能部门进行，预测的资料和结果应保密，以避免对被预测的人产生消极影响。

（二）初犯征兆

鉴于青少年初犯与中老年初犯在心理发展水平和社会阅历方面存在差异，因而其犯前征兆也有所不同，这里仅就青少年初犯的征兆作一概括。

第一，在人际关系方面，疏远要求上进、作风正派的人和事，厌烦领导、家长、老师的教育帮助，对这种教育帮助有较强的逆反心理，与品质不良的人交往增多；

第二，在物质追求方面，过分追求物质享受，这种追求又往往超出其实际支付能力；

第三，在兴趣爱好方面，对庸俗不堪的事物产生浓厚兴趣，甚至竭力模仿追逐，对某些社会亚文化现象津津乐道，甚至羡慕模仿，如文身、通奸、性放纵、吸毒、亚群体、拜把子，以及过分关注描写犯罪手段的传媒和文艺作品；

第四，在精神状态方面，由于内心时常处于烦躁、压抑、挫折感或冲突状态，因而在精神状态方面往往有一些怪异表现，有时萎靡不振、有时又莫名兴奋，言语行为与环境和周围其他人不协调，对有关犯罪的话题过分警觉；

第五，在道德品质方面，开始有一些越轨的表现，如撒谎、欺骗、小偷小摸、漠视纪律和规则；

第六，在性心理方面，对有关性的信息、传媒和描写性行为的淫秽书刊和影像制品过分好奇，喜欢追逐异性，有时进行言语挑逗和性骚扰。

(三) 重犯征兆

一些犯罪人虽经劳动改造或劳动教养，但并没有使其世界观、人生观和犯罪心理结构得到彻底改造，即便得到了改造，在他们走向社会后，比起一般人而言，也仍然是重新形成犯罪心理的高发人群。因此，研究重犯征兆，可以帮助我们有针对性地开展工作，防止重新犯罪心理的最终形成。

从一些学者对重新犯罪原因的调查来看，重犯概率较大的人往往有下列一些征兆和表现：对自己犯罪原因无正确认识；对自己的被处罚归罪于证人、受害人；执著地认为自己受到冤枉，但对现行司法体制又缺乏信任感；“狱内损失狱外补”的思想意识强烈；对哥们儿义气留恋与向往；自暴自弃，对回归社会后的境遇毫无信心或有不切实际的幻想；对入狱前的腐朽生活心存留恋，过去养成的恶习未得到彻底改造；在关押期间，又学到了新的犯罪经验，增强了再次作案，逃避惩罚的信心；等等。

四、犯罪心理预测的步骤和方法

犯罪心理预测的步骤一般包括：确定预测对象、搜集预测资料(犯前征兆)、处理预测资料和预测结论。预测资料的搜集和处理都需要一定的方法。

(一) 搜集预测资料

犯罪心理预测所需的资料，一般通过调查、观察、活动产品分析、谈心和心理测验等方法获取。

1. 观察法

通过对预测对象的观察，目的在于获取预测对象在心理活动、个性特征、行为方法、人际关系和个人追求等方面的信息资料。当然，对于不同的预测对象，观察的侧重点应有所不同。

观察法在实施之前，预测者要进行充分准备，制订好观察计划，做好观察记录。观察时不仅要注意其外部表现，还要透过现象深入探知其内在的心理活动和思想状况、精神状态，以进行深刻细致的分析。

观察法的实施，应在自然状态下进行，要使自己的意图不被观察者所察觉，否则会影响观察所获资料的真实可靠性。

2. 调查法

调查法的有效使用，可以间接获取预测对象的有关资料，因而可以弥补直接观察难以获取观察视线之外和之前的活动这一缺憾。

通过调查访问，可以获得预测对象的生活史，在家庭和学校受教育状况、人际交往、兴趣爱好、个体品德、法纪观念、行为方式与行为习惯等内容。

调查访问法主要包括谈话、活动产品分析和问卷等方式、方法。

谈话法，包括与预测对象直接交谈和与知情者交谈两种方式。在与预测对象直接交谈时，为保障其言语的真实可靠性，应尽量使其心理稳定，解除顾虑、缓和气氛。这里所谓真实可靠性，不是指谈话的内容，而是指交谈者的言语与心理活动、思想状态的高度统一。在交谈中应注意谈话艺术，还应注意察言观色，并从中探知其心理活动。与知情者交谈，是指与熟悉、了解预测对象的人，如亲属、近邻、好友、老师、领导、同事、同学和战友等进行交谈。通过与知情者交谈可以印证从其他方面得到的信息资料，也可以获取一些新的信息，这些信息对犯罪心理预测同样是必要的和重要的。

活动产品分析，是通过对预测对象的活动产品进行分析，以获取有关信息资料。这里的活动产品包括学习作业、笔记、日记、书信、文章、著述和劳动产品等。这些活动的产品通常遗留有个体的心理痕迹，在一定程度上可以反映作者的心理变化过程，如一个人的书信、文章著述，特别是日记，都可以在某种程度上反映其对一些问题的认识、情感和意志表现、态度、追求和动机，因而这些材料对于犯罪心理预测是极其重要的。对活动产品的分析，则要以发展变化的而非静止的、以全面的而非片面的观点，进行分析考察，才能全面了解对方的心理和内在的心理状态。

问卷法，即采用书面形式提出一系列问题让预测对象作出简要回答，以获取预测资料。问卷的设计要含蓄、明确、简练，以获取对方真实的心理感受为目的，而且分析问卷答案时应结合通过其他方法获取的材料综合进行。

3. 心理测验法

运用心理测验法可以获知预测对象在个性特征方面的信息，如智力高低、性格倾向、气质类型等，其关键是编制量表，尽量增加量表的信度，但心理测验获得的资料通常只是作为参考使用。

（二）处理预测资料

通过上述方法获取的大量资料，往往并不能说明一个人犯罪可能性的大小，要进行准确的犯罪心理预测，还要采取一定方法对这些资料进行分析处理。分析处理主要有以下两种方法：

1. 定性分析法

定性分析法是根据犯罪心理形成原因和规律的理论，对通过上述方法获取的大量资料进行全面系统的分析，从而推测一个人犯罪心理形成和犯罪行为发生的可能性。

定性分析法的基本要求是全面性和系统性。所谓全面性，就是对进行预测所需要的材料和事实的掌握要全面，切忌以偏概全，不能仅凭一两个孤立的事件、信息、征兆，就作出某人可能犯罪的预测。在预测时，只盯住预测对象在某方面和某一情境中的不良表现，而忽略其他方面的材料，这种基于片面的分析所得出的预测结论是不可能准确的。所谓系统性，就是说要把我们所获取的信息资料放在一个系统中来看待，要充分注意发掘和重视各种材料之间的内在联系、相互作用和发展变化，既要注意这些材料对个体发生影响的特点，也要注意不同材料对个体重要性的差异，同时要把预测对象放在社会系统中进行考察。要充分注意分析预测对象与其他个体在社会适应性方面的差异和原因，注意分析各种因素在个体身上的发展变化和原因。只有全面系统地以联系、发展、矛盾的观点对所获资料进行分析，才能使结论更为准确。

2. 定量分析法

定量分析法，是在具体研究的基础上，对通过各种方法获取的有关信息资料，按其与犯罪心理的相关性的大小，分别打成分数，如"人际关系失调"打成某个分数，"家庭教育不良"打成某个分数，再将此总分数与经过一般规律性研究得出的结论相对照，看此总分数属于哪个档次，则可以确定其犯罪的概率有多大。

例如，根据一般研究，得分在26~30分的，其犯罪概率是85%，而某个预测对象各因素所打分数之和是27分，则可以说这个人犯罪概率在85%左右。

定量分析法在国外有较多的研究，在我国则还在探索阶段。应该说通过定量分析进行犯罪心理预测，可使结果更为明了，但由于犯罪心理的特殊性，应当深化有关技术的研究，以减少人们对这种预测结论的科学性的疑问。

第二节　犯罪心理预防

犯罪心理预防是犯罪心理学的最终目的和归宿，研究犯罪心理的预防，不仅有其理论意义，而且有实践指导和应用价值。

一、犯罪心理预防的概念

犯罪心理预防，是指通过采取适当预防措施，给其心理施加某种影响，以防止个体形成犯罪心理。犯罪心理预防包括两个层次，一是对某些可能犯罪的人，在准确预测的基础上，对那些与犯罪心理形成相关的因素加以控制和排除，预防其形成犯罪心理；二是对已形成犯罪心理的人，采取必要措施，破除和矫正其犯罪心理，培养其良好的社会适应性，以达到预防其重新犯罪的目的。

犯罪心理预防与犯罪社会预防不同，表现在：第一，犯罪社会预防是着眼于社会犯罪现象的总体发展变化，采取宏观的、战略的、整体的预防措施，如开展社会治安综合治理，调整刑事政策，加强安全保卫制度建设等，以减少和预防社会犯罪，遏制其发展趋势。犯罪心理预防则是以个体为预防对象，采取的多是微观的、有针对性的、对个体犯罪心理具有预防和矫正作用的措施，如开展帮教活动、进行教育感化等。第二，犯罪社会预防着重采取的是行政的、法律的、经济的社会性政策、制度、措施，以对社会犯罪现象作宏观控制；犯罪心理预防着重采取物质的、精神的、具体的措施，尤其较多地采用感化、疏导、暗示和转移等心理学方法，来预防个体形成犯罪心理。

二、犯罪心理预防的理论依据

犯罪心理预防与犯罪心理预测系出于同样的理论依据。

（一）辩证唯物主义的决定论和认识论

辩证唯物主义认为，意识是人脑的机能，亦是物质的产物和反映：物质是运动的，物质的运动是有规律的，物质运动的规律是可以认识的；辩证唯物主义还认为，任何事物都是发展变化的，事物变化是有原因的。因果关系是客观的普遍的存在，原因是导致结果发生的现象，结果是被原因所引起的，原因和结果既有时间上的先后性，又有一种内在的、本质的、必然的联系，一定的原因必然导致一定的结果，没有作为原因的事件，就不会有任何结果发生。因此，根据事物发展的规律，只要消除了某种结果得以出现的原因，那么这种结果就不会发生。同样，犯罪心理的形成也是有原因的，只要我们消除、改善了导致犯罪心理形成的土壤和环境，就能预防犯罪心理的形成，也就可以达到犯罪心理预防的目的。

（二）犯罪心理形成的原因和规律

犯罪心理学的研究揭示了犯罪行为是受犯罪心理支配下的行为，而犯罪心理不是先天就有的，而是后天通过模仿、学习、强化、环境熏陶和教化等有意识的、无意识的心理选择与在心理发展过程中形成的。在这一过程中，个体生活环境和大量社会文化因素，对犯罪心理的形成发展起到了重要作用，而且犯罪心理形成后，还需要在适宜的情境中才能转化为犯罪行为。因此，我们可以通过改善个体生活的环境、消除诱发犯罪的因素、减少犯罪的机遇，采取必要措施对个体心理发展施以积极的影响，提高个体心理发展的水平，增强个体心理适应力，来达到犯罪心理预防的目的。

三、犯罪心理预防的一般原则

有学者指出，犯罪心理预防工作，“要加强对个体社会化过程的监督，使其养成良好品德和文化修养，以增强自身心理‘免疫’力”。[①] 为此，需要遵循以下两个基本原则：

（一）早期预防原则

在个体未成年阶段和社会化过程当中，就应当进行全面的社会

① 罗大华主编：《犯罪心理学》，中国政法大学出版社 1997 年版，第 424 页。

教育，重点是社会行为规范的教育、健康心理结构的教育、自立能力和良好行为习惯的教育，这几个方面对于一个人良好的社会适应性和自立能力的养成是必不可少的，也是犯罪心理预防最基础的工程。

1. 社会行为规范的教育

社会的稳定有序，依靠大量成文和不成文的规则加以规范。传统的中国社会是一个重视秩序、重视规则的社会。在浩繁的中国文化中，表现为风俗习惯、伦理道德等形式的各种规范，其内容极为丰富。在确立社会主义市场经济体制的过程中，为保障社会竞争和其他社会活动的有序性，又以政策、法规的形式确立了大量的规则，在对青少年的早期教育中，必须将这些规则作为教育内容的重点，使之成为青少年的精神支柱，成为是否完成社会化的一个重要标志。

从我国的社会规范的内容，及其对个人的约束力和强制力来看，可包括三个层次，即社会风俗习惯、道德规范和法律规范。社会风俗习惯是人们在长期的社会生活中形成的约定俗成的行为模式，它更多地体现着人情世故，学习了解社会风俗习惯是个体参加社会生活并被社会所接受的基本条件。一个人不了解、不遵循社会风俗习惯就很难与社会相容，因而也就难以适应社会生活，从而产生挫折、冲突与焦虑，甚至与环境发生对抗。

道德规范是在长期社会生活中形成的评价人们行为的善恶、美丑、荣辱的社会行为规范。道德规范常常是不成文的；其形成大多是靠社会意识和舆论的作用。道德规范包括一般伦理规范和职业道德规范两种。一般伦理规范的内容大多是用来调整社会行为、人际关系，特别是长幼尊卑等伦理秩序的行为准则。职业道德规范是人们的职业行为的道德准则，不管一个人做什么，承担什么社会角色，都要接受一定道德规范的约束。一个人的行为是否符合道德规范的要求，决定了他的行为是否会受到承认，不符合道德规范的行为会得到否定的评价，受到舆论的谴责。犯罪心理学研究表明，犯罪心理的形成大多与较低的道德素质有关；而具有较高层次道德修养的人，其良好的道德品质是避免形成反社会的心理意识的坚固堤坝，因此，必须重视道德规范的学习和养成。

法律规范是反映统治阶级意志的，由国家机关制定或认可的，由国家强制力保障实施的行为规范，法律规范通常以制定的成文形式出现，且具有强制性，如果违犯了法律规范就要承担法律责任。比较之下，社会规范体系的三个层次，法律规范更有系统性、规范性和强制性。作为现代社会的成员必须具备一定的法律素质，不仅要掌握一定的法律知识，而且还要善于用法律的标准判断是非善恶，还要形成对法的信念和法律价值观。

2. 健康心理结构的教育

一个人是否具有健康的心理结构，在很大程度上决定其社会适应性的好坏；一个人能否养成健康的心理结构，关键是早期教育。在培养青少年健康心理结构的早期教育中，家庭和学校负有不可替代的责任。作为家庭和学校，对未成年人的智力教育问题，大都有明确的责任感，而对于健康心理结构的培养，不管是对其重要性的认识，还是对培养途径和方法的认识，都显得不足。实际上，一个人如果没有健康的心理结构，即便在其他方面是一个天才，他也无法与别人合作，也不能与环境相容。因此，培养健康的心理结构应当是早期教育的重要内容。

健康的心理结构是防止犯罪心理形成的心理堤坝，是一个人有效自律的心理基础。健康的心理结构是指：（1）亲社会的认知结构，即与社会主流文化、社会规范要求相一致的认识体系，包括正确的人生观、价值观，较强的法律意识、集体主义观念、劳动观念、道德意识和爱国主义思想等。（2）正确的自我意识，包括较强的自我认识能力、较强的自我监督控制能力，同时有符合实际的恰当的自我期望，加强自我修养的主动意识，恰当的自尊和荣誉感。（3）积极的情感活动，特别是社会情感，包括高尚的爱国情操、集体主义情感、幽默感、美感、责任感和义务感，同时要善于调整、克服消极的情绪反应和情感活动，如孤独感、自卑感、失落感等。(4) 较强的挫折耐受力和正确处理挫折情境的能力，较好的社会适应力和较强的心理调适能力。(5) 优秀的个性心理品质，主要是良好的个性倾向性和良好的性格特征，包括善于调节个人的需要层次、正确的人生动机和健康的兴趣爱好，在性格特征方面，要有正确的社会态度、稳定的情绪反应性和坚强的意志等。

(二) 防微杜渐原则

也就是为了预防犯罪心理的形成，从微小的过失开始就要做工作，不能因为是微小的过失就加以放任。这一原则是符合哲学中"量变—质变"原理的，如果在量变的一开始不加注意，到将要发生质变时，所谓预防将很难奏效。防微杜渐原则主要有两层意思，一是个体要时刻自省，不要去做哪怕很微小的损人利己之事，这就要求社会中的每个人要有防止犯罪心理形成的自觉性；二是家庭、学校、社会对自己的教育对象、管理对象要加强教育引导，使他们养成遵纪守法的自觉性。但是，这里还需要注意一个问题，即不能因为要防微杜渐，就神经过敏，草木皆兵，对青少年当中出现的某些孤立的不良行为过分紧张，乱贴标签，如果这样则很可能会适得其反。因此，既要防微杜渐，又要注意工作艺术性和策略性，应当把二者很好地结合起来，不能顾此失彼。

(三) 综合效应原则

犯罪心理预防是一个系统工程，不可能通过某一方面的工作就能取得预期成效，而应将各个方面的工作结合起来，使之生成合力，产生综合效应，这样才能确实预防犯罪心理的形成。综合效应的实现，需要将改善环境、消除诱因与改善个人心理品质、增强个人修养结合起来；将完善社会规范与个人掌握规范，养成规范意识结合起来；将自律机制与他律机制的构建结合起来。

四、犯罪心理预防的类型

（一）犯罪预防与受害预防

犯罪预防是通过采取一定措施，防止某些个体成为犯罪人。受害预防则是指防止某些个体成为犯罪侵害的对象。前者是犯罪心理预防的重点和主体，后者是犯罪心理预防的重要补充。在一些犯罪中，受害者也负有一定责任，是他们的某些行为，刺激、诱发、激化了犯罪人的作案动机，而另外一些人，由于他们处于不利的地位而易成为犯罪人侵害的对象。因此，通过确定易受害人群，帮助他们提高防范的意识和能力，做到自尊、自爱、自重、自强，避免有意、无意中为犯罪者提供方便条件和诱因刺激，也可以较好地达到预防犯罪的目的。

（二）空间预防和时间预防

空间预防，是指通过改善或消除个体生活环境中滋生或诱发犯罪心理的因素，以达到犯罪心理预防的目的，如控制流动人口密度，改善社区居住环境，消除治安控制死角等。时间预防，是指两个方面，一是科学地利用个体（特别是青少年）的时间和精力，引导他们从事健康、有益的活动，以避免其形成犯罪心理；二是加强犯罪多发时间的防范。

（三）一般预防与特殊预防

一般预防，是指通过搞好精神文明建设，改善社会风气，发展经济，提高生活水平等宏观措施，提高一般群众的预防意识。特殊预防，是指通过对特殊对象采取针对性措施，来预防其形成犯罪心理，迫使犯罪人增强自我控制能力。一般预防与特殊预防不是对立的，特殊预防措施也具有一般预防作用，如对犯罪人的处罚，对其他有犯罪倾向的人具有巨大的威慑作用，对人民群众也能产生教育和参照作用。

（四）免疫性预防与矫治性预防

免疫性预防，是指针对犯罪心理形成原因中各种主客观因素对个体犯罪心理形成的影响的特点和规律，加强家庭、学校和社会三道防线在预防犯罪中的协同作用，加强思想品德教育和法制教育，以提高个体对外界犯罪诱因的免疫力。矫治性预防是对已形成犯罪心理的人，采取必要的措施，改善其心理环境，矫正其心理缺陷，以促成犯罪心理的良性转化，避免其再次走上犯罪道路。矫治性预防主要依靠专门机关的改造、教育和引导，也包括帮教工作的努力。

（五）社会预防、情境预防和个体预防

社会预防，是指通过改善社会环境，加强家庭、学校和单位的管理教育等社会学方法，防止个体形成犯罪心理；情境预防是通过加强对与犯罪行为高度相关的情境因素的控制，预防个体犯罪，如减少犯罪诱因、强化安全防范、加强警戒巡逻、加强社区相互守望互助、加强危险地段和时段的警示以及改造城市死角等措施，可以较好地起到犯罪预防的效果，情境预防还可以通过增强潜在受害人的警惕性达到犯罪预防的效果；个体预防，是指通过对个体施加影响，使个体形成健康的心理结构，正确的价值准则、道德取向，从而预防个体形成犯罪心理。

五、犯罪心理预防的途径和方法

（一）加强对犯罪高发人群的管理、引导和教育，主要是对青少年和有过违法犯罪经历的人加强工作，防止其形成和再次形成犯罪心理

防止犯罪心理的形成，首先要防止个体形成反社会意识，即与社会主流文化、社会规范相冲突的思想意识，如封建行帮思想、不劳而获思想、极端个人主义和拜金主义等思想意识。因为这些思想意识是一个人形成犯罪心理的思想基础，所以应当防止产生和发展。这里应当强调：第一，要恰如其分地宣传社会主义法制，宣传先进人物事迹，宣传党和政府的方针政策；第二，要坚决揭露和打击给国家、社会抹黑的种种丑恶现象，使人们正确认识社会中存在的弊病和丑恶，避免个体因此对整个社会产生消极、错误甚至敌对的思想认识。不仅要防止个体形成反社会意识，还要努力培养个体

的亲社会意识，包括正确的人生观、世界观、价值观、法律意识、集体主义观念、劳动观念、爱国主义思想和健康的道德心理结构。这就要求社会、学校和家庭要互相配合，在教育方式和内容上取长补短，使青少年健康成长。

对于犯罪心理已形成的人，要防止其恶性发展，努力矫正其心理发展的方向，方法就是经过分析，找到对其行动起引导作用的需要的类型，针对不同的特点提高其需要层次，使其以个人的低层次的需要服从社会的需要，还要注意分析犯罪的思想基础和个性基础，然后对症下药，改变其错误认识，重塑其性格结构。

（二）加强对易受害人群的教育引导，提高他们的防范意识和能力

一般来说，青少年女性、老年人、少年儿童、残疾人、智力缺陷者、差旅人员，容易成为犯罪侵害的目标。他们之所以成为易受害人群，是因为他们在所处环境中是处于弱者或不利的地位，因而容易成为犯罪人满足其卑劣欲望的对象。这些人应当增强防范意识，并应培养必要的防卫能力，如尽量不单独出行，在与陌生人、可疑人员打交道时提高警觉，持巨款的外出人员应避免财物露白，避免进入（特别在犯罪高发时间）犯罪高发点，监护人要对缺乏自理和自控能力的被监护人加强监护，等等。

另外一些人，由于自身的过失，也容易成为犯罪侵害的对象，如炫耀财富者、卖弄色相者、喜贪占小便宜者、性情冲动者以及性情懦弱者、爱惹是生非者等，这些人则应提高自身修养，自尊、自重、自爱、自强。这不仅是提高个人素质的要求，而且是减少受害概率的客观要求。

（三）改善社会风气，消除犯罪诱因

个体犯罪心理的形成，社会环境的影响不容忽视。社会中存在的享乐主义、拜金主义和极端个人主义思想，无时不在腐蚀着青少年的心灵，严重妨碍青少年身心的健康成长。不少人正是在这些思潮影响下，形成了犯罪心理，走上了犯罪道路，因此要搞好犯罪心

理预防，就必须改善社会风气，消除犯罪诱因，净化社会环境。为此，必须旗帜鲜明地加强社会主义精神文明建设和社会主义法制建设；加强党风建设和廉政建设，清除腐败分子；消除寄生现象，反对享乐主义，鼓励诚实劳动和适度消费；净化文化传播媒介，严格掌握文艺节目中暴力、色情画面和情节的尺度，坚决消除毒品、淫秽物品与封建迷信等腐蚀人们精神和灵魂的垃圾；采取措施鼓励与犯罪作斗争，大兴见义勇为之风，让犯罪现象、丑恶现象成为过街“老鼠”，人人逐之。

（四）加强社会控制，减少犯罪机遇

犯罪心理形成后，只有与适宜的机遇条件发生联系后，才会转化为犯罪行为，所以，通过加强社会控制，减少犯罪机遇，可以达到预防和减少犯罪的目的。所谓加强控制，减少机遇，包括加强公共复杂场所和社会面的治安控制，对特种行业的管理控制，对嫌疑人及流窜犯罪的控制，加强治安巡逻，加强技术性防范措施，如防盗装置、安全检查、公共场所的监控等，这些控制措施的采取，有利于减少犯罪机遇，从而有助于预防犯罪。

第三节　犯罪心理矫正

一、犯罪心理矫正概述

所谓犯罪心理矫正，即采取适当的方法和措施，矫正犯罪心理，使犯罪人改恶从善。

犯罪心理矫正不仅仅是劳动改造机关的任务，也是社会的任务，家庭、学校、单位和公安司法机关都应视犯罪心理矫正为己任，互相配合，以求达到最佳效果。

犯罪心理矫正一般是指两个层次，一是处遇制度；二是技术方法。处遇（处理待遇）制度本身的实施，如对犯罪人的关押、科刑、劳动改造等制度的实施，对犯罪人犯罪心理就具有某种影响和矫正作用，而为提高犯罪心理矫正的效果，亦需要一定的技术方法。

需要指出，虽然在本章中重点讨论监所中的犯罪心理矫正问题，但实际上，在侦查讯问阶段和起诉审判阶段，也存在犯罪心理矫正问题。当然，这时的犯罪心理矫正主要不是通过专业技术方法进行，而是通过严格的依法办事，伴随于讯问或调查过程中的。讯问人员对法律的信念，严密的程序，确实、充分的证据，对犯罪心理是有矫正作用的。

二、犯罪人的处遇制度及其心理效应

我国对犯罪人的处遇制度主要包括以下几方面：

（一）对犯罪人的劳动改造制度

按照我国法律的规定，对依法被判处有期徒刑、无期徒刑和死刑缓期两年执行的犯罪人，凡有劳动能力的，在执行刑期过程中，都要对他们实施严密警戒，强制劳动，教育改造，以使之成为对社会有用的人。

（二）社区矫正制度

社区矫正是与监禁矫正相对的刑罚执行方式，是指将符合社区矫正条件的罪犯置于社区内，由专门的国家机关在相关社会团体和民间组织以及社会志愿者的协助下，在判决、裁定和决定确定的期限内，矫正其犯罪心理和行为恶习，并促进其顺利回归社会的非监禁刑罚执行活动。社区矫正作为刑罚执行社会化的一种方式，一方面使服刑人员得到有效监管，使人们改变对服刑人员的“标签”式看法，让社会变得更加公正、和谐；另一方面，社区矫正通过弱化监狱的封闭性、放宽罪犯自由度、增加罪犯与社会的联系，促使罪犯掌握生活技能与相关社会知识、塑造罪犯符合社会正常生活的信念和人格，最终促成罪犯回归社会，摆脱“标签”对罪犯的影响，使其能够更快、更好地融入社会，达到矫正其犯罪心理、预防其再次犯罪的目的。可见，社区矫正不仅体现了对人的尊严的尊重，更重要的是满足了罪犯再社会化和实现自我发展的需求，从社会化的角度矫正其犯罪心理。

(三) 缓刑

按照我国刑法规定，缓刑是人民法院对于被判处拘役、三年以下有期徒刑的犯罪人根据其情节和悔罪表现，认为不执行原判刑罚，不致再危害社会的，规定一个考验期限，在此期限内被判刑的犯罪人如果没有再犯新罪，原判刑罚就不再执行的一种制度。对于那种危害并不很严重，犯罪心理尚未定型的犯罪人而言，实施缓刑，往往比执行刑罚更有利于矫正其犯罪心理。

(四) 减刑和假释制度

减刑实际上是刑罚执行的一种制度，也是我国刑事立法所独创的一种制度。根据我国刑法规定，所谓减刑，是对被判处管制、拘役、有期徒刑和无期徒刑的犯罪人，在刑罚执行期间确有悔改或立功表现，而将原判处的刑罚予以减轻的制度。

假释也是刑罚执行过程中的一种制度，它是指被判处有期徒刑或无期徒刑的犯罪人，在执行一定刑期以后，确有悔改表现，不致再危害社会，将其附条件提前释放的制度。

减刑或假释的适用，都需要一定条件，而悔改表现则是必要条件之一，因而减刑和假释制度对于促使犯罪人改恶从善，主动改造自己，适应社会规范，是有帮助的，当然也就会促进犯罪心理的矫正。

三、犯罪心理矫正的方法

犯罪心理矫正虽然在我国有关犯罪心理学著述中，是一个出现频率较低的概念，但并不等于我国没有犯罪心理矫正，相反，我国有关部门长期以来积累了一套适合我国特点的、行之有效的犯罪心理矫正的方法。从我国重新犯罪率较低的情况看，我国改造教育机关实施的犯罪心理矫正的做法和经验是成功的。在我国改造教育犯罪人的实践中，常见方法有以下几种：

(一) 感化教育

感化是感化者用行动或劝导的方法，对感化对象的心理施以影响，促使其思想行为向感化者要求的方向转化的一种有目的的活动。感化教育是我国劳动机关、社区矫正机关、少管机关等有矫正使命的机构所普遍采用的措施，实践证明，效果是好的。感化教育的方法通常通过关心罪犯的生活、劳动和学习，通过与罪犯谈心等方式交流情感，转移罪犯心理结构中不利于改造的消极情绪，促使其产生有利于改造的积极的情绪、情感活动等途径来进行。

感化教育之所以有效，是因为犯罪人具有接受感化教育的心理基础，主要表现在：第一，犯罪人也有获得尊重的需要。不少犯罪人特别是青少年犯罪人具有强烈的自尊心，一些人所以犯罪，恰恰与自尊心受到伤害有着密切的关系，所以，只要尊重他们的人格，满足他们自尊的需要，往往就容易获得他们的认同和情感的共鸣。第二，犯罪人孤寂的心灵需要体贴和关心。一般来说，犯罪人比一般人更需要关心，因为一个被剥夺了自由的罪犯，在被关押期间会产生强烈的孤独感和被遗弃感，而有些青少年所以犯罪，也正是由于他们没有能像其他人那样享受到家庭的温暖、友爱和关心，以及其他方面情感的挫折所致，他们更需要精神上的安慰，生活上的关心。这时，每句体贴的话，每个关心的举动，都会使他们孤独的心灵倍感温暖。有的被改造好的刑满释放人员，在很长时间后仍念念不忘管教人员对他的体贴关心，说明感化比灌输式的教育具有更好的效果。第三，青少年犯罪人的个性结构仍具有可塑性。青少年犯罪人大多涉世不深，他们的人生观、价值观并未最后定型。只要我们注意他们的年龄特点，采取适当方法，是会产生积极效应的。

感化教育的方法，主要是从关心他们的吃住、健康、娱乐、学习、前途和家庭入手，帮助他们学习政治、法律、文化和技术，使他们感到有出路、有前途，关键是管教人员要用自己的实际行动和真心诚意去感化罪犯，真正做到动之以情，晓之以理，导之以行。

感化教育方法的实施，对于矫正犯罪人的不良心理品质具有明显效应，主要是，第一，有助于清除抵触情绪，实现心理相容；第二，有助于犯罪人产生对管教干部的依赖和服从感；第三，有助于唤起犯罪人的罪责感，加速犯罪心理良性转化；第四，激发其重返社会的信心和希望，促其进一步改造自我，争取新生。

（二）强制劳动

强制劳动亦为犯罪心理矫正的必要措施，多在社区矫正机关实施。强制劳动不是目的，而是为了矫正犯罪心理，改造犯罪人的需要结构，其矫正作用寓于劳动生产的过程当中。强制劳动是迫使犯罪人走向自愿劳动的前提，强制劳动也不是唯一的、孤立的措施，而是要与思想教育措施结合进行。

强制劳动对犯罪心理的矫正作用主要体现在以下几个方面：

1. 促使犯罪人形成新的人生观、价值观

对许多犯罪人而言，损人利己、不劳而获是其思想意识的主要特征，人不为己，天诛地灭，成为他们的人生信条。他们为满足个人私欲，不择手段地危害社会和他人利益。在他们心目中，只有极端个人主义，没有社会、他人的位置，把自己孤立于社会之外，更没有社会责任感、社会义务感。而让犯罪人参加劳动生产，有助于他们重新认识个人与社会的关系，摆正自我在社会中的位置，了解个人对社会的义务与自己的权利是同样重要的，而劳动生产中的分工与合作，则会促使犯罪人认识到自己与社会其他成员相互依赖的关系，有助于他们形成集体主义观念，改造自己错误的人生观。

2. 培养他们关于劳动与收益的正确观念

一些人所以成为犯罪人，往往是因为他们不是按自己的经济能力办事，而是攀比挥霍；他们对自己的需要也不是通过劳动合法所得加以满足，而是以非法的手段满足自己的欲望。例如，一些人说什么“人无外财不富，马无夜草不肥”，这说明他们缺乏劳动与收益的正确观念。让犯罪人亲身参与劳动，有助于培养他们正确的劳动观念，体验劳动的艰辛和劳动获得的乐趣，懂得每一分劳动果实的来之不易，从而有利于他们认识到自己过去不劳而获的寄生生活的可耻与罪恶，珍惜劳动成果。

3. 锻炼意志品质

劳动是一种需要付出意志努力和有目的的活动，通过参加劳动，克服劳动中的困难，有助于他们磨炼自己的意志，实现由寄生者向以劳动自食其力的转化。

4. 改变犯罪人的不良生活习惯

不务正业，好逸恶劳，吃喝嫖赌，挥霍无度，是一些犯罪人的共同特征。通过强制他们进行劳动，可以调整他们的生活内容，促进他们形成良好的生活习惯。因为在剥夺他们自由的情况下，他们失去了保持上述生活习惯的环境条件，劳动成了他们生活的主要内容，他们不仅要靠劳动度完自己的监禁期，而且要以劳动充实自己的监禁生活，同时在劳动中又要受到做人的规则以及与他人进行合作的训练，这对于他们养成良好的生活习惯，特别是劳动的习惯、合作的习惯是有益的。

5. 培养劳动技能

通过劳动，培养他们的劳动技能，有助于他们适应重返社会后的生活，解决就业等方面的困难，从而彻底矫正其犯罪意识。

（三）教育改造

教育改造亦是矫正犯罪心理必不可少的措施，考虑到施教对象的特点，应在严格的制度与组织下，伴以严明的奖惩措施，保证教育改造的质量。

在实践中，通常采取强制性的教育和说理、说服教育相结合的办法，并伴以奖励、惩罚、参照和定规立制等手段对犯罪人心理施加影响，并且注重因人施教。

教育改造的内容主要包括以下三个方面：

1. 政治思想教育

以各种形式、方法和手段促使犯罪人改变原来错误的认识，形成正确的立场、观点和态度，树立较强的法制观念、道德意识，并能正确认识社会上的某些消极东西。政治思想教育的方式可以是多种多样的，如请他们所信任和崇拜的人作报告，组织参观，必要的奖惩措施，个别规劝训导，改造竞赛评比等。

2. 文化知识教育

通过文化教育消除犯罪人头脑中的愚昧思想，掌握一定的文化知识，提高辨别是非的能力，也为以后更好地适应社会生活打下基础。

3. 生产技能教育

通过施教，使其掌握一定的生产技能，养成劳动习惯，学会自食其力的本领。

四、我国监管机构对犯罪心理矫正技术方法的摸索

我国一贯重视改造、矫正工作中的制度建设，这些制度对于改造、矫正犯罪心理结构产生了积极的作用。但是，随着犯罪心理学等相关学科研究的深化，也由于监管犯人更容易出现严重的心理问题，我国监管机构对犯罪心理矫正的技术方法也进行了一些摸索。

（一）心理咨询

当被监管人员产生某种心理障碍以及其他心理问题时，通过专门的途径向专业人员进行咨询，由专业人员加以回答，并运用疏导、鼓励和指导等方法给予帮助，以解决来访者的心理困惑。在我国许多监所，在采用心理咨询方法。一般来说，心理咨询需要个别进行。其途径可以是开办专业的心理咨询室，或者开设心理咨询热线电话。但是，心理咨询一般只能使咨询者明确或者缓解自身的心理问题，要想较彻底地解决心理问题，还需采取其他一些更具有针对性的措施。

（二）心理健康教育

近年来，许多监所开始重视对被监管人的心理健康教育，以增强其心理健康水平，这对于促进社会适应能力和抵御不良影响的能力，应当说是有帮助的。其方式主要是采取板报、刊物、广播电视或专题讲座等形式进行，也可结合思想、文化知识教育进行，目的主要在于使被监管人提高对心理健康问题的认识，增强恢复心理健康的信心，也可以向被监管人传授自我调节的一般方法。如果说，心理咨询和下面讲到的心理治疗常常是个别进行的话，心理健康教育则覆盖面较宽。

（三）心理治疗

即通过一些专业方法，影响被治疗者的心理活动，使其病态人格得到调适，以重塑健康人格。因此，心理治疗一般适用于存在较严重心理障碍的人。在我国监管机构，已有一些专业工作者依据精神分析学原理开展精神分析疗法，以及脱敏训练、厌恶疗法、认知疗法等方面的尝试，并取得了一定的效果。

五、国外犯罪心理矫正的技术方法简介

（一）内省法

内省法，是在日本的矫正机关内比较广泛地实行的一种方法。日本学者山根清道把这种方法看作从佛教“反躬自问”这种“获得信心”的行为中设计出来的一种方法。实施这一方法的机关认为效果较好。

内省法的实施，是把罪犯终日关在狭小的屋子内，叫他坐 7 天左右，在指导者的启发指导下，使他对幼年、少年时期直到现在自己与他人的关系进行具体的自我批判的回想。所谓内省，即自我观察，自我反省，以达到转变自我为中心的观点、态度和社会行为的目的。

仅坐在屋子里 7 天左右进行内省就能洗心革面，改恶从善吗？包括一些日本学者也存在这样一些疑问。但是，在管教人员的引导下，在没有外部消极刺激下，让犯罪人进行自我反省，有时也会有效果。我国一些管教机关实际上也很重视引导犯罪人对自己的思想、行为进行内省、反思，当然具体做法有所不同。

（二）行为疗法

行为疗法，是 20 世纪 60 年代发展起来的一种矫正技术方法，其理论依据是条件反射学说和学习理论。这种理论认为，良心或道德反应是从幼年、少年时期开始的，经过长期的有条件的过程的结果，没有这种条件作用的人和难以有这种条件反射的人容易沦为罪犯，因此可以通过行为疗法，直接消除或减轻异常行为，建立新的条件反射，如对不良行为通过电击之类的不愉快的厌恶刺激建立条件作用，使其产生条件性回避反应，对偶然发生的行为给予奖励或惩罚，以强化或消退这种行为。

行为疗法的基本原则，即对犯罪人已形成的不良的动力定型通过惩罚等不愉快的厌恶刺激疗法，使其消退或减弱，并通过各种奖励手段，建立和强化新的符合社会规范的动力定型，应该是有借鉴意义的。

（三）森田疗法

森田疗法是日本学者森田正马所倡导，并以自己的名字命名的一种疗法。此疗法是以患者的自我放松和逐步适应为主。其治疗对象大多是那些产生疑病、忧虑、恐惧等症状的罪犯，其治疗原则是顺其自然，通过启发他们对各种逆境和心理负担采取接受的态度，帮助树立正确的人生观，引导他们将注意力转移到学习、劳动和健康的娱乐活动上，通过向外释放能量，自我调节，以使有关症状消失。

（四）现实疗法

现实疗法是美国精神病学家格拉泽归纳的一种疗法，主要用于有行为和情绪障碍的罪犯的治疗，目的是培养他们现实的、负责的、正确的行为方式。现实疗法一般经过三个步骤来进行：首先，在治疗者与被治疗者之间建立一种坦率的、真诚的关系；其次，治疗者要向被治疗者说明，他本人能够被现实所接受，但其行为方式却是为社会所否定的；最后，治疗者要教给被治疗者在现实条件下满足需要的更好方法，帮助他们成功地适应社会生活。

参考文献

1. 宋晓明、董晓薇、张赛宜、吴兴民主编：《犯罪心理学》(第 3 版)，中国人民公安大学出版社 2009 年版。

2. ［美］布尔·罗兰德著：《超级谋杀者的心理画像》，徐镇强等译，中国人民公安大学出版社 2008 年版。

3. ［美］迪·金·罗斯姆著：《地理学的犯罪心理画像》，李玫瑾等译，中国人民公安大学出版社 2007 年版。

4. 罗大华、何为民主编：《犯罪心理学》，中国政法大学出版社 2007 年版。

5. ［美］布伦特·E. 特维著：《犯罪心理画像——行为证据分析入门》，李玫瑾等译，中国人民公安大学出版社 2005 年版。

6. 宋晓明等主编：《犯罪心理学》，中国人民公安大学出版社 2005 年版。

7. 罗大华主编：《20 世纪 90 年代法制心理科学研究》，中国政法大学出版社 2002 年版。

8. 胡联合著：《第三只眼看恐怖主义》，世界知识出版社 2002 年版。

9. 杨正鸣主编：《网络犯罪研究》，上海交通大学出版社 2004 年版。

10. 魏建馨、张学林著：《犯罪心理学》，南开大学出版社 2003 年版。

11. 朱营周主编：《新编犯罪心理学》，中国人民公安大学出版社 2003 年版。

12. 罗大华、刘邦惠主编：《犯罪心理学新编》，群众出版社 2000 年版。

13. 张保平主编：《海上犯罪研究》，中国人民公安大学出版社 2001 年版。
14. 张保平编著：《犯罪心理学》，中央党校出版社 2001 年版。
15. ［英］ Ronald Blackburn 著：《犯罪行为心理学——理论、研究与实践》，吴宗宪、刘邦惠等译，中国轻工业出版社 2000 年版。
16. 李玫瑾著：《犯罪心理学》，中国人民公安大学出版社 1999 年版。
17. 邱国梁主编：《犯罪与司法心理学》，中国检察出版社 1998 年版。
18. 罗大华主编：《犯罪心理学》，中国政法大学出版社 1997 年版。
19. 吴宗宪著：《西方犯罪学史》，警官教育出版社 1997 年版。
20. 张文锋主编：《当代世界毒品大战》，当代世界出版社 1995 年版。
21. 曹子丹主编：《中国犯罪原因研究综述》，中国政法大学出版社 1993 年版。
22. 罗大华主编：《犯罪心理学》，群众出版社 1991 年版。
23. ［德］ H.Y. 施奈德著：《犯罪学》，吴鑫涛等译，中国人民公安大学出版社、国际文化出版公司 1990 年版。
24. 彭聃龄主编：《普通心理学》，北京师范大学出版社 1990 年版。
25. 庞兴华等编著：《犯罪心理学》，中国政法大学出版社 1989 年版。
26. 张小乔著：《普通心理学应用教程》，中国人民大学出版社 1989 年版。
27. 罗大华、石起才主编：《青少年犯罪心理学》，中国政法大学出版社 1989 年版。
28. 曹漫之主编：《中国青少年犯罪学》，群众出版社 1988 年版。

29. ［英］德里克·赖特著：《行为·性格·犯罪》，周振林等译，黑龙江人民出版社1988年版。
30. 罗大华、何为民等编：《犯罪心理学教学参考资料》，群众出版社1987年版。
31. 林晶修、赵冠贤著：《侦查心理学》，群众出版社1987年版。
32. 乐国安等编著：《侦察心理学》，中国人民公安大学出版社1987年版。
33. 武伯欣、张钦礼编著：《变态心理与犯罪》，中国人民公安大学出版社1987年版。
34. 罗大华等编著：《犯罪心理学》（修订本），群众出版社1986年版。
35. 邓维鸾等编著：《预审心理学》，四川科学技术出版社1986年版。
36. 李世棣等编著：《犯罪心理学》，中国人民公安大学出版社1986年版。
37. 张宪文、王金兰编：《犯罪心理学》，河北政法管理干部学院内部印行。
38. 张伯源、陈仲庚编著：《变态心理学》，北京科学技术出版社1986年版。
39. 徐世京编译：《司法心理学》，上海人民出版社1986年版。
40. 苏常浚著：《司法心理学》，群众出版社1986年版。
41. 中国社会科学院社会学研究所主编：《青少年犯罪心理学》，上海人民出版社1985年版。
42. ［日］山根清道著：《犯罪心理学》，张增杰等译，群众出版社1984年版。
43. 马晶淼等著：《女性性爱心理与性罪错》，中国政法大学出版社1989年版。

（谨向上述著者、编者致以深切的谢意）